150 Jahre
Wissen für die Zukunft
Oldenbourg Verlag

Managementwissen für Studium und Praxis

Herausgegeben von
Professor Dr. Dietmar Dorn und
Professor Dr. Rainer Fischbach

Lieferbare Titel:

Anderegg, Grundzüge der Geldtheorie und Geldpolitik

Arrenberg · Kiy · Knobloch · Lange, Vorkurs in Mathematik, 2. Auflage

Barth · Barth, Controlling, 2. Auflage

Behrens · Kirspel, Grundlagen der Volkswirtschaftslehre, 3. Auflage

Behrens · Hilligweg · Kirspel, Übungsbuch zur Volkswirtschaftslehre

Behrens, Makroökonomie – Wirtschaftspolitik, 2. Auflage

Blum, Grundzüge anwendungsorientierter Organisationslehre

Bontrup, Volkswirtschaftslehre, 2. Auflage

Bontrup, Lohn und Gewinn, 2. Auflage

Bontrup · Pulte, Handbuch Ausbildung

Bradtke, Mathematische Grundlagen für Ökonomen, 2. Auflage

Bradtke, Übungen und Klausuren in Mathematik für Ökonomen

Bradtke, Statistische Grundlagen für Ökonomen, 2. Auflage

Bradtke, Grundlagen im Operations Research für Ökonomen

Breitschuh, Versandhandelsmarketing

Busse, Betriebliche Finanzwirtschaft, 5. Auflage

Camphausen, Strategisches Management, 2. Auflage

Dinauer, Grundzüge des Finanzdienstleistungsmarkts, 2. Auflage

Dorn · Fischbach, Operations Research, 3. Auflage

Dorn · Fischbach, Volkswirtschaftslehre II, 4. Auflage

Dorsch, Abenteuer Wirtschaft ·75 Fallstudien mit Lösungen

Drees-Behrens · Kirspel · Schmidt · Schwanke, Aufgaben und Fälle zur Finanzmathematik, Investition und Finanzierung, 2. Auflage

Drees-Behrens · Schmidt, Aufgaben und Fälle zur Kostenrechnung, 2. Auflage

Fiedler, Einführung in das Controlling, 2. Auflage

Fischbach · Wollenberg, Volkswirtschaftslehre 1, 13. Auflage

Götze, Techniken des Business-Forecasting

Götze, Mathematik für Wirtschaftsinformatiker

Götze · Deutschmann · Link, Statistik

Gohout, Operations Research, 3. Auflage

Haas, Kosten, Investition, Finanzierung – Planung und Kontrolle, 3. Auflage

Haas, Marketing mit EXCEL, 2. Auflage

Haas, Access und Excel im Betrieb

Haas, Excel im Betrieb, Gesamtplan

Hans, Grundlagen der Kostenrechnung

Hardt, Kostenmanagement, 2. Auflage

Heine · Herr, Volkswirtschaftslehre, 3. Auflage

Hildebrand · Rebstock, Betriebswirtschaftliche Einführung in SAP® R /3®

Hoppen, Vertriebsmanagement

Koch, Marktforschung, 4. Auflage

Koch, Betriebswirtschaftliches Kosten- und Leistungscontrolling in Krankenhaus und Pflege, 2. Auflage

Laser, Basiswissen Volkswirtschaftslehre

Martens, Statistische Datenanalyse mit SPSS für Windows, 2. Auflage

Martin · Bär, Grundzüge des Risikomanagements nach KonTraG

Peto, Grundlagen der Makroökonomik, 13. Auflage

Piontek, Controlling, 3. Auflage

Piontek, Beschaffungscontrolling, 3. Aufl.

Plümer, Logistik und Produktion

Posluschny, Controlling für das Handwerk

Posluschny, Kostenrechnung für die Gastronomie, 2. Auflage

Rau, Planung, Statistik und Entscheidung – Betriebswirtschaftliche Instrumente für die Kommunalverwaltung

Rothlauf, Total Quality Management in Theorie und Praxis, 2. Auflage

Rudolph, Tourismus-Betriebswirtschaftslehre, 2. Auflage

Rüth, Kostenrechnung, Band I, 2. Auflage

Sauerbier, Statistik für Wirtschaftswissenschaftler, 2. Auflage

Scharnbacher · Kiefer, Kundenzufriedenheit, 3. Auflage

Schuster, Kommunale Kosten- und Leistungsrechnung, 2. Auflage

Schuster, Doppelte Buchführung für Städte, Kreise und Gemeinden, 2. Auflage

Stahl, Internationaler Einsatz von Führungskräften

Stender-Monhemius, Marketing – Grundlagen mit Fallstudien

Strunz · Dorsch, Management

Strunz · Dorsch, Internationale Märkte

Weeber, Internationale Wirtschaft

Wilde, Plan- und Prozesskostenrechnung

Wilhelm, Prozessorganisation, 2. Auflage

Wörner, Handels- und Steuerbilanz nach neuem Recht, 8. Auflage

Zwerenz, Statistik, 3. Auflage

Zwerenz, Statistik verstehen mit Excel – Buch mit Excel-Downloads, 2. Auflage

Grundzüge des Finanzdienst-leistungsmarkts

Allfinanz – Private Altersvorsorge – Financial Planning

Von
Professor
Dr. Josef Dinauer

2., vollständig überarbeitete und aktualisierte Auflage

Oldenbourg Verlag München

Die Vorauflage erschien unter dem Titel Allfinanz.

Bibliografische Information der Deutschen Nationalbibliothek

Die Deutsche Nationalbibliothek verzeichnet diese Publikation in der Deutschen
Nationalbibliografie; detaillierte bibliografische Daten sind im Internet über
<http://dnb.d-nb.de> abrufbar.

© 2008 Oldenbourg Wissenschaftsverlag GmbH
Rosenheimer Straße 145, D-81671 München
Telefon: (089) 4 50 51-0
oldenbourg.de

Lektorat: Wirtschafts- und Sozialwissenschaften, wiso@oldenbourg.de
Herstellung: Anna Grosser
Coverentwurf: Kochan & Partner, München
Gedruckt auf säure- und chlorfreiem Papier
Druck: Grafik + Druck, München
Bindung: Thomas Buchbinderei GmbH, Augsburg

ISBN 978-3-486-58453-0

Vorwort

Die Vision vom integrierten industriellen Technologiekonzern brachte dem Automobilbauer Daimler in den 1980er Jahren zig Milliarden Euro Ergebnisverluste, zehntausende Verluste an Arbeitsplätzen und Reputationsverluste in nicht quantifizierbarer Größenordnung.

Im April 2001 – just zum Zeitpunkt des Erscheinens der ersten Auflage dieses Lehrbuchs – schickte sich die Allianz Holding AG an, die Übernahme der Dresdner Bank AG anzukündigen. Erklärtes Ziel war es, einen integrierten Finanzdienstleistungskonzern zu etablieren. Sechs Jahre nach dieser Übernahme scheint die Zukunft der Bank ungewiss. Spekulationen über eine Zerschlagung der Bank stehen im Raum. Denn lediglich 0,4 % der Kunden des Allianz-Konzerns kaufen die Produkte von allen drei Konzernsparten (Versicherung, Bank und Fondsgesellschaft). Diese Schnittmenge mutet sich bescheiden an.

Ist es das Schicksal der Finanzdienstleistungswirtschaft, die Fehler des Produktionssektors einer Wirtschaft zu wiederholen? Ist der Allfinanzgedanke vom Angebot sämtlicher Finanzdienstleistungen unter einem Dach bzw. aus einer Hand ein Phantom, dem Versicherer, Banken und Cie. vergebens nachjagen?

Eine einseitige Wertung dieses Specials ließe diesen Schluss zu. Sie würde aber viele positive Aspekte der Zusammenarbeit innerhalb des Finanzdienstleistungsmarktes außen vor lassen. Denken wir nur an die geräuschlosen Kooperationen innerhalb des Sparkassensektors und des genossenschaftlichen Finanzverbunds.

Die strategischen Ausrichtungen innerhalb der Finanzdienstleistungsbranche laufen unvermindert weiter in Richtung Mehrproduktverkauf und Kundenbindung. Financial Planning und die wachsende Erkenntnis über die notwendige Private Altersvorsorge liefern als Megatrends dem Allfinanzmarkt neue Impulse. Sie finden sich daher auch zwangsläufig in der zweiten, aktualisierten und ergänzten Auflage dieses Lehrbuchs. Daneben werden die regulatorischen Rahmenbedingungen dieses Marktes aufgezeigt und die Immobilie als Anlagemedium vorgestellt.

An dieser Stelle danke ich allen Fachkollegen und meinen Studenten, die durch konstruktive Fragen und Diskussionsbeiträge zu dieser Auflage beigetragen haben. Allein schon durch die Tatsache, dass ein Lehrstuhlinhaber an einer Hochschule für angewandte Wissenschaften über keinen akademischen Mittelbau verfügt, gehen sämtliche Fehler in diesem Opus selbstverständlich zu meinen Lasten.

Landsberg am Lech, im Januar 2008

Inhaltsverzeichnis

Abbildungsverzeichnis

Abkürzungsverzeichnis

ac	AssCompact
AEG	Gesetz zur Neuordnung der einkommensteuerrechtlichen Behandlung von Altersvorsorge-Aufwendungen und Altersbezügen („Alterseinkünftege- setz")
AktG	Aktiengesetz
BAFin	Bundesanstalt für Finanzdienstleistungsaufsicht
BAKred	Bundesaufsichtsamt für das Kreditwesen
BAV	Betriebliche Altersversorgung
BAV	Bundesaufsichtsamt für das Versicherungswesen
BaWe	Bundesaufsichtsamt für den Wertpapierhandel
BBE	Bruttobeitragseinnahme
BCG	Boston Consulting Group
bum	Bank und Markt
BVI	Bundesverband Investment und Asset Management e. V.
CEIOPS	Europäische Aufsichtsbehörde für das Versicherungswesen und die Be- triebliche Altersvorsorge
CESR	Committee of European Securities Regulators (Ausschuss der Europäi- schen Wertpapier- regulierungsbehörden)
CRM	Customer Relationship Management
CLV	Customer Lifetime Value
DAI	Deutsches Aktien-Institut e. V.
DAX	Deutscher Aktien Index
EAG	Einlagensicherungs- und Anlegerentschädigungsgesetz
EdW	Entschädigungseinrichtung der Wertpapierhandelsunternehmen
ERM	Enterprise Resource Management
ETF	Exchange Traded Fund
EVA	Economic Value Added
FAZ	Frankfurter Allgemeine Zeitung
FPSB	Financial Planning Standards Board
FRUG	Finanzmarkt-Richtlinie-Umsetzungsgesetz
FTD	Financial Times Deutschland
GDV	Gesamtverband der Deutschen Versicherungswirtschaft e. V.

GoF	Grundsätze ordnungsmäßiger Finanzplanung
GRV	Gesetzliche Rentenversicherung
IFD	Initiative Finanzstandort Deutschland
IPO	Initial Public Offering
JoBF	Journal of Business Finance
KWG	Gesetz über das Kreditwesen
M & A	Mergers & Acquisitions
MIFID	Markets in Financial Instruments Directive
MM	Manager Magazin
REIT	Real Estate Investment Trust
SCM	Supply Chain Management
SEPA	Single European Payment Area
SGF	Strategisches Geschäftsfeld
SZ	Süddeutsche Zeitung
VAG	Gesetz über die Beaufsichtigung der Versicherungsunternehmen (Versicherungsaufsichtsgesetz)
VR	Volksbanken und Raiffeisenbanken
VVaG	Versicherungsverein auf Gegenseitigkeit
VVG	Gesetz über den Versicherungsvertrag (Versicherungsvertragsgesetz)
VVG-InfoV	Informationspflichten-Verordnung
VZ	VermögensZentrum
WamS	Welt am Sonntag
WpHG	Wertpapierhandelsgesetz
ZfiFP	Zeitschrift für immobilienwirtschaftliche Forschung und Praxis
Zfo	Zeitschrift Führung + Organisation
ZKA	Zentraler Kreditausschuss

1 Einführung

1.1 Finanzwirtschaftliche Funktionen und Finanzdienstleistungsprodukte

Obwohl die Begriffe Allfinanz und Finanzdienstleistungen in Deutschland relativ neu sind,[1] sind sie sowohl in Branchenkreisen als auch bei potenziellen Kunden, Nutzern und Marktbeobachtern zu einem Modewort, wenn nicht sogar zu einem zentralen Thema geworden. Allerdings gibt es bisher noch keine allgemein gültigen Definitionen für diese Begriffe.[2]

Insofern ist es auch nicht verwunderlich, dass quasi alle darüber sprechen, aber die Begriffe mit unterschiedlichen Bedeutungsinhalten füllen. So ist neben Allfinanz und Finanzdienstleitungen von Financial Services, Financial Supermarkets, Finanzdienstleistungen aus einer Hand, Bankassurance, Full Service Financial Giant, Financial Conglomerate etc. die Rede.

Dies liegt möglicherweise daran, dass die einzelnen Anbietergruppen im Finanzdienstleitungsmarkt bei der Umsetzung ihres spezifischen Allfinanzangebots sehr unterschiedliche Wege gehen. Den „approach" dieser Institutsgruppen werden wir hinsichtlich ihrer zu Grunde liegenden Motive in Abschnitt 2 und bezüglich ihrer strategischen Umsetzung im Allfinanzmarkt allgemein in Abschnitt 3 näher beleuchten, bevor in Abschnitt 4 die speziellen Konzepte in den Bereichen Financial Planning und Private Altersvorsorge vorgestellt werden.

Nach Darstellung potenzieller Schwierigkeiten bei ihrem Auftritt im Markt in Abschnitt 5 werden aktuelle und zukünftige Trendentwicklungen sowie Herausforderungen in Abschnitt 6 behandelt.

Interessant ist in jedem Fall aber, dass nahezu alle Institutionen die Frage der grundsätzlichen Entscheidung für ein Allfinanzangebot eindeutig positiv beantworten.

Zerlegt man den Begriff Allfinanz in seine beiden Wortteile „All" und „Finanz", dann bedeutet dies in Reinkultur, dass **alle** Formen **finanzieller** Transaktionen oder Absicherungen umfassend aus einer Hand angeboten werden. Diesen idealen Anspruch bezeichnet Pauluhn[3] als Utopie und interpretiert Allfinanz pragmatisch für das Ziel, Kunden umfassend zu beraten und zugleich mit den ihrem Bedarf entsprechenden Finanzdienstleistungen zu versorgen.

Tilmant, Vorstandsvorsitzender der niederländischen Finanzgruppe ING Group, schätzt den Begriff Allfinanzkonzern gleichfalls nicht und spricht statt dessen von einem Unternehmen, das Bank-, Versicherungs- und Vermögensverwaltungsdienste anbietet. Er verweist darauf, dass zwischen einer Haftpflicht- und Lebensversicherungspolice die Unterschiede größer sind als zwischen einer Lebensversicherung und einem Bankprodukt.[4]

Immerhin aber ist die Option für 85 % der deutschen Verbraucher, möglichst viele Finanzgeschäfte mit nur einem Unternehmen abwickeln zu können, ein wichtiges Kriterium bei der Auswahl des Anbieters, wie die BBE Unternehmensberatung in ihrer Studie zum Thema Allfinanz festgestellt hat. Die Versicherungswirtschaft rechnet damit, im Jahr 20011 nur noch 48 % ihrer Geldvermögensbildung direkt über ihren Außendienst zu akquirieren und einen ebenso großen Anteil über Banken (27 %) und unabhängige Allfinanzvertriebe (21 %)[5].

Folgt man Stracke und Geitner[6], die die Begriffe Allfinanz und Finanzdienstleistung synonym gebrauchen, lässt sich **Allfinanz** als **Gesamtheit von angebotenen Finanzdienstleistungen** umschreiben. Diese übernehmen die Erfüllung einer oder mehrerer finanzwirtschaftlicher Funktionen vollständig (z.B. Zahlungsverkehr zur Transaktionsabwicklung) oder tragen zu deren Erfüllung bei (z.B. Zwischen- oder Endfinanzierung von Immobilien als Finanzprodukt dient der Realisation des Eigentumserwerbs von Sachvermögen). Aus Sicht der Kunden bzw. Nachfrager entsprechen diese einzelnen finanzwirtschaftlichen Funktionen, denen die verschiedenen Finanzdienstleistungsprodukte zugeordnet werden können.

Damit wird auch der Beziehungszusammenhang zwischen reinen Finanzprodukten im Sinne von Geldanlageprodukten und Sachwerten bzw. Vorsorgeprodukten offenkundig. Abb. 1 veranschaulicht diesen Zusammenhang.

Funktionen	Produkte
Transaktionen abwickeln und Liquidität sichern	Zahlungsverkehr, Sichteinlagen, Überziehungskredite, Kreditkarten
Geldvermögen bilden	Spareinlagen und Sparbriefe, Termineinlagen, Wertpapiere, Kapital-Lebensversicherungen
Sachvermögen bilden	Bauspareinlagen und -kredite, Zwischen- und Endfinanzierung von Immobilien
Risiken absichern	Sachversicherungen, Risiko- und Kapital-Lebensversicherungen, Berufsunfähigkeitsversicherung, Unfallversicherung, private Krankenversicherung

Abb. 1: Finanzwirtschaftliche Funktionen und Finanzdienstleistungsprodukte

Diese funktionale Zuordnung entspricht im Wesentlichen der Vermögensaufbaupyramide privater Haushalte, wie sie Abb. 2 darstellt.

Der Sockel der Pyramide geht von einem einfachen Sparprozess aus, wobei die gängige Empfehlung lautet, hierfür zwei bis drei Netto-Monatseinkommen zu reservieren. In der darüber liegenden 1. Schicht des eigentlichen Vermögensaufbaus spielt neben dem Zwecksparen für kurz- und mittelfristigen Verfügungsbedarf die private Absicherung für den Ruhestand eine zentrale Rolle. Private Altersvorsorge ist spätestens seit der Erkenntnis, dass die umlagefinanzierte Gesetzliche Altersversorgung durch die öffentlichen Rentenversicherungsträger für die Finanzierung des Lebensabends der Bevölkerung nicht mehr ausreichend ist, zu einem Dauerthema in Politik, Wirtschaft und Gesellschaft geworden. Die Implikationen dieses Aspekts des Finanzdienstleistungsmarkts werden in den Abschnitten 1.2 und 1.3 näher beleuchtet.

Als mittlere Schicht der Vermögenspyramide ist die Sachvermögensbildung durch Immobilien angesprochen, wobei die Eigennutzung dominiert. In die fremd genutzte, d. h. vermietete Immobilie kann sowohl unter steuerlichen Aspekten als auch unter Renditegesichtspunkten zur Generierung eines laufenden Mietertrags investiert werden.

Die Spitze der Pyramide wird schließlich von „sophisticated" oder hybriden Vermögensanlagen gebildet. Wertpapiere als Direktanlage in originärer und derivativer Form wie auch in indirekter Form über Investmentzertifikate sind hier ebenso zu nennen wie der Bereich der Beteiligungsanlagen bei nicht börsennotierten Unternehmen (Private Equity) und das Segment der geschlossenen Investmentfonds in Immobilien-, Film-, Medien-, Flugzeug- und sonstigen Bereichen.

Insgesamt wird bei dieser Darstellung bereits der Übergang von der (einseitigen) Orientierung des Produktverkaufs durch die Anbieter zur individuellen Problemlösung im Rahmen einer ganzheitlichen Betrachtung für den Nachfrager entsprechend seiner individuellen Bedürfnissituation erkennbar.

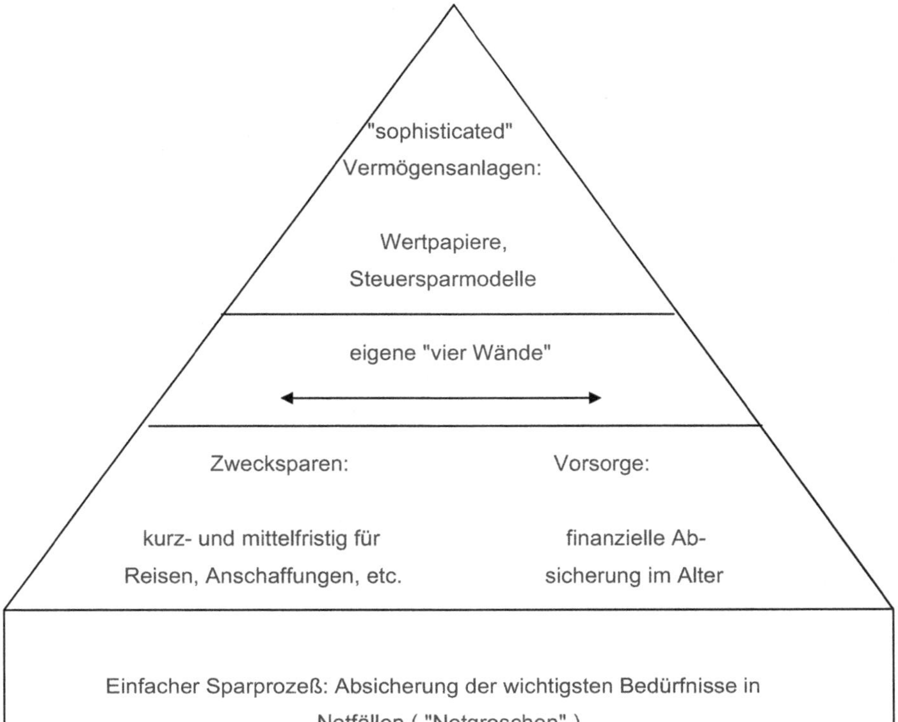

Abb. 2: Vermögensbildungspyramide

Im Rahmen dieser individuellen Bedürfnisdeckung spielt das Lebensphasenkonzept der Finanzdienstleitungswirtschaft eine wichtige Rolle. Das Konzept besteht darin, dem Nachfrager die seiner jeweiligen Lebensphase adäquaten Leistungen anzubieten. Dies wird im Rahmen des Financial Planning, das sich mit der langfristig ausgerichteten Vermögensplanung beschäftigt, näher beleuchtet.

Das Lebensphasen- oder -zykluskonzept setzt voraus, die sich im Zeitablauf verändernden Bedürfnisse aufzudecken, um den Kunden zur richtigen Zeit das richtige Produkt anbieten zu können. **Cross-Selling** als verstärkte Ausschöpfung einer Kundenbeziehung durch zusätzlich ergänzende Angebote von Finanzprodukten, die auf dem vorhandenen Bestand an Produkten aufbauen, soll dabei die Kundentreue zum jeweiligen Anbieter erhöhen, so dass die damit verbundene Informations- und Beratungsleistung des Verkäufers eine wichtige Rolle im Prozess der Bedarfsdeckung spielt. Die Kunden werden im einfachsten Fall anhand einiger weniger soziodemografischer und biometrischer Kriterien wie Alter, Familienstand, Beruf, Einkommen und Vermögen zu Gruppen segmentiert (eine kritische Auseinandersetzung mit dieser Vorgehensweise erfolgt in Abschnitt 5.1.1).

Abbildung 3 skizziert das idealtypische Lebensphasenkonzept.

„Allfinanz ist somit eine zusammenfassende Bezeichnung für die zahlreichen markt- und marketingstrategischen Bestrebungen und Aktivitäten sowohl von Banken als auch von non-banks und near-banks, kundenbedarfs- und kundengruppenbedarfsorientiert ein umfassendes Angebot an Leistungen, die mit Geld und Finanzen im weitesten Sinn zu tun haben, 'aus einer Hand' bereit zu halten."[7]

Damit umfasst Allfinanz einerseits das Angebot von Finanzproduktbündelungen *und* andererseits deren Vertrieb auf den verschiedensten Vertriebskanälen. Dabei ist es nicht erforderlich, sämtliche Produkte im eigenen Haus zu produzieren, um diese anschließend im Markt anzubieten; vielmehr können die dem Kunden offerierten Produkte auch von dritter Seite beschafft werden: eine Unterbrechung der Wertschöpfungskette ermöglicht diese Vorgehensweise. Der ehemalige Vorstandssprecher der Deutschen Bank AG, Rolf E. Breuer, formulierte diesen Sachverhalt treffend mit den Worten, man müsse nicht eine eigene Kuh im Stall halten, nur weil man täglich einen Liter Milch trinken möchte. Wird hingegen ein gewisses Mindestmaß an Eigenproduktion unterschritten, läuft der Anbieter Gefahr, an Glaubwürdigkeit zu verlieren. Diese Situation lässt sich mit einer der Bäckereigruppe Kamps zugeschriebenen Philosophie vergleichen, wonach einer, der nur zukauft und nicht selbst backen will, nie die Reputation für Brote von hoher Qualität erlangen kann.

Neben dem Allfinanzbegriff taucht in der Literatur gelegentlich der Terminus **Mehrfinanz** auf. Hierunter ist ganz allgemein der Tatbestand zu verstehen, dass eine hohe Anzahl von Finanzdienstleistungsanbietern – aus welchen Gründen auch immer – nicht die gesamte, theoretisch denkbare Palette von Produkten in ihrem Angebot vereinen, sondern sich auf Teilbereiche bzw. Ausschnitte in ihrem konkreten Marktauftritt beschränken.

Die Vermarktung des gesamten Finanzdienstleistungsangebots (beim Mehrfinanzanbieter entsprechende Teilangebote) erfolgt in Form eines auf die Ausschöpfung von potenziellen Synergien gerichteten Konzepts, welches Strategien auf der operativen Ebene (Produkte, Marketing, Technologie) mit denen auf der Managementebene des Anbieters zu einer integrierten Gesamtstrategie zusammenfasst.

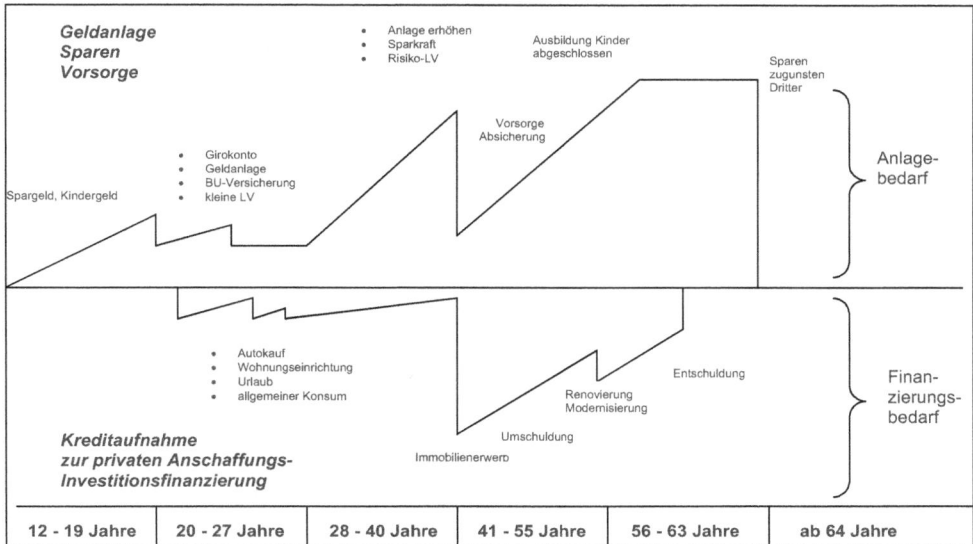

Abb. 3: Das Lebensphasenkonzept[8]

Unter Strategien auf der Managementebene werden alle Formen von **Kooperationen** und **Konzentrationen** als Mittel für den Auftritt im Finanzdienstleistungsmarkt verstanden, so dass dieser Ansatz über den von Stracke und Geitner, der die operativen Strategien beinhaltet[9], hinausgeht.

Die operativen Strategien für den Auftritt im Allfinanzmarkt werden für die Zwecke dieser Arbeit in Vertriebsorientierte, Technikorientierte und Produktorientierte Strategien unterteilt.

Nach Darstellung der Konzepte des Financial Planning und der Privaten Altersvorsorge in Abschnitt 4 werden Probleme und Schwierigkeiten beim Marktauftritt in Abschnitt 5 beleuchtet, bevor im abschließenden Abschnitt 6 Entwicklungstendenzen, Herausforderungen und ein Ausblick für den Finanzdienstleistungsmarkt vorgenommen werden.

Von welchen Größenordnungen ist nun auszugehen, wenn der deutsche Allfinanzmarkt umrissen werden soll? Allein die Geldvermögensbildung in Deutschland (ohne Immobilienvermögen, das pro Privathaushalt zu Verkehrswerten auf durchschnittlich 215.000 € geschätzt wird) beläuft sich Stand Ende 2006 auf über 4,53 Billionen € und teilt sich in

- 1.541 Mrd. € Spar-, Sicht-, Termineinlagen und Bargeld (34 % der gesamten Geldvermögensbildung)
- 1.148 Mrd. € Geldanlagen bei Versicherungen (25,3 % des Geldvermögens), davon allein bei Lebensversicherungen rund 700 Mrd. €
- 525 Mrd. € Investmentzertifikate (11,6 %)
- 372 Mrd. € Aktien (8,2 %)
- 482 Mrd. € Festverzinsliche Wertpapiere und Geldmarktpapiere (10,6 %)
- 240 Mrd. € Pensionsrückstellungen (5,3 %) und
- 222 Mrd. € sonstige Anlagen (4,9 %)

auf.

Dem gegenüber stehen Verpflichtungen deutscher Haushalte mit 1.570 Mrd. €, was immerhin 105 % des verfügbaren Einkommens der Bevölkerung entspricht.

Markant ist die Entwicklung einzelner Positionen in den letzten 20 Jahren: der Anteile der Bankeinlagen ermäßigte sich seit 1985 von ca. 50 % auf aktuell 30 %, während Fondsanteile sich in diesem Zeitraum nahezu vervierfachten und Versicherungen von 16 % auf über 25 % an der gesamten Geldvermögensbildung zunehmen konnten.

1.2　　　Financial Planning

Bei Financial Planning drängt sich der Vergleich mit einem Puzzle auf. Dessen Zusammenfügen wird dadurch erleichtert, dass das fertige Bild stets vor dem geistigen Auge des Bastlers erscheint. Typischerweise haben die meisten Wirtschaftssubjekte eine Vielzahl von Plänen, die zueinander in komplementärer, neutraler oder konkurrierender Zielbeziehung stehen können. Unerwünscht wäre beispielsweise, wenn

- ein Immobilienerwerb oder die Ausbildung der Kinder zu Liquiditätsengpässen führen würde
- unvorhergesehene Ereignisse wie Krankheit oder Erwerbsunfähigkeit die Absicherung der Familie gefährden würden oder
- der wohlverdiente Ruhestand mit Einschränkungen des derzeitigen Lebensstandards verbunden wäre.

Zumeist steht auch eine aktuell notwendige Entscheidung so stark im Vordergrund des Interesses, dass andere Zielvorstellungen verdrängt oder vergessen werden. Dabei spielen verschiedene Aspekte der Information für die Entscheidungen eine wichtige Rolle:

- die Informationsauswahl: die Allgemeinbildung in Sachen „Geld, Finanzen, Altersvorsorge" ist durchschnittlich gering. Zeitmangel (tatsächlich oder vorgeschoben) führt zu einem reduzierten, fokussierten Wissen und Entscheidungen werden folglich auf vertrauten Terrains vorgenommen; Alternativen werden vernachlässigt
- die Informationsverarbeitung: erfolgt meist ad hoc (Tipp vom Friseur, Gespräch mit Bekannten) statt kontinuierlich und systematisch
- die Informationsumsetzung: hier blockieren emotionale Faktoren die rationale Umsetzung gewonnener Informationen. Ursprünglich langfristige Strategien und notwendige Entscheidungen werden über den Haufen geworfen.

Die Folge sind unausgewogene, unstrukturierte Vermögenswerte, welche die persönlichen Zielvorstellungen nicht mehr abdecken.

Unter **Financial Planning** wird allgemein ein ganzheitlicher und umfassender Finanzberatungsansatz für Privatpersonen bzw. -haushalte verstanden, der sich an den Bedürfnissen dieser Zielgruppe orientiert, um deren persönliche und finanzielle Ziele zu bestimmen und zu realisieren. Es geht also auch um die Prüfung, ob die Vermögensstruktur mit den persönlichen Bedürfnissen und Zielen des Anlegers harmoniert. In diesem Sinne wird Financial Planning zu einer Lebensplanung.

Financial Planning bildet somit eine themenspezifische Gesamtlösung im Sinne einer Beratungs- und Betreuungsphilosophie mit den Dimensionen

- aus Anbietersicht
  + Relationshipmodell zur Erzielung von nachhaltigen Erträgen, Steigerung der Kundenbindung und der Cross-Selling-Ratio
  + Umorientierung vom Produktfokus zur Kundenorientierung und
  + Organisationsthema im internen Bereich
  und

- aus Kundensicht
  + umfassende, langfristig orientierte Strategie zur Optimierung und Sicherung des Vermögens
  + Methodik zur Priorisierung und Realisierung persönlicher Ziele und
  + Systematik zur Stärken-Schwächen-Analyse in der Vermögenssphäre.[10]

Dieser Beratungsansatz ist zum einen personenorientiert, da er den Kunden als Ratsuchenden in den Mittelpunkt aller Überlegungen stellt und ergebnisoffen, weil er unabhängig von Anbieterinteressen alternative Problemlösungen bieten soll.[11] Damit erfolgt eine Abkehr von der herkömmlichen Vorgehensweise in der Finanzberatung, die sich nach der Angebotspalette des Anlageberaters richtete, streng produkt- und absatzorientiert verlief und das beratungsorientierte Eingehen auf Kundenwünsche dabei eher sekundär blieb.

Weitere Elemente des Financial Planning sind

- die Kontinuität dieses EDV-gestützten, revolvierenden Prozesses
- die Beachtung der Grundsätze ordnungsgemäßer Finanzplanung (GoF) und
- die Honorierung des qualifizierten Beraters.[12]

Eine Sonderform des Financial Planning stellt **Estate Planning** dar. Hierunter versteht man die gesamte Planung der Vermögensnachfolge, des Vermögenstransfers und der Vermögenserhaltung. Eine entsprechende Beratung zur Vermögensnachfolgeplanung liegt zeitlich somit weit vor dem Eintritt des Erbfalls.

Die Entwicklung des Financial Planning in Deutschland ist eng verknüpft mit der Entwicklung des Bankgeschäfts zu verstehen, wenngleich der erste Protagonist dieses Ansatzes die bankenunabhängige MPF Matuschka Privatfinanz Beratungs- und Vermögensverwaltungsgesellschaft mbH war, die ab Mitte der 1980er Jahre gut verdienende und vermögende Privatpersonen als Zielgruppe ihrer Aktivitäten auswählte.[13]

In der Folge begannen Privat- und Geschäftsbanken sowie weitere unabhängige Finanzdienstleister mit einer über den reinen Produktverkauf hinausgehenden qualifizierten Beratung, die zunächst aber ein Nischenangebot für Vermögende blieb. Auch heute stellt sich die Private Finanz- und Vermögensplanung als eine Mischung aus *Beratung* und *Vermittlung* von Finanzprodukten dar.

Bestrebungen, dem Berufsbild des Financial Planners ein einheitliches Verständnis mit *einer* „offiziellen" Berufsbezeichnung zu verleihen, sind bis zum heutigen Tag noch nicht zu einem abschließenden Ergebnis gekommen. Da der Umgang mit Titeln in Deutschland eine lange Tradition hat, tragen viele Verkäufer dieser Produkte wohlklingende Namen wie Financial Consultant, Financial Advisor, Certified Financial Planner oder Master of Financial Consulting.

Trotzdem oder gerade deshalb bemühen sich Institutionen wie die Deutsche Gesellschaft für Finanzplanung, der Deutsche Verband Financial Planners, der Bundesverband Finanzplaner und der Verband der „Analysten für Investment und Finanzplanung nur gegen Honorar" um Fragen der Berufsausbildung und der Förderung der Financial Planning-Idee.[14]

Das Financial Planning Standards Board Deutschland e. V. (FPSB) als Mitglied eines weltweiten Zusammenschlusses aller nationalen Certified Financial Planner-Organisationen erarbeitet aus diesem Grund Standards für die finanzplanerische Beratung und deren Umsetzung. Nach deren Intention soll die Qualifizierung zum Financial Planner einem internationalen Regelwerk, der „4-E-Regel", folgen:

• Education (Ausbildung)
• Examination (Prüfungen),
• Experience (langjährige Erfahrung als Finanzdienstleister) und
• Ethics (Verpflichtung auf hohe ethische Standards).15

Bezüglich der Ausbildungsqualifikation führte FPSB im Herbst 2007 den DIN-Geprüften privaten Finanzplaner ein, der dem Nachfrager als Anhaltspunkt für Seriosität und Beratungsqualität des Finanzdienstleisters dienen kann. Darüber hinaus wirkt FPSB als Kooperationspartner für die Durchführung der Zertifizierungsprüfungen von privaten Finanzplanern nach DIN ISO 22222 in Deutschland. Das Qualitätszeichen wird für die Dauer von zwei Jahren gewährt; anschließend ist eine Re-Zertifizierung erforderlich.[16]

Parallel zu diesen Entwicklungen spielte Ende der 90er Jahre des vergangenen Jahrhunderts das vielfach kleinteilige und kapital- sowie personalkostenintensive Privatkundengeschäft bei vielen Kreditinstituten ein Schattendasein. Das Firmenkundengeschäft als eine Säule des Commercial Banking hingegen verzeichnete hohe Wachstumsraten mit entsprechenden Erträgen. Im Investment Banking sorgte die günstige Kapitalmarktentwicklung ebenfalls für überdurchschnittlich gute Ergebniszahlen. Hier partizipierten sowohl der Mergers & Acqusitions-Bereich (Geschäft mit Firmenübernahmen) als auch das Emissions-, Eigenhandels- und Kommissionsgeschäft mit Wertpapieren und der Asset Managementbereich von einem insgesamt positiven Marktumfeld. Als ertragreiches Geschäftsfeld stellte sich die Verwaltung großer Vermögen, das sog. Wealth Management oder Family Office-Geschäft, dar. In diesem Segment geht es weniger um Produktverkäufe, sondern um ganzheitliche Beratungs- und Betreuungsmandate zu Vermögenserhalt, -wachstum und -übertragung eines vermögenden Kundenstamms bis zur absolut obersten Schicht der sehr vermögenden Privatkunden, den sog. Ultra High Net Worth Individuals (UHNWIs).

Diese Fokussierung im Marktauftritt der Banken änderte sich schlagartig mit den Verwerfungen an den Kapitalmärkten ab dem II. Quartal 2000. War das Ende der Technologie-Hype (vgl. Abschnitt 1.4) zunächst der Auslöser für Kursrückgänge an den Aktienbörsen, so wurden diese durch den 11.09.2001 noch verschärft, bis die Märkte in 2003 erneut einen Boden fanden.

Die Folgen der Börsenbaisse 2000 bis 2003 waren einerseits Wertberichtigungen auf Wertpapierbestände und Firmenbeteiligungen sowie massiver Personalabbau mit hohen Abfindungsaufwendungen in den zuvor favorisierten und expansiv ausgebauten Investment Banking-Ressorts und andererseits die Wiederentdeckung bzw. Renaissance des klassischen Privatkundengeschäfts. Dieses sollte für stabile Erträge zum Ausgleich der volatilen Ergebnisbeiträge aus dem Investmentgeschäft mit Firmen und Institutionen sorgen.

Allein die Maßnahmen der deutschen Großbanken in 2007 belegen diesen Trend anschaulich:

- die Commerzbank ergriff eine Privatkundenoffensive und investiert hierfür einen Betrag von über 400 Mio. € für die kommenden drei Jahre. Sichtbarstes Ergebnis ist die Öffnung der Filialen an Samstagen, wenngleich dies zunächst nur als Pilotprojekt realisiert wird
- die Dresdner Bank erweiterte ihr Filialnetz durch Ausbau von Allianz-Versicherungsagenturen zu Klein-Filialen und
- die Deutsche Bank investierte ca. 1,1, Mrd. € in den Erwerb der Berliner Bank und der Noris Verbraucherbank. Die bezahlten hohen Kaufpreise für diese Institute sind nur vor dem Hintergrund einer zu konzipierenden Zweitmarkenstrategie unter Führung der Noris-Bank als Qualitäts-Discounter nachzuvollziehen.

Der Terminus **Privatkundengeschäft** bzw. **Retail Banking** wird von den einzelnen Kreditinstituten sehr unterschiedlich gehandhabt. Die einzige Gemeinsamkeit besteht darin, dass die Zielgruppe dieses Geschäftsfelds natürliche Personen sind., die jedoch in Kleinkunden (mit Mengengeschäftscharakter) und wohlhabende Einzelkunden (Private Banking Kunden) eingeteilt werden. Im Retail Investment Banking geht es dann schließlich um die Bereiche, die auf Financial Planning fokussiert sind: Wertpapieranlagen, Fondsgeschäfte, Versicherungsgeschäfte und Baufinanzierungen (vgl. Abschnitt 2.2.1).

Ein ganzheitliches Finanzmanagement im Sinne des Financial Planning wird als Leistungsspektrum bzw. inhaltliche Reichweite die Bereiche

- Absicherung der Gesundheit (Schutz gegen die Folgen von Invalidität und Erwerbsunfähigkeit) und des Geld- und Sachvermögens einschl. Immobilien
- Altersvorsorge und Einkommenssicherung im Ruhestand, Schutz der Familie und Kindervorsorge sowie Erbschafts- und Schenkungsplanung
- Finanzierung privater (z.B. Kinderausbildung) und betrieblicher Investitionen (einschl. Unternehmensnachfolge) sowie Immobilienfinanzierung
- Geld- und Kapitalanlagen durch Vermögensaufbau und Vermögensanlage bzw. -verwaltung neben Liquiditäts- und Steuerplanung und
- allgemeine Bankthemen wie Kontoführung, ec-Karten und Kreditkarten

abzudecken haben.

Wegen des in der Arbeitsthese formulierten Anspruchs, ein umfassendes und ganzheitliches Beratungskonzept zu sein, bietet der Financial Planning-Ansatz eine geeignete Grundlage zur Planung und Sicherung der **Privaten Altersvorsorge**. Denn das über Altersvorsorgemaßnahmen erzielte Altersvermögen zählt logischerweise zur ganzheitlichen Vermögensplanung, die Voraussetzung für Klarheit und Ordnung im gesamten Privatvermögen ist. Weitere Gründe dafür sind der lange und umfassende Planungshorizont und die sich ständig überschneidenden thematischen Inhalte dieses Prozesses. Insofern lässt sich Financial Planning in Bezug auf die Private Altersvorsorge auch als ein fokussierter Beratungsansatz zur Lösung der Probleme und Fragen in Zusammenhang mit der privaten Altersvorsorge bezeichnen: maßgeschneiderte Altersvorsorge ist somit Teil einer ganzheitlichen Finanzplanung. Aus diesem Grund werden Financial Planning und Private Altersvorsorge hinsichtlich der verschiedenen Strategien bzw. Konzepte des Marktauftritts in Abschnitt 4 gemeinsam behandelt.

Diese Vorgehensweise darf über eines jedoch nicht hinwegtäuschen: bevor Maßnahmen zur Planung der Privaten Altersvorsorge angegangen werden können, muss im Rahmen des Financial Planning unabdingbar ein Vorsorgemanagement für die Erwerbsphase des Anlegers realisiert werden. Denn es nützt nichts, fürs Alter finanziell vorzusorgen und auf dem Weg dorthin Versorgungslücken zu riskieren, die den Eintritt in einen finanziell gesicherten Ruhestand verhindern. Ein solches Vorsorgemanagement für die aktive Erwerbsphase umfasst in erster Linie den Produktbereich der Assekuranz mit den Themen Berufsunfähigkeits-, Erwerbsunfähigkeits- und Dread-Disease-Schutz sowie Privathaftpflichtversicherung.

Interessant in diesem Zusammenhang sind dabei die Ergebnisse einer „Banking-Trend"-Studie von Mummert Consulting und Bankmagazin. Auf die Frage, welches Geschäftsfeld sich in Zukunft besonders gut entwickeln wird, dominierte bei den Nennungen das Thema Altersvorsorge mit 44,9 % vor Financial Planning mit 16,8 %. Die großen Wachstumspotenziale für die Banken im Versicherungsbereich wurden bei der Betrieblichen Altersvorsorge mit 70,6 % vor der Krankenzusatzversicherung mit 59,3 % und der privaten Lebensversicherung mit 48,4 % gesehen (Mehrfachnennungen möglich). Und bezüglich der Etablierung von Allfinanz und Bankassurance räumen die befragten Banken sich selbst mit 31,9 % die größten Chancen für einen erfolgreichen Marktauftritt ein; gefolgt von allen anderen Finanzdienstleistern mit 30,1 %, den unabhängigen Vermittlern mit 29,8 % und der Assekuranz mit 8,8, %.[17]

1.3   Private Altersvorsorge

Das Einkommen eines deutschen Ruheständlers (Rentner oder Pensionär) setzt sich aus drei klassischen Säulen zusammen:

- der Gesetzlichen Rentenversicherung GRV mit einem Anteil am gesamten Ruhestandseinkommen von ca. 85 %
- der Betrieblichen Altersversorgung BAV mit einer Quote von 5 % und
- der Privaten Altersvorsorge PAV mit einem Beitrag von 10 %.

Zur Quantifizierung der Leistungen aus der GRV mögen einführend nachstehende Basisdaten (Stand Ende 2006) genügen:

1. Die sog. Eckrente, die ein Durchschnittsverdiener nach 45 (!) Versicherungsbeitragsjahren erhält, liegt bei 1.139 € monatlich.
2. Die Durchschnittsrente aller gesetzlich Versicherten beträgt 793 € pro Monat.
3. Die Rentenverteilung nach Geschlechtern zeigt, dass 53 % aller rentenberechtigten Männer und 83 % (!) aller Frauen weniger als 1.050 € Rente pro Monat beziehen.

Diese quantitativ größte Säule GRV im gesamten Ruhestandseinkommen ist zugleich die fragwürdigste, was ihre Sicherheit in Zukunft anbelangt. Hauptgrund hierfür ist in erster Linie die demografische Entwicklung mit einem ausgeprägten Trend zu größerer Langlebigkeit der Bevölkerung.

Dies hat auch die Weltbank in einem Bericht 2005 konstatiert, wenn sie ausführt:

- wir leben in einer Welt großer globaler Herausforderungen – von der globalen Erderwärmung bis zum globalen Terrorismus
- eine der sichersten Herausforderungen ist die der alternden Gesellschaft
- und eine der wahrscheinlichsten Veränderungen dieser Herausforderung ist die große und nachhaltige Auswirkung auf nationale Volkswirtschaften und die globale Weltordnung.

Als weiterer Hinweis auf die Grenzen des staatlichen Beitrags nennt die Weltbank die Entwicklung von zwei Positionen der aggregierten Haushaltsausgaben der G 7-Staaten zwischen 1960 und 2000. In diesem Zeitraum haben sich die Militärausgaben von 6,9 % am Gesamtetat auf 2,3 % gedrittelt, während sich die Ausgaben für staatliche Renten- und Gesundheitsleistungen von 5, 9 % auf 11,9 % mehr als verdoppelt haben.

Eine Fortschreibung des demografischen Trends zeigt, dass der Anteil der über 60 Jahre alten Menschen an der gesamten Bevölkerung in 2050 36,7 % betragen wird (nach 14,6 % in 1950 und 24,1 % in 2000), während gleichzeitig der Anteil der bis 20Jährigen von 30,4 % über 20,9 % auf 16,1 % abnehmen wird. Neben der Tendenz zur Überalterung unserer Gesellschaft muss somit genauso von einem Trend zur „Unterjüngung" der Bevölkerung ausgegangen werden.

In der demografischen Entwicklung hält Deutschland drei „Weltrekorde":

- das Land, in dem die Bevölkerungsschrumpfung infolge der niedrigen Geburtenrate am frühesten begann (West ab 1972, Ost ab 1969)
- weltweit einmalig hoher Anteil der Frauen und Männer an einem Jahrgang, die zeitlebens kinderlos bleiben – ca. ein Drittel
- fehlende Geburten werden stärker als in anderen Industrieländern durch Einwanderungen ersetzt (BRD 1.022, Australien 694, Kanada 479 und USA 245 jährliche Zuwanderungen pro 100.000 Einwohner).[18]

Neben der Haupteinflussgröße Sterblichkeit spielen die Entwicklung der Geburten sowie der Saldo aus Zu- und Abwanderungen eine Rolle für diesen demografischen Trend. Lag der Anteil der Rentner im Verhältnis zu den Erwerbstätigen in 2003 noch bei knapp 60 %, wird dieser Anteil in 2030 paritätisch sein und in 2050 bei 118 % liegen.

Für die Finanzierbarkeit des Systems der GRV kommt als weiterer Bestimmungsfaktor die Lebensarbeitszeit hinzu, die durch Ausbildungs- und Studienzeiten und damit dem Berufseintrittsalter, Sabbatical und Ruhestandseintrittsalter bedingt werden.

Insgesamt betrachtet führt die demografische Entwicklung zu einem Altersaufbau in Deutschland, der über die Jahrzehnte von der Alterstanne über den Alterspilz zur Altersurne mutieren wird.

Von der BAV sind für einen Großteil der Bevölkerung keine Entlastungseffekte für die gesamte Altersvorsorge zu erwarten. Nach wie vor ist der Anteil der BAV-Begünstigten auf einen zu kleinen Personenkreis beschränkt. Und für viele BAV-Empfänger wie ehemalige

GmbH-Geschäftsführer und AG-Vorstände stellt die BAV nur einen Ausgleich zur fehlenden Einbeziehung in die GRV dar.

Faustregeln der Beratungspraxis für die Höhe der gesetzlichen Rente gehen davon aus, dass von einem mit 100 % angenommenen letzten Bruttoeinkommen und hieraus verbleibenden Nettoeinkommen mit 70 % vor Eintritt in den Ruhestand eine Nettorente von knapp 50 % verbleibt. Wird die Rente aufgrund einer Erwerbsminderung geleistet, sinkt diese auf 34 % für vor 1961 geborene Rentner und auf die Hälfte hieraus, d. h. 17 % für nach dem 1.1.1961 Geborene.

Verschärft werden diese Aussagen u. a. durch den Fidelity Renten- und Alterssicherungs-Index (Fidelity REAL-Index) 2007 der Fondsgesellschaft Fidelity International in Deutschland. Dieser Index zur Situation des Versorgungsniveaus der Deutschen im Ruhestand bezieht alle drei Säulen der Altersvorsorge in seine Berechnungen ein und kommt zu dem Ergebnis, dass die erwerbstätigen Deutschen im Alter nur 56 % ihres letzten Einkommens vor Renteneintritt erreichen. Der Beitrag der GRV zum gesamten Alterseinkommen wird hierbei aber nur mit 34 % angesetzt.[19]

Insofern ist die Einstellung der deutschen Bevölkerung verwunderlich. Obwohl

- 95 % aller Deutschen davon überzeugt sind, dass eine PAV absolut notwendig ist und
- 91 % der Bevölkerung weiß, dass ohne zusätzliche private Vorsorge der bisherige Lebensstandard nicht zu halten sein wird (TNS Emnid)

dominiert Sorglosigkeit, indem

- lediglich 25 % der Deutschen im Alter zwischen 30 und 49 Jahren überhaupt für PAV oder BAV sparen (Empirica),
- nur 20 % der heute 30- bis 50-Jährigen mit Fonds für ihr Alter vorsparen (BVI) und
- diejenigen, die vorsorgen, dies im statistischen Mittel (Median) mit monatlich 150 € machen, was bedeutet, dass 50 % der befragten Erwerbstätigen sogar weniger als diesen Betrag ansparen (AXA-Ruhestand-Barometer 2007).

Der Finanzjournalist Gburek schildert die Situation wie folgt: „Gemessen an den … Anforderungen an eine vernünftige Altersvorsorge lebt der Großteil der Deutschen im Wolkenkuckucksheim (lt. Duden ein Luftgebilde oder Hirngespinst): ihr Geldvermögen besteht vor allem aus niedrig verzinslichen Spar- und Sichteinlagen, Kapitalpolicen und festverzinslichen Wertpapieren, allesamt ohne Inflationsschutz. Ihre Eigentumsquote bei Immobilien dümpelt unter 50 Prozent. An Aktien und Aktienfonds haben sie sich in den Jahren 2000 bis 2003 so die Finger verbrannt, dass sie sie seitdem am liebsten links liegen lassen. Insgesamt gleicht ihre Vermögensstruktur samt Risikoabsicherung und Altersvorsorge einem Sammelsurium, basierend auf mehr oder weniger zufällig abgeschlossenen Verträgen. Und sowohl der Staat als auch die meisten Finanzdienstleister tun so, als könne man die strukturellen Probleme allein mit kollektiven Instrumenten wie Riester und Rürup lösen …"[20]

Die aktuelle „Vorsorgewelt" wird durch das „Alterseinkünftegesetz" (offizielle Bezeichnung dieses Gesetzes siehe Abkürzungsverzeichnis) AEG bestimmt. Dieses hat das bis dahin vorherrschende Drei-Säulen-Modell der Altersvorsorge durch ein sog. Drei-Schichten-Modell abgelöst, wie Abb. 4 skizziert.

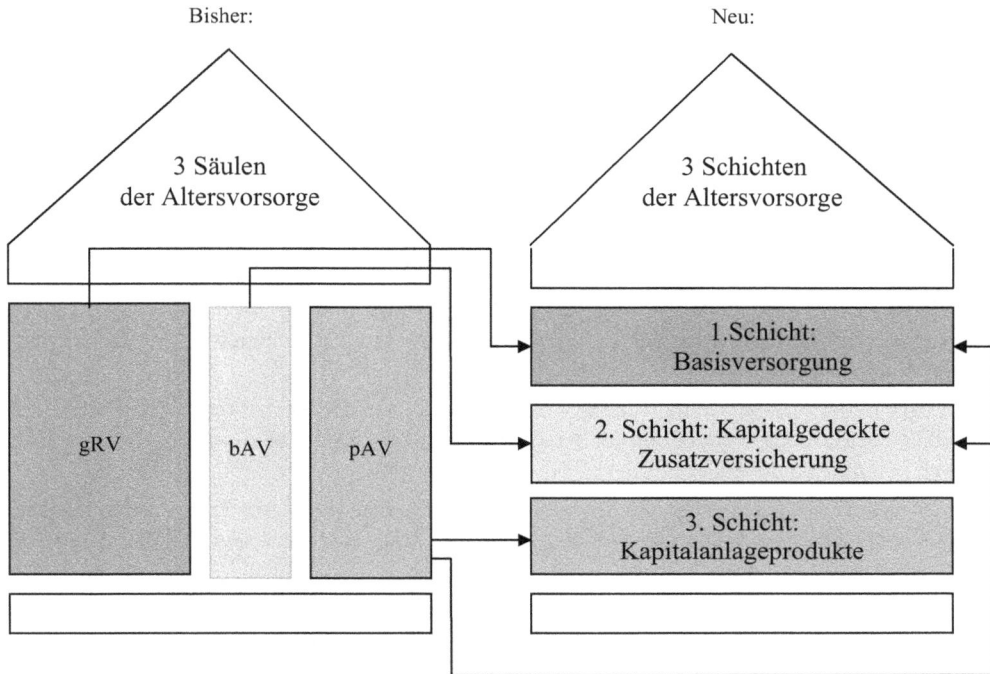

Abb. 4: Vom 3-Säulen-Modell zum 3-Schichten-Modell

Die Fiktion des Gesetzgebers zum AEG hat als Eckpfeiler

- die Sicherung der Altersversorgung und Versorgung der Familienangehörigen
- den Erhalt des Vermögens und
- die Neuregelung der Steuerbelastung.

Das daraus abgeleitete Modell der nachgelagerten Besteuerung sieht

- in der Anspar (=Erwerbs-) phase auf Grund des Entnahmeverbots für bereits geleistete Zahlungen eine Sonderausgabennutzung und
- in der Entspar (=Ruhestands-) phase die Besteuerung der Renten, also nachgelagert vor.[21]

Schicht 1 als Basisvorsorge enthält die sog. Basisrente, deren Auszahlung frühestens nach Vollendung des 60. Lebensjahres erfolgen darf. Sie unterliegt der nachgelagerten Besteuerung, die ab 2005 von 50 % bis zum Jahr 2040 auf 100 % ansteigen wird. Sie ist ausschließlich auf den Altervorsorgesparer bezogen und daher nicht übertragbar, beleihbar, veräußerbar und vererbbar. Ein Kapitalwahlrecht ist ausgeschlossen. Als Pluspunkte der Basisrente stehen die lebenslange Rente und die Abzugsfähigkeit der Beiträge in der Ansparphase und zwar ab 2005 von 60 % ansteigend auf 100 % in 2025 bis zum Betrag von 20.000 € für Alleinstehende und doppeltem Betrag für Zusammenveranlagte. Der Sparer bzw. spätere Rentenempfänger genießt Hartz IV-Schutz, d. h. die einbezahlten Beträge sind bei Arbeitslosigkeit vor einer vorzeitigen Verwertung geschützt. Konkrete Basisrenten-Produkte sind derzeit nur von Versicherungsunternehmen im Markt.

Die zweite Schicht (kapitalgedeckte Zusatzvorsorge) enthält neben der sog. Riester-Rente Vorsorge- und Absicherungsmaßnahmen für die aktuelle Lebensphase des Anlegers. Dies ist insofern sinnvoll, um in der Erwerbsphase so abgesichert zu sein, dass rein finanziell betrachtet auch die Ruhephase erreicht werden kann. Hierzu zählen Beiträge zu Erwerbsminderungs- und Berufsunfähigkeitsversicherungen.

Auch bei der Riester-Rente darf die Auszahlung frühestens nach Vollendung des 60. Lebensjahres bei nachgelagerter Besteuerung erfolgen. Eine Teilkapitalisierung bei Rentenbeginn bis zu 30 % des angesparten Altersvermögens ist jedoch möglich. Werden Riester-Beiträge (die bei entsprechendem Einkommen ab 2008 bis zu 4 % der Beitragsbemessungsgrenze in der Gesetzlichen Rentenversicherung ausmachen dürfen) über ein Betriebliches Altersvorsorgesystem im Unternehmen des Anlegers angespart, greift die Steuerfreiheit der Beiträge nach § 3 Nr. 63 EStG.

Als Vorzüge der Riester-Rente werden wie auch bei Rürup die lebenslange garantierte Rente und daneben Hartz IV-Schutz und die Abzugsfähigkeit der Beiträge zu 100 % maximal auf 2.100 € pro Jahr ab 2008 genannt.

Schicht 3 (übrige Vorsorge) beinhaltet neben reinen Finanzanlageprodukten Kapital bildende Lebens- und Rentenversicherungen (sowohl klassisch als auch fondsgebunden), deren Beiträge steuerlich *nicht* absetzbar sind.

Als Auswirkungen des AEG werden bei Versicherungsleistungen nur 50 % der Überschüsse besteuert, wenn die Laufzeit mindestens 12 Jahre beträgt und die Auszahlung frühestens nach Vollendung des 60. Lebensjahres erfolgt. Rentenversicherungen erfahren durch das AEG eine günstigere Ertragsanteilsbesteuerung als vor dessen Inkrafttreten. Beispielsweise ermäßigt sich der Ertragsanteil für einen Renteneintritt mit dem 60. oder 61. Lebensjahr von 32 % (bis 2004) auf 22 % seit 2005 und für einen Rentenbeginn mit dem 65. bzw. 66. Lebensjahr von zuvor 27 % auf nun 18 % der jeweiligen Rente.

Sämtliche Produkte der dritten Schicht, die aus rein privater, staatlich nicht geförderter oder mit Zulagen ausgestatteter Vorsorge besteht, sind kapitalisierbar, übertragbar, beleihbar, abtretbar und vererbbar.

Die nachstehende Abb. 5 zeigt die Auswirkungen des AEG auf die Einkommenslücke, die sich im Ruhestand allein auf Grund der veränderten steuerlichen Situation ergibt. Um die Problematik für die Notwendigkeit privater Altersvorsorgemaßnahmen deutlich zu machen, wird auf eine „Dynamisierung" der Rente genauso verzichtet wie auf die Einbeziehung von Annahmen zur Inflationsentwicklung.

	2004	2025	2035
Bruttorente	1.915 €	1.915€	1.915€
zu versteuernder Anteil	27%	85%	95%
Steueraufwand (Steuersatz 35%)	181€	570€	637€
Nettorente	1.734€	1.345€	1.278€
„fehlende" Nettorente	-	389€	456€

Abb. 5: „Harmloses" Beispiel für die Auswirkungen des AEG auf die „fehlende" Nettorente (eigene Berechnung)

1.4 Der Finanzdienstleistungsmarkt

1.4.1 Finanzdienstleistungsanbieter

Wentlandt[22] teilt Finanzdienstleistungen in originäre und derivative Arten ein.

Unter originären Finanzdienstleistungen versteht er mit Haller[23] „Dienstleistungen, die zur Erfüllung einer oder mehrerer finanzieller Funktionen beitragen oder ihre Erfüllung übernehmen". Diese Finanzdienstleistungen werden durch Banken, Bausparkassen, Versicherungen und in eingeschränkter Form von Kapitalanlagegesellschaften, Kreditkartenorganisationen sowie Handelsunternehmen angeboten. Bei Handelsunternehmen stellen Finanzdienstleistungsangebote lediglich eine flankierende Maßnahme zur Verkaufsunterstützung der eigenen Produktpalette dar. So verkauft der Einzelhändler Tchibo in unregelmäßigen Abständen Finanzprodukte wie Giro- und Tagesgeldkonten sowie als dauerhafte Angebote Ratenkredite und Baufinanzierungen.

Als derivative Finanzdienstleistungen versteht Wentlandt die Beratung im Zusammenhang mit Finanzdienstleistungen, die nicht mehr einer einzelnen Finanzdienstleistungsart (gemeint ist ein konkretes Produkt) zugeordnet werden kann, sondern dem Nachfrager eine komplexe, an seiner individuellen Bedürfnissituation angepasste Problemlösung bietet. Diese weicht also vom konkreten Produktverkauf bzw. -angebot ab und soll zu einem an den persönlichen Wünschen des Kunden orientierten Beratungsangebot führen.

Bei dieser Strukturierung des Finanzdienstleistungsangebots bleibt unberücksichtigt, dass auch die sog. originären Anbieter ganzheitliche Problemlösungen anbieten, die über den reinen Produktverkauf hinausgehen. Spätestens die Neupositionierung der deutschen Bankenlandschaft mit der angekündigten – und wenige Wo7chen später bereits geplatzten – Fusion zwischen Deutsche Bank AG und Dresdner Bank AG im 1. Quartal 2000 und der damit verbundenen geplanten Kundensegmentierung macht deutlich, dass zumindest für die vermögende und einkommensstärkere Kundschaft ein entsprechendes Beratungsangebot geschaffen wird. Unabhängig davon wird im Rahmen der Vermögensverwaltung (neudeutsch: Private Asset Management) der Kreditinstitute seit vielen Jahren die Beratungskomponente über den Produktverkauf gestellt.

Bitz[24] teilt die Teilnehmer an den Finanzmärkten in Unternehmen des finanziellen und nicht-finanziellen Sektors, die öffentlichen Haushalte und die Privathaushalte ein. Für die Aufgabe, einen Ausgleich zwischen Anlagebedarf und Finanzierungsbedarf der Marktteilnehmer herbeizuführen, haben sich Unternehmen spezialisiert, die unter der Bezeichnung **Finanzintermediäre** zusammengefasst werden.

Darunter versteht Kaiser Institutionen, die durch den Abschluss gegenläufiger Finanzierungsverträge für eigene Rechnung zwischen potenzielle originäre Finanzierungsvertragsparteien treten.[25]

Als Funktionen der Finanzintermediäre nennt er neben den allgemeinen Aufgaben wie Betragstransformation, räumlicher und zeitlicher Transformation finanzierungsspezifische Intermediärfunktionen wie

- Risikoselektion und -transformation und
- Ausübung von Verfügungs- und Informationsrechten,

die sowohl von Versicherungsunternehmen als auch von Kreditinstituten wahrgenommen werden können, während die Transformation von Konditionierungen nur von Versicherungsunternehmen und die Liquiditätstransformation ausschließlich von Banken vorgenommen werden können.

Bitz hingegen stellt Finanzintermediäre im engeren und weiteren Sinne gegenüber.[26] Als Finanzintermediäre im engeren Sinne nennt er Kreditinstitute einschließlich Teilzahlungsbanken und Realkreditinstitute, Bausparkassen, Kapitalanlagegesellschaften, Leasing- und Factoringgesellschaften, Kapitalbeteiligungsgesellschaften und Versicherungen.

Als Intermediäre im weiteren Sinne bezeichnet er Unternehmen, deren Geschäftszweck darauf gerichtet ist, den unmittelbaren Abschluss von Finanzkontrakten herbeizuführen oder gar erst zu ermöglichen, ohne selbst Partner eines solchen Vertrags zu werden.

Drei Kategorien von Anbietern spielen hierbei eine Rolle:

1. Vermittlungsdienstleister wie Finanzmakler, Kreditvermittler, Versicherungsvermittler und -makler sowie Wertpapier- und Immobilienmakler.
2. Informationsdienstleister wie Börseninformationsdienste, Rating-Agenturen und Evidenz-Zentralen.
3. Risikoübernehmer, insbesondere Kreditversicherer und Bürgschaftsbanken.

Die Finanzintermediäre i. e. S. treten somit bei Finanzgeschäften selbst als Vertragspartner (z.B. Kapitalgeber oder Kapitalnehmer) bei der Kontrakttransformation auf (Finanzintermediation mit Selbsteintritt), während Finanzintermediäre i. w. S. nur die Vermittlung und Abwicklung eines Finanzkontrakts übernehmen, ohne selbst Vertragspartner zu werden (Finanzintermediation ohne Selbsteintritt). Börner bezeichnet die beiden Intermediationsalternativen in Anlehnung an Greenbaum/ Thakor als Qualifizierte Asset Transformation bzw. als Brokerage[27].

Für die Frage nach Motiven und Strategien für den Auftritt einzelner Anbieter bzw. Anbietergruppen im Allfinanzmarkt ist diese Einteilung grundsätzlich geeignet. Allerdings scheint es zweckmäßig, bei den nachfolgenden Überlegungen unter den Finanzintermediären im engeren Sinne Leasing- und Factoringgesellschaften sowie Kapitalbeteiligungsgesellschaften außen vor zu lassen. Erstgenannte Institutsgruppen zum einen, weil deren Diversifikationsanstrengungen in aller Regel nicht auf die Domänen anderer Anbietergruppen gerichtet sind, sondern auf ein relatives Wachstum innerhalb und mit ihrer jeweiligen Branche. Kapitalbeteiligungsgesellschaften zum anderen deshalb, weil sie als von Kreditinstituten und öffentlichen Stellen gegründete Finanzinstitute prinzipiell der Bankenanbietergruppe zuzuordnen sind. Gleiches gilt für Private Equity- und Venture-Capital-Fonds, die als Sonderformen innerhalb der Produktpalette von Kapitalanlagegesellschaften subsumiert werden können.

Als Einwand gegen diese ökonomische Abgrenzung könnten aufsichtsrechtliche und gesetzgeberische Zuordnungen vorgebracht werden. Etwa nach dem Motto, dass Bausparkassen dem Regelungsbereich „Banken" innerhalb der BAFin unterstehen und ebenso wie Kapitalanlagegesellschaften und Teilzahlungsbanken Spezialkreditinstitute i. S. des KWG seien und insofern den Banken zuzuordnen seien (ähnliche Aspekte würden sinngemäß dann auch für Finanzdienstleistungsinstitute i. S. des § 1a KWG und Finanzunternehmen i. S. des § 1 III KWG gelten). Das KWG gebraucht in § 1 neben dem Oberbegriff Institute für Kreditinstitute und Finanzdienstleistungsinstitute noch den Terminus Finanzunternehmen (deren Leistungen vielfach auch von Kreditinstituten angeboten werden), was eine weitere Unschärfe in der juristischen Positionierung liefert.

Diese Überlegungen spielen jedoch insofern keine Rolle, als diese Anbietergruppen bereits hohe Marktvolumina managen und aktiv und / oder passiv Gegenstand von institutsgruppenübergreifenden Diversifikationsstrategien sind.

Darüber hinaus stellen Finanzdienstleistungsangebote von Finanzintermediären i. w. S. flankierende Maßnahmen zur Verkaufsunterstützung der eigenen Produktpalette und Bemühungen zur Sortimentserweiterung dar. Im Sinne eines produktorientierten Annex-Vertriebs verkauft beispielsweise

- der Einzelhändler Tchibo neben den bereits genannten Produkten Versicherungen der Axa Versicherung
- der größte deutsche Warenhauskonzern Arcandor (vormals: Karstadt-Quelle) als einer der ersten Protagonisten dieser Entwicklung verschiedene Versicherungen und Bankprodukte. Über die Karstadt-Quelle Finanz-Services GmbH werden Produkte der Ergo-Gruppe und der Quelle Versicherung sowie Kreditkarten der Mastercard vermittelt
- C & A über das Label C & A Money Autoversicherungen
- der Lebensmittelfilialist Penny Rechtsschutzversicherungen
- der Otto-Versand über sein Tochterunternehmen Finanz-Plus als Makler Autoversicherungen und Policen zur Altersvorsorge, vorzugsweise für Cosmos Direkt.

Eben weil dieser Trend zur Disintermeditation (Umgehen der klassischen Mittlerrolle der Finanzintermediäre i. e. S.) von den originären Anbietern nicht aufgehalten werden kann, wird er von ihnen bei standardisierten Produkten genutzt, wie die aufgelisteten Beispiele zeigen. Damit spielen die Finanzintermediäre im weiteren Sinne jedoch für die Frage nach Motiven, Strategien und Trends im modernen Allfinanzgeschäft insofern eine Rolle, als ihr Kooperationsverhalten bzw. ihre mögliche Konkurrenzsituation zu den Finanzdienstleistern im engeren Sinne situativ Gegenstand entsprechender Betrachtungen sein kann.

Zusammenfassend lassen sich Finanzdienstleistungsanbieter als Institutionen definieren, die an einzelwirtschaftlichen Zielen orientiert sind und deren Geschäftätigkeit in der Intermediationsleistung **Abschluss und Vermittlung von Finanzkontrakten** liegt.

Die quantitative Darstellung des deutschen Finanzdienstleistungsmarktangebots kann somit von

- ca. 220 Groß-, Regional- und Privatbanken (ohne Anbieter ausländischer Provenienz), 450 Sparkassen (mit über 16.000 Geschäftsstellen) und 8 Landesbanken sowie 1.288 Genossenschaftsbanken mit 2 Spitzeninstituten
- ca. 647 Versicherungsgesellschaften i. w. S. (einschl. 26 überbetrieblichen Pensionskassen und 18 Pensionsfonds)
- 15 privaten Bausparkassen und 10 Landesbausparkassen (von denen vier als selbstständige Anstalten des öffentlichen Rechts auftreten, drei in der Rechtsform einer AG firmieren und die restlichen drei als unselbständige Anstalt bzw. Einrichtung und Abteilung einer Landesbank operieren)
- ca. 80 Kapitalanlagegesellschaften mit über 6.000 Investmentfonds, die zum Vertrieb in Deutschland zugelassen sind, und
- ca. 700 Finanzdienstleistungsinstitutionen

ausgehen.

1.4.2 Finanzdienstleistungsnachfrager

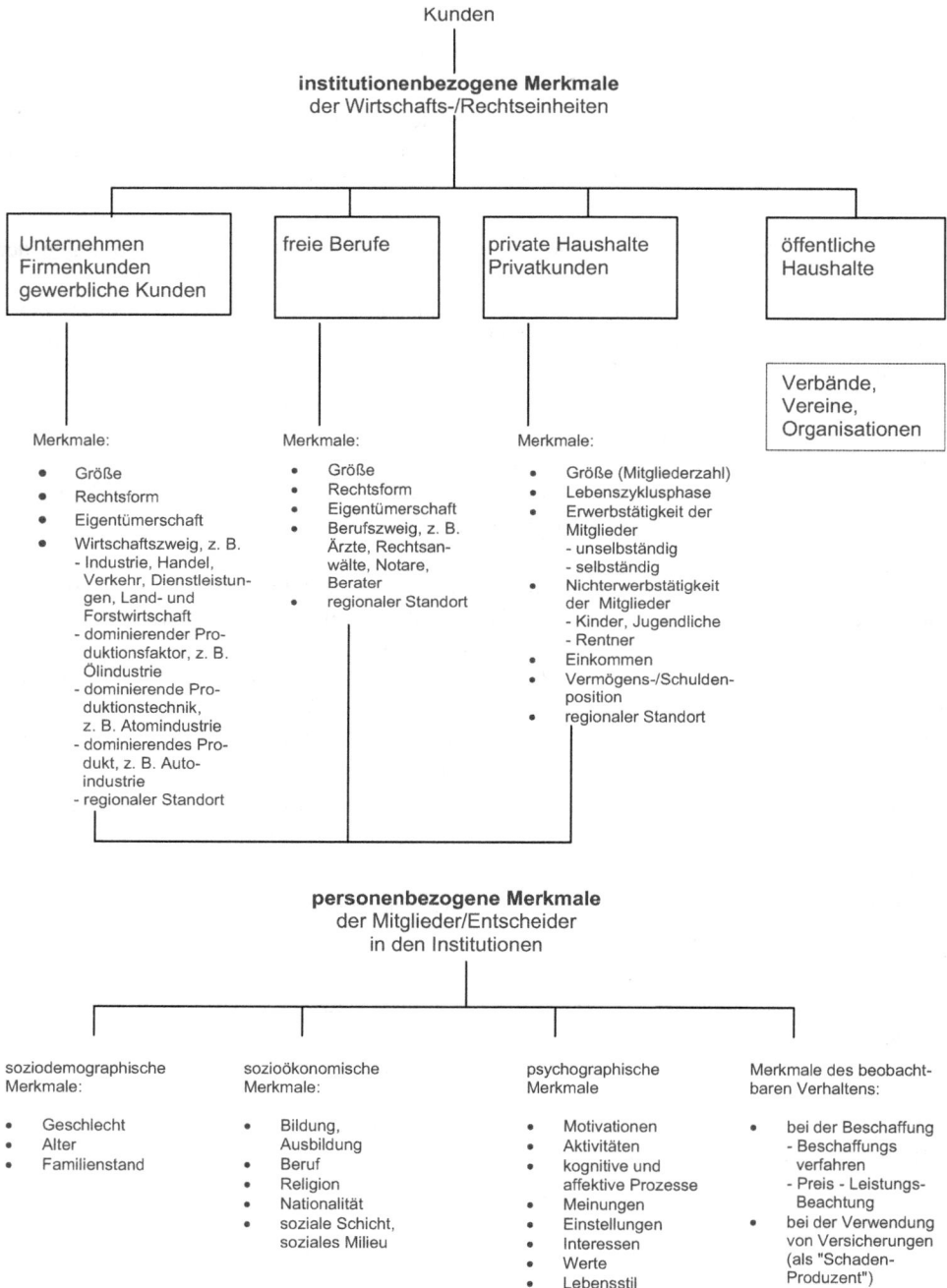

Kunden

institutionenbezogene Merkmale
der Wirtschafts-/Rechtseinheiten

| Unternehmen Firmenkunden gewerbliche Kunden | freie Berufe | private Haushalte Privatkunden | öffentliche Haushalte |

Verbände,
Vereine,
Organisationen

Merkmale:

- Größe
- Rechtsform
- Eigentümerschaft
- Wirtschaftszweig, z. B.
  - Industrie, Handel, Verkehr, Dienstleistungen, Land- und Forstwirtschaft
  - dominierender Produktionsfaktor, z. B. Ölindustrie
  - dominierende Produktionstechnik, z. B. Atomindustrie
  - dominierendes Produkt, z. B. Autoindustrie
  - regionaler Standort

Merkmale:

- Größe
- Rechtsform
- Eigentümerschaft
- Berufszweig, z. B. Ärzte, Rechtsanwälte, Notare, Berater
- regionaler Standort

Merkmale:

- Größe (Mitgliederzahl)
- Lebenszyklusphase
- Erwerbstätigkeit der Mitglieder
  - unselbständig
  - selbständig
- Nichterwerbstätigkeit der Mitglieder
  - Kinder, Jugendliche
  - Rentner
- Einkommen
- Vermögens-/Schuldenposition
- regionaler Standort

personenbezogene Merkmale
der Mitglieder/Entscheider
in den Institutionen

soziodemographische
Merkmale:

- Geschlecht
- Alter
- Familienstand

sozioökonomische
Merkmale:

- Bildung, Ausbildung
- Beruf
- Religion
- Nationalität
- soziale Schicht, soziales Milieu

psychographische
Merkmale

- Motivationen
- Aktivitäten
- kognitive und affektive Prozesse
- Meinungen
- Einstellungen
- Interessen
- Werte
- Lebensstil

Merkmale des beobachtbaren Verhaltens:

- bei der Beschaffung
  - Beschaffungsverfahren
  - Preis - Leistungs-Beachtung
- bei der Verwendung von Versicherungen (als "Schaden-Produzent")

Abb. 6: Kundenmerkmale, Kundentypen, Kundengruppen[28]

Im Rahmen von kunden-(gruppen-)bezogenen Geschäftsfeldpositionierungen werden die Nachfrager im Finanzdienstleistungsmarkt vorwiegend nach **institutionenbezogenen** und / oder **personenbezogenen Merkmalen** eingeteilt. Abbildung 6 zeigt einen aus diesen beiden Merkmalsgruppierungen kombinierten Ansatz, der aus dem Bereich institutionenbezogener Merkmale die der natürlichen Person als zentraler Figur und Entscheidungsträger für die Nachfrage im Finanzdienstleistungsmarkt zuzuordnenden Merkmale herausarbeitet.

Dieser Ansatz sei stellvertretend für die gebräuchliche Darstellung der Nachfragerseite genannt. Öffentliche Haushalte, Verbände, Organisationen, Stiftungen, aber auch Finanzdienstleistungsanbieter, die in bestimmten Situationen und Bereichen ebenfalls eine Nachfragerposition im Markt einnehmen können, bleiben bei dieser Sicht außen vor. In der Tat scheint es vertretbar, sich schwerpunktmäßig auf die Privathaushalte auf der Nachfragerseite zu konzentrieren. Wo die Einbeziehung von Unternehmungen und Institutionen hingegen sinnvoll erscheint, wird dies im Rahmen dieser Arbeit berücksichtigt werden. Beispielsweise haben Kapitalsammelstellen wie Versicherungen und Pensionskassen im Rahmen ihrer Geld- und Kapitalanlagen durchaus qualifizierten Beratungsbedarf, der auf der Angebotsseite entsprechende Kapazitäten erfordert.

Damit stellt sich die Nachfrageseite in Deutschland mit ca. 82 Mio. natürlichen Personen, die in ca. 28 Mio. Privathaushalten wohnen und einigen zehntausend institutionellen Nachfragern auf.

1.4.3   Regulatorische Bedingungen des Finanzdienstleistungsmarkts

Eine Marktcharakterisierung wäre unvollständig ohne Darstellung der regulatorischen Rahmenbedingungen dieses Marktes, der in den vergangenen Jahren von neuen Regelungen, gesetzlichen Auflagen und freiwilligen Initiativen geradezu überschwemmt wurde. Vor diesem Hintergrund blieben die Reaktionen der Anbieter durchaus verhalten. Das kann zum einen mit der Einsicht in die Notwendigkeit dieser „Zuwendungen" durch den Gesetzgeber zusammenhängen. Schließlich hat der Finanzdienstleistungsmarkt im Bereich der privaten Vermögensbildung und Altersvorsorge Aufgaben übernommen, die ursprünglich staatlicher Natur waren und zum anderen will man sich durch eine Gegenposition nicht den Anschein geben, als hätte man mit diesem regulatorischen Umfeld irgendwelche Probleme.

So war es nur konsequent, nachdem sich die Grenzen zwischen den Anbietern von Bank- und Bausparprodukten, Wertpapieranlagen und Versicherungen immer mehr verwischten, dass über diesen zusammen wachsenden, konvergierenden Marktbereich eine integrierte Aufsicht gestellt wird. Nach dem Vorbild der britischen Financial Services Authority (FSA) wurde im Mai 2002 die **Bundesanstalt für Finanzdienstleistungsaufsicht (BAFin)** durch Zusammenschluss der vormals selbstständigen Behörden Bundesaufsichtsamt für das Kreditwesen (BAKred), Bundesaufsichtsamt für das Versicherungswesen (BAV) und Bundesaufsichtsamt für Wertpapierhandel (BAWe) zu einer Allfinanzmarktaufsicht gegründet. Die entsprechenden gesetzlichen Grundlagen KWG, VAG und WpHG mussten lediglich um das Finanzdienstleistungsaufsichtsgesetz ergänzt werden. Die BAFin ist als wichtigste Regulierungsbehörde für den Kapitalmarkt eine selbstständige Anstalt des öffentlichen Rechts, die sich aus Gebühren und Umlagen der beaufsichtigten Institute finanziert.

Hauptaufgabe der BAFin ist die Sicherstellung der Solvenz der Banken, Assekuranzen und Finanzdienstleistungsinstitutionen (Solvenzaufsicht) und die Schaffung von Standards zur

Wahrung des Vertrauens der Anleger in die Finanzmärkte (Marktaufsicht). Hierzu zählt auch die Bekämpfung von unerlaubten Finanzgeschäften wie Geldwäsche oder die Terrorismusfinanzierung. Wegen der zunehmenden internationalen Harmonisierung von Gesetzen und Standards vertritt die BAFin die deutschen Interessen bei der EU sowie in anderen internationalen Gremien bzw. Institutionen , z.B. im Committee of European Securities Regulators (CESR) und im Ausschuss der Europäischen Aufsichtsbehörden für das Versicherungswesen und die Betriebliche Altersversorgung.(CEIOPS).

Neben der BAFin ist auch die 1957 gegründete und ab 1998 als integraler Teil des Europäischen Zentralbanksystems fungierende **Deutsche Bundesbank** für die Überwachung des deutschen Finanzmarktes verantwortlich. Im Aufgabenfeld Bankenaufsicht (neben den Geschäftsfeldern Geldpolitik, Finanz- und Währungssystem sowie Zahlungsverkehr) kontrolliert die Bundesbank die Solvenz, Liquidität und Risikosteuerung der ca. 2.300 Kreditinstitute in Deutschland. Damit verschafft sie sich wichtige Informationen für ihre Aufgaben hinsichtlich der Finanzstabilität.

Die Rolle als Wächter des Tagesgeschäfts im Sinne einer laufenden Aufsicht der Banken wird überwiegend von den neun Niederlassungen der Bundesbank wahrgenommen, womit die Bundesbank der BAFin zuarbeitet, die darüber hinaus Sonderprüfungen bei systemrelevanten Instituten und bei Probleminstituten vornimmt. Daneben fungiert die Bundesbank als „Bank der Banken", als Hausbank des Staates und als Hüterin der nationalen Währungsreserven.

Die Kreditinstitute haben der Bundesbank unlängst in einer unabhängigen Studie bescheinigt, bei ihrer Finanzaufsicht gute Arbeit zu leisten. Umso unverständlicher sind aus diesem Grund verschiedene Initiativen seitens der BAFin wie auch des Bundesfinanzministeriums, der Bundesbank die ihr garantierte Unabhängigkeit zu beschneiden und Kompetenzen zu entziehen[29]. Schließlich wurde dieses duale Überwachungssystem bei Gründung der BAFin durch ein gemeinsames Memorandum der beiden Behörden nach Zuständigkeiten und Verantwortlichkeiten definiert. Berechtigte Kritik entzündet sich an der Doppelarbeit in beiden Institutionen. Ungeklärt ist auch die Haftungsfrage für Fehler, die der BAFin in Ausübung ihrer Überwachungsaufgaben unterlaufen können und für die sie in Anspruch genommen werden kann. Ferner fordern die Banken, dass die Kosten allgemeinstaatlicher Aufgaben wie das Kontenabrufverfahren im Rahmen der Terrorismusbekämpfung nicht den beaufsichtigten Instituten, sondern dem Staat angelastet werden müssen.

Eine weitere Regulierungsinstanz ist 1992 mit der Einführung des Ombudsmanns als eine Art Freiwillige Selbstkontrolle der Finanzwirtschaft ins Leben gerufen worden. Der Begriff **Ombudsmann** stammt aus dem Skandinavischen und steht für eine Schiedsrichter- oder Ausgleichsfunktion bei Streitigkeiten zwischen den Finanzinstituten und deren privater Kundschaft. Das Ombudsmannverfahren ist ein freiwilliges und für den Verbraucher unentgeltliches Schlichtungsverfahren im Sinne von § 13 BGB. Ombudsleute gibt es im Bankenbereich für die dem Bundesverband Deutscher Banken e. V. angeschlossenen Institute, im Bausparkassensektor für die dem Verband der Privaten Bausparkassen e. V. angehörenden Mitglieder sowie in der Lebens-, Kranken- und Pflegeversicherung.

Ein Ombudsmann wird grundsätzlich dann tätig, wenn der Privatkunde weder bei der BAFin eine Beschwerde eingereicht hat noch eine Klage bei Gericht anhängig ist. Dafür ist er mit teils weit reichenden Kompetenzen ausgestattet. Liegt ein Streitwert unter 5.000 €, so kann der Ombudsmann in der Lebensversicherungsbranche Entscheidungen treffen, an die das betroffene Unternehmen gebunden ist, nicht jedoch der Kunde (die gleiche Streitwertgrenze gilt auch bei den Bausparkassen). Liegt der Streitwert zwischen 5.000 € und 50.000 €, so spricht der Ombudsmann eine unverbindliche Empfehlung aus, der das Assekuranzunternehmen im Regelfall auch folgt. Streitwerte über 50.000 € liegen nicht in der Zuständigkeit des Ombudsmanns. In der Kranken- und Pflegeversicherung hat der Ombudsmann keine Entscheidungsbefugnis, wobei die betroffenen Versicherer i. d. R. aber seiner Empfehlung folgen.

Der Verbraucher kann sich somit alternativ und jeweils unentgeltlich an die BAFin oder den Ombudsmann werden. Im Jahresdurchschnitt werden der BAFin ca. 20.000 Beschwerden vorgetragen, während die Ombudsleute rund 1.400 Eingaben zu bearbeiten haben, von denen etwa 1.000 „nur" Anfragecharakter haben.

Der **Deutsche Corporate Governance Kodex** hat sich zur Aufgabe gesetzt, die in Deutschland geltenden Regeln für Unternehmensleitung und -überwachung für nationale und internationale Investoren transparent zu machen, um so das Vertrauen in die Unternehmensführung deutscher Gesellschaften zu stärken. Er adressiert alle wesentlichen Kritikpunkte an der deutschen Unternehmensverfassung wie mangelhafte Ausrichtung auf Aktionärsinteressen, mangelnde Unabhängigkeit deutscher Aufsichtsräte, mangelnde Transparenz deutscher Unternehmensführung, die duale Unternehmensführung mit Vorstand und Aufsichtsrat sowie die eingeschränkte Unabhängigkeit der Abschlussprüfer. Im Rahmen der gesetzlichen Rahmenbedingungen gehen die Bestimmungen des Kodex auf jeden dieser Kritikpunkte ein.

Der 2002 verabschiedete Kodex ist das Ergebnis einer von der Bundesregierung eingesetzten Regierungskommission unter dem Vorsitz von Dr. Gerhard Cromme, was der Kommission auch die Bezeichnung „Cromme-Commission" eingebracht hat.

Der Kodex besitzt über die Entsprechungserklärung gem. § 161 AktG eine gesetzliche Grundlage. Er richtet sich in erster Linie an börsennotierte Gesellschaften, wenngleich auch nicht börsennotierten Unternehmen die Beachtung des Kodex empfohlen wird. Insofern hat der jährlich von der Kommission aktualisierte Kodex einen „halbamtlichen" Charakter. Mit seinen Empfehlungen leistet der Kodex ähnlich wie die Initiative Finanzstandort Deutschland einen wichtigen Beitrag zur Vertrauensbildung in den Finanzdienstleistungsmarkt Deutschland.

Die **Initiative Finanzstandort Deutschland (IFD)** ist ein freiwilliger Zusammenschluss von 18 kapitalmarktnahen Mitgliedsfirmen, 6 assoziierten Mitgliedsfirmen und ca. 250 Experten und Marktpraktikern (Stand Juli 2007) mit dem Ziel, Wachstum, Innovationskraft und Wettbewerbsstärke des Finanzstandorts Deutschland nachhaltig zu steigern. Die von der IFD angestoßenen Maßnahmen sollen nicht nur die Effizienz der Finanzbranche erhöhen, sondern auch einen Beitrag zur Zukunftsgestaltung in Deutschland leisten: über breitere, tiefere und effizientere Finanzmärkte soll die Finanzierungsgrundlage der Unternehmen optimiert werden, die wirtschaftliche Dynamik und Beschäftigung gestärkt und der Ausbau eines Kapitalstocks für die Vorsorge gefördert werden.

Mit Hilfe der von der IFD entwickelten IFD-Spinne wird das Potenzial des Finanzplatzes Deutschland analysiert und die Bedeutung der deutschen Finanzmärkte mit der relativen Größe der deutschen Wirtschaft in Europa verglichen. Es handelt sich dabei um ein Messinstrument, das die Fülle der Marktinformationen in einem Netzdiagramm zusammenfassend verdichtet und daneben für die vier Teilbereiche Finanzierung, Anlage, Risikoschutz und Marktliquidität getrennt berechnet[30].

Abschließend sollen zur Darstellung der regulatorischen Aspekte im Finanzdienstleistungs-markt vier Gesetzesneuerungen exemplarisch angesprochen werden, um die Sensibilität für die rechtlichen Rahmenbedingungen zu schärfen.

Das **Finanzmarkt-Richtlinien-Umsetzungsgesetz FRUG** dient der Umsetzung der europäischen Richtlinie über Märkte für Finanzinstrumente. Das Kürzel **MIFID** steht für Markets in Financial Instruments Directive und ist in seinen wesentlichen Bestimmungen seit November 2007 anzuwenden. MIFID bringt umfangreiche Anpassungen der regulatorischen Rahmenbedingungen an die Weiterentwicklung der Finanzmärkte mit sich, wobei das WpHG, das Börsengesetz, das KWG, die Gewerbeordnung und das Verkaufsprospektgesetz am stärksten betroffen sind.

Für den Verbraucher am augenscheinlichsten erweist sich die Umsetzung von MIFID bei Änderungen im WpHG und den Sonderbedingungen für Wertpapiergeschäfte. Als wesentliche Ziele werden die Erhöhung der Markttransparenz (bei Gebühren, Vertriebsanreizen, Interessenkonflikten und Orderausführungen), die Stärkung des Wettbewerbs und damit die Verbesserung des Anlegerschutzes angestrebt. Damit kommen auf die Finanzdienstleister weit reichende Veränderungen zu, wie neue Informationspflichten, Wohlverhaltensregeln (z.B. bankmäßige Grundsätze für die Ausführung von Aufträgen in Finanzinstrumenten) und Organisationspflichten.

Dabei macht MIFID u. a. in der Beratungspraxis eine Unterscheidung zwischen der Hergabe von Anlageinformationen und Anlageempfehlungen erforderlich. Sobald ein Vermittler Anlageinformationen nicht nur ausspricht, sondern diese auch mit einer Beratung und persönlichen Empfehlung verknüpft, wird diese Beratung zu einer Wertpapier-Dienstleistung „befördert". Hierfür benötigt er eine bankenaufsichtsrechtliche Lizenz nach § 32 KWG. Ausgenommen von dieser Regelung ist lediglich die Vermittlung von Anteilsscheinen an offenen Investmentfonds und geschlossenen Immobilienfonds. Zur Erlangung einer entsprechenden Geschäftserlaubnis sind zahlreiche gewerberechtliche Voraussetzungen zu erfüllen. U. a. muss der Vermittler eine Geeignetheits- und Angemessenheitsprüfung durchlaufen.

Finanzdienstleister, die diesen Lizenzierungsaufwand nicht betreiben wollen, können sich einem Haftungsdach anschließen. Ein solches bieten sowohl Versicherungsgesellschaften über Tochter- oder Beteiligungsgesellschaften als auch Maklerpools (zugelassen nach § 2 Nr. 10 KWG) an. Die Haftungsdächer

- überprüfen die von ihnen zum Vertrieb zugelassenen Produkte
- stehen mit ihrem Renommee für die Qualität der Produkte ein
- stellen den angeschlossenen Vermittlern Tools zur Verfügung, um den Informations-, Beratungs- und Dokumentationspflichten zu genügen und
- übernehmen im Außenverhältnis die Haftung gegenüber dem Kunden.

Ihrerseits sind die Haftungspools Mitglieder in der Entschädigungseinrichtung der Wertpapierhandelsunternehmen (EdW), deren gesetzliche Grundlage das Einlagensicherungs- und Anlegerentschädigungsgesetz (EAG) von 1998 darstellt. Der EdW werden durch die BAFin sämtliche Finanzdienstleister, Kreditinstitute (die keine Einlagenkreditinstitute sind) und Kapitalanlagegesellschaften zugeordnet.

Eine grundsätzliche Unsicherheit und damit Gefährdung für gesellschaftsungebundene Finanzdienstleister ergibt sich aus der teils doppelten Betroffenheit dieser Instituts- bzw. Personengruppe durch MIFID/FRUG einerseits und der in der VVG-Novelle verarbeiteten Vermittlerrichtlinie andererseits.

Das deutsche Gesetz über den Versicherungsvertrag (Versicherungsvertragsgesetz) **VVG** erfährt 2008 nach rund 100jährigem Bestehen einige wesentliche Novellierungen. Dabei werden alte Prinzipien abgelöst bzw. aufgehoben:

- das „Alles-oder-nichts-Prinzip" (voller Schadenersatz oder gar keiner bei grober Fahrlässigkeit des Versicherungsnehmers) wird durch eine verschuldensabhängige gewichtete Leistung des Versicherers ersetzt werden
- das Prinzip der Unteilbarkeit der Prämie, das bisher keine Rückzahlung der anteiligen, durch den Versicherungsschutz nicht verbrauchten Prämie vorsah, wird ebenfalls abgelöst werden. Zukünftig muss der Versicherte die Prämie nur noch bis zum Zeitpunkt einer unterjährigen Kündigung des Vertrags durch das Versicherungsunternehmen bezahlen.

Künftig müssen Kunden bereits vor Vertragsabschluss die wesentlichen Informationen und Unterlagen über ihren abzuschließenden Versicherungsvertrag erhalten. Dem wird die bisherige Praxis, dem Kunden die Vertragsunterlagen erst zusammen mit dem Versicherungsschein auszuhändigen, nicht gerecht. Ein Streitpunkt in den Schlussabstimmungen zum neuen Gesetz sind die umfangreichen Dokumentationspflichten, um dem Versicherungsnehmer im Streitfall die Beweisführung zu erleichtern.

Im Zusammenhang mit der VVG-Novelle wird die **Informationspflichten-Verordnung** (VVG-InfoV) erlassen. Diese Verordnung regelt, welche Einzelheiten des Vertrags – insbesondere zum Versicherer, zur angebotenen Leistung sowie zum Widerrufsrecht – dem Kunden mitzuteilen sind und in welcher Art und Weise dies zu erfolgen hat. Insbesondere sieht die Verordnung ein Produktinformationsblatt als Ergänzung zu den Allgemeinen Versicherungsbedingungen vor.

Das VVG und die VVG-InfoV treten zum 1.1.2008 in Kraft, wobei auf Altverträge bis zum 31.12.2008 noch das alte Recht Anwendung findet (Ausnahme: die Neuregelung der Überschussbeteiligung in der Lebensversicherung gilt schon ab 2008 auch für Altverträge).

Voraussichtlich erst ab 2010 wird **SEPA** (Single European Payment Area) als EU-einheitlicher Rechtsrahmen für Zahlungsverkehrstransaktionen starten. Die neue Zahlungsverkehrsrichtlinie soll Euro-Zahlungen für alle EU-Bürger auf Basis einheitlicher Standards für Überweisungen, Lastschriften und Debitkarten ermöglichen. Die Folge wird eine vollständige Neuausrichtung des Zahlungsverkehrsgeschäfts mit sinkenden Preisen und Gebühren für den Kunden sein.

1.5 Historische Entwicklung

Bank- und Versicherungsleistungen stehen in unterschiedlichen Beziehungen zu einander: zum großen Teil komplementär, gelegentlich auch substitutiv, tendenziell jedoch konvergierend.

So entstanden zu Beginn der 1980er Jahre die ersten Integrationsbestrebungen zwischen Banken und Versicherungen, die auf der strategischen Ebene unter dem Terminus „Allfinanz" bekannt wurden. Haupttreiber dieser Kooperationsbemühungen waren Vertriebsüberlegungen in Richtung kostenwirksamer Verbundeffekte, Cross-Selling von Finanzdienstleistungsprodukten und Kundenbindungsmaßnahmen. Nachdem sich die optimistischen Erwartungen hieran jedoch nur teilweise erfüllten, wurde es in der Folgezeit um Allfinanz merklich ruhiger[31]

Eine Renaissance dieser Überlegungen stellte sich 2001 ein, als die Nr. 1 im deutschen Erstversicherungsmarkt, die Allianz Holding AG, ihren Zusammenschluss mit der damaligen Nr. 2 unter den deutschen Großbanken, der Dresdner Bank AG, bekannt gab (Anmerkung: dies nach zwei in 2000 geplanten und gescheiterten Großfusionen der Deutschen Bank mit der Dresdner Bank und anschließend zwischen Dresdner Bank und Commerzbank). Sogar die Boulevardpresse erging sich in Glossaren zu der Frage „Was ist Allfinanz?".

Bemerkenswert ist dabei der wirtschaftspolitische Nebeneffekt dieser Fusion. Denn der Kauf der Dresdner Bank leitete die Loslösung der beiden Institute von Münchner Rück, Deutscher Bank und HypoVereinsbank ein. Dies bildete gleichsam den Auftakt zur Entflechtung der sog. Deutschland-AG (einem Synonym für Überkreuzbeteiligungen), die zu strategischen Klumpenrisiken und Verkrustungen in der deutschen Volkswirtschaft geführt hatte.

Jedoch ist der Allfinanzgedanke keinesfalls eine Produktkreation des zu Ende gegangenen 20. Jahrhunderts. Erste Spuren des Allfinanzwesens gehen auf die zweite Hälfte des 14. Jahrhunderts zurück, als sich das auf ökonomischer Basis betriebene Versicherungswesen in den oberitalienischen Hafenstädten zusammen mit der Ausbreitung des Handels und der Seeschifffahrt entwickelte[32].

Typischer Geschäftsgegenstand war damals die Finanzierung und Übernahme des Ausfallrisikos einer Handelsschifffahrt durch einen Kapitalgeber. Der Reeder als Schuldner musste dieses Darlehen nur bei heiler Heimkehr des Schiffes in den Heimathafen zurückzahlen. Bei Untergang des Schiffes waren für den Darlehensgeber der Kreditbetrag, die Zinsen und die Versicherungsprämie verloren. Diese „Wette" auf ein erfolgreiches Unternehmen könnte auch als die Geburtsstunde derivativer bzw. strukturierter Finanzprodukte bezeichnet werden.

In Deutschland geht die Allfinanzidee auf das 19. Jahrhundert zurück.[33] Namhaftester Vertreter ist sicherlich die (ehemalige) Bayerische Hypotheken- und Wechselbank AG, die bereits 1836 Lebens- und Feuerversicherungen als Abteilung innerhalb der Bank „im Angebot" führte. Nach Verlusten durch Auslandsengagements erfolgte 1899 ein Rückzug aus diesen grenzüberschreitenden Aktivitäten. 1906 wurde die Abtrennung der Versicherungsabteilung juristisch vollzogen, wobei deren Aktien beim Bankinstitut verblieben. Ende 1923, auf dem Höhepunkt der Weltwirtschaftskrise, wurde diese „Bayerische Versicherungsbank AG", die heutige Zweigniederlassung der Allianz in Bayern, an die Münchner Rückversicherungs-AG und die Allianz Versicherungs-AG verkauft. Die spätere Entwicklung der Hypobank bzw. ihre traditionelle Verbindung zu den beiden Versicherungsgrößen dürfte bekannt sein: mit dem Zusammenschluss der Hypobank und der Bayerischen Vereinsbank zur HVB ab 1997 und der späteren Übernahme durch die italienische Unicredito ab 2005 sowie der zunehmenden Entflechtung der Deutschland AG ermäßigte sich der Beteiligungsbesitz der beiden Versicherer an der Bank auf eine nach den Finanzmarktgesetzen nicht mehr meldepflichtige Größenordnung.

Umgekehrt zur Entwicklung bei der Bayern-Hypo nahm die heutige Karlsruher Lebensversi-cherungs-AG, als „Allgemeine Versorgungsanstalt im Großherzogtum Baden" 1835 gegrün-det, 1864 bankmäßige Geschäfte auf.

Weitere Gesellschaften boten damals Bank- und Versicherungsleistungen aus einer Hand an wie die 1856 gegründete „Credit- und Versicherungsbank" in Lübeck, die aber schon 1859 das Versicherungsgeschäft einstellte und nach Umfirmierung in Commerzbank in Lübeck seit 1940 den Namen Handelsbank in Lübeck trägt.

Die auf das Jahr 1833 zurückgehende Allgemeine Rentenanstalt Lebensversicherung AG, die heute der Württembergischen Versicherungsgruppe angehört, eröffnete 1856 eine Spar- und Depositenkasse, die über mehrere Jahrzehnte Bestand hatte.

In einem Grundsatzartikel über den Markt für Finanzdienstleistungen im Zeitvergleich teilt Hahn[34] 1988 (!) den Markt in vier wesentliche zeitliche Phasen ein, wobei er zu Recht auf fließende Grenzen und Überlappungen zwischen diesen Perioden hinweist:

1. „vorgestern" bis Mitte der 50er Jahre
2. „gestern" 1960–1980
3. „heute" 1980–1999
4. „morgen" > 2000

Zu 1.:   Charakteristikum dieser Epoche ist die klare Abgrenzung zwischen den Märkten; es liegt kein Konkurrenzverhältnis zwischen den Anbietergruppen vor. Damit einher geht auch eine klare Arbeitsteilung innerhalb der Kreditwirtschaft: (urbane) Kredit-banken für große und mittlere Kunden, Sparkassen für Konsumenten und Kleinun-ternehmer, Genossenschaftsbanken für Landwirtschaft und Handwerker. Weitere Merkmale sind Kapitalknappheit und Reglementierung der Finanzmärkte.

Zu 2.:   Liberalisierung durch Aufhebung der Bedürfnisprüfung für die Errichtung von Bankstellen 1957, Aufhebung der Zinsbindung für Spareinlagen 1967 und 1972 großzügigere Politik bei der Vergabe von Banklizenzen an Ausländer.
Emanzipation des „kleinen Mannes" durch Einkommenslawine, Einführung der bar-geldlosen Gehaltszahlung und Begebung von Volks- und Belegschaftsaktien. Ban-ken führen aktive Konkurrenzpolitik und Substitutionskonkurrenzen werden „ent-deckt": Versicherungsaktivitäten geben Anlass zu Kooperationen (Partner bei Baufinanzierungen, Refinanzier), Beginn grenzüberschreitender ausländischer Bankaktivitäten (Investmentfonds) und ab ca. 1970 Entwicklung grauer Kapital-märkte (Bauherrenmodelle, geschlossene Immobilienfonds, Abschreibungsgesell-schaften). Einführung von Kreditkarten ab 1975 und Verdreifachung der Bankstellen in 25 Jahren. Entstehung umfassender Verbundsysteme bei Einführung eines Bank-außendienstes und Trend zur Einheitsbank.

Zu 3.:   Offensive aller Bankengruppen auch um den „kleinen" Kunden. Trend zur Bankleis-tung aus einer Hand. Banken und Versicherungen konkurrieren mit non-banks. Internationalisierung der Märkte durch Deregulierung, Securitization und Globali-sierung.

Zu 4.:   Aufkommen von Fusionen, Mergers & Acquisitions-Aktivitäten und Corporate Finance.
Umbruch im Vertrieb von Finanzdienstleistungen durch Multi-Kanal-Vertriebs-schienen.

Eine Fortschreibung dieser Studie auf die Gegenwart muss insbesondere die Bahn brechen-
den Entwicklungen durch Einsatz elektronischer Medien berücksichtigen. Bruer[35] stellt in
seiner Übersicht über den „ revolutionären Veränderungsprozess „ der Finanzbranche im
Zeitraum 1990–2000 + die drei Wellen von Online- und Multimedia-Banking heraus, wie
Abb. 7 belegt.

Die drei Wellen von online- und Multimedia-Banking		
Kundennutzen treibt den Wandel voran		
1990 - 1996	**1994 - 2005**	**2000 +**
Verfügbarkeit / Bequemlichkeit durch Geldautomaten und Telefon	Information / finanzielle Kontrolle durch PC und - Online-Service	Preisvorteile / Bequemlichkeit, zu- sätzliche Servicequalität durch E-cash und interaktives TV/Video
Zahlungsmittel / Zahlungsverkehr: * Debit * Kredit * Elektronische Bezahlung/Überweisung	*Online-Nutzung *Finanz-Software und Netze *Elektronische Zahlungs- u. Überweisungssysteme als Standard *Elektronischer Handel/Einkaufen	*E-cash und Chipkarten ersetzen Bargeld und Scheckformulare *Finanzdienstleistungen mittels interaktiver Video-Technologie *Verbindung unterschiedlichster Zahlungs-/Informationssysteme
Quelle: Johnson, Brian u.a.: Banking on Multimedia, in: The McKinsey Quarterly, 1995, Nr. 2, S. 94 ff., S. 99.		

Abb. 7: Die drei Wellen von Online- und Multimedia-Banking[36]

Demnach stand in der 1. Hälfte des letzten Jahrzehnts des vergangenen Jahrhunderts die
Verfügbarkeit bzw. Bequemlichkeit für den Kunden aus dem Umgang mit Geldautomaten
und Telefon im Vordergrund der Fortentwicklung von Finanzdienstleistungen. Beginnend ab
1994 sind Informationsgewinnung und finanzielle Kontrolle durch PC und Online-Service
die den Kundennutzen prägenden Themen, die den Wandel vorantreiben. Schließlich sollen
etwa ab 2000 Preisvorteile und Nutzerbequemlichkeit in Verbindung mit E-Cash und inter-
aktivem TV / Video zu einem neuen bzw. weiteren Kundennutzen führen.

Die schnell lebigen Entwicklungen im Internet und bei artverwandten Technologien erwiesen sich als bedeutende Werttreiber der Finanzdienstleistungsmärkte. Die Informationstechnologie als „Fabrik" eines Finanzdienstleisters kann im Ergebnis zu einer Verkürzung der
Wertschöpfungskette von 40–60 % innerhalb eines Zeitraums von 10 Jahren führen.

Kapitalmarktrelevanten Niederschlag erfuhr der technische Fortschritt in einer Vielzahl von
Firmenneugründungen, Börsengängen (IPOs) und schließlich in einem für diese Spezies neu
aufgelegten Börsensegment, dem sog. Neuen Markt. Dieser erlebte nach einer knapp fünfjährigen fulminanten Aufwärtsentwicklung seinen Höhepunkt im II. Quartal 2000, um von da

an rapide abzustürzen. Nach einer Talfahrt des Neuen Markt All Share-Index von 9.000 Punkten auf rd. 450 Punkte wurde dieses Börsensegment 2004 endgültig aufgegeben. Modellhaft lässt sich diese Entwicklung der Abb. 8 entnehmen, wobei der Übergang von Phase 1 zu 2 zeitlich ins II. Quartal 2000 fällt und die Phase 3 etwa nach Abklingen des Neue Markt-Schocks 2004 oder 2005 begonnen haben dürfte.

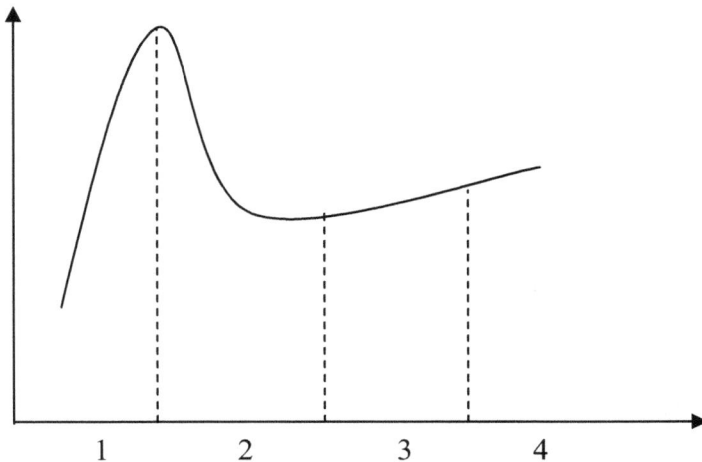

Phase 1: Berg der Erwartungen
Phase 2: Tal der Desillusion
Phase 3: Anstieg der Erkenntnis
Phase 4: Trend zur Produktivität

Abb. 8: Phasen der Internet-Entwicklung: Hype versus Reality[37]

Am vorläufigen Ende dieser – technologiedeterminierten – Entwicklung wird die **virtuelle Finanzdienstleistungsinstitution** stehen, die unsichtbare Bank bzw. Versicherungs- oder Kapitalanlagegesellschaft und Bausparkasse. Deren Unsichtbarkeit führt dazu, dass die Kundschaft ihren Anbieter nur noch als Palette von Finanzdienstleistungen wahrnimmt, aber nicht mehr als physisch real vorhandene Institution.

Über die Implikationen dieses Ansatzes sowie der weiteren Zukunftsaspekte im Allfinanzmarkt wird in den Abschnitten 3, 4 und 5 noch detailliert einzugehen sein.

1.6   Nachweise zu Abschnitt 1

[1]   Vgl. Hahn, O.: Der Markt für Finanzdienstleistungen im Zeitvergleich, S. 190.

[2]   Vgl. Stracke, G./ Geitner, D.: (Finanzdienstleistungen), S. 30.

[3]   Vgl. Pauluhn, B.: Allfinanzpolitik, S. 145.

[4]   Vgl. Tilmant, M.: Wir haben uns über den Zaun hinweg unterhalten.

[5]   Vgl. ac: Allfinanz 2006/2007, S. 90.

[6]   Vgl. Stracke, G./ Geitner, D.: a. a. O., S. 38.

[7]   Stracke, G./ Geitner, D.: a. a. O., S. 53.

[8]   Büschgen, A.: (Allfinanz), S. 30.

[9]   Vgl. Stracke, G./ Geitner. D.: a. a. O., S. 38.

[10]   Vgl. Reittinger, W./ Tilmes, R.: Financial Planning für vermögende Privatkunden im Rahmen der Altersversorgung, S. 746 f.

[11]   Vgl. Trayser, K. D.: Der Allfinanzanbieter, S. 728 ff.

[12]   Einen Überblick über die bekanntesten Definitionen zu Financial Planning liefert Mätzig, J.: Möglichkeiten und Grenzen des Financial Planning unter besonderer Berücksichtigung der Privaten Altersvorsorge, S. 14.

[13]   Vgl. Böckhoff, M./ Stracke, G.: (Der Finanzplaner), S. 33.

[14]   Vgl. Hochberger, B: (Financial Planning), S. 18.

[15]   Vgl. Financial Planning Standard Boards Deutschland e. V.: www.fpbs.de.

[16]   Vgl. Seidel, F.: FPSB: Qualitätszeichen „DIN-Geprüfte private Finanzplaner" erleichtert die Orientierung für Verbraucher, S. 162.

[17]   Vgl. Fürthmann, J.: Angebote im Trend: Bankassurance, S. 36 f.

[18]   Vgl. Birg, H.: Grundkurs Demographie – Erste Lektion: Deutschlands Weltrekorde.

[19]   Vgl. Mössle, K.: In der Schockstarre und Böttcher, G.: Im Alter drohen Versorgungslücken, S. 20.

[20]   Gburek, M.: Abschied vom Wolkenkuckucksheim, S. 12.

[21]   Einen detaillierten Überblick über das AEG und die staatlichen Beiträge zur Privaten Altersvorsorge liefern u. a. die Broschüren „Die neue Rente", „Die Basisrente" und „Die Riester-Rente" aus der Reihe „Versicherungen klipp + klar".

[22]   Vgl. Wentlandt, A.: (Strategische Positionierung), S. 25 ff.

[23]   Haller, M.: (Durchdringung), S. 64.

[24]   Vgl. Bitz, M.: Finanzdienstleistungen, S. 1.

[25]   Vgl. Kaiser, D.: Finanzintermediation durch Banken und Versicherungen, S. 119 f. und 213 ff.

[26]   Bitz, M.: a. a. O., S. 14 ff.

[27]   Vgl. Börner, C. J.: Finanzdienstleister, S. 1675.

[28]   Farny, D.: Versicherungsbetriebslehre, S. 408.

[29]   Vgl. Fehr, B.: Die Bundesbank ist mehr als Geldpolitik.

[30]   Vgl. Initiative Finanzstandort Deutschland: Finanzstandort Deutschland, Bericht Nr. 3 – 2007, S. 16 ff.

[31]   Vgl. Hartmann-Wendels, T./ Börner, C. J.: (Strukturwandel), S. 69ff. und Achleitner, A.- K.: Handbuch Investment Banking, S. 10 f.

[32]   Vgl. Schierenbeck, H./ Hölscher, R.: BankAssurance, S. 195.

[33]   Vgl. Graf, B.: (Schon 1836), S. 26 f.

[34]   Vgl. Hahn, O.: a. a. O., S. 190 ff.

[35]   Vgl. Bruer, A.: Revolution des Finanzgeschäfts, S. 368 ff.

[36]   Ders.: a. a. O., S. 369.

2 Motive

2.1 Allgemeine Motive

Die Motive für den Auftritt eines Finanzdienstleistungsanbieters im Allfinanzmarkt lassen sich unter zahlreichen betriebswirtschaftlichen Aspekten darstellen.

So kann beispielsweise von den betriebswirtschaftlichen Hauptfunktionen Produktion und Absatz ausgegangen werden, um diese Motive zu eruieren. Bei näherer Betrachtung der Produktionsfunktion eines Unternehmens kann die Produktionsplanung des eigenen Sortiments rasch Interdependenzen zur Produktionsplanung anderer Anbietergruppen aufzeigen. Denkbar ist im Rahmen der Leistungserstellung die Erkenntnis, dass die hauseigene Produktionsfaktorausstattung, z.B. Software, auch von Wettbewerbern der eigenen Anbietergruppe und anderer Anbietergruppen eingesetzt werden kann, woraus sich entsprechende Synergie- und Kosteneffekte einstellen würden.

Eine Betrachtung des Absatzes als betrieblicher Hauptfunktion wird im Bereich der Distributionspolitik Alternativen zu den eigenen vorhandenen Vertriebsschienen durch den Marktauftritt anderer Anbietergruppen ausfindig machen können. Diese zu nutzen, mag insbesondere dann zweckmäßig erscheinen, wenn die Marktforschung zur Unterstützung der Absatzplanung Sättigungsgrenzen im eigenen originären Markt erkennt. Sei es, dass der Anbieter selbst bereits eine so marktbeherrschende Stellung innehat, die eine Steigerung des Absatzpotenzials im Sinne des maximal möglichen Anteils am Marktpotenzial insgesamt nicht mehr zulässt bzw. betriebswirtschaftlich sinnvoll erscheinen lässt oder dass das Marktvolumen selbst in eine stagnierende oder schrumpfende Phase eintritt, dem das Unternehmen entgegenwirken will.

Wird hingegen vom Zielsystem einer Unternehmung ausgegangen, um die Motive für den Marktauftritt im Finanzdienstleistungsmarkt zu hinterfragen, so sticht in der neueren betriebswirtschaftlichen Literatur der **Shareholder Value-Ansatz**[1] im Sinne der Unternehmenswertmaximierung hervor. Unter diesem Aspekt ist es völlig gleichgültig, mit welchem Produktsortiment der Markt zu bedienen ist, um eine den Eigenkapitalgeberinteressen dienende Unternehmenspolitik durchzuführen. Wenn demzufolge die Erlös-/Kosten-Situation des eigenen Sortiments nicht ausreicht, um diesen Bedingungen (erwartete Mindestverzinsung bei gegebener Risikobereitschaft) zu genügen, kann die Lösung in einer Arrondierung der Produktpalette aus dem übrigen Bereich des Allfinanzmarktes liegen.

Wird im Rahmen des Zielsystems der Unternehmung näher hinterfragt, *wer* denn die geschäftspolitischen Motive des Unternehmens liefert, die zu dessen Auftritt im Finanzdienstleistungsmarkt führen, wird neben den Anteilseignern naturgemäß auch das Management einbezogen. Diese Personengruppe, die im Rahmen eines **Stakeholder-Ansatzes**es[2] die Interessengegensätze der verschiedenen Anspruchsgruppen (Kapitalgeber, Belegschaft, Kunden, Lieferanten und Öffentlichkeit) gegenüber dem Unternehmen zum Ausgleich bringen soll, steht ihrerseits mit ihren eigenen Ansprüchen um Einkommen, Macht, Prestige und

Einfluss in einem gewissen Interessengegensatz zu den Kapitaleignern. Einerseits wird das Management von den Aktionären eingesetzt, um deren Wertsteigerungsvorstellungen wahrzunehmen, andererseits ist es an der Sicherung der eigenen wirtschaftlichen und gesellschaftlichen Position sowie der Ausübung und Erweiterung der ihnen zustehenden Macht interessiert. Machtausübung setzt wiederum Unternehmenswachstum voraus, was ein zusätzliches Motiv für den Eintritt eines Finanzdienstleistungsanbieters in den Allfinanzmarkt liefert.

Zusammenfassend lässt sich feststellen, dass die grundlegenden Motive für den Auftritt im Finanzdienstleistungsmarkt, gleichgültig unter welchem betriebswirtschaftlichen Aspekt sie beleuchtet werden, auf eine Beeinflussung der beiden wesentlichen Blöcke der Gewinn & Verlust-Rechnung, nämlich Erhöhung der Erträge und / oder Senkung der Aufwendungen zurückgeführt werden können. Neben diesen allgemeinen Motiven werden in den nachstehenden Abschnitten die jeweiligen Motive herausgestellt, die für die einzelnen Anbietergruppen typisch sein können.

2.2   Spezielle Motive einzelner Finanzdienstleistungsanbietergruppen

2.2.1   Motive der Banken

Zum besseren Verständnis der Motivation des Bankensektors für den Auftritt im Finanzdienstleistungsmarkt ist eine Systematisierung des Bankgeschäfts an Hand der Geschäftsbereiche, des Bankentypus und der geografischen Positionierung hilfreich. Abb. 9 zeigt die Zusammenhänge in dreidimensionaler Weise als sog. Banken-Würfel auf:

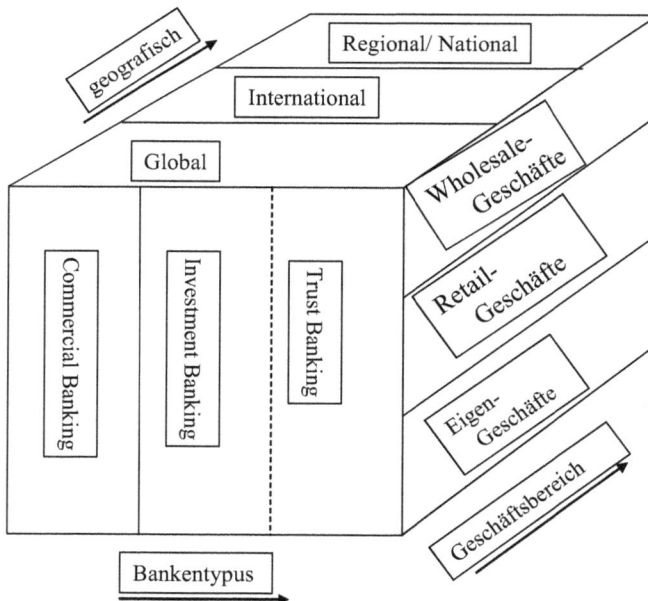

Abb. 9: Banken-Würfel[3]

Die Banktypen sind vor dem Hintergrund des anglo-amerikanischen Trennbankensystems zu verstehen, in dem

- Commercial Bankss das klassische bilanzwirksame Kredit- und Einlagengeschäft, das Transaction Banking Geschäft (im Wesentlichen Zahlungsverkehrs- und Wertpapierabwicklung) sowie Geld- und Devisentransaktionen
- Investment Bankss das bilanzunwirksame, provisionsorientierte Geschäft und
- Trust Bankss die Verwaltung von Treuhand- oder Sondervermögen

betreiben.

Die Grenzen zwischen Investment und Trust Banking sind zwischenzeitlich fließend geworden und werden in der Praxis kaum noch unterschieden.

Hinsichtlich der Geschäftsbereiche werden im Wholesale Banking vorwiegend juristische Personen wie Industrie- und Handelsunternehmen, Finanzinstitute und institutionelle Investoren bedient, während im Retail Banking natürliche Personen dominieren. Bei Eigengeschäften geht es nicht um eine Marktleistung, sondern um die Umsetzung von bankeigenen Interessen durch Geld- und Kapitalanlagegeschäfte sowie Beteiligungserwerbe auf eigene Rechnung.

Unter geografischen Aspekten des Tätigkeitsgebiets verdient in Deutschland nur ein einziges Institut die Bezeichnung als Global Player, die Deutsche Bank. International aufgestellt sind eine Reihe von Großbanken, die Landesbanken, DZ-Bank und WGZ-Bank sowie wenige große Privatbanken. Regionale Verbreitung haben im Wesentlichen kleinere Bankinstitute sowie die Vielzahl der Sparkassen und Genossenschaftsbanken.

In Deutschland mit seinem vorherrschenden Typ des Universalbanksystems, das durch einige Spezialbanken ergänzt wird, bildete noch bis in die 90 er Jahre des vergangenen Jahrhunderts die Steigerung des bilanzwirksamen Geschäfts bei den meisten Kreditinstitutsgruppen das Hauptaugenmerk, worauf die Geschäftspolitik gerichtet war. Lediglich Regional- und Privatbanken achteten in dieser Zeit bereits auf die außerbilanziellen Geschäftssparten mit deren Aufwands- und Ertragskomponenten als wesentliche Bestandteile von Gesamtgeschäftsvolumen und -ergebnis.

Eine zumindest mit dem Gesamtmarkt steigende Zuwachsrate der Bilanzsumme stand synonym für eine positive Geschäfts- und Ertragsentwicklung, da die Marktbeobachter der Bankenlandschaft von einer in etwa gleich bleibenden Zinsmarge zwischen Aktiv- und Passivseite der Bilanz ausgingen. In Zeiten steigender Geld- und Kapitalmarktzinsen sollte die Zinsmarge dabei tendenziell zulegen und umgekehrt in Phasen von Niedrigzinsen tendenziell schrumpfen. Die Entwicklung der Euro-Märkte, die zunehmende Deregulierung, Globalisierung und Securitization des Bankgeschäfts führte jedoch zu einer „säkularen" **Einengung der Zinsmargen**.

Zum Ausweis eines akzeptablen Gesamtergebnisses wurde also der Beitrag des bilanzunwirksamen Geschäfts erforderlich. Eine entsprechende Aufwertung dieser Sparten war auch von ständigen Restrukturierungen von Aufbau- und Ablauforganisation der einzelnen Bereiche in den 90 er Jahren begleitet. Sogar die Personalentwicklung und -förderung der Kreditinstitute schien diese Tendenz zu unterstützen. Während noch in den 80 er Jahren die klassische Bankkarriere über das Kreditgeschäft – oder allgemeiner: Commercial Banking – erfolgte und die Mitarbeiter im Wertpapierbereich eher als Exoten galten, hat sich das Investmentbanking zu Beginn der 90 er Jahre als zumindest gleichwertige Karriereleiter herauskristallisiert.

Unter Investment Banking fasst man heute üblicherweise

- den Handel mit Wertpapieren (Sales & Trading)
- das Begleiten von Firmen an die Börse (going public)
- die Platzierung von Anleihen und Schuldscheindarlehen (Emissionsgeschäft)
- Corporate & Structured Finance bzw. Advisory (Finanzierungsgeschäft)
- das Eigengeschäft der Bank (Principal Investment mit einem mittelfristigen Anlagehorizont) und
- die Beratung bei Firmenübernahmen (Mergers & Acquisitions), die sog. Königsdisziplin des Investment Banking

zusammen. Dass der Begriff unscharf ist, zeigt sich u. a. bei der Deutschen Bank, die hierunter auch das globale Firmenkundengeschäft und Leasingaktivitäten ansiedelt.

Neben der Verengung der Zinsmarge tritt aufwandsseitig als weitere Belastung das große **Filialnetz** bei vielen Geschäfts- und Genossenschaftsbanken wie auch bei der Sparkassenorganisation auf. Deutschland hat sowohl im Vergleich innerhalb Europas als auch zu Nordamerika eine vollkommen „overbanked" Situation. Diese ergibt sich sowohl

- aus der Relation Bankmitarbeiter pro Kopf der Bevölkerung

als auch

- im Verhältnis der Bankstellen zur Bevölkerung: mit 3,1 Banken (ohne Berücksichtigung der Anzahl der jeweiligen Filialen) je 100.000 Einwohner liegt die Bankendichte in Deutschland nahezu doppelt so hoch wie im EU-Durchschnitt mit 1,6 Banken. Legt man die Bankstellen insgesamt (Niederlassung, Filiale, Zweig- und Zahlstelle) als Maßstab zugrunde, teilen sich in Deutschland 1.600 Bewohner eine Bank, im EU-Durchschnitt 2.500. Diese Ziffer können als Indikator für die Wettbewerbsintensität innerhalb der Kreditwirtschaft angesehen werden.[4]

Dieser Zweigstellen-, Zweigniederlassungs- und Filialapparat bedarf einer entsprechenden Ausstattung in personeller und sachlicher Hinsicht, deren Kosten durch das abzudeckende Geschäft kaum kompensiert werden können, geschweige denn einen angemessenen Ergebnisbeitrag abwerfen. M. a. W. ist das Verhältnis von Leerkosten zu Nutzkosten im Filialnetz durch das Vorhalten eines entsprechenden Apparates vielfach so ungünstig, dass die „wilde" Expansionspolitik bis Ende der 80 er Jahre nicht nur einen deutlichen Dämpfer erfahren hat, sondern zu ernsthaften Rückzugsüberlegungen geführt hat. Begünstigt wird diese Überlegung durch die Fusionen innerhalb der Bankenszene.

Am Beispiel der ab 1998 fusionierten Bayerischen Hypotheken- und Wechselbank AG und der Bayerischen Vereinsbank AG zur HypoVereinsbank AG (die in 2005 von der UniCredit S. p. A. übernommen wurde) lässt sich dieses Filialsterben unter folgenden Kriterien verfolgen:

1. Welche ehemalige Bankfiliale verfügt am jeweiligen Platz über die „älteren" Rechte und somit über den – mutmaßlich – größeren und ertragsrelevanteren, also attraktiveren Kundenstamm?
2. Welche ehemalige Bankfiliale arbeitet in eigenen bzw. gemieteten Räumen?
3. Welche der ehemaligen Filialen hat den besseren Standort (Innenstadt, Fußgängerzone, Peripherie)?
4. Welche ehemalige Filiale verfügt über den qualifizierteren Belegschaftsstamm bzw. welcher Spezialist der aufzulassenden Filiale kann übernommen werden?

Eine andere Option zur Umkehrung der ungünstigen Verhältnisse zwischen Leer- und Nutzkosten bietet die **Ausweitung der eigenen Sortimentspalette** um lukrative Produkte aus dem near bank- und non bank-Bereich.

Vorreiter dieser Alternative waren Privatbanken, denen aufgrund ihrer strukturspezifischen Beschränkungen in der Refinanzierung auf kurz- und mittelfristige Einlagen häufig nichts anderes übrig blieb, als Partner in die Darstellung des Finanzierungsbedarfs ihrer Kundschaft einzubinden. Hieraus erklärt sich eine intensive Zusammenarbeit mit Realkreditinstituten, öffentlichen Förderkreditinstituten, Bausparkassen und Versicherungsgesellschaften. Dies gab dem Kunden zwar keine originäre Finanzierung aus einer Hand, aber die Zusammenstellung mehrerer Finanzierungsbausteine durch die begleitende Privatbank vermittelte den Eindruck, eine maßgeschneiderte und individuelle Lösung zu erhalten. Die Privatbank „beschränkte" sich „vornehm" auf die Vor- und Zwischenfinanzierungen, generierte Darlehensvermittlungsprovision und lief nicht Gefahr, den Kunden zu verlieren.

Waren diese Vermittlungsleistungen noch auf originäre Bankleistungen, nämlich die Kreditversorgung, gerichtet, ergaben sich zusätzliche Geschäftsmöglichkeiten durch den Vertrieb von Versicherungsprodukten, Bausparverträgen und der Implementierung von Kreditkarten. Während in der Anfangsphase dieser Zusammenarbeit mit near banks und non banks diese Aktivitäten noch relativ nah an einen konkreten Finanzierungsvorgang angelehnt waren, entfernte sich diese Koppelung zusehends und führte schließlich zu einem aktiven Verkauf der bankübergreifenden Produktpalette ohne der Notwendigkeit eines unmittelbaren Finanzierungszusammenhangs. Ein weiteres Merkmal ist die im Zeitverlauf zunehmende Abschlussaktivität durch die Bank, während zu Beginn dieser Kooperationen noch das reine Vermitteln an den Produktpartner und Abschluss des Geschäfts durch diesen dominierte.

Neuere Erklärungsansätze der Bankenintermediation[5], das ist die Mittlerfunktion zwischen Geldnachfragern und Geldanbietern, gehen der Frage nach der „raison d'être" , der Existenzbegründung bzw. -berechtigung von Kreditinstituten nach. Dabei setzen diese Ansätze bei den Transaktionskosten an. Das sind Informations- bzw. Kommunikationskosten eines zwischen zwei Parteien geschlossenen Vertrages, die für die Anbahnung, Vereinbarung, Abwicklung, Kontrolle und Anpassung desselben entstehen. Dabei treten für die Intermediäre zwei Probleme auf:

1. Wie können diese Leistungen standardisiert und kombiniert werden, um dadurch Möglichkeiten zur Erzielung von Größen- und Verbundvorteilen zu erhalten?
2. Wie kann ein Intermediär die aus ungleicher Informationsverteilung für die Partner von Finanzverträgen erwachsenden Gefahren begrenzen?

Die Klärung der ersten Frage unterliegt folgender Wirkungsablaufkette: Da Banken sich auf die für finanzielle Transaktionen erforderlichen Informationen spezialisiert haben, gelingt es ihnen, Gläubiger und Schuldner zu geringeren Kosten als im Fall des direkten Kontakts zwischen diesen zusammenzuführen. Dies führt zu sinkenden Stückkosten aufgrund der mengen- oder massenhaften Ausführung gleichartiger Leistungen oder zu Kosteneinsparungen aus der gemeinsamen Produktion ähnlicher Leistungen im Verbund. Das Phänomen sinkender Stückkosten bei wachsender Ausbringungsmenge wird als Skaleneffekt (**economies of scale**) bezeichnet. Größere Effizienzgewinne lassen sich demnach durch Spezialisierung auf einzelne Bankgeschäftsarten mit dem Ziel höherer Skalenerträge erzielen, während positive Verbundwirkungen (**economies of scope**) aufgrund des Leistungsbündels aus bilanzwirksamen und bilanzindifferenten Geschäften entstehen.[6] Als Beispiel hierfür nennt Süchting[7] technische Aggregate wie ein Rechenzentrum, das zur gemeinsamen Erstellung verschiedener Leistungen eingesetzt und damit besser ausgelastet wird oder den Cross-Selling-Ansatz, mit dem die Mitarbeiter einer Bank möglichst den gesamten Finanzdienstleistungsbedarf eines Kunden abzudecken versuchen. Die beim Absatz einer bestimmten Leistung gewonnenen Informationen (z.B. das Wertpapiervolumen betreffend) können für die Erstellung eines anderen Elements des Leistungsbündels (Bestimmung des Kontokorrentkreditrahmens) wertvoll sein.

Eine andere Möglichkeit zur Erzielung höherer Effizienzgewinne im Zuge der economies of scope stellt die Bildung größerer Bankengruppen durch Beteiligungen oder Fusionen dar, die auf starker Kapitalbasis eine größere Zahl von Geschäftsfeldern abdecken und zugleich die Gewinne in den einzelnen Sparten steigern können.[8]

Empirische Untersuchungen[9] belegen den Effekt steigender economies of scale in den jeweiligen Bankinstituts-Größenklassen im Zeitablauf. Die Ursache hierfür liegt primär im technologischen Wandel, da durch die zunehmende Computerisierung in der Abwicklung der Bankgeschäfte die sächlichen Fixkostenblöcke stetig gestiegen sind. Da technische Mindestausstattungen und -auslastungen erforderlich sind, ergibt sich daraus ein Zwang zum Geschäftswachstum.

2.2.2   Motive der Versicherungen

Ein erster Ansatz für den Auftritt eines Versicherungsunternehmens im Allfinanzmarkt lässt sich bei Betrachtung der Versicherungsbilanz ableiten. Die Aktivseite derselben wird – spartenunabhängig – von der Kapitalanlagentätigkeit dominiert. Von wenigen, volumensmäßig ohnedies nicht stark in Erscheinung tretenden Positionen wie immaterielle und sonstige Vermögensgegenstände, Forderungen und Rechnungsabgrenzungsposten abgesehen, stechen die einzelnen Positionen der Vermögensanlage ins Auge.

Sie werden grundsätzlich im Anhang im sog. Anlagenspiegel mit ihren jährlichen Veränderungen durch Zu- und Abgänge, Zu- und Abschreibungen sowie Umbuchungen erläutert.

Aus dem laufenden Management der einzelnen Kapitalanlagearten, gleichgültig ob aktiv, semi-aktiv oder passiv gesteuert, leitet der Versicherer seine Kompetenz und Know-how für den Auftritt im Finanzdienstleistungsmarkt ab.

So erfordert der Bereich Grundstücke eine kaufmännische und technische Expertise des Immobilienmarktes. Aus der Beschäftigung mit diesem kann über die originäre Tätigkeit des Einkaufs, der Verwaltung und des Verkaufs von Grundstücken für den Bestand des eigenen Unternehmens hinaus eine Verwertung des Know-hows in doppelter Hinsicht erfolgen:

1. Bei Grundstücksangeboten, die für den eigenen Bestand nicht in Frage kommen, kann überlegt werden, ob diese zu einem anderen Unternehmen im Markt passen und insofern eine – mit dem Anbieter abgestimmte – Weitervermittlung in Betracht kommt (Maklerfunktion).

2. Die Einbringung eines im Markt angebotenen Grundstücks in einen dem Versicherungsunternehmen nahe stehenden offenen oder geschlossenen Immobilienfonds (Platzierungsfunktion).

Somit wird aus der ursprünglichen einseitigen Orientierung auf den eigenen Bestand ein dreidimensionaler Ansatz für den Know-how-Einsatz auf der Immobilienseite.

Im Bereich der Finanzanlagen liegt der approach ebenfalls auf der Hand: die Vermögensabteilung als operative Einheit des Versicherungsunternehmens pflegt intensive Kontakte zu Banken und Kapitalanlagegesellschaften und tritt diesen gegenüber als Käufer und Verkäufer von Wertpapieren sowie Publikums- und Spezialfondsanteilen auf. Vielfach werden in der „Bankabteilung" der Assekuranz Mitarbeiter beschäftigt, die aus der Bankbranche kommen und insofern die „Sprache" ihrer Geschäftspartner im Bankenmarkt sprechen. Aus diesen Tätigkeiten ergibt sich vielfach die Tendenz, für den Vertriebsapparat des Versicherungsunternehmens eigene Vertriebsfonds (vormals einschränkend Ablauffonds bezeichnet) für Wertpapiere aufzulegen. Im Regelfall beginnt dies mit der Initiierung eines Festverzinslichenfonds , bevor in der Folge ein Mischfonds (Aktien und Rentenwerte) und / oder ein reinrassiger Aktienfonds aufgelegt wird.

Die traditionell starke Beschäftigung eines Versicherers mit Baufinanzierungen erfordert von der sog. Hypothekenabteilung bzw. -gruppe Kenntnisse im Grundstücks- und Finanzierungsmarkt. Neben objektbezogenen Daten werden selbstredend auch subjektbezogene, d. h. bonitätsmäßige Überlegungen in die Kreditentscheidungen einbezogen. Auch hierzu ist ein unmittelbarer Vergleich mit den entsprechenden Tätigkeiten im Bankbereich zulässig, was die Überlegungen in Richtung Allfinanz unterstützt.

Neben der Know-how-Nutzung aus ihrer Kapitalanlagetätigkeit bieten vielfach **informelle Kooperationen** Anlass für Überlegungen, das originäre Geschäft durch Allfinanzgeschäfte auszuweiten. Ehemalige Mitarbeiter, die das Unternehmen verlassen haben, um auf selbständiger Basis im Immobilien-, Finanzierungs- oder Bausparsektor tätig zu werden, sind häufig Ideengeber für entsprechende Aktivitäten.

Das gleiche gilt auch für Anstrengungen, aus einer einseitigen Geschäftsverbindung (hier Nachfrager – dort Anbieter) in eine wechselseitige Verbindung zu treten, d. h. **Reziprozitäten** zu schaffen. Am vordergründig einfachsten gelingt dies durch Aktivierung der Hausbankverbindung zu einer interdependenten Beziehung. Die Hausbank, bei der die Versicherungsbeiträge allmonatlich im Lastschrifteneinzugsverfahren eingezogen werden, profitiert aus der Verbindung aufgrund des Bodensatzes, den die Führung des Hauptbankkontos zwangsläufig mit sich bringt. Im Regelfall werden bei diesem Kreditinstitut auch Wertpapierdepots für das Sicherungsvermögen und die sonstigen Vermögensanlagen unterhalten, was aufgrund der damit verbundenen Ertrags- und Tilgungsgutschriften die Bodensatzbildung verstärkt.

Was liegt näher, als diese Bank auf den Vertrieb von originären Versicherungsprodukten, aber auch – aus Versicherungssicht – weiteren Allfinanzangeboten anzusprechen? Problematisch wird der Ansatz jedoch dann, wenn zu viele Versicherer auf diesen Gedanken kommen und damit eine Überfrachtung ihrer Hausbank bewirken würden, falls diese allen entsprechenden Wünschen nachkommen wollte. Am Beispiel der Dresdner Bank AG, die für rund 25 deutsche Lebensversicherungsunternehmen (das sind ca. 20 % dieser Anbietergruppe) Hausbankfunktion ausübt, wird dies deutlich. Selbst bei regionaler Aufteilung der Zusammenarbeit wäre eine gleichmäßige Bedienung der Versicherungspartner kaum möglich.

Neben der Hausbank kann ein Versicherungsunternehmen aber auch andere Bankverbindungen auf ein reziprokes Geschäftsverhältnis ansprechen. Zu denken ist in erster Linie an solche Kreditinstitute, die bereits im Wertpapiergeschäft beim Versicherer vertreten sind wie auch solche, die noch in der Akquisitionsphase stehen.

Ein weiteres Motiv für die Einbeziehung des Allfinanzangebots in die Sortimentspalette des Versicherers ist die **Existenzsicherung des eigenen Außendiensts**. Am hypothetischen Beispiel eines Ein-Sparten-Versicherers sei dies verdeutlicht: verfügt dieses Versicherungsunternehmen über keine geeigneten Kooperationsabkommen mit anderen Assekuranzunternehmen hinsichtlich der Produkte, die nicht ins eigene Portefeuille genommen werden, läuft der Außendienstmitarbeiter Gefahr, auch bei der Platzierung der eigenen Produkte beim potenziellen Kunden abgewiesen zu werden. Der Cross-Selling-Gedanke (vgl. Abschnitt 1.1.1) wird schließlich auch von seinen Wettbewerbern verfolgt, die ihre Cross-Selling-Quote zu Lasten des Ein-Sparten-Anbieters eher steigern können werden als umgekehrt der Einspartenvertreter den Mehrspartenanbietern bzw. Allround-Anbietern Marktanteile abringen kann.

Der „unterlegene" Einspartenvertreter wird daher nicht nur seine originären Markt- und Abschlusschancen sinken sehen, sondern wegen des Fehlens einer breit(er)en Produktpalette Kompensationsmöglichkeiten für seinen Einkommensausfall suchen. Häufig wird nämlich das „periphere" Produkt eine Türöffnerfunktion ausüben, über die der Außendienstmitarbeiter zum Verkauf seiner angestammten Produkte gelangen kann.

Fehlen nun solche Kompensationsmöglichkeiten, wird der um seine Existenzsicherung und Einkommensstabilisierung besorgte Mitarbeiter das Unternehmen verlassen und sich den Konkurrenzgesellschaften anschließen, die ihm diesbezüglich bessere Chancen eröffnen.

Für das „verlassene" Unternehmen hat diese damit verbundene Personalfluktuation mehrere negative Begleiteffekte:

1. Die unmittelbaren Kosten der Fluktuation stellen eine hohe Belastung der gesamten Vertriebskosten dar. Sie hängen mit den Aufwendungen für die Gewinnung / Neuanwerbung dieser Mitarbeiter, Schulung, Einarbeitung und zusätzlich den – vielfach nicht ins Verdienen gebrachten – Kosten während der Verweilphase des Mitarbeiters im Unternehmen zusammen.
2. Mit jedem Mitarbeiterwechsel ist die erreichte Cross Selling-Quote gefährdet. Diese wird pro Haushalt auf ca. 1,8 Produkte geschätzt und liegt damit ohnedies deutlich unter der der Banken mit rd. 3,0 Produkten pro Haushalt.[10]

Der Cross-Selling-Faktor wirkt aber unmittelbar wiederum auf die Abschlusskosten ein. Gelingt es, mittels Cross-Selling bei geschätzten 6–8 Versicherungen pro Haushalt und einem Terminbedarf von 10 Kontakten, um 2 neue Versicherungsverträge zu akquirieren, diese Abschlussquote zu verdoppeln, wäre eine Halbierung der Abschlusskosten zu erreichen.

Als Fazit verbleibt, dass ein Versicherungsunternehmen (unabhängig davon, ob es als Ein-Sparten-oder Mehrspartenanbieter auftritt) bei Selbstbeschränkung auf die originäre Produktpalette Gefahr läuft, im Cross-Selling-Faktor und damit der Kundenbindung an das Unternehmen zurückzufallen. Die Folge wird ein Abschmelzen der Versicherungsbestände und der Außendienstmitarbeiter, Geschäftszuträger und -partner und damit ein Verlust an Marktanteilen sein.

Will das Unternehmen diesen negativen Tendenzen

- Fluktuation von Kunden
- Fluktuation von Mitarbeitern
- erhöhte Abschlusskosten für Rückgewinnung von Altkunden und Akquisition neuer Kunden

wirkungsvoll entgegentreten, muss es sich konsequenterweise um eine Angebotspalette in Richtung Mehr- bzw. Allfinanz bemühen.

Der erfolgreiche approach dazu stellt einen wichtigen Beitrag zur **Immunisierung des eigenen Vertriebsapparates** gegen Abwerbungsversuche der Wettbewerber dar, weil die Außendienstmitarbeiter im Unternehmen nicht nur ihre psychologische Heimat, sondern und gerade ihre materielle Existenzsicherung (wieder)finden.

Ein weiterer Effekt des Allfinanzgedankens für die Assekuranz könnte ein **positiver Imagetransfer** aus dem Bankgewerbe auf die eigene Branche sein. Der Versicherungsaußendienst leidet heute nach wie vor in der Einstellung der Kunden und der interessierten Öffentlichkeit unter den Raubrittermethoden von Drückerkolonnen, die in der Vergangenheit auf einen schnellen Produktverkauf ohne Rücksicht auf den tatsächlichen Kundenbedarf hinarbeiteten. Insbesondere sog. Strukturvertriebe bestimmter Gesellschaften haben der Versicherungsbranche damit einen schlechten Dienst erwiesen. Glaubte man, diesen Verkaufsmethoden durch gesetzgeberische Maßnahmen (Widerruf, Rücktritt, Verbraucherinformationen – vgl. §§ 8 VVG und 10 a VAG) sowie eine entsprechende Vertriebs- und Antragsannahmepolitik bei den Gesellschaften einen Riegel vorgeschoben zu haben, erlebten diese Praktiken mit der deutschen Wiedervereinigung eine Renaissance. Gegen die hieraus resultierenden Aversionen haben auch seriöse Versicherungsvermittler anzukämpfen. Die Arrondierung der Produktpalette um nichtversicherungsspezifische Angebote wie auch der Vertrieb von Versicherungsprodukten über den Bankschalter und durch die Bausparkassen können diesen negativen Imagefaktor bekämpfen. Positiv formuliert ist ein Transfer des positiven Images des seriösen Bankberaters, dem der Kunde Vertrauen entgegenbringt, auf den mit Ressentiments begegnetem Außendienstmitarbeiter der Versicherungswirtschaft möglich.

2.2.3 Motive der Bausparkassen

Das Thema Bausparen wird innerhalb der eigenen Branche zu Recht als Spezialprodukt bezeichnet. Ausgehend vom rechtlichen Rahmen, wonach diese Anbieter Spezialkreditinstitute i. S. des § 1 Abs. 1 des Gesetzes über Bausparkassen sind, die trotz Novellierungen dieses einschlägigen Gesetzes ein recht enges Korsett für das Konzipieren umfassender Finanzdienstleistungskonzepte aufweisen[11], stellt sich die Frage, inwieweit Bausparkassen zentrale Finanzdienstleistungsanbieter sein können und wie ihre Motive zum Auftritt im Allfinanzmarkt aussehen. Darüber hinaus kann hinterfragt werden, wie das Umfeld der Finanzdienstleister (Wettbewerber und Geschäftspartner) die Positionierung von Bausparkassen in der Realisierung von Finanzdienstleistungen einordnet, d. h. welchen Stellenwert diese Partner der Institution Bausparkasse bzw. deren Produkten zugestehen.

Tatsache ist, dass die Spezialproduktsituation des Themas Bausparen zunächst als Bereitstellung aller nachrangig gesicherten Darlehen einschließlich frei refinanzierter Sofortdarlehen verstanden wird. Zu diesen ursprünglichen Aufgaben (kollektives Bauspargeschäft als eigentümliches Geschäft und Sofortdarlehen als außerkollektives Geschäft bzw. Hilfs- und Nebengeschäft) treten als notwendige Ergänzungen andere Fremdfinanzierungskomponenten (neben Eigenkapital- bzw. -leistung des Bauherrn bzw. Käufers einer Immobilie) und Finanzdienstleistungen auf, die als nicht eigentümliche Geschäfte die Gesamtpalette der Bausparkassen abrundeten, wie Abb. 10 aufzeigt.

Mit dem zunehmenden Angebot weiterer Dienstleistungen – neben ihren Kernprodukten – wird das Bausparen zum Ausgangspunkt kompletter Produktangebote bzw. erfüllt unter zielgruppenorientierten Aspekten in nahezu idealer Weise die Voraussetzungen eines **Leitprodukts** im Geschäft mit der privaten Finanzdienstleistungsklientel[12]

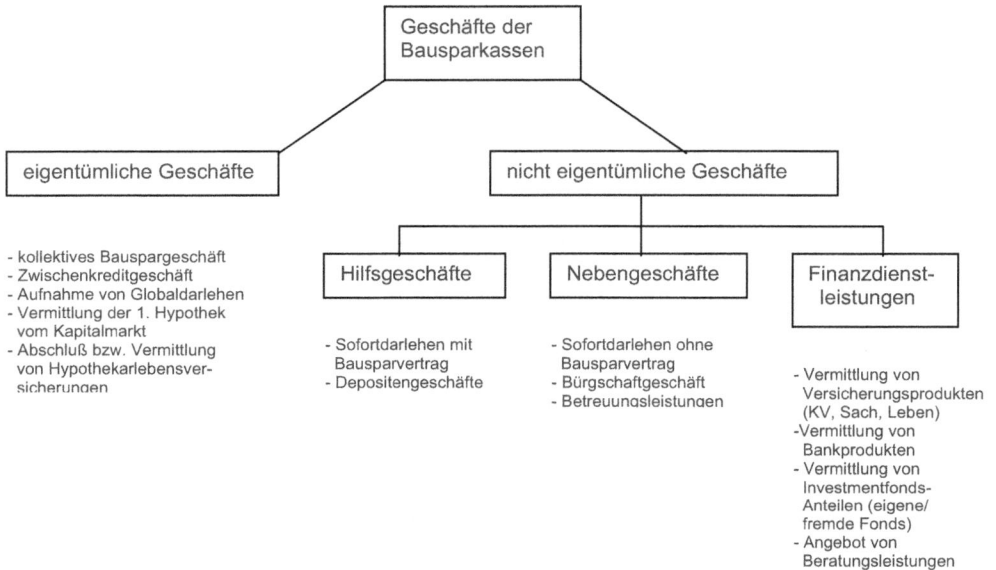

```
                          Geschäfte der
                          Bausparkassen

      eigentümliche Geschäfte              nicht eigentümliche Geschäfte

- kollektives Bauspargeschäft     Hilfsgeschäfte    Nebengeschäfte    Finanzdienst-
- Zwischenkreditgeschäft                                               leistungen
- Aufnahme von Globaldarlehen
- Vermittlung der 1. Hypothek   - Sofortdarlehen mit  - Sofortdarlehen ohne
  vom Kapitalmarkt                Bausparvertrag        Bausparvertrag      - Vermittlung von
- Abschluß bzw. Vermittlung     - Depositengeschäfte  - Bürgschaftgeschäft    Versicherungsprodukten
  von Hypothekarlebensver-                            - Betreuungsleistungen   (KV, Sach, Leben)
  sicherungen                                                                -Vermittlung von
                                                                              Bankprodukten
                                                                             - Vermittlung von
                                                                              Investmentfonds-
                                                                              Anteilen (eigene/
                                                                              fremde Fonds)
                                                                             - Angebot von
                                                                              Beratungsleistungen
```

Abb. 10: Die Geschäfte der Bausparkassen[13]

Was macht nun ein originäres Spezialprodukt zu einem Leit- oder Schlüsselprodukt im Allfinanzmarkt? Hier ist zunächst der bipolare Charakter des Produkts zu nennen, der in der kombinierten Spar- bzw. Anlagefunktion einerseits und Finanzierungsfunktion andererseits liegt. Diese **produktspezifische Doppelfunktion** erfährt eine hohe Akzeptanz in der Bevölkerung, da speziell im Mengengeschäft eine Angebotsstandardisierung[14] dazu führt, dass der Bausparvertrag als „Markenartikel" sowohl für Anbieter als auch Kunden leicht zu handhaben ist, weil seine Abwicklung sich auch über viele Jahre nach erprobten „Spielregeln" vollzieht.

So wird beim klassischen Vertragstyp die gewählte Bausparsumme mit 40 oder 50 % derselben angespart, um nach der Wartezeit (Mindestsparzeit von z.B. 18 Monaten seit Vertragsbeginn) und einer erreichten Mindestbewertungszahl die Zuteilung des Vertrags zu erreichen. Auf diese Weise wird der Darlehensanspruch über den Differenzbetrag zwischen Ansparguthaben und Bausparsumme erworben. Bei einem angenommenen Mindestguthaben von 50 % der Bausparsumme und einem Guthabenzins von 1,5 % beträgt der Darlehenszins dann 4,0 % und dies unabhängig von der jeweiligen Kapitalmarktzinssituation. Aufgrund der relativ hohen Zins- und Tilgungsquote von 6 Promille der Bausparsumme pro Monat stellt sich die vollständige Rückzahlung bereits nach gut 11 Jahren Darlehenslaufzeit ein.[15]

Wenngleich dieser Standardtarif im Laufe der deutschen Bauspargeschichte von einer Vielzahl von Tarif (re) formen (ohne und mit Wahlmöglichkeiten im Hinblick auf Zinshöhe und Laufzeit in der Spar- und Darlehensphase) ergänzt und begleitet wurde, lässt sich dennoch die Grundidee des zeitlichen und monetären Gerüsts des Bausparwesens an eben diesem Standardtarif am besten vermitteln.

Darüber hinaus ist der psychologische und pädagogische Effekt („erzieherische Grundidee") des Bausparens zu berücksichtigen: das Produkt wird zur Realisation aller individuellen Bau- und Wohnungswünsche verinnerlicht. Der Sparvorgang führt zur Erreichung des Sparziels, der sich die Darlehensrückzahlung („Entschuldung") anschließt. Die Ansammlung von Eigenkapital bringt nicht nur Sicherheit in die Baufinanzierung, sondern stellt einen „**Selbsttest der Belastungsfähigkeit**" des Sparers und zukünftigen Finanziers in Bezug auf dessen Selbstdisziplinierung (Sparen als Konsumverzicht bereits vor Eigentumserwerb und Finanzierung desselben) dar.[16]

Lt. einer Studie von Empirica lässt sich der monatliche Konsumverzicht eines Eigenheimbesitzers gegenüber einem Nichteigenheimer (jeweils eine Familie mit zwei Kindern bei einem monatlichen Nettoeinkommen von 3.000 €) wie folgt quantifizieren: Minderausgaben für PKW-Kauf und -Fahrbereitschaft 159 €, Minderkonsum für Nahrung, Getränke und Tabak 17 €, Restaurantbesuche 14 € und Pauschalreisen 7 €. Der Lohn für diesen Verzicht winkt nach 20 Jahren, wenn sich Hauseigentümer auf einer Wohnfläche von 120 qm tummeln, während Mieter gerade 69 qm bewohnen. Durch den dann eintretenden Wegfall von Zins- und Tilgungsleistungen steigen die Möglichkeiten für Konsumausgaben eines Hauseigentümers deutlich an.

Dabei ist von nicht zu unterschätzender Bedeutung, dass die Finanzierung der eigenen vier Wände zumeist die größte finanzielle Investition im Leben eines Verbrauchers darstellt. Drei Viertel der potenziellen Hauskäufer in Deutschland sind bereit, bis 200.000 € als Kaufpreis für das Haus ihrer Träume auszugeben. Im Zeitverlauf rechnen sich Immobilien für den Eigennutzer immer besser: mussten Bauwillige in 1975 für ein Reihenhaus noch knapp 20 und für eine Eigentumswohnung noch knapp 14 Jahreseinkommen einsetzen, so sanken diese Werte in 2005 auf etwas mehr als 13 bzw. 8,5 Jahreseinkommen.

Im Rahmen der Vermögensbildungspyramide (vgl. Abschnitt 1.1) steht die Vorsorge, insbesondere die finanzielle Absicherung im Alter, im Mittelpunkt des Interesses. Dabei geht dieses Anlage- und Vermögensbildungsziel mit dem Wunsch einher, neben einem belastungsfreien Wohnen im Alter persönlichen Freiraum und damit verbundene Unabhängigkeit für sich und seine Familie zu erreichen. Das Wohnen in den eigenen vier Wänden wird als Wert an sich gesehen, der einen höheren Lebenskomfort bietet als das Wohnen zur Miete.

Seuferle behauptet sogar, dass im Mittelpunkt des Bausparens gar nicht das Finanzprodukt an sich steht, sondern die Erleichterung des Weges zur Befriedigung eines anthropologischen Bedürfnisses, sichere vier Wände um sich zu haben.[17]

Belastungsfreies Wohnen bedeutet, dass keine Finanzierungsverbindlichkeiten mehr aus dem ursprünglichen Erwerb bzw. Bau der Immobilie und keine Mietverpflichtungen vorliegen. Insofern bietet Wohneigentum Schutz vor Mieterhöhungen und Kündigung, außerdem bleibt für den Lebensunterhalt mehr übrig. Während zur Miete wohnende Rentner bis zu 30 % ihrer Alterseinkünfte für die Miete aufwenden müssen, reicht für die Instandhaltung der eigenen vier Wände eine Rücklage von ca. 5 % aus.[18] Damit erhalten Ruheständler durch mietfreies Wohnen eine „Backstein-Rente" als Zusatzrente, die über 25 % des durchschnittlichen Rentnereinkommens ausmachen kann.[19]

Infratest stellt fest, dass 80 % aller privaten Haushalte in der Bundesrepublik auf dieses Ziel selbst genutztes Wohneigentum programmiert sind, wobei die realisierte Eigentumsquote aller Haushalte bei knapp über 40 % liegt.[20] Und genau für die Ereichung dieses Ziels, in den eigenen vier Wänden zu wohnen, ist der Bürger zu dem oben erwähnten Konsumverzicht bereit.

Das Ziel einer hohen Wohneigentumsbildung im Interesse der Altersversorgung spielt auch im Rahmen der staatlichen Förderung des Bausparens eine bedeutende Rolle. Vermögenspolitisch erscheint es sinnvoll, selbstverantwortliche Vorsorge für wohnwirtschaftliche Investitionen zu entwickeln. Vielfach wird Bausparen, insbesondere unter dem Blickwinkel des mietfreien Wohnens im Alter, sogar als **vierte Säule der Lebens- und Altersversorgung** propagiert.

Diese Förderung erstreckt sich auf ein Maßnahmenbündel mit

- Wohnbauprämien, die prozentual (derzeit 8,8 % der im Sparjahr geleisteten und begünstigten Sparbeiträge) und absolut (512 € für Alleinstehende und 1.024 € als gemeinsamer Höchstbetrag für Ehepaare) limitiert sind, vorausgesetzt, der Bausparer überschreitet bestimmte Einkommensgrenzen nicht (25.600 € zu versteuerndes Einkommen in dem Kalenderjahr der Ersparnis für nicht zusammen veranlagte Personen und der doppelte Betrag für zusammen Veranlagte) und die Aufwendungen stellen keine vermögenswirksamen Leistungen dar, für die ein Anspruch auf Arbeitnehmer-Sparzulage besteht, sowie
- Arbeitnehmer-Sparzulagen für die Anlage vermögenswirksamer Leistungen in einem Bausparvertrag nach dem 5. Gesetz zur Vermögensbildung der Arbeitnehmer (Vermögensbildungsgesetz), sofern das Einkommen des Arbeitnehmers innerhalb der Grenzen des Wohnbauprämiengesetzes liegt (17.900 € „andere" Personen bzw. 35.800 € zusammen veranlagte Eheleute). Bei Inanspruchnahme der Prämie liegt die Arbeitnehmersparzulage derzeit bei 9 % auf vermögenswirksame Bausparleistungen bis zu jährlich 470 € pro Arbeitnehmer, das sind 43 € p. a.

Interessant ist in diesem Zusammenhang, dass Bausparen die einzige risikolose Sparanlageform ist, die durch staatliche Anreize gefördert ist.

Neben diesen produkttypischen Grundfunktionen des Bausparens kann die kundenbedarfsbezogene Angebotseinbindung den Weg vom Spezialprodukt zu einem Schlüsselprodukt im Finanzdienstleistungsmarkt weisen. Stracke und Geitner[21] verweisen auf Untersuchungen, die belegen, dass genossenschaftliche Bankkunden mit einem Bausparvertrag der Bausparkasse Schwäbisch Hall (der Bausparkasse innerhalb des genossenschaftlichen Finanzverbunds und der Marktführer im gesamten Bausparkassensektor) eine Cross-Selling-

Rate von 4,3 aufweisen, während Kunden der gleichen Bankengruppe ohne Schwäbisch Hall-Vertrag nur einen Cross-Selling-Faktor von 2,3 aufweisen. Damit nutzen Schwäbisch Hall-Bausparer bei ihrer Bank nahezu doppelt so viele Produkte wie Bankkunden ohne Schwäbisch Hall-Vertrag. Hieraus kann gefolgert werden, dass Bausparverträge zur Kundenbindung besonders gut geeignet sind. Durchschnittlich zieht jeder Bausparvertrag eine summenmäßig dreimal so hohe Gesamtbaufinanzierung nach sich, was geradezu idealtypisch Ansatzpunkte für Folgegeschäfte, damit erhöhte Kundenbindung und zusätzliche Ertragspotenziale für die Anbieter bedeutet.

Eine Ergänzung dieser Befunde liefert der Finanzmarkt-Datenservice von Infratest, der zum Kundenbindungsfaktor Bausparen feststellt, dass von 100 Kunden mit (ohne) Bausparvertrag 20 (9) Wertpapierdepots nutzen, 31 (6) Hypothekendarlehen beanspruchen, 30 (20) Sparverträge besitzen, 87 (81) normale Sparkonten und 98 (91) Girokonten haben sowie 25 (18) sonstige Bankprodukte beanspruchen.[22]

Spielt der Cross-Selling-Gedanke in der Assekuranz bereits eine wichtige Rolle für die materielle Existenzsicherung der eigenen Außendienstmitarbeiter, so gilt dies auch in besonderen Maße für die Bausparbranche. Während bei der klassischen gemischten Kapital bildenden Lebensversicherung auf den Todes- und Erlebensfall ein Abschlusskostensatz von 4,0 % in die Versicherungsprämien einkalkuliert ist (sog. Zillmerzuschlag, daneben i. d .R. 0,1 % p. a. Amortisationszuschlag) , aus dem die – je nach Vertriebskanal – unterschiedlich hohe Abschlussprovision für den Vermittler bezahlt wird, liegt die Abschlussgebühr beim Standardbausparvertrag bei 1,0 % und bei bestimmten Spezialtarifen bei 1,6 % der Bausparvertragssumme. Aus dieser wird der unmittelbare Abschlussvermittler und daneben der sog. Vertriebs-Overhead bedient. Das führt im unmittelbaren Vergleich zur Versicherungswirtschaft zu deutlich niedrigeren Vergütungen pro Vertrag und könnte somit Abwanderungstendenzen im Außendienst auslösen. Die Öffnung der Bausparkassen vom eigentümlichen zum nicht eigentümlichen, also vom klassischen originären zum peripheren Finanzdienstleistungsgeschäft ist damit auch eine Möglichkeit der **Mitarbeiterbindung an die eigene Branche**.

Abschließend sei zur Cross-Selling-Überlegung des Bausparens noch ein weiterer Aspekt erwähnt. Während in der bisherigen Überlegung die Cross-Selling-Richtung vom Bausparvertrag zur Immobilie, der Finanzierung und Versicherung derselben etc. verlief, wird im folgenden die These postuliert, dass die Cross-Selling-Rate in umgekehrter Richtung, d. h. von der Immobilie ausgehend, eine noch höhere ist. Wenn also die Immobilie das erste Produkt ist und nicht das Finanzprodukt, ergeben sich Kreuz- oder Zusatzverkäufe

- beim Immobilienverkäufer durch Vermögensanlagen, Steuer- und Rechtsberatung und

- beim Immobilienkäufer durch Finanzierungen, Versicherungen, Handwerker, Umzugsunternehmen, Verwaltung und Handel (Baumärkte etc.).[23]

2.2.4 Motive der Kapitalanlagegesellschaften

Im Rahmen der Vermögensbildungspyramide lässt sich das Investmentsparen und -anlegen an mehreren Stellen einordnen. Es kann sowohl – wenngleich bedingt – unter Zwecksparen als auch vornehmlich im Rahmen des Vorsorgesparens, also der finanziellen Altersabsicherung und der „sophisticated" Vermögensanlagen positioniert sein.

Versteht man unter Vermögensverwaltung (dem „alten" deutschen Begriff für Asset Management) ganz allgemein die Gesamtheit aller Aktivitäten, die die Kapitalanlage eines Investors zum Inhalt hat, dann lässt sich hieraus ableiten:

- Vermögensverwaltung kann unter dem Dach einer Kapitalanlagegesellschaft (KAG) = Investmentgesellschaft ebenso betrieben werden wie durch Kreditinstitute oder Finanzdienstleistungsinstitute.
  Wird Vermögensverwaltung von einer KAG vorgenommen, so unterliegt diese dem Gesetz über Kapitalanlagegesellschaften und die Einhaltung der Grundsätze der Anlagepolitik werden durch die BAFin laufend überwacht.

- Die Nachfrager im Bereich Vermögensverwaltung – gleichgültig ob von KAGs oder anderen Finanzdienstleistern angeboten – können sowohl private Nachfrager als auch institutionelle Adressen wie Versicherungen, Pensionskassen, Industrieunternehmen, Stiftungen und staatliche bzw. kirchliche Körperschaften oder Stiftungen sein.

Damit wird erkennbar, dass KAGs als Anbieter von Investmentanlagen zusammen mit Banken und Versicherungen gegenüber Bausparkassen ein größeres Nachfragespektrum abdecken, indem sie Private *und* Institutionelle durch ihr Angebotssortiment bedienen können. Seitens der Privatkundschaft erfolgt dies durch die Produkte der Publikumsfonds, hinsichtlich der Institutionellen dominant durch Spezialfondslösungen (rechtlich zulässig, aber praktisch kaum von Bedeutung ist die Anlage von institutionellem Kapital in einem Publikumsfonds).

Der Vollständigkeit halber sei noch erwähnt, dass auf das Fondssparen mit vermögenswirksamen Leistungen (vgl. auch Abschnitt 2.2.3) eine Arbeitnehmersparzulage von aktuell 18 % auf max. jährlich 400 € Sparbeitrag pro Arbeitnehmer bei Einhaltung der Einkommensgrenzen gewährt wird. Hinsichtlich der Sparförderung besteht jedoch kein Kumulierungsverbot zwischen Fonds- und Bausparen. Immerhin verwaltet die deutsche Fondsbranche per Mitte 2007 über 4,5 Mio. € Fondsdepots mit einem Volumen von ca. 30 Mrd. €.

Fragt man nach den Motiven für den Auftritt einer KAG im Allfinanzmarkt, wird in erster Linie die **Profitabilität des Investmentgeschäfts** genannt. Dieses zunächst allgemeine Motiv erfährt insofern seine Besonderheit, als es zumeist von der Eigentümerseite der jeweiligen KAG ins Feld geführt wird und den Grund für die Beteiligung an bzw. Übernahme einer bestehenden bzw. (Mit)Gründung an einer neuen Investmentgesellschaft liefert. Tatsächlich ist die Überlegung eines Finanzdienstleistungsanbieters außerhalb der KAG-Branche, die Deckungsbeiträge, die im Investmentgeschäft erwirtschaftet werden, im eigenen Haus zu behalten, was ab einer bestimmten Betriebsgröße der KAG (Anzahl und primär Volumen der verwalteten Sondervermögen) möglich wird, nicht ungewöhnlich.

Zum Verständnis dieser Zusammenhänge ist von der Grundstruktur eines Investmentfonds auszugehen, wie Abb. 11 zu entnehmen ist.

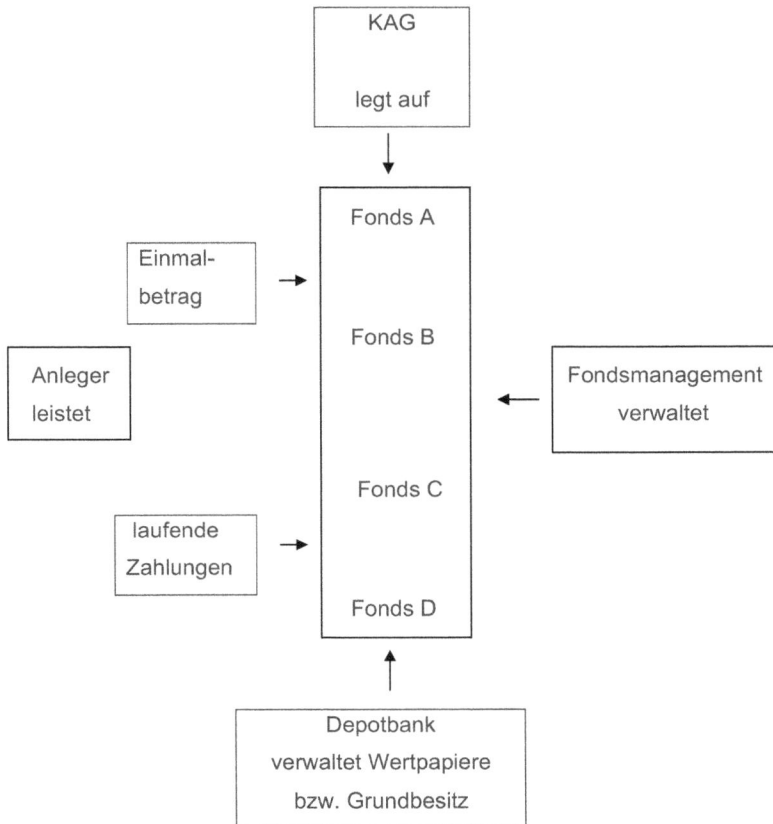

Abb. 11: Grundstruktur eines Investmentfonds[24]

Der Anleger investiert einen bestimmten Einmalbetrag oder aufgrund einschlägiger Investmentsparpläne laufend feste Ratenzahlungen in einen oder mehrere Fonds entsprechend seiner Rendite-/Risiko-Vorstellung.

Die Performance als jährlicher durchschnittlicher Wertzuwachs in % und jährliche Volatilität in % des Mittelwerts einer Fondsgruppe von ausgewählten Fondstypen im Zehn-Jahres-Vergleich (1996–2006) durch den BVI stellt sich wie folgt dar:

- Aktienfonds mit Anlageschwerpunkt Deutschland und Europa performten mit jeweils 8 % p. a. und bei internationalem Anlageuniversum mit rd. 7,4 % bei einer Jahresvolatilität – in entsprechender Reihenfolge von 23,5 %, 18 % und 16,5 %

- Rentenfonds mit internationalem Anlageschwerpunkt erzielten 5,2 % Wertzuwachs bei einer Volatilität von 5,1 %, während Europa-Rentenfonds 5,1 % Wertzuwachs bei einer Volatilität von 2,8 % erreichten

- Offene Immobilienfonds rentierten mit 4,0 % bei einer Jahresschwankung von 2,0 % und

- Geldmarktfonds erwirtschafteten einen Wertzuwachs von 2,75 % bei einer Volatilität von 0,5 %.

Die von der ausgewählten KAG aufgelegten Fonds werden durch deren Fondsmanager/
-teams professionell „verwaltet". Die Depotbank verwahrt die innerhalb der einzelnen Sondervermögen gehaltenen Wertpapiere (getrennt von anderen Sondervermögen sowie dem
Vermögen der KAG) bzw. bei Immobilien den entsprechenden Grundbesitz. Akquiriert wird
der Anleger/ Kunde entweder von einem Kreditinstitut, dem Versicherungs- oder
Bausparkassen-Außendienst oder einem sonstigen Finanzdienstleistungsvermittler, womit
die grundsätzlichen Vertriebswege der KAGs genannt sind. Der Verkauf von Investmentzertifikaten über den Bankschalter stellt dabei den stationären Vertrieb dar, der durch (noch)
untergeordnete Direktvertriebswege bei wenigen Banken und Versicherungen ergänzt wird,
während der mobile Vertrieb über Außendienste der Versicherungen, Bausparkassen, Banken (im Aufbau) und selbständige Anlageberater, Finanzdienstleistungsvermittler, Vertriebs-
gesellschaften und Fonds-Shops erfolgt. Der KAG-eigene Außendienst hingegen nimmt
weniger Abschlussaufgaben wahr, sondern dient der Betreuung der Vertriebspartner vor Ort
(Kontaktpflege, Motivation, Präsentation, Schulung, etc.).

Aktuell liegt der Absatz von Investmentzertifikaten über Banken und Sparkassen bei ca. 64
%, und über unabhängige Finanzdienstleister bei 14 %. Der Rest verteilt sich auf den Asse-
kuranz- und Bausparkassen-Außendienst sowie den elektronischen Vertrieb, wobei letzterem
schon aus Kostengründen (geringere oder fehlende Ausgabeaufschläge) ein steigender Anteil
am Gesamtabsatz prognostiziert werden kann.

Das Interesse der Depotbank erstreckt sich neben der Verwahrfunktion und den hieraus resultierenden Depotgebühren vor allem auf die Ordervergabe der Fondsdisponenten bei Käu-
fen und Verkäufen, die sich aus dem Mittelaufkommen eines Fonds, der Wertentwicklung
der gehaltenen Anteile und den Umschichtungen innerhalb des Fonds zwischen verschiedenen Anlagen und der Liquiditätsdisposition des Fonds ergeben. War in der Anfangsphase des
Investmentwesens die Ordervergabe an die Depotbank quasi automatisch die Regel, so können hierfür heute andere Kriterien eine Rolle spielen:

1. Der „best advice": die Bank, die in der Beratung des Fondsmanagements überdurch-
    schnittliche Leistungen bringt, erhält die Order.
2. Das „best order-Prinzip": die Bank, die sich in der Orderausführung und -abwicklung
    (marktschonend, günstige Kurse im Vergleich zur Tagesentwicklung des Markts) profi-
    liert, erhält die Order.
3. Das „lowest cost-Prinzip": die Bank, die der KAG die günstigsten Konditionen ein-
    räumt, erhält die Order.

Wie aus dieser Grundstruktur ersichtlich wird, ergibt sich für eine Bank als Finanzdienstleistungsanbieter von Investmentprodukten eine Reihe von Aspekten für die hohe Wertschätzung dieses Metiers:

• Aus dem Absatz von Zertifikaten erhält die Bank eine Vermittlungsprovision, die den
   größten Teil des Ausgabeaufschlags (Differenz zwischen Ausgabepreis beim Kauf und
   dem tatsächlichen Inventarwert / Vermögenswert bzw. Rücknahmepreis auf den einzelnen Fondsanteil bezogen) belegt.
• Aus der Ausschüttung der Erträge der Fondsanlage ergeben sich Folgegeschäfte mit dem
   Kunden durch Wiederanlage im Fonds oder für sonstige Bankprodukte.
• Liegt die Depotbankfunktion bei der vermittelnden Bank, erhält sie aus der Verwahrung
   und Verwaltung der Wertpapiere ihre Depotgebühr.

- Aus der Orderzuweisung durch das Fondsmanagement generiert sie entweder Effekten-provisionen oder bei Nettoabrechnungen Handelsgewinne.
- Ist die Bank darüber hinaus Eigentümerin / Beteiligte an der KAG, partizipiert sie über Gewinnausschüttungen und Substanzzuwachs aus den Erträgen der KAG, die generell durch den Überschuss der erlösten Abschluss- und Verwaltungsgebühren gegenüber den Kosten des Apparats erwirtschaftet werden.

Ist Eigentümerin / Beteiligte einer KAG eine Versicherungs- oder Bausparkassenadresse, so gelten diese Aspekte mit Ausnahme derer, die auf die bankspezifischen Effekte (Depothaltung, Orderabwicklung) bezogen sind.

Unabhängig davon gilt für alle Eigentümergruppen an einer KAG, dass diese mit ihren Aktivitäten zur **Profilierung des Anbieters** beiträgt, indem die Produktpalette für den Vertrieb komplettiert wird.

Damit wird klar, dass die Motive für den Auftritt einer KAG im Allfinanzmarkt als Besonderheit im Verhältnis zu den Anbietergruppen Banken, Versicherungen und Bausparkassen weniger intrinsischer Natur sind, d. h. von dieser Anbietergruppe selbst ausgehen, sondern von ihren Eigentümern determiniert werden. Dies spricht jedoch den KAGs deren wirtschaftliches Streben nach absolutem und relativem Wachstum, nach Generierung von Erträgen etc. innerhalb des aufgrund der Anteilseignerstruktur gegebenen Rahmens keinesfalls ab.

Grundsätzlich macht es z.B. für den Fondsmanager eines Publikumsfonds keinen Unterschied hinsichtlich seines Managements- und Dispositionsaufwands aus, ob das Fondsvolumen eine zwei- oder dreistellige Mio.-Betrags-Größenordnung einnimmt. Da er gleichzeitig für eine Vielzahl von Kunden arbeiten kann, ist eine ideale Konstellation gegeben, mit minimalem zusätzlichen Abwicklungsaufwand und ohne große Back-Office-Belastung neue Kunden und neues Kundenpotenzial zu akquirieren[25].

Gerade diese theoretische Möglichkeit wird aber in hohem Maße von der Zuordnung der KAG zum Anteilseigner Bank, Versicherung bzw. gemeinsamer Beteiligung mehrerer Finanzdienstleistungs-Anbietergruppen an einer KAG bestimmt. So „verbietet" sich quasi der Vertrieb eines DEKA-Fonds (Sparkassengruppe) über den Bankschalter einer Groß-, Regional- oder Genossenschaftsbank, während umgekehrt im Sparkassenbereich ebenfalls keine Fondsprodukte von „Großbank-KAGs" (z.B. DWS und DIT) oder der Union-Investment (genossenschaftliche KAG) vertrieben werden. Ist im Bereich der Spezialfonds-KAGs eine große Versicherungsgruppe Mehrheitsaktionär, wird ein mit dieser Adresse nicht „befreundetes" Assekuranzunternehmen kaum in den Büchern dieser KAG auftauchen. M. a. W. bestimmt die kapitalmäßige Zuordnung einer KAG deren Akquisitionsradius und damit deren Marktpotenzial. Gerade bei KAGs , die mehrheitlich oder zu 100 % einer Bank gehören, erfolgt häufig die Akquisition für ein Fondsmandat durch die Bank bzw. auf Initiative der Bank zusammen mit der KAG-Tochter.

Im Spezialfondsbereich ist darüber hinaus die Art der Zusammenarbeit innerhalb des Dreigestirns KAG – Kunde – Bank von Bedeutung. So sind nachstehende Konstellationen denkbar:

1. Der Kunde ist sog. Selbststeuerer seines Fonds und „benützt" das Medium Spezialfonds lediglich als Instrumentarium für die operative Umsetzung seiner anlagepolitischen Zielsetzungen.
2. Der Kunde belässt im Rahmen der definierten Anlagerichtlinien das Fondsmanagement in ausschließlicher Dispositions- und Ergebnisverantwortung der KAG und beschränkt

sich auf die Kenntnisnahme und Prüfung des laufenden Reporting sowie der Beschluss-fassung über die Anlagepolitik im Anlageausschuss. Die KAG greift zur Umsetzung ih-rer Aufgabe entweder auf eigenes Research, das der Depotbank und anderer Investment-häuser oder auf einen kombinierten Ansatz aus beiden Bereichen zurück.

3. Der „Input" der Bank kann aus verschiedenen Bereichen kommen: neben dem erwähn-ten Research-Beitrag können auch Akzente aus der Abteilung „Institutionelle Kunden-betreuung" und/oder dem Wertpapierhandel kommen. Vielfach stehen die Bankmitarbei-ter aus diesen Teams auch im Anlageausschuss des Fonds beratend und beschluss-fassend zur Verfügung.

Aktuell zeichnet sich bei allen Fondsanbietern eine verschärfte Wettbewerbssituation im Vertrieb durch das Aufkommen neuer Vertriebskanäle ab. Neben dem klassischen Vertrieb über den Bankschalter, Versicherungs- und Bausparkassen-Außendienstmitarbeiter sind im Fondsvertrieb auch Direktbanken, Online-Broker und Fondsshops aktiv. Diese halten den Ausgabeaufschlag durchwegs niedriger; u. U. entfällt er sogar vollständig, was die Verhand-lungsbereitschaft der Kunden auch am Bankschalter fördert. Auch der Einmalkauf (im Ge-gensatz zum Fondssparplan) von Zertifikaten über die Börse (sog. **Exchange Traded Funds ETF**) wird ohne Ausgabeaufschlag für das Zertifikat abgerechnet. Dafür bezahlt der Anleger die neben der üblichen Wertpapierprovision den Börsenhandelsspread, das ist der Differenz-betrag zwischen An- und Verkaufskurs (i. d. R. deutlich unter einem Prozent). Als ETF-Handelsplatz dient die Plattform XTF als Teil des Computerhandelssystems Xetra der Deut-schen Börse AG. ETFs oder Indexfonds sind Investmentfonds, die die Wertentwicklung eines Aktienindex abbilden. Aktives Management entfällt bei diesen Fonds, da die Auswahl der Titel im Fonds sowie deren relatives Gewicht diesem Index entspricht. Bei einer 1 : 1-Abbildung liegt ein klassischer Indexfonds vor. Sind hingegen Abweichungen zulässig, spricht man von einem indexnahen Fonds. Hier kann das Anlagekapital auch in Werte inves-tiert werden, deren Entwicklung sich aus der Wertänderung der im Fonds zugelassenen Titel ableitet (Derivate). Einen Überblick über börsennotierte Indexfonds bietet das Internet unter www.xtf.de.

Darüber hinaus verschärft sich die Wettbewerbssituation der Fondsbranche durch das Auf-kommen und die Verbreitung von Anlagezertifikaten, mit denen sich die Marktentwicklung eines Kapitalmarktsegments ebenfalls gut abbilden lässt. Dabei steht die Investmentbranche in Konkurrenz zu ihren Kooperationspartnern im Bankbereich, die diese Zertifikate kreieren und am eigenen Schalter vertreiben. Die KAGs reagieren auf diese Herausforderungen in dreifacher Weise:

1. Die Produktentwicklung nutzt die in der EU zugelassenen Spielräume der Fondskon-struktion und bietet vermehrt passiv verwaltete Fonds (vereinfachte Fondsanlagemodel-le) und Fonds mit Absicherungsmechanismen an, die den Zertifikatanbietern mit ihren Risikopuffern wiederum Konkurrenz machen. Ein klarer Vorteil der Fondsindustrie ist dabei der Umstand, dass Indexfonds eben Sondervermögen darstellen, während Index-zertifikate Schuldverschreibungen der emittierenden Bank sind und damit das Emitten-tenrisiko für den Anleger beinhalten. Unabhängig davon fließen im Indexfonds die er-haltenen Dividenden direkt dem Anleger zu, bei Zertifikaten nur, wenn es sich um Performance-Zertifikate handelt, nicht aber bei Kurs- oder Preiszertifikaten.

2. Die gleiche Konkurrenzwirkung streben innovative Fondsgesellschaften an, die eine eigene Zertifikatplattform installieren und damit den Banken auf ihrem eigenen Geschäftsfeld Konkurrenz machen.

3. Eine weitere Geschäftsfelderschließung nimmt derzeit die DWS, der Marktführer im deutschen Publikumfondsgeschäft mit dem Werbeslogan „Geld gehört zur Nr. 1", vor. Sie bietet ab 2008 erstmals Beteiligungsmodelle aus dem Markt der geschlossenen Fonds an, da die Leistung als Vermögensverwalter nicht nur auf eine Verpackungsform (offene Fonds) ausgerichtet werden könne.[26]

Für den Fondsanleger ergeben sich aus diesen Produktentwicklungen gewisse Handlungsempfehlungen:

- Kick Backs, also Rückvergütungen von Provisionen und Gebühren der Fondsgesellschaft an den Vermittler, sind mit Inkrafttreten von FRUG (vgl. Abschnitt 1.4.3) offen zu legen

- Performance Fees im Sinne erfolgsabhängiger Gebühren für die Fondsgesellschaft bei Überschreiten einer in den Anlagebedingungen definierten Wertsteigerung engen die Performance des Anlegers ein

- Depotumschichtungen innerhalb eines Fondsdepots bringen dem Vermittler neue Provisionseinkünfte. Der Kunde steht dem relativ offen gegenüber, da die Sprachregelungen seinen Vorstellungen einer anscheinend persönlichen Beratung exakt treffen („Der Fonds X hat sich ja schon gut entwickelt; Fonds Y hat einen neuen innovativen Investmentstil, etc.").

2.3   Nachweise zu Abschnitt 2

[1]   Vgl. Rappaport, A.: (Shareholder Value), S. 1.

[2]   Vgl. Hill, W.: (Der Shareholder Value und die Stakeholder), S. 415 ff.

[3]   Vgl. Schierenbeck, H.: Bank- und Versicherungslexikon, S. 356 und ähnlich: Achleitner, A.-K.: a. a. O., S. 18.

[4]   Vgl. Deutsche Bank AG: Bankerfolg in Europa: Große Fortschritte durch Konsolidierung – mit Ausnahme Deutschlands, S. 2.

[5]   Vgl. hierzu und im folgenden Paul, St.: (Bankenintermediation und Verbriefung), S. 48 ff.

[6]   Vgl. Grosch, U.: (Modelle der Bankunternehmung), S. 139 ff. und 145 ff.

[7]   Vgl. Süchting, J./ Paul, S.: Bankmanagement, S. 14.

[8]   Vgl. Klein, D.: (Bankensysteme), S. 64.

[9]   Vgl. Berger, A. N./ Hunter, W. C./ Tinne, St., G.: (Efficiency), S. 22 und Keßler, H.: (Betriebsgrößen), S. 5.

[10] Vgl. Stracke, G./ Geitner, D.: a. a. O., S. 61.

[11] Vgl. Schäfer, O.: Positionierung einer Bausparkasse, S. 225.

[12] Vgl. Wiechers, R.: (Bausparen – Schlüsselprodukt), S. 253.

[13] Stracke, G./ Geitner, D.: a .a. O., S. 329.

[14] Vgl. Wiechers, R.: (Bausparen unter besonderer Berücksichtigung), S. 253.

[15] Einen Überblick über die aktuellen Tarifbedingungen liefert beispielsweise: Bundesge-schäftsstelle der Landesbausparkassen: Bausparkassen-Fachbuch 2007/2008, S. 660 ff.

[16] Vgl. Wielens, H.: (Bausparen unter besonderer Berücksichtigung), S. 269.

[17] Vgl. Seuferle, W.: (Bausparen 2000), S. 664.

[18] Vgl. Zehnder, A. J.: Wohnungseigentum ist Altersvorsorge.

[19] Vgl. Jokl, S.: Aktuelle Entwicklungen des Bausparens, S. 98.

[20] Vgl. Wiechers, R.: (Bausparen unter besonderer Berücksichtigung), S. 248.

[21] Vgl. Stracke, G./ Geitner, D.: a. a. O., S. 329.

[22] Vgl. Wiechers, R.: (Imagebilder im Bausparen), S. 667.

[23] Vgl. Grosenick, L.: Immobilien gelten als die intensivsten Cross-Selling-Produkte, S. 34.

[24] Vgl. Dembowski, A.: Investmentfonds, S. 5.

[25] Vgl. Demuth, M.: (Private Vermögensverwaltung), S. 311.

[26] Vgl. Fuchs, S.: Mit der DWS in Wald investieren. Veränderungen im Anlegerverhalten machen erfinderisch.

3 Strategien zum Auftritt im Finanzdienstleistungsmarkt

Strategie ist einer der meistgebrauchten Begriffe in Managementliteratur, Wirtschaftspraxis und -medien. Er stammt vom altgriechischen Wort „strataego" ab, das im militärischen Bereich die Ausrichtung des Handelns auf übergeordnete Ziele bedeutet. Es vergeht kaum ein Tag, an dem nicht über neue Strategien, Strategiewechsel, strategische Neupositionierungen o. ä. eines Unternehmens berichtet wird. Und dennoch ist dieser Terminus in der modernen Betriebswirtschaftslehre nur schwer präzise zu fassen: je nach dem gerade vorherrschenden modischen Schlagwort wird Strategie mit Erfahrungskurve, Portfolio, Wettbewerbspositionierung, Kernkompetenzen, Lean Management, Synergieschaffung, Restrukturierung oder Reengineering gleichgesetzt. Es bleibt auch festzuhalten, dass viele Strategien schon nach wenigen Jahren nicht mehr das Papier wert sind, auf dem sie geschrieben sind.

Raynor geht in seinen Untersuchungen zum strategischen Paradoxon sogar soweit zu behaupten, dass mit zunehmender Eindeutigkeit der strategischen Festlegung eines Unternehmens die Wahrscheinlichkeit des vollständigen Misserfolgs steigt. Das zunächst verblüffende Ergebnis seiner Studien, wonach das strategische Profil von Unternehmen, die heute nicht mehr existieren, dem Profil der besonders erfolgreichen Firmen ähneln, führt er auf einen statistischen Methodenfehler zurück, dem die meisten Erhebungen zur Belegung erfolgreicher Strategien unterliegen: der „survivor bias" vergleicht nur Unternehmen, die heute noch existieren. Innerhalb dieser Vergleichsgruppe schneiden Unternehmen mit einer eindeutigen Strategie zwangsläufig besser ab als der Durchschnitt.[1]

Nach dieser wenig motivierenden Einleitung soll dennoch hinterfragt werden, was der Begriff Strategie tatsächlich bietet. Generell bedeutet Strategie eine langfristig orientierte Planung mit konzeptionellem Hintergrund.[2] Carmoy versteht unter Strategie die kalkulierte Leitlinie in einer nicht programmierbaren Umwelt.[3]

Grochla bezeichnet mit Unternehmensstrategie das Ergebnis bewusster, auf die Unternehmens(fort) entwicklung gerichteter Planungs- und Entscheidungsprozesse.[4] Damit rückt der Planansatz in das Zentrum strategischer Überlegungen und strategische Aspekte erfahren im Rahmen des Planungssystems eines Unternehmens ihre Institutionalisierung.

Eine Abgrenzung zwischen strategischer, operativer und taktischer Planungsansätze als Ausfluss spezieller Unternehmenspolitiken[5] wird dabei noch zu berücksichtigen sein.

Inhalt der strategischen Planung ist die Analyse des eigenen Unternehmens, deren Ziele und Stellung im Markt, deren Mitarbeiter und sonstiger Ressourcen sowie Analyse und Prognose der unternehmensrelevanten Umwelteinflüsse. Hieraus leitet sich als wesentliche Aufgabe die Formulierung realistischer Unternehmensziele und wirkungsvoller Strategien zur Erreichung dieser Ziele ab. Mit anderen Worten kann strategische Planung als Prozess definiert werden, „in dem eine rationale Analyse der gegenwärtigen Situation und der zukünftigen Möglichkeiten und Gefahren zur Formulierung von Absichten, Strategien, Maßnahmen und Zielen führt"[6].

Bevor eine Darstellung dieser zu formulierenden Strategien erfolgen kann, ist es jedoch erforderlich, die komplexen Einflussfaktoren auf diesen Prozess zu erläutern.

Einen Überblick über formale Methoden und Verfahren, die – exemplarisch in der Kreditwirtschaft – zur Anwendung bereitstehen, zeigt Abb. 12.

- Informationssammlung:

  Analyse historischer Unternehmensdaten

  Dokumentenanalyse (Statistiken, Zeitschriften)

  Analyse von Marktforschungsinstituten

  Expertengespräche

  eigene Fragebögen

  Checklisten

  Delphi-Methode

- Informationsaufbereitung:

  Statistische Auswertungsmethoden

  andere Prognosemethoden

  Simulationsmodelle:

  - deterministisch

  - stochastisch

  OR-Methoden

- Informationsbewertung:

  Stärken - Schwächen - Analyse

  Kosten - Nutzen - Analyse

  Gefahren - Chancen - Analyse

  Portfolio - Analyse

  Mathematische Entscheidungsmodelle

- Ideenfindung

  Marktanalysen

  Brainstorming

  Expertengespräche

  Szenario - Technik

  Methode 635

Abb. 12: Instrumentarien in der strategischen Bankplanung[7]

Knoppe[8] geht dabei von der unternehmerischen Zielsetzung der Sicherung bestehender und Schaffung neuer Wettbewerbsvorteile aus. Generell entsteht einem Finanzdienstleistungsanbieter ein Wettbewerbsvorteil dadurch, dass es ihm gelingt, eine Marktleistung bei gleichen Marktpreisen kostengünstiger zu erstellen oder eine Leistung zu erstellen, die einen höheren Marktpreis rechtfertigt. Letzteres wird durch die Einmaligkeit bzw. Einzigartigkeit eines Produkts oder der Art seiner Leistungserstellung bzw. Leistungstransfers zum Kunden erreicht. In diesem Zusammenhang spricht man auch von sog. Alleinstellungsmerkmalen, die ein Unternehmen bzw. seine Produkte auszeichnen.

Nach Porter[9] werden diese beiden Grundtypen von Strategien zur Sicherung und Schaffung von Wettbewerbsvorteilen als **Kostenführerschaft** und **Differenzierung** bezeichnet. **Fokussierung** als Konzentration auf strategische Schwerpunkte stellt einen weiteren Strategietyp zum Aufbau von Wettbewerbsvorteilen dar, der sich allerdings – wiederum über Kostenführerschaft oder Differenzierung – durch konzentrierte und maßgeschneiderte Bearbeitung bestimmter Segmente oder strategischer Geschäftsfelder auf Teilmärkte beschränkt. Der Zusammenhang zwischen diesen drei Wettbewerbsstrategien wird – am Beispiel des Bankenmarkts – durch Abb. 13 verdeutlicht.

In dem Bestreben, Wettbewerbsvorteile zu schaffen, ist ein Unternehmen einem komplexen Bündel von Einflussfaktoren ausgesetzt, die auf diesen Prozess des planerisch und strategisch Gestaltenden wirken. Diese Auslösefaktoren lassen sich in **operative** und **strategische Faktoren** unterscheiden.

Operative Faktoren sind überwiegend nicht antizipierte Krisensituationen, welche die Zielsetzung gefährden können und durch Krisenmanagement zu bewältigen sind.

Strategische Faktoren sind im Wesentlichen die **Wettbewerbsparameter eines Unternehmens** wie

- neue und bestehende Mitbewerber
- Kunden- und Lieferantenmarkt
- Ersatzprodukte
- technologischer Verfall
- Kapitalbeschaffung
- politische Veränderungen

und der **dynamische Wandel der Wirtschaft**, verkörpert durch

- kürzere Lebenszyklen technologischer Entwicklungen
- kapitalintensive Produktion von Industrie- und Dienstleistungsgütern
- Globalisierung der Märkte
- Wissensglobalisierung
- politische Veränderungen.

Wettbewerbsvorteile

	niedrige Kosten	Differenzierung	
die gesamte Kreditbranche als Wettbewerbsfeld	Kostenführerschaft	Differenzierungsstrategie	heterogen
nur ein Segment der Kreditbranche als Wettbewerbsfeld	Nischenstrategie Fokussierung Kostenschwerpunkt	Differenzierungsschwerpunkt	homogen

Wettbewerbsfeld   Marktbeschaffung

Abb. 13: Zusammenhang Wettbewerbsvorteile, Wettbewerbsfeld und Marktbeschaffung[10]

Keinesfalls erfolgt die Problemlösung der Faktoreinflüsse dahingehend, dass operative Einflussfaktoren nur mittels operativer Strategien und strategische Einflüsse ausschließlich durch strategische Maßnahmen „behandelt" werden können. Knoppe weist zu Recht darauf hin, dass die Abgrenzungen zwischen operativen und strategischen Auslösefaktoren häufig fließend sind und gerade operative Faktoren im nachhinein oftmals als gewollte strategische Entwicklung dargestellt werden, so dass eine exakte Ursache-Wirkungs-Beziehung nur schwer nachvollziehbar ist. Zum Beispiel kann eine strategische Allianz sowohl Thema bzw. Ergebnis dieses evolutionären Prozesses der expliziten strategischen Unternehmungsplanung sein als auch aus dem operativen Tagesgeschäft formiert werden. Demzufolge handelt es sich um eine „Unterschiedliche-Ursache-Gleiche-Wirkung-Beziehung „ zwischen der Problemlösung (hier: strategische Allianz) und ihren Auslösefaktoren.[11]

Wegen des hohen Stellenwerts der strategischen Unternehmensplanung im Rahmen der gesamten hierarchischen Unternehmensplanung ist jedoch auf das Prinzip der Dominanz der strategischen Planung gegenüber der operativen Planung hinzuweisen. Dies ergibt sich direkt aus dem Zielcharakter der strategischen Planung für die operative Planung, was indirekt als eine Folge des **Gutenbergschen Ausgleichsgesetzes der Planung**[12] zu verstehen ist.

Abbildung 14 zeigt die einzelnen Merkmale strategischer und operativer Planung auf.

Merkmale	Strategische Planung	Operative Planung
1. Hierarchische Stufe	Schwerpunkt bei der obersten Führungsebene der Unternehmung	Involvierung aller Stufen mit Schwerpunkt auf mittleren Führungsstufen
2. Unsicherheit	wesentlich größer	kleiner
3. Art der Probleme	meistens unstrukturiert	relativ gut strukturiert und oft repetitiv
4. Zeithorizont	Akzent langfristig, jedoch auch kurz- und mittelfristige Aspekte möglich	Akzent kurz- bis mittelfristig
5. Informationsbedürfnisse	primär Richtung Umwelt	primär nach innen
6. Alternativen	Spektrum an Alternativen grundsätzlich weit	Spektrum eingeschränkt
7. Umfang	Konzentration auf einzelne wichtige Problemstellungen	umfaßt alle funktionellen Bereiche und integriert alle Teilpläne
8. Grad der Detaillierung	globaler und weniger detailliert	relativ groß

Abb. 14: Merkmale strategischer und operativer Planung[13]

Wie zu Beginn dieses Abschnitts bereits ausgeführt, haftet vielen Strategieansätzen der Praxis eine einseitige, „modisch" beeinflusste Orientierung auf Teilansätze eines Strategiekonzepts an. Diese Kritik teilt auch Simon, der von einer Strategie nachstehende Elemente fordert:

1. Wissen, was man will: Willensstärke und Persönlichkeit des Managements und der Belegschaft versorgen das Unternehmen mit der Energie, die es für die Zielerreichung benötigt.
2. Wissen, was man nicht will: nur wer genau weiß, was er nicht will, kann seine Kraft auf das Gewollte konzentrieren.
3. Etwas Neues schaffen: Strategie bedeutet Innovation, nicht Imitation, was gleichbedeutend mit der Forderung ist, Kreativität, Originalität und Querdenken im Prozess der Strategiefindung zuzulassen.
4. Simultanbetrachtung externer und interner Aspekte: externe Chancen und interne Kompetenzen müssen gleichwertig behandelt, d. h. integriert werden, um der Einseitigkeit eines Strategieansatzes entgegenzuwirken (Kundenorientierung versus „Verwaltungs"-orientierung et vice versa) und die Vereinfachung eines Strategieansatzes zu verhindern (multiple, ganzheitliche Konzepte statt lineare, einfache Instrumente).

5. Nachhaltigkeit im Sinne von Durchhaltevermögen: eine Strategie darf nicht wie ein Projekt aufgesetzt und kurzfristig wieder verworfen bzw. eingestellt werden. Ein konsistentes Strategiemuster bedarf u. U. jahrzehntelanger Umsetzung.

6. Globalansatz: nicht langfristig versus kurzfristig, nicht übergeordnet versus detailorientiert oder zentral versus dezentral.[14]

Damit erfolgt eine Verknüpfung innerhalb des strategischen Planungsprozesses von Alternativensuche und Alternativenauswahl. Die Alternativensuche unterstreicht den kreativen, innovativen Charakter der strategischen Planung (der evolutionäre Prozess), während die Alternativenauswahl (Strategie A, B und / oder C) als zeitlich nachgelagerte Aufgabe im Rahmen der Entscheidungsfindung bzw. als Führungsaufgabe des Managements zu sehen ist.

Hinsichtlich der zeitlichen Planungsumsetzung bzw. -durchführung wird in der betriebswirtschaftlichen Literatur typischerweise zwischen kurz- und mittelfristigen bzw. langfristigen Plänen unterschieden, wobei die erstgenannte Gruppe verschiedentlich auch als operative oder taktische Planung und langfristige Planung als strategische Planung bezeichnet wird. Der operativen Planung kommt im Allgemeinen eine Steuerungsfunktion zu, während die zeitlich weiter reichendere Zukunftsplanung und -prognose „im Sinne eines Managements des Wandels der langfristigen Orientierung der Betriebs- und Marktpolitik an den zu erwartenden Veränderungen der Umwelt dient".[15]

Diese unter allgemeinen Planungsaspekten sinnvolle Einteilung hat jedoch nichts mit dem Ergebnis dieses Strategiefindungsprozesses zu tun. Dieses kann seinerseits in Strategien auf der Managementebene bzw. auf der operativen Ebene aufgeteilt werden.

Um eventuellen Missverständnissen vorzubeugen: Strategien für die Marktbearbeitung im Finanzdienstleistungsmarkt werden für den Zweck der vorliegenden Arbeit in Strategien auf der Managementebene bzw. **Managementstrategien** und Strategien auf der operativen Ebene bzw. **Operative Strategien** unterschieden, wobei operative Strategien nicht als Sub- oder Teilstrategien eines übergeordneten Management-Strategiesystems verstanden werden dürfen, sondern vielmehr eigenständige Strategieansätze darstellen. Managementstrategien sind solche, die überwiegend und vordergründig der Sicherung bestehender bzw. Schaffung neuer Wettbewerbsvorteile dienen, während Strategien der operativen Art dominant der Fokussierung als Strategietyp zuzuordnen sind.

Abbildung 15 verdeutlicht diesen Zusammenhang zwischen strategischen Zielen, strategischen Grundtypen und der jeweiligen Strategieart.

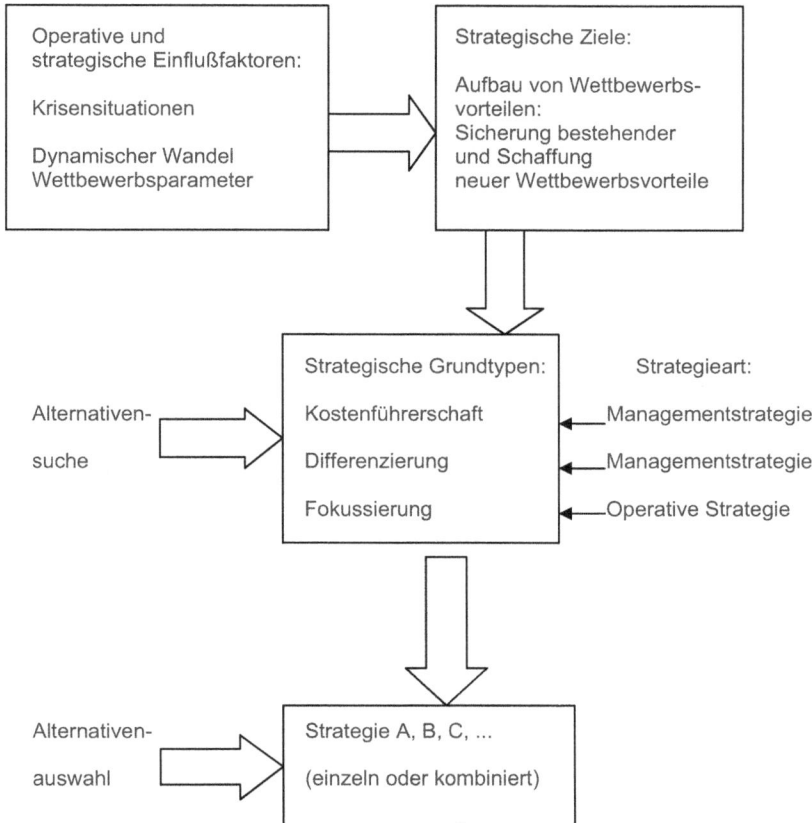

Abb. 15: Strategische Ziele, Strategische Grundtypen und Strategiearten

3.1 Strategien auf der Managementebene

In einer noch differenzierteren Betrachtung der Strategieansätze können Kooperation und Konzentration als Sekundärstrategien (konkret: Marktdurchdringungsstrategien) von Wachstumsstrategien verstanden werden.[16] Diese sind wiederum Substrategien übergeordneter Unternehmensstrategien (vergleichbar den Managementstrategien des hier gewählten Ansatzes). Dabei werden diese so genannten Sekundärstrategien u. a. nach dem Selbständigkeitsgrad der Ressourcennutzung eingeteilt.

In diesem Sinne werden Kooperationsstrategien eingesetzt, wenn Aufgaben in Zusammenarbeit mit anderen Unternehmen durchgeführt werden, weil sie allein nicht oder nicht ohne weiteres bearbeitet werden können oder weil Know-how und Image des Kooperationspartners genutzt werden sollen. Konzentrations- oder Vereinigungsstrategien bedeuten hingegen den Zusammenschluss von mindestens zwei Unternehmen.

Unter dem bereits genannten Aspekt der Sicherung bestehender und Schaffung neuer Wettbewerbsvorteile als Strategietyp erfolgen Unternehmensverbindungen bzw. -zusammenschlüsse (angelsächsisch: mergers & acquisitions, kurz M & A). Die rechtliche Selbstständigkeit und wirtschaftliche Autonomie kann, muss dabei aber nicht notwendigerweise aufgehoben werden.

Was veranlasst nun ein Unternehmen, durch freiwilligen Zusammenschluss mit einem oder mehreren anderen Unternehmen einen mehr oder weniger großen Teil seiner Selbst- und Eigenständigkeit aufzugeben?

In der betriebswirtschaftlichen Literatur werden als Motive bzw. Zielsetzungen für diese Aktivitäten langfristige Existenzsicherung und Wahrung der Chancen auf nachhaltige Gewinnmaximierung genannt.[17] Dies erfolgt durch

- Erhöhung der Wirtschaftlichkeit (Erzielung von Rationalisierungseffekten und Kostenminimierung),
- Stärkung der Wettbewerbsfähigkeit über Verbesserung der Marktstellung gegenüber Lieferanten, Kunden und Kapitalmarkt,
- Risikoreduzierung und -zerlegung auf mehrere Partner und
- Bildung von Organisationen mit Lobbyfunktion.

Maßgeblich für die Entscheidung des Unternehmens, eine Verbindung mit einem anderen Unternehmen einzugehen, ist also die Überlegung bzw. die Erkenntnis, dass dieses wirtschaftliche Oberziel mit der Entscheidung zugunsten einer – wie auch immer gearteten – Unternehmensverbindung leichter bzw. schneller erreicht werden kann als dies im Alleingang zu realisieren wäre.

Je nach Bindungsintensität, das ist der Grad der (gegenseitigen oder einseitigen) Beeinflussung der rechtlichen und wirtschaftlichen Selbstständigkeit der zu verbindenden Unternehmen, kann zwischen **Kooperation** und **Konzentration** unterschieden werden.

Abbildung 16 zeigt einen Überblick über die Arten von Unternehmensverbindungen in Abhängigkeit von der Bindungsintensität.

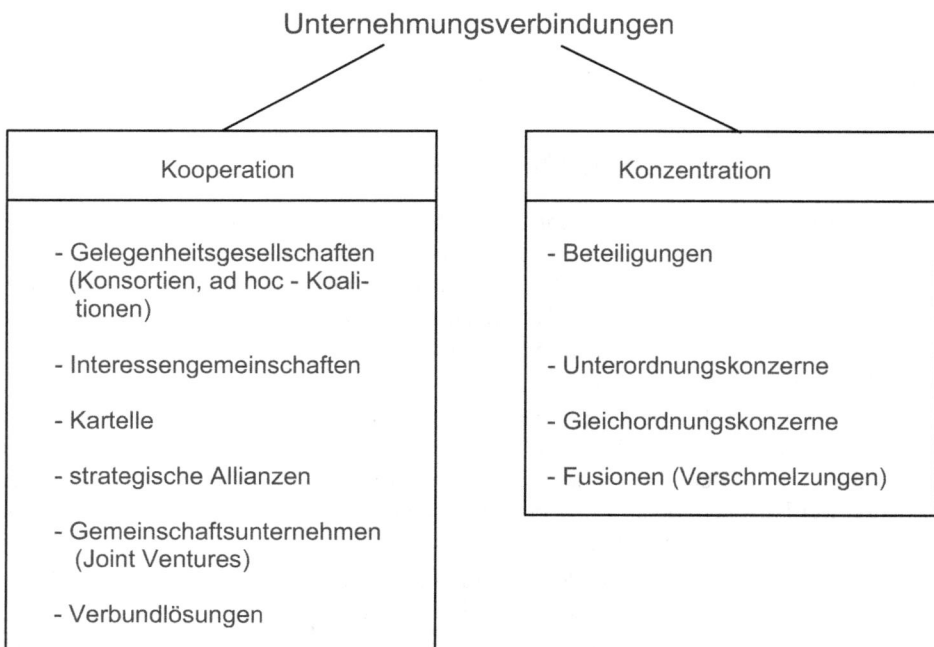

Abb. 16: Unternehmungsverbindungen nach der Intensität ihrer Bindung

Kooperationen bedeuten *allgemein* die freiwillige Zusammenarbeit rechtlich selbstständiger Unternehmen mit dem Ziel, bei grundsätzlicher Aufrechterhaltung ihrer wirtschaftlichen Selbstständigkeit, aus der Zusammenarbeit (Kooperation) gewisse Vorteile zu erzielen. Lediglich in den Funktionsbereichen, die der Zusammenarbeit unterworfen sind, wird die wirtschaftliche Autonomie aufgegeben.

Müller sieht den Zweck von Kooperationen ganz allgemein darin, Finanzdienstleistungen unterschiedlicher Art gemeinsam anzubieten.[18] In jedem Fall sind bei der Kooperation die einzelnen Kooperationspartner der verantwortliche Leistungsträger ihrer Produkte.

Erklärungsansätze für das Entstehen von Kooperationen bieten

- die Theorie der Kernkompetenzen, womit unternehmensspezifische Fähigkeiten gemeint sind, die einen hohen strategischen Wert für das Unternehmen aufweisen und von Wettbewerbern nur schwer imitiert oder „gekauft" werden können. Daneben gibt es Komplementär- und Peripheriekompetenzen von mittlerer bzw. nachrangiger Bedeutung, die vom Unternehmen nicht unbedingt beherrscht werden müssen und die daher vom Markt bezogen werden können.
  und

- die Transaktionskostentheorie, wonach das Zustandekommen und die Vorteilhaftigkeit von Kooperationen von der komparativen Analyse von Transaktionen und den damit verbundenen Kosten abhängen. Kooperationen zeichnen sich nach dieser Theorie häufig durch geringere Anbahnungs-, Abwicklungs- und Anpassungskosten gegenüber der marktbezogenen Koordination über den Preismechanismus aus.[19]

Konzentration bewirkt eine Angliederung bestehender Unternehmen an eine andere Wirtschaftseinheit, bei der die wirtschaftliche Selbstständigkeit des angegliederten Unternehmens zugunsten der übergeordneten Einheit verloren geht oder zumindest eingeschränkt wird. Bei allen Formen der Konzentration sind die beteiligten Unternehmen über die Grenzen der Kooperation hinaus durch kapitalmäßige Verflechtung miteinander verbunden.

Neben dem Klassifizierungsmerkmal der Bindungsintensität werden Unternehmenszusammenschlüsse auch unter dem Gesichtspunkt der zu verbindenden Wirtschaftsstufen unterschieden. Demnach sind

- horizontale Verbindungen Vereinigungen von Unternehmen der gleichen Produktions- bzw. Handelsstufe
- vertikale Zusammenschlüsse das Ergebnis der Vereinigung von Unternehmen aufeinanderfolgender Produktions- bzw. Handelsstufen und
- konglomerate Verbindungen Zusammenschlüsse aufgrund allgemeiner finanzierungspolitischer Überlegungen bzw. unter allgemeinen Diversifikationsaspekten. Sie treten zwischen Unternehmen unterschiedlicher Branchen und / oder Produktions- bzw. Handelsstufen auf, bei denen keine horizontale und / oder vertikale Verbindung gegeben ist.

Nachstehend werden die für die Finanzdienstleistungswirtschaft relevanten Formen von Unternehmensverbindungen und ihre jeweilige Bedeutung für die strategische Positionierung im Finanzdienstleistungsmarkt vorgestellt.

3.1.1   Kooperationen

In *besonderer* betriebswirtschaftlicher Präzision des Begriffes Kooperation differenziert Linné[20] diesen, indem er auf die drei Dimensionen der Kooperation abstellt:

1. Kooperation als Instrument dient über Aufgabenkoordination der Leistungserhöhung, Kostensenkung oder Zeit- bzw. Risikoreduktion.
2. Kooperation als Institution stellt einen bestimmten Typ eines sozialen Systems dar, das die verschiedenen Willensbildungszentren eines Unternehmens in Bezug auf die Kooperation beschreibt.
3. Kooperation als Prozess beschreibt die Phasen des Vorgangs von der Initiierung über Partnerwahl, Managementauswahl und Auflösung der Kooperation.

Ausgehend von der Zweiteilung der Unternehmensverbindungen in die Formen der Kooperation und Konzentration wird Kooperation somit als umfassender Terminus[21], als Oberbegriff für alle Ausprägungen von Zusammenarbeit verstanden.

Gelegenheitsgesellschaften
Gelegenheitsgesellschaften werden begründet, um bestimmte Einzelgeschäfte auf gemeinsamer Basis zu betreiben. Dies erscheint sinnvoll, um Projekte durchzuführen, für die die Kapazitäten eines einzelnen Unternehmens zu klein sind oder das Unternehmen das Risiko dieses Projekts allein nicht übernehmen kann oder will.

Zumeist werden Gelegenheitsgesellschaften als Arbeitsgemeinschaften bezeichnet, wohingegen in der Finanzbranche der Ausdruck **Konsortium** dominiert. Hier schließen sich Banken und Versicherungen zur Durchführung bestimmter, genau definierter Aufgaben zeitlich befristet zusammen. Bankenkonsortien bilden sich bei großen Wertpapieremissionen sowie Großkrediten und Versicherungskonsortien bei größeren Deckungsvolumina, um eine Risikobegrenzung und -verteilung zu betreiben. Daneben spielen bei Bankenkonsortien die Bündelung von Finanzkraft und Platzierungsmöglichkeiten eine Rolle, während Versicherungskonsortien auch der Homogenisierung von Beständen und des Neugeschäfts dienen. Nicht unerwähnt bleiben soll auch die Initiative zur Bildung von Konsortien durch den Auftraggeber, der als Emittent oder Versicherungsnehmer eine (Mit) Berücksichtigung mehrerer Geschäftspartner aus der Finanzbranche wünscht oder fordert.

Kartelle
Während Gelegenheitsgesellschaften ohne wettbewerbsrechtliche Relevanz gebildet werden, tritt bei Kartellen das Ziel bzw. die faktische Wirkung eines solchen (meist horizontalen) Zusammenschlusses auf eine wettbewerbsbeschränkende Marktbeherrschung in den Vordergrund. Wegen der wettbewerbsrechtlichen Regelungen (GWB: Gesetz gegen Wettbewerbsbeschränkungen) spielen diese für den Finanzdienstleistungsbereich so gut wie keine Rolle.

Die gesetzlich zugelassenen Kartellfunktionen werden in der Finanzdienstleistungsbranche Deutschlands überwiegend als Aufgaben der Verbandsorgane angesehen, die als **instituts-übergreifende Interessenvertretungen** gegenüber Staat und Öffentlichkeit auftreten. Neben der eigentlichen Kartellfunktion (Herbeiführung von Marktabsprachen insbesondere zur Gewährleistung einer effizienten Geschäftsabwicklung, z.B. Allgemeine Geschäftsbedingungen, Geldautomaten, etc.) nennen Schierenbeck und Hölscher[22] die Lobby-, Service- und Marketingfunktion als entsprechende Verbandsaktivitäten.

Ein konkretes Beispiel hiefür liefert der **Zentrale Kreditausschuss ZKA**, in dessen Rahmen die Spitzenverbände des deutschen Kreditgewerbes bei einer Vielzahl von Arbeitsgebieten zusammenarbeiten. Standardisierte Regelungen im Zahlungsverkehr und der Kartenzahlungssysteme sowie übergreifende Fragen des Wertpapiergeschäfts und Themen der Bankenaufsicht als auch rechts- und steuerpolitische Themen werden hier erarbeitet und als Vorschläge bzw. Stellungnahmen an die jeweiligen Adressaten gereicht.[23] Aktuell lehnt der ZKM eine Haftung für mögliche Fehler der BAFin genauso ab wie die Kostenablastung auf die Kreditwirtschaft von allgemeinstaatlichen Aufgaben wie Geldwäscheprüfung, Kontenabrufverfahren und Terrorismusbekämpfung.

Eine ähnliche Einteilung der Kartelle nimmt auch Priewasser[24] vor, der von sektorbezogener Kooperations- bzw. Verbandspolitik spricht und dabei u. a. die Kooperation in der Betriebspolitik der Unternehmen beleuchtet. Innerhalb dieser Aktivität nennt er die Betriebs**größen**politik der Verbände, die sich in diesbezüglichen Empfehlungen zur optimalen Betriebsgröße und damit der Erzielung von economies of scale (vgl. Abschnitt 2.2.1) äußert. Ausdrücklich wird darauf hingewiesen, dass diese Empfehlungen – innerhalb der Kreditwirtschaft – von den Verbandsorganisationen des Sparkassen- und Genossenschaftssektors ausgehen.

Interessengemeinschaften
Interessengemeinschaften dienen der Verfolgung gemeinsamer Interessen, bei der die beteiligten Unternehmen ebenfalls wie beim Kartell und der Gelegenheitsgesellschaft selbstständig bleiben. Allerdings ist eine Interessengemeinschaft inhaltlich und zeitlich weiter als eine Gelegenheitsgesellschaft gefasst, da sie nicht nur zeitlich befristete und inhaltlich abgegrenzte Projekte abdeckt, sondern in einzelnen betrieblichen Funktionsbereichen eine längerfristige Zusammenarbeit anstrebt. Meistens wird das Ziel einer Interessengemeinschaft (Maximierung des langfristigen Unternehmenserfolgs) über Rationalisierungsmaßnahmen, die Kostensenkungen bewirken, angesteuert.

Typische Funktionsbereiche sind

- gemeinsame Forschungs- und Entwicklungsaktivitäten
- gemeinsame einheitliche IT-Konzeptionen
- gemeinsame Einkaufsaktivitäten
- gemeinsame Mitarbeiter- Schulungs- und Fortbildungsmaßnahmen etc.

Strategische Allianzen
Eine Sonderform von Interessengemeinschaften stellt die **Strategische Allianz** bzw. **Koalition** zweier oder mehrerer Partner dar. Diese ist ein langfristig angelegtes Bündnis mehrerer Unternehmen ohne konkrete Fusionsfolge. Knoppe geht – nach einem umfangreichen Vergleich verschiedener Definitionen zur Strategischen Allianz – von dem „Begriffsraum" aus, der Strategische Allianzen als zwischenbetriebliches Beziehungs- oder Kooperationsgeflecht mit strategischer Orientierung zwischen mindestens zwei Unternehmen beinhaltet, die im horizontalen, vertikalen oder komplementären Sinne kooperieren und infolge der Kooperation einen höheren strategischen Zielerreichungsgrad aufweisen. Dieser wird durch den Transfer von komplexem Unternehmenswissen, das im Idealfall einen beidseitig strategisch orientierten Lernprozess impliziert, erreicht.[25]

Damit erlauben Strategische Allianzen die gemeinsame Durchführung von Tätigkeiten, ohne in neue Branchensegmente, geografische Bereiche oder verwandte Branchen mit eigener Kraft allein vordringen zu müssen.

Dies scheint gerade in der Finanzdienstleistungsbranche ein bedeutender Aspekt der Marktbearbeitung zu sein. In diesem Bereich, wo die Grenzen einzelner Branchensegmente vielfach fließend ineinander übergehen bzw. zu verschwinden scheinen und Europäisierung, Deregulierung und Globalisierung als Wettbewerbsparameter eine immer wichtigere Rolle spielen.

Das – vorläufige – Ergebnis dieser Entwicklung stellt für die Anbieter einen Doppeleffekt dar, der eine Art Zangen- oder Spiralbewegung bewirkt, in der sich die Branche befindet. Einerseits mit einer rasanten Kostenentwicklung, da die Instrumente der Marktbearbeitung immer komplexer werden: der Fortschritt in allen Bereichen der Informatik , vor allem bei Netzwerk-, Kommunikations- und Datenbanktechnologie, stellt immer höhere Ansprüche an Wissen und Können aller Finanzdienstleistungsanbieter. Andererseits zwingt dieser Kostendruck zur Konzentration auf Kernkompetenzen, was wiederum im Gegensatz zur Forderung der Nachfrager steht, komplexe Produkte, die Elemente aus verschiedenen Bereichen des Finanzdienstleistungsmarkts enthalten, „ aus einer Hand „ angeboten zu bekommen.

Die Lösung dieses Konflikts wird zumeist in der Bildung strategischer Allianzen gesehen. Allianzen erlauben den beteiligten Partnern , gemeinsam ihre jeweilige Position in einem Markt bzw. Marktsegment zu stärken. Dabei bilden nach Bernet[26] die einzelnen Unternehmen ein Allianzportfolio, das aus der Summe der strategischen Kooperationen zwischen dem Unternehmen und seinen Partnern besteht.

Nachstehende Formen können sich in diesem Portfolio befinden:

- Die bilaterale Allianz als klassische Form der offenen strategischen Zusammenarbeit zwischen zwei Marktanbietern, bei der beide Partner diese Allianz zur Erreichung ihrer strategischen Ziele aktiv nutzen. Das Kooperationsdesign ist auf eine win-win-Beziehung fixiert. Die Beziehungen zu Dritten spielen zwar für den jeweiligen Partner eine Rolle, nicht aber für die Strategische Allianz selbst.

- Das Allianz-Netzwerk als mehrdimensionales Beziehungsgeflecht zwischen mehreren Partnern. Es entsteht in der Regel aus der Summe mehrerer bilateraler Allianzen. Das Netzwerk verfügt über (mindestens) einen Verknüpfungspunkt bzw. Knoten dergestalt, dass ein Partner das verbindende Element zu den anderen Partnern darstellt.

- Die multilaterale Allianz, bei der jeder Partner eine Mehrzahl von Allianzbeziehungen mit Dritten unterhält. Dabei entsteht der Gesamtnutzen für einen Partner nicht aus der Summe einzelner bilateraler oder netzwerkorientierter Beziehungen, sondern aus der Tatsache, dass er Teil eines Gesamtsystems ist.

Als denkbare Beispiele für die Inhalte der einzelnen Allianzformen lassen sich aufführen:

1. bei bilateralen Allianzen:
   - Banken kooperieren im sog. Interbankengeschäft freiwillig und informell.
   - Banken kooperieren exklusiv mit einem Partner aus der Versicherungs-, Kapitalanlagen- und Bausparbranche. Dieses Beispiel lässt sich zusätzlich auffächern, indem bei der Partnerwahl zur Assekuranz differenziert wird nach Personen- und Sachversicherern usw.
   - Bausparkassen kooperieren bei der Gesamtbaufinanzierung exklusiv mit einer Bank (Geschäftsbank im Sinne von Universalbank oder Hypothekenbank).

2. bei Netzwerk-Allianzen:

   eine Bank als „Knoten" im Netzwerk-System bietet ein Kombi-Produkt an, bei dem ein spezielles Konto mit Überziehungsmöglichkeiten für Konsumentenkredite in Verbindung mit einer Kreditkarte eines Kreditkartenanbieters und Absicherung gegen Probleme bei der Ratenzahlung wegen schwerer Krankheit, Arbeitslosigkeit oder Berufsunfähigkeit durch einen Personenversicherer zu einem neuen, kombinierten und im Idealfall einzigartigen Marktangebot vereint werden.

3. bei multilateralen Allianzen:

   eine Bank bietet verschiedene, untereinander im Wettbewerb stehende Kreditkarten an, die wiederum in Konkurrenz zu den Kredit- und Kunden (Service-) karten der Waren- und Versandhäuser stehen, die als Distributor für die Bank arbeiten. Jede dieser Einzelallianzen ergäbe für sich keinen Sinn; erst aus dem Gesamtsystem der multilateralen Allianzen ergibt sich hingegen eine Vielzahl neuer strategischer Optionen.

Die Gratwanderung zwischen Kooperation und Konkurrenz innerhalb der multilateralen Allianz wird auch als **Koopkurrenz (Coopetition)** bezeichnet und stellt auf die grundsätzlich partnerschaftlich ausgerichtete Zusammenarbeit innerhalb der komplexen Netzwerkstruktur mit hybriden Spielregeln ab.

Reiß und Ziegler unterscheiden hierbei zunächst nach den relativen Anteilen von Miteinander zu Gegeneinander und skalieren zwischen Wettbewerb unter Partnern, strenger Koopkurrenz und Kooperation untern Wettbewerbern. Da diese Oberflächencharakterisierung jedoch keine Erklärung für die Performance der strategischen Allianz liefert und somit auch keine Gestaltungshinweise ermöglicht, stellen sie die verschiedenen Konstruktionsmuster der Koopkurrenz vor:

- Sektoren-Koopkurrenz bietet eine strenge Demarkation zwischen verschiedenen Differenzierungsmöglichkeiten wie
  + Geschäftsbereichen: beispielsweise konkurriert die Postbank im Kerngeschäft mit Deutscher Bank und Dresdner und betreibt deren Zahlungsverkehr
  + Kundengruppen: Gemeinsame Informationsportale für gewerbliche Kunden zu speziellen Themen über einen Provider durch mehrere im Wettbewerb stehende Banken und
  + Regionen: in Bayern unterhält die Allianz Versicherungsgruppe Vertriebspartnerschaften zu Kreditgenossenschaften, während im übrigen Bundesgebiet konkurriert wird.

- Episoden-Koopkurrenz differenziert auf der Zeitschiene im Marktlebenszyklus. Während in der Wachstumsphase präkompetitive Netze zum Zweck des Marktaufbaus gebildet werden, ist in der Penetrationsphase eines Marktes hoher Wettbewerb typisch, der in der Sättigungs- bzw. Schrumpfungsphase wiederum durch Kooperationenen (z.B. durch Outsourcing-Modelle) abgelöst wird.

- Ebenen-Koopkurrenz auf Grund der vertikalen Mehrebenen-Architektur organisatorischer Gebilde. Die Drei-Säulen-Struktur des deutschen Bankgewerbes liefert hierfür ein Beispiel: auf der kollektiven Ebene stehen Geschäftsbanken, Sparkassen und Genossenschaftsbanken im Wettbewerb untereinander. Die säuleninterne Kooperation erfolgt über die Verbände Bundesverband deutscher Banken, Deutscher Sparkassen- und Giroverband und Bundesverband der Volksbanken und Raiffeisenbanken. Und unabhängig von der gemeinsamen Interessenvertretung durch den jeweiligen Verband herrscht unter den Verbandsmitgliedern Wettbewerb.

- Schichten-Koopkurrenz als Ausfluss des organisatorischen Strukturprinzips mit Basisstruktur und Overlaystruktur einer Organisation: während die Basisstruktur die Grundorientierung der Beziehung (Wettbewerb im operativen Geschäft) vorgibt, definiert die überlagernde Schicht die Nebenorientierung (z.B. ein gemeinsames Projekt wie das Konsortialgeschäft).
- Ubiquitäre Koopkurrenz akzeptiert den aus der Koopkurrenz resultierenden Stress bewusst als allgegenwärtiges Phänomen. Kundenschutzabkommen, klare Provisionsregelungen bei gegenseitigen Vermittlungen und die Spezialisierung auf bestimmte Vertriebskanäle und Kundensegmente begrenzen den Wettbewerb.[27]

Da sich die in bilateralen und Netzwerkallianz-Systemen erprobten Kooperations- und Managementprinzipien nur sehr beschränkt auf multilaterale Strategien übertragen lassen[28], wird dieser Ansatz nicht unter Managementstrategien, sondern unter operativen Strategien zu verfolgen sein.

Eine spezielle Form strategischer Allianzen (wenngleich auch über Konzernbildung realisierbar) bietet das Konzept eines Immobilienfinanziers. Hier werden die Vorteile der verschiedenen Institutsformen Geschäftsbank, Hypothekenbank, Bausparkasse und Lebensversicherung zu einem höheren Effizienzgrad kombiniert, indem die Ressourcen aller beteiligten Partner in die drei Bereiche

- dezentraler Vertrieb,
- integrierte Bearbeitung und
- Spezialfunktionen

eingebracht werden, wie Abb. 17 aufzeigt.

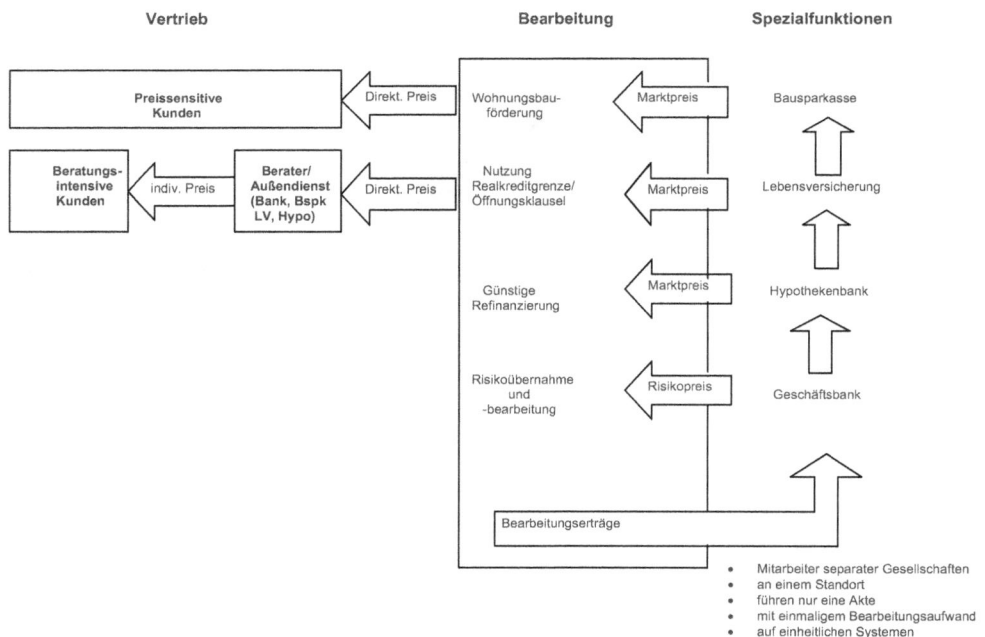

Abb. 17 Konzept einer Allianz[29]

Als Vorteile einer Allianz, die solch große Restrukturierungen verschiedener Spezialisten erfordert, werden genannt:

- Vollkosten der Bearbeitung (ohne Risikobearbeitung) werden bei unter 0,1 % gehalten.
- Risikokosten bleiben selbst bei 100 %-Finanzierungen unter 0,1 %, sofern kritische Massen für das Risikomanagement erreicht werden können.
- Eigenkapitalkosten lassen sich nahezu auf Null reduzieren.

Insgesamt erscheinen in diesem Konzept Margen von 0,2 % zwischen Pfandbriefeinstandskondition und Effektivzins für Direktfinanzierungskunden darstellbar, was gegenüber traditionellen Margen von ca. 0,75 % geradezu revolutionär erscheint und dem ersten Umsetzer dieses Konzepts erhebliche Pioniergewinne einbrächte.

Verbundlösungen
Der Terminus Verbundlösung ist im betriebswirtschaftlichen Sprachgebrauch mehrfach belegt.

Zum einen kann sich der Begriff auf die Frage der Standardisierung und Kombination von Leistungen und die damit verbundenen Möglichkeiten zur Erzielung von Größen- und Verbundvorteilen beziehen. Man spricht von (positiven) Verbundwirkungen auf die Erlössituation eines Anbieters, wenn es diesem gelingt, Synergieeffekte durch die Inanspruchnahme möglichst vieler Allfinanzfunktionen durch ein und denselben Kunden zu erhalten (economies of scope). Damit ist eine unmittelbare Beziehung dieser Begriffsfassung zum Thema Allfinanz bereits gegeben. In Bezug auf die Frage einer Strategiekonzeption für den Allfinanzmarkt bedeutet Verbundlösung hingegen, dass diese *eine* Alternative zum approach im Finanzdienstleistungsmarkt darstellt.

Dabei handelt es sich um eine Marktauftrittsform, die unter dem Aspekt der Unternehmensverbindung überwiegend dem Kooperationsmodell zuzuordnen ist und in der Realität im Wesentlichen auf die Kreditwirtschaft beschränkt ist. Dort ist sie im Bereich der Sparkassen- und Genossenschaftsorganisationen anzutreffen.

Kernelement der Verbundsysteme ist die Arbeitsteilung. Auf der sog. Primärstufe operieren die einzelnen Banken bzw. Sparkassen in einem regional relativ beschränkten Radius. Im überregionalen Zahlungsverkehr, beim Liquiditätsausgleich sowie in den anspruchsvolleren Geschäftsbereichen wie Außenhandel, Wertpapiere und Großkredite arbeiten sie mit den Girozentralen bzw. Landesbanken (sparkassenseitig) bzw. regionalen Zentralbanken (im Genossenschaftssektor) zusammen, die ihrerseits ihre Spitzeninstitute auf der dritten Stufe haben. Verschiedene Gründe (Rationalisierungsüberlegungen und Sanierungsnotwendigkeiten) haben im Genossenschaftsbereich bereits seit Anfang der 80er Jahre des vergangenen Jahrhunderts eine Tendenz eingeleitet, aus dem 3-stufigen Verbund einen 2-stufigen zu machen.

Diese verbundmäßige Arbeitsteilung gleicht der einer hierarchisch aufgebauten Großbank mit Zentrale, Niederlassungen, Filialen und Zweigstellen, ändert aber nichts an den unterschiedlichen Zielsetzungen, ferner der Selbstständigkeit und damit der prinzipiell freien Willensbildung der einzelnen Institute innerhalb des Verbunds.

Das jeweilige Spitzeninstitut ergänzt subsidiär die Angebotspalette der Banken auf der ersten Ebene durch vom Markt geforderte Produkte entweder direkt oder über spezialisierte Tochter- und Beteiligungsgesellschaften; beides koordiniert es analog der Aufgabenstellung einer strategischen Management-Holding.[30]

So gehören beispielsweise dem genossenschaftlichen Finanzverbund neben den über 2.200 Volks- und Raiffeisenbanken auf der ersten Stufe die Spitzeninstitute auf zweiter und dritter Ebene, je zwei Hypothekenbanken und Kapitalanlagegesellschaften, je eine Bausparkasse, Versicherungsgruppe, offene Immobilienfondsgesellschaft, Leasinggesellschaft und eine Reihe weiterer spezieller Finanzdienstleister an. Diese ermöglichen ein Gesamtangebot, dessen Palettenumfang dem Allfinanzgedanken nahezu vollständig entsprechen kann.

Kritisch kann vermerkt werden, dass die Institute auf der Primärstufe in ihrem Produktangebot sehr stark von der Palette ihres Finanzverbunds abhängig sind. „Fremdbezüge" im Sinne von Produktvermittlungen von Anbietern, die nicht dem eigenen Verbund angehören, sind so gut wie ausgeschlossen.

Joint Ventures

Alle bislang beschriebenen Formen der Kooperation basieren auf vertraglichen Regelungen zwischen den Beteiligten. Bei der Kooperationsform des **Joint Venture,** das die Gründung von Gemeinschaftsunternehmen zum Inhalt hat, wird die Zusammenarbeit allerdings durch Kapitalbeteiligung und gemeinsame Führungsverantwortung und -kontrolle der Gesellschafterunternehmen unterlegt und dokumentiert. „Fehlt die gemeinsame Führungsverantwortung und -kontrolle, so ist die finanzielle Beteiligung für denjenigen Partner, der sich mit der Tragung des Risikos begnügt, eine reine Portfolio-Investition. Ohne finanzielles Risiko für alle Partner ist es ein bloßer Management- oder Kreditvertrag."[31]

Eine Reihe von Begriffen beschreiben in Literatur und Praxis mehr oder weniger dasselbe Phänomen Joint Venture: Joint Business Venture, Mixed Enterprise, Equity Joint Venture, Cooperative Venture im angelsächsischen sowie Gemeinschaftsunternehmen, gemeinsames Tochterunternehmen, gemeinschaftliche Unternehmung u. ä. im deutschen Sprachraum.

In der Regel erfolgt die Kapitaldotierung eines Joint Ventures gleichmäßig durch die jeweiligen Gesellschafter, was auch als Ausdruck des gegenseitigen Respekts („Partnerschaft unter Gleichen") zu verstehen ist. Mit rotierenden Vorsitz- bzw. Sprecherfunktionen zwischen den Vertretern der Gesellschafterunternehmen im Aufsichtsgremium des Joint Venture wird der partnerschaftliche Charakter des Unternehmens zusätzlich – und auch mit Außenwirkung – dokumentiert.

3.1.2   Konzentrationen

Ganz allgemein bedeutet Konzentration eine bei gewachsenem Geschäftsvolumen rückläufige Zahl rechtlich selbständiger Unternehmenseinheiten, wobei der Rückgang der Anbieteranzahl nicht auf Liquidationen oder Insolvenzen zurückzuführen ist, sondern aufgrund der Anbindung eines Unternehmens an eine andere Wirtschaftseinheit. Die wirtschaftliche Selbstständigkeit des anzugliedernden bzw. angegliederten Unternehmens wird durch die übergeordnete Einheit stark eingeschränkt oder ganz aufgehoben. Die Stärke der Einflussnahme des übergeordneten auf das untergeordnete Unternehmen hängt im Wesentlichen von der Beteiligungsquote am gezeichneten Kapital des anzubindenden Unternehmens ab.

Abbildung 18 zeigt die Abstufungen kapitalmäßiger Verflechtungen (Beteiligungsquoten) auf.

Damit wird erkennbar, worin der Unterschied zwischen einer normalen Aktienanlage und einer Beteiligung liegt (wobei unterstellt wird, dass es sich bei dem zu beteiligenden Unternehmen um eine AG handelt). Während der Anleger im Sinne eines Streubesitzeraktionärs (Kleinaktionärs) aus seiner Minderheitsbeteiligung (< 25 %) über sein Stimmrecht so gut wie keinen materiellen Einfluss auf das Unternehmen ausüben kann, steigt die Einflussmöglichkeit des Beteiligungsaktionärs mit zunehmender Beteiligungsquote:

- mit einer Sperrminorität kann der Beteiligte satzungsändernde Beschlüsse verhindern,
- mit einer einfachen Mehrheit kann der Mehrheitsbeteiligte die Geschäftspolitik des Unternehmens maßgeblich beeinflussen und
- mit einer qualifizierten Mehrheit (> 75 %) kann der Beteiligte Satzungsänderungen durchsetzen.

Dabei wird vorausgesetzt, dass die Beteiligungsquote an der AG vom Aktionär entsprechend der Vorschriften des § 21 WpHG (Wertpapierhandelsgesetz) publiziert wurde.

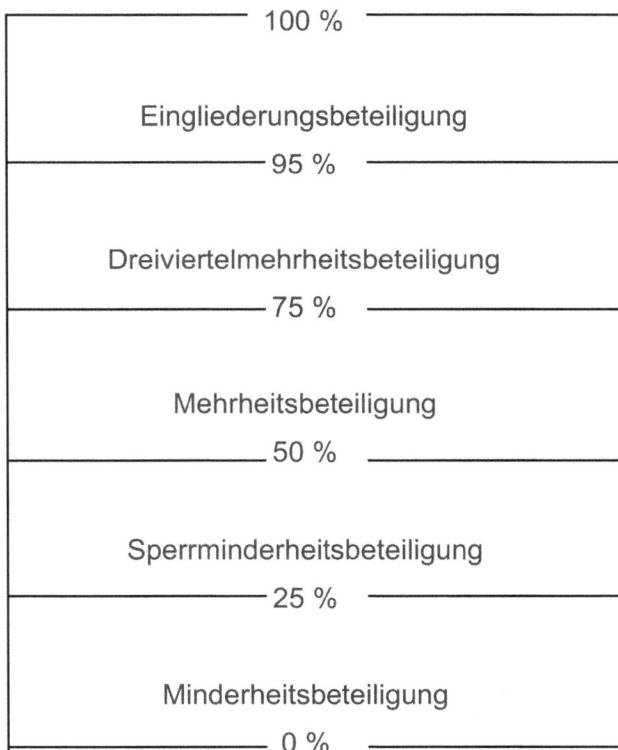

Abb. 18: Abstufungen kapitalmäßiger Verflechtung[32]

Beteiligungen

Die Motive für die Beteiligung eines Unternehmens an einer anderen Gesellschaft sind unterschiedlicher Natur. Der vielfach kritisierte Beteiligungsbesitz der Kreditwirtschaft an Unternehmen der gleichen Branche wie auch an Industrie- und Handelsunternehmen hat häufig seine historischen Ursachen in notleidend gewordenen Kreditforderungen, die in Eigenkapital des Unternehmens umgewandelt wurden oder in fehlgeschlagenen, d. h. nicht im Publikum endgültig platzierten Wertpapieremissionen. Portfolio-Investitionen, d. h. Beteiligungen im Sinne einer reinen Finanzanlage ohne unternehmerische Ambitionen, werden gelegentlich von der Assekuranz, die im Rahmen ihrer Vermögensanlagen unter Mischungs- und Streuungsgründen Beteiligungen eingeht, vorgenommen. Hier stellen der laufende Ertrag durch Dividenden und Bezugsrechtserlöse sowie die langfristig erwartete positive Kursentwicklung, die Legung von Bewertungsreserven und damit die Substanzschaffung die wesentlichen Kriterien für das Beteiligungsengagement. Beteiligungen werden darüber hinaus auch zur Dokumentation einer Partnerschaft, Festigung gegenseitiger Verbundenheit u. a. eingegangen. Gerade dieser Aspekt spielt bei gegenseitigen Beteiligungen (Überkreuzbeteiligungen) eine gewisse Rolle.

Das unter dem Gesichtspunkt des Auftritts im Allfinanzmarkt wichtigste Kriterium für den Erwerb einer Unternehmensbeteiligung dürfte jedoch die Gewinnung von Marktanteilen durch einen Beteiligungskauf darstellen. Dieser Zukauf von Marktanteilen führt zu einer Unternehmensexpansion des erwerbenden Unternehmens, die über deren inneres (organisches) Wachstum hinausgeht. Da hiermit ein schneller Markteintritt erreicht werden kann, stellt der Beteiligungskauf auch eine der am häufigsten angewandten Strategien der Markterschließung dar.

Für die Frage der Akquisitionsstrategie, welche Beteiligungsquote erforderlich ist, um diese Markterschließung zu realisieren, kommt es auf eine Reihe von Faktoren an:

*   Gesamtstruktur des Anteilsbesitzes am zu beteiligenden Unternehmen: werden die Aktien en bloc von einem sich zurückziehenden Aktionär, der eine Exit-Lösung für seine Beteiligung bei einem strategischen Investor sucht, übernommen? Oder erfolgt der Erwerb über die Börse durch „Sammeln" von herauskommendem Material von Kleinanlegern? Wird über die Börse ein Übernahme- respektive Abfindungsangebot an freie Aktionäre gemacht? Wie stellen sich die Beteiligungsverhältnisse nach der Neuordnung dar? Gibt es weitere Mehrheitsaktionäre oder ist der Erwerber der einzige Festbesitzeraktionär?

*   Bei genügend hohem Streubesitz und einer unvollständigen Präsenz in der Hauptversammlung kann schon mit Beteiligungsquoten, die rechnerisch unter den erforderlichen Marken in der Abstufung kapitalmäßiger Verflechtung liegen, ein entsprechend faktischer Einfluss ausgeübt werden. Beispielsweise genügen bei einer zu erwartenden Hauptversammlungspräsenz von 90 % des vertretungs- bzw. stimmberechtigten Kapitals schon gut 22,5 % des gesamten Kapitals, um eine Sperrminorität zu bilden, 45 % zur Darstellung einer einfachen Mehrheit und 67,5 % zur Ausübung qualifizierter Mehrheitsrechte.

*   Höhe des Kaufpreises bzw. Finanzierbarkeit des Beteiligungserwerbs: nach Fixierung der Grundsatzfrage, welcher Preis maximal für den Erwerb zugestanden werden kann, ist zu klären, ob der Kaufpreis aus vorhandenen freien Mitteln oder einer noch vorzunehmenden Barkapitalerhöhung darzustellen ist. Ein anderer Weg wäre es, als „Akquisitionswährung" eigene Aktien anzubieten oder aus dem vorhandenen Beteiligungsportefeuille ein strategisch nicht mehr hineinpassendes Paket anzubieten, d. h. einen Aktientausch mit dem Abgeber des Beteiligungsobjekts vorzunehmen.

*   Einflussmöglichkeiten auf das zu erwerbende Unternehmen: handelt es sich bei dem Beteiligungserwerb um einen aus Sicht des Beteiligungsobjekts freundlichen Akt oder wird der Erwerb als unfreundlich / feindlich angesehen? Wie ist die Bereitschaft des Managements des Beteiligungsunternehmens, dem neuen Festbesitzeraktionär qualifi-

zierte Informationen zukommen zu lassen und Vertreter des neuen Großaktionärs in Aufsichtsgremien / Beiräte eintreten zu lassen?

Unabhängig von der zu wählenden Höhe der Beteiligungsquote ist unter Markterschließungsüberlegungen bedeutsam, inwieweit durch den Beteiligungserwerb

- Einblick in die Strategie des zu erwerbenden Unternehmens gewonnen und
- Potenzial für Synergien geschaffen werden kann.

Auf die damit verbundenen Schwierigkeiten wird in Abschnitt 5 gesondert einzugehen sein.

Juristisch gesehen sind Beteiligungen Unternehmensanteile (bei Aktien in verbriefter und bei GmbHs, Genossenschaften und stillen Gesellschaften in unverbriefter Form), die dazu bestimmt sind, dem eigenen Geschäftsbetrieb durch Herstellung einer dauerhaften Verbindung zu dienen (§ 271 HGB). Im Zweifel gilt ein Anteilsbesitz von über 20 % des gezeichneten stimmberechtigten Kapitals einer Gesellschaft als Beteiligung. Die Beteiligungsvermutung ist jedoch widerlegbar, wobei aber die bloße Erklärung, keine Beteiligungsabsicht zu haben, nicht genügt. Vielmehr müssten objektiv dagegensprechende Anhaltspunkte vorliegen, wie z.B. vorübergehender Besitz als Folge eines Pakethandels oder zur Rettung von Kreditforderungen.

Eine Sonderform der Beteiligung liegt vor, wenn die Gesellschaftsanteile einer anderen Unternehmung vollständig aufgekauft werden. Damit erwirbt der Initiator ein neues Tochterunternehmen auf externem Weg, das absolut vollständig weisungsgebunden ist.

Unter dem Blickwinkel der Bedeutung der Unternehmenskonzentration für die Entwicklung von Strategien im Allfinanzmarkt erscheint es sinnvoll, Beteiligungen von **Konzernbildungen** und **Fusionsvorgängen** dahingehend abzugrenzen, dass bei „reinen" Beteiligungen das Kriterium einer einheitlichen Leitung nicht gegeben ist.

Konzerne

Verbundene Unternehmen sind Mutter- oder Tochtergesellschaften, die in den Konzernabschluss eines Mutterunternehmens nach den Vorschriften der Vollkonsolidierung einbezogen werden (§ 272 Abs. 2 HGB). Ein Mutter-Tochter-Verhältnis liegt vor, wenn

- entweder die beteiligten Unternehmen unter einheitlicher Leitung stehen. Diese ist gegeben, wenn die Geschäftspolitik der einzelnen Unternehmen koordiniert wird und somit rechtlich selbständige Einheiten zu einer wirtschaftlichen Einheit zusammengefasst werden. Hinzukommen muss zu dieser Voraussetzung der Tatbestand des Beteiligungsbesitzes
- oder wenn ein Control-Verhältnis auch ohne Vorliegen eines Beteiligungsbesitzes gegeben ist, d. h. konzerntypische Merkmale vorliegen.

Abbildung 19 verdeutlicht die Zuordnungskriterien zu verbundenen Unternehmen. Je nachdem, wie die einzelnen Unternehmen mit einander verbunden sind, unterscheidet das Aktienrecht vier verschiedene Arten von verbundenen Unternehmen (§ 15 ff. AktG):

1. in Mehrheitsbesitz stehende Unternehmen und mit Mehrheit beteiligte Unternehmen
2. abhängige und herrschende Unternehmen: hier genügt die Möglichkeit der beherrschenden Einflussnahme, die bei einfacher Kapitalmehrheit gegeben ist

3. Konzernunternehmen in der Form eines **Unterordnungskonzerns**: ein herrschendes und mindestens ein abhängiges Unternehmen bilden den Konzern, der unter einheitlicher Leitung steht.

4. Konzernunternehmen in der Form eines **Gleichordnungskonzerns**: ebenfalls unter einheitlicher Leitung stehen mindestens zwei von einander unabhängige Unternehmen

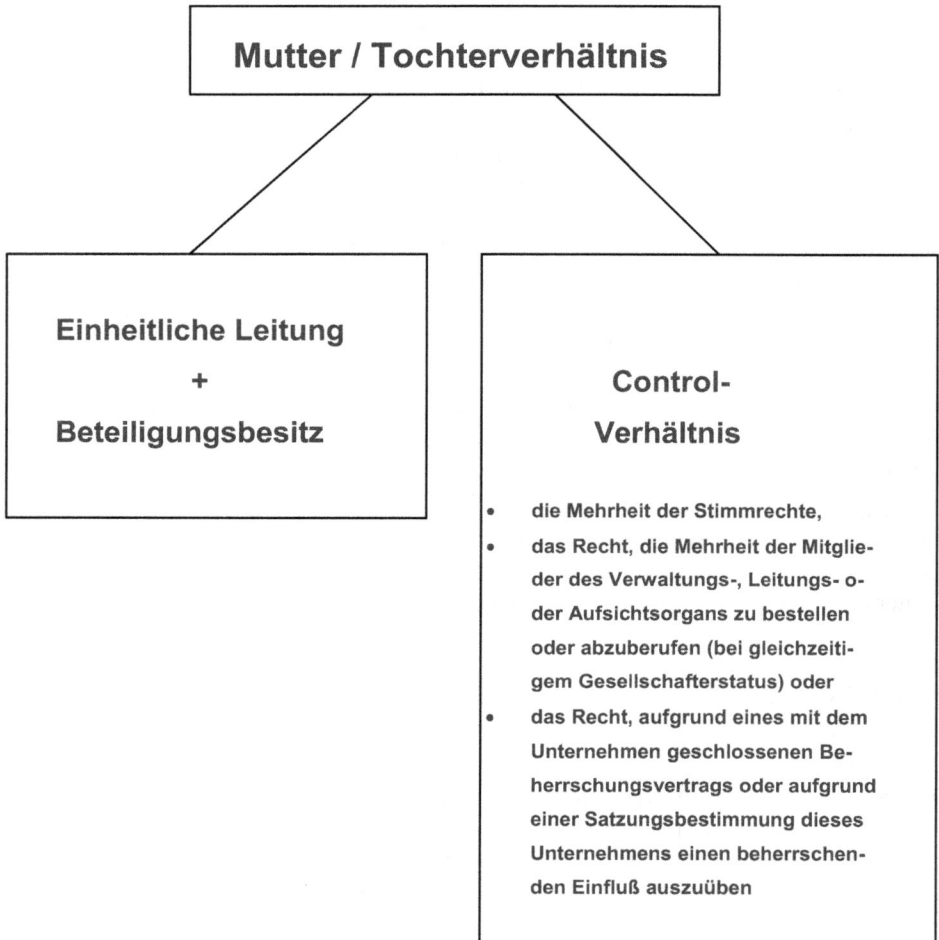

Abb. 19.: Kriterien für die Zuordnung zu verbundenen Unternehmen[33]

Die Konzernbildung ist hinsichtlich des Auftritts im Allfinanzmarkt ein wesentlicher strategischer Ansatz zur Marktanteilsgewinnung aus eigener Kraft.

Bereits innerhalb einer Teilbranche des Allfinanzmarkts, der Versicherungswirtschaft, ist es wegen des Prinzips der Spartentrennung vielfach unumgänglich, zur Arrondierung der Produktpalette die Gründung von Tochter- bzw. Enkelgesellschaften vorzunehmen, wenn vermieden werden soll, den Kunden an einen Kooperationspartner „durchzureichen" oder an die Konkurrenz zu verlieren. Innerhalb der über 460 Versicherungsunternehmen, die dem Gesamtverband der Deutschen Versicherungswirtschaft e. V. (GDV) angehören, lassen sich rund 90 Unternehmensgruppen bzw. Konzerne ausmachen. Rein rechnerisch besteht somit jeder Versicherungskonzern aus mindestens 5 Unternehmenseinheiten. Die tatsächliche Zahl von Gesellschaften innerhalb eines Konzerns liegt insofern jedoch höher, weil auch eine Reihe von Marktnischenanbietern (Einspartenunternehmen) existieren, die keinem Unternehmensverbund angehören. Unberücksichtigt in dieser Berechnung bleiben Konzerngesellschaften, die keinen unmittelbaren Auftritt im Versicherungsmarkt haben wie z.B. Immobilienverwaltung oder IT-Einheiten auf Grund von Funktionsausgliederungen oder andere, nicht-versicherungsspezifische Finanzdienstleistungseinheiten.

Die Konzernbildung über die Gründung von Tochtergesellschaften erlaubt es den Anbietern,

- in der angestammten (Teil) Branche mit einer sog. Zweitmarke aufzutreten
- den approach in ein anderes Branchensegment des Allfinanzmarkts zu starten und
- die Finanzierung der Gründung und Unternehmensfortentwicklung elastisch und situativ an die Expansion anzupassen.

Für eine Zweitmarke gibt es vielfältige Gründe:
- die vorhandene Produktpalette (oder Teile hieraus) kann über andere Vertriebskanäle, die die bestehenden Vertriebswege nicht tangieren, vertrieben werden
- aus dem vorhandenen Mitarbeiterpotenzial können durch die Delegierung von leitenden Mitarbeitern Führungskräfte in das Management der Tochtergesellschaft eingesetzt werden. Diese Maßnahme sichert die „Implementierung" der Corporate Identity im Interesse eines konzerneinheitlichen Marktauftritts
- das vorhandene Mitarbeiterpotenzial kann insgesamt oder zumindest in Stabsbereichen über das Instrument einer Verwaltungseinheit bzw. Bürogemeinschaft bei entsprechender Kostenschlüsselung auf die involvierten Gesellschaften eingesetzt werden
- über die Kostenzuordnung kann – innerhalb der zulässigen Grenzen der Rechnungslegung – eine Ergebnissteuerung (zu Gunsten) der Neugründung vorgenommen werden.

Beispiele für Zweitmarken im Bankensektor sind die verschiedenen Direktbanken als Großbanktöchter (Deutsche Bank und Bank 24, Dresdner Bank und Advance Bank sowie Commerzbank und Comdirect) und in der Assekuranz die Generali-Lloyd-Gruppe mit den Dialog-Versicherungen, die Lebensversicherung von 1871 a. G. mit der Delta Direkt Lebensversicherung AG, die BBV-Gruppe mit der Neue Bayer. Beamten Lebensversicherung AG, u. a.

Wird eine Neugründung hingegen auf die sog. grüne Wiese gestellt (also ohne die oben skizzierten räumlichen und personellen Anbindungen an die Konzernmutter), dann ist dies sowohl von der personellen Ausstattung als auch von der Kostenbelastung äußerst schwierig. Beginnt sie doch mit der Standortsuche, der Akquisition von engagiertem und qualifiziertem Personal, das auf die neuen Herausforderungen mit Pionierleistungen antwortet, bis zur technologischen und räumlichen Ausstattung, der Organisation von Schulungen, dem Vertriebsaufbau u. dgl.

Im Verhältnis zum Beteiligungserwerb, der eine schnelle Markterschließung durch den Zukauf sichert, stellt die Konzernbildung mit Gründungsanstrengungen sicherlich den langwierigeren und schwereren Weg dar. Eigenkapitalrestriktionen (gerade beim Versicherungsverein a. G.) und Risikoüberlegungen (Politik der kleinen Schritte beim Konzern gegenüber der

„Groß"investition bei einer Beteiligung) lassen diese Alternative jedoch als gangbare Strategie erscheinen.

Innerhalb der Investment- und Bausparbranche gibt es ebenfalls Konzernbildungen, wobei diese sich im Wesentlichen auf die Gründung von Tochtergesellschaften im Ausland beschränken. Während bei Kapitalanlagegesellschaften die Produktseite das dominierende Motiv darstellt (z.B. erweiterte Anlagemöglichkeiten bei Fonds nach Luxemburger Recht), ist dieses in der Bausparwirtschaft der Europäisierungsgedanke. Theoretisch ist es darüber hinaus auch denkbar, dass eine im Spezialfondsgeschäft angestammte inländische Adresse die Gründung einer eigenen inländischen Fondsgesellschaft für Publikumsfonds vornimmt et vice versa, weil dies aus Rechts- oder Profilierungsüberlegungen nicht unter der vorhandenen „Marke" betrieben werden soll.

Damit steht – unter dem Aspekt der Bindungsintensität – der Konzern zwischen dem Kartell als Abstimmungsbrücke zwischen rechtlich und wirtschaftlich selbständigen Unternehmen und der **Fusion** (englisch: merger), bei der unter Aufgabe der rechtlichen und wirtschaftlichen Selbständigkeit ein Unternehmenszusammenschluss erfolgt.

Fusionen
Die Fusion ist die engste Form einer Unternehmensverbindung, bei der ein Einheitsunternehmen mit rechtlich unselbstständigen Teilbetrieben entsteht. Man kann die Fusion auch als Sonderform der Beteiligung bzw. vollständigen Übernahme eines Unternehmens bezeichnen, bei der übernommenes und übernehmendes Unternehmen nach der vollzogenen Übernahme zu *einem* Unternehmen verschmolzen (fusioniert) werden.

§ 329 AktG unterscheidet die

- Fusion durch Aufnahme, das ist die Übertragung des Vermögens der zu fusionierenden Gesellschaft als Ganzes auf die übernehmende Gesellschaft gegen Überlassung von Aktien der aufnehmenden Gesellschaft und die
- Fusion durch Neubildung, bei der das Vermögen der fusionierenden Gesellschaften als Ganzes gegen Gewährung von Aktien der neuen Gesellschaft auf sich vereint wird.
  Bei dieser Fusionsart kommt es darauf an, ein maximales Unternehmenstauschwertverhältnis von 55 % zu 45 % zwischen den beteiligten Unternehmen zuzulassen, um ein steuerneutrales „pooling of interests" zu erreichen, d. h. die Aufdeckung stiller Reserven zu vermeiden und Transaktionssteuern zu sparen. Wird dieses Verhältnis nicht erreicht, wäre eine solche Fusion steuertechnisch eine Übernahme mit negativen Auswirkungen wegen entsprechendem Abschreibungsbedarf.

Als Motive für Fusionen kommen in Betracht:

- Steigerung des shareholder values:
  Unternehmenswachstum über Akquisitionen werden von den Kapitalmärkten im Regelfall positiv honoriert. Einer Studie der Boston Consulting Group zufolge, die die Wertentwicklung von 705 US-Gesellschaften über einen Zeitraum von 1992 bis 2002 analysierte, ergibt sich für Unternehmen, die häufig andere Firmen übernehmen, eine höhere Aktienrendite als bei Gesellschaften, die aus eigener Kraft wachsen oder selten andere Firmen kaufen. Auf den Zeitraum von zehn Jahren gerechnet ergibt dies für Aktionäre einen Zusatzertrag von 29 %. Dabei handelt es sich um Unternehmen, die in mindestens

fünf Jahren während des Untersuchungszeitraums Zukäufe tätigten und dafür 70 % oder mehr ihres Börsenwertes des Jahres 2002 investierten.[34]

- Vergrößerung der Eigenkapitalbasis:
  Damit steigt die Möglichkeit, das Unternehmenswachstum des fusionierten Unternehmens aus eigener Kraft zu finanzieren. Die Fusion ermöglicht es der neuen Unternehmenseinheit darüber hinaus, Mitbewerber größenmäßig absolut und damit auch in der Marktanteilsquote zu überholen. Gleichzeitig reduziert sich die Zahl der Wettbewerber. Dieses vordergründig offensive oder aggressive Motiv kann auch defensiven Ursprungs sein, wenn durch den Zusammenschluss eine drohende Übernahme abgewehrt oder der akquisitionsbasierte Markteintritt eines neuen Mitbewerbers verhindert werden kann.

- Ausweitung und Bündelung von Produktsortimenten:
  Die Ausweitung der Produktpalette dient dem Ziel, dem Komplettangebot im Sinne des Angebots aus einer Hand für den Kunden näher zu kommen. Die Bündelung von Produktsortimenten kann dazu führen, die notwendige kritische Masse im Geschäftsvolumen für eine erfolgreiche Geschäftsentwicklung zu erreichen.

- Rationalisierungsmaßnahmen:
  Die Zusammenlegung von Stabsfunktionen, überlappenden Vertriebseinheiten und Schaffung einer einheitlichen, zusammengefassten Informationstechnologie wird zur Erschließung von Rationalisierungs- und Kostensenkungspotenzialen führen.

- Schaffung von Synergieeffekten:
  Neben Skalen- und Scope-Effekten werden auch **economies of „shared experience"** oder **Skill-Effekte** genannt, um den Wert einer Fusion abzuchecken. Hierunter ist die Vergrößerung der Know-how-Basis zu verstehen, die sich aus der Übernahme der besten Erfahrungswerte und Kenntnisse der Mitarbeiter aus den bei den ehemaligen Einheiten vorhandenen Ressourcen für das fusionierte Großgebilde erzielen lassen. Inzwischen liegen Benchmarks[35] vor, welche die Einsparungspotenziale aufgrund von Synergien in der Finanzdienstleistungswirtschaft mit bis zu 15 % der Gesamtkosten beziffern.

- Vertrauensbildende Maßnahmen bei Kunden und Öffentlichkeit:
  Der Kunde soll davon überzeugt werden, dass „sein" fusioniertes Finanzdienstleistungsinstitut durch die vollzogene Fusion leistungsfähiger geworden ist, was seinen Nutzen aus der Geschäftsverbindung mehrt. Dieser wird zum Maßstab für den letztendlichen Erfolg einer Fusion. Nur wenn der Kunde das neue Gebilde akzeptiert und nicht abwandert, können die erwarteten Synergien greifen und den Initiatoren die Bestätigung für die Richtigkeit der Fusionsmaßnahme liefern.

Diese allgemeinen Motive, die auch außerhalb des Finanzdienstleistungsbereichs als Beweggründe für Fusionen ins Feld geführt werden, erhalten im Allfinanzmarkt noch zusätzliche Besonderheiten.

Weimer und Wißkirchen[36] stellen die These auf, dass die Finanzdienstleistungsbranche der aggressivste Fusionsprotagonist in der Wirtschaft ist. Allein im Bankenbereich hat sich in den vergangenen zehn Jahren sowohl die Anzahl als auch das Volumen von **Mergers** vervielfacht. In dieser Branche wurde im letzten Jahrzehnt die globale Szene kräftig durcheinander gewirbelt. Wie so oft nahm die Entwicklung in den USA ihren Beginn, wobei die nachstehende Auflistung von Übernahmen keinen Anspruch auf Vollständigkeit erhebt:

- 1996 fusionierten Chase Manhattan Bank und Chemical Bank sowie Wells Fargo und First Interstate,
- 1997 verschmolzen Morgan Stanley und Dean Witter, Salomon Brothers und Travelers sowie Nations Bank und Barnett,
- 1998 fusionierte Citigroup mit Traveler und Deutsche Bank übernahm Bankers Trust,
- 2001 kaufte die Allianz für 24 Mrd. € die Dresdner Bank,
- 2003 übernahm die Bank of America die damals siebtgrößte US-Bank FleetBoston Financial Corp. (ergänzende Anmerkung: insgesamt gab es in den USA im Jahr 2003 mehr als 200 Zusammenschlüsse von Kreditinstituten im Wert von 124 Mrd. US-$),
- 2004 fusionierte J. P. Morgan Chase & Co. mit der Bank One Corp. zur zweitgrößten US-amerikanischen Bankengruppe nach der Citigroup Inc.
- ebenfalls 2004 erwarb das Privatbankhaus Sal. Oppenheim für ca. 600 Mio. € die BHF-Bank
- 2005 übernahm die italienische Bank Unicredito die 1997 fusionierte HypoVereinsbank samt deren Tochtergesellschaft Bank Austria für rd. 20 Mrd. €,
- gleichfalls in 2005 erwarb die Commerzbank den Immobilienfinanzierer Eurohypo für 4,5 Mrd. € und stieg damit zum zweitgrößten deutschen Bankinstitut auf,
- im Oktober 2005 kaufte die Deutsche Postbank für 1,8 Mrd. € die Bausparkasse BHW,
- im Dezember 2005 übernahm der US-Finanzinvestor Lone Star für eine Mitgift (!) von angeblich 900 Mio. € die angeschlagene Allgemeine Hypothekenbank Rheinboden AHBR (seit 2007 als Corealkreditbank firmierend),
- 2007 erhielten die Deutschen Sparkassen nach monatelangem Bieterwettstreit für 5,3 Mrd. € den Zuschlag für die Landesbank Berlin,
- im Juli 2007 übernahm die Hypo Real Estate die DePfa Bank plc. für 5,7 Mrd. € und
- ebenfalls 2007 wurde die holländische Bank ABN Amro von einem Konsortium der Royal Bank of Scotland, der belgisch-niederländischen Fortis-Gruppe und der spanischen Bank Santander im Rahmen einer feindlichen Übernahme zerschlagen. Mit 71,1 Mrd. € stellte dies die bislang weltweit größte und grenzüberschreitende Bankenfusion dar.

Auch in der Assekuranz hat sich in den letzten Jahren die Konsolidierung bzw. Konzentration des Marktes fortgesetzt. Ende der 1990er Jahre übernahm die französische Axa die deutschen Gesellschaften Colonia und Albingia, die italienische Assicurazioni Generali die deutsche AMB-Gruppe, die schweizerische Zurich den Deutschen Herold und in Deutschland arrondierte der Branchenführer Allianz seinen Konzern mit der Vereinten Versicherungsgruppe. Ende November 2005 wurde die zwischenzeitlich ruhige Merger-Phase durch die Übernahme der Gerling-Konzerns durch die Talanx-Gruppe beendet, bevor in 2006 Axa die DBV/ Winterthur-Gruppe erwarb. Das Transaktionsvolumen europäischer Versicherungsmerger erhöhte sich von 11,4 Mrd. € in 2003 auf 14,4 Mrd. € in 2004 und auf 20,4 Mrd. € in 2005. Von den genannten M & A-Transaktionen abgesehen, dominierten Übernahmen kleiner und mittelgroßer Versicherer wegen der Besetzung von Marktnischen oder in Kombination mit speziellen Geschäftsmodellen.[37]

1999 wurde vom US-Kongress das Glass-Steagall-Gesetz, nach dem Banken, Versicherungen und Wertpapierhandelshäuser strikt von einander getrennt sein mussten, abgeschafft. Damit erhielten die Finanzdienstleister die Möglichkeit, ihre Geschäftsrisiken auf unterschiedliche Geschäftsbereiche zu streuen. Dies führte zu Cherry-Picking-Aktivitäten von fokussierten Anbietern weltweit und damit auch in Deutschland.

Hier war aufgrund des herrschenden Universalbanksystems eine Kreuzsubvention zwischen den einzelnen Geschäftsfeldern üblich. Mit dem Auftreten der Rosinen-Picker wird dieser Risiko- und Gewinn-/Verlustausgleich zwischen mehreren Segmenten erschwert und damit ein anderer Typ von Universalbank begründet.[38]

Eine Untersuchung der Beratungsgesellschaft McKinsey und der Deutschen Bank stellt die potenziellen Transaktionsmotive für M & A-Transaktionen im Asset Management-Bereich in Abhängigkeit zum bestehenden Geschäft des Erwerbers heraus. Je nach dem vorherrschenden Fokus, auf den der Merger gerichtet ist, ergeben sich unterschiedliche Motive für die Transaktion, wie Abb. 20 zeigt.

Potenzielle Transaktionsmotive

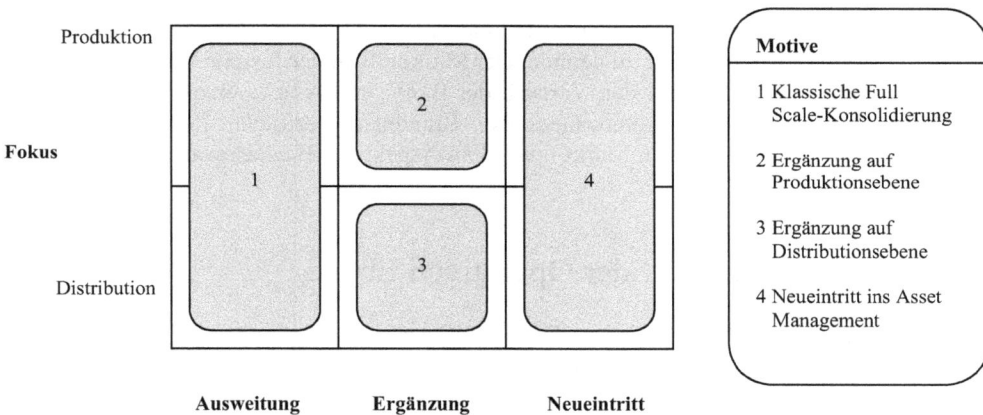

Abb. 20: Motive für M & A-Transaktionen im Asset Management[39]

Die Verteilung der Transaktionsmotive (Anzahl der Transaktionen in %, nicht volumensgewichtet) ergibt für Motiv 1 (die Reihenfolge entspricht der in Abb. 20) eine Quote von 21 %, für Motiv 2 einen Anteil von 23 %, für Motiv 3 einen solchen von 48 % und für Motiv 4 einen mit 8 %. Motive 2 und 3 ergeben mit zusammen 71 % eine komplementäre Motivsituation.[40]

Klein meint hierzu ergänzend, dass die undifferenzierte Verwendung des idealtypischen Begriffs Universalbanksystem im Gegensatz zum Trennbanksystem immer weniger geeignet sein wird, Bankenstrukturen in Europa hinlänglich zu charakterisieren. Ein ungegliedertes Universalbanksystem schließe beispielsweise nicht aus, dass einige Banken es vorziehen, bestimmte Wertpapier- und Derivatgeschäfte über ausgegliederte Tochtergesellschaften zu betreiben. In diesen Fällen würden nicht aufsichtsrechliche Regeln, sondern steuerliche oder sonstige Managementkriterien über die Systemstruktur entscheiden.[41]

Überwiegen nun die geschäftssystembezogenen Vorteile einer Fusion die möglichen Nachteile in Form von Integrationsverlusten, kulturellen Spannungen und steigenden Managementaufgaben, könnte die Fusion der Königsweg für den Auftritt im Allfinanzmarkt sein. Dies im Nachvollzug des offensichtlichen Konsenses aus der Industrie „Big is good and **merging** the superior way to grow".[42]

Die Praxis des Merger-Geschäfts lehrt hingegen das Gegenteil. Empirische Untersuchungen der Unternehmensberatungsgesellschaften Bain, Boston Consulting Group (BCG) und Price WaterhouseCoopers kommen unabhängig voneinander zu dem Ergebnis, dass die bezahlten Kaufpreise bei Übernahmen zu hoch sind, die Integrationsrisiken unterschätzt werden und die strategische Logik der Deals mangelhaft ist (weitere Ergebnisse einer Bain-Studie siehe Abschnitt 6.1.3). Laut BCG brachten rund 58 % der zwischen 1992 und 2006 abgeschlossenen Akquisitionen den Anteilseignern der beteiligten Unternehmen sowohl kurz- als auch langfristig Verluste ein.[43]

Neben den Fusionen *innerhalb* der einzelnen Teilmärkte spielen im Rahmen der Managementstrategien für den Marktauftritt im Allfinanzmarkt erst recht die Zusammenschlüsse *zwischen* den Teilmarktbereichen ein wichtige Rolle. Bei einem solchen Fusionsmodell erfolgt die Integration beispielsweise zwischen einer Bank und einer Versicherung innerhalb eines Konzerns. Als konkrete Marktauftritte sind Allianz/Dresdner Bank wie auch die Citigroup, Fortis oder Credit Suisse zu nennen. Der Marktauftritt der fusionierten Institute kann dann entweder einheitlich durch den Vertrieb der Bank- und Assekuranzprodukte unter einem Namen oder parallel mit unterschiedlichen Brandnames erfolgen. Rein vertriebstechnisch werden solche Fusionen im Markt unter dem Aspekt der Bankassurance gesehen (vgl. Abschnitt 3.2.1).

3.2   Strategien auf der Operativen Ebene

Zu Beginn des Abschnitts 3 wurden die Grundtypen von Strategien zur Sicherung und Schaffung von Wettbewerbsvorteilen nach Kostenführerschaft, Differenzierung und Fokussierung unterschieden. Fokussierung bedeutet dabei die Verfolgung einer der beiden Grundstrategietypen Kostenführerschaft bzw. Differenzierung auf einem Marktausschnitt bzw. Teilmarkt oder einem speziellen Segment der Branche.

Während somit Kostenführerschaft und Differenzierung einen ganzheitlichen Charakter haben und insofern als Managementstrategien bezeichnet werden können, stellt Fokussierung wegen der typischen Fixierung auf Teilmärkte bzw. -segmente einen Strategietyp auf der operativen Ebene dar. Diese Einteilung soll keinesfalls einen Hinweis auf ihre Bedeutung innerhalb eines gesamten Planungssystems geben. Es ist nicht so, dass operative Strategien gegenüber Managementstrategien zweitrangig, d. h. von untergeordneter Bedeutung gegenüber letztgenannten Strategien sind. Vielmehr geben operative Strategien einen Hinweis darauf, dass der Schritt eines Finanzdienstleistungsanbieters aus seinem angestammten Bereich bzw. seiner Heimatbranche in den Allfinanzmarkt zunächst eine Öffnung zum Mehrfinanzmarkt darstellt, weil ein Newcomer zwangsläufig nicht alle Bereiche des „großen" Allfinanzmarkts gleichzeitig angehen kann.

Ein möglicher Einwand gegen diese Zuordnung könnte darin bestehen, strategische Allianzen und Kooperationen als operative Strategien anzusehen und nicht unter Managementstrategien darzustellen. Dies könnte auf die Überlegung gestützt werden, dass sich solche Unternehmensverbindungen vielfach nur auf ausgewählte Teilbereiche und nicht auf die Gesamtheit strategischer Geschäftsfelder erstrecken. Dem steht entgegen, dass diese lockeren Formen der Unternehmensverbindung zumeist das Eintrittsbillett in eine stärkere Bindung sind.

Kooperationen und strategische Allianzen erlauben schließlich einem Finanzdienstleister, den Partner in einer Echtzeitsituation zu beurteilen, weil man ihn in seiner echten Arbeitsumgebung kennen lernt und eventuell auftretende Probleme nicht voll getragen werden müssen. Auch das Risiko einer Fehlinvestition kann im Gegensatz zu den sonst üblichen Beurteilungskriterien wie Unternehmenssubstanz, Bilanz u. dgl. real überprüft werden.[44]

Von den möglichen operativen Strategien werden im Rahmen dieser Arbeit die Strategien auf der Vertriebsseite, der Technologie und der Produktseite dargestellt werden.

3.2.1 Vertriebsorientierte Strategien

Wie kommt das Produkt und die Information über das Produkt an den Kunden? Diese Transformationsaufgabe bzw. Distributionsleistung wird über den Vertrieb vorgenommen. Auffällig ist dabei, dass insbesondere im Bankenbereich, wo vor wenigen Jahren noch die Vorstellung vom Schalter"beamten" dominierte, der Gedanke an Vertrieb im Sinne des aktiven Verkaufs von Produkten noch völlig unvorstellbar war.

Und dennoch haben die Kreditinstitute von allen Finanzdienstleistungsanbietern die größte Vertriebsdichte im Markt, wie Abb. 21 belegt.

AN bei Versicherungen und Vermittlern (inkl. Azubis): ca. 225.000

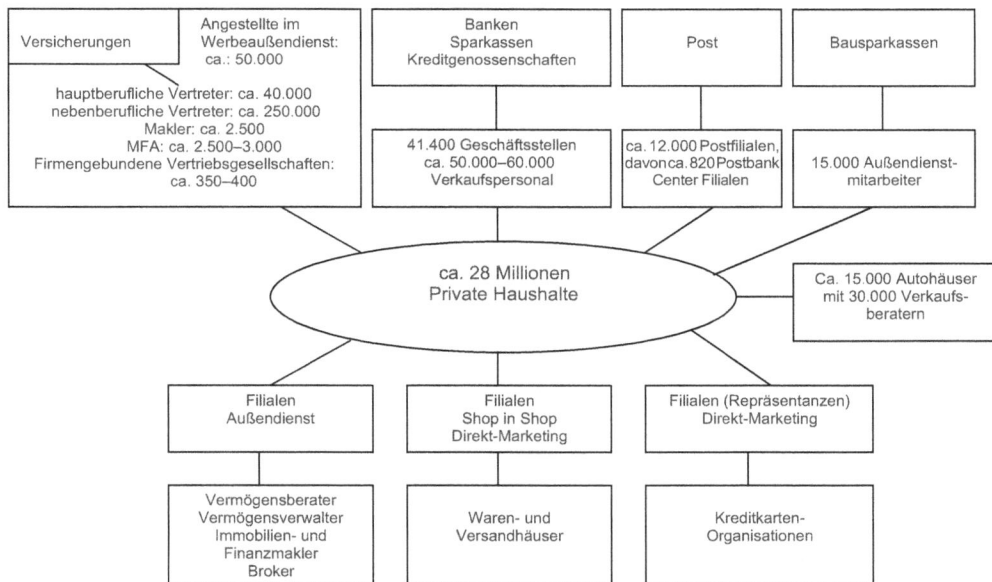

Abb. 21: Vertriebswege in der Bundesrepublik Deutschland[45]

Beim Vergleich der verschiedenen Vertriebssysteme ist ein wesentliches Unterscheidungsmerkmal die Unabhängigkeit bzw. Abhängigkeit vom Produktanbieter. Demnach können die Vertriebsformen in die beiden Hauptgruppen **gesellschaftseigene** und **gesellschaftsunabhängige Vertriebsstrukturen** bzw. **-organisationen** unterschieden werden. Bei den gesellschaftsunabhängigen bzw. freien Vertriebswegen erreichten die „Big Five" (DVAG, AWD, MLP, OVB und Bonnfinanz) Ende 2006 eine Kundenzahl von 9,3 Mio. über ca. 47.000 Finanz- bzw. Kundenberater und erlösten dabei ca. 2,3 Mrd. € Provisionseinnahmen. Allerdings änderte sich das Bild dieser Branche in 2007 durch die Übertragung der Außendienstaktivitäten der Aachen Münchener AM auf die DVAG (siehe Mobiler Außendienst in diesem Abschnitt) und die Beteiligung der Swiss Life am AWD.

	Gesellschaftseigene Vertriebsformen			Gesellschaftsunabhängige Vertriebsformen				VZ als Bsp. einer Mischform
	Filialnetze von Banken	Agenturnetze der Versicherungen	Direktvertriebsorganisationen	Traditionelle Broker	Klein-Makler	Struktur-Vertriebe	Retailnetze Dritter	
Kunden	Privatkunden, Klein- und Mittelunternehmen	Privatkunden, Klein- und Mittelunternehmen	Spezifische Privatkundensegmente	Groß- und Mittelunternehmen	Privatkunden, Kleinunternehmen	Untere Privatkundensegmente	Privatkunden	Privatkunden Klein- und Mittelunternehmen
Produkte	Kredite Anlagen z. T. Leben Zahlungsverkehr	Nicht-Leben Leben Kranken	Ausgewählte standardisierte Produkte	Alle Versicherungsbranchen für Unternehmen	Nicht-Leben, Leben, Kranken	Leben, Anlagen, z. T. Nicht-Leben	Ausgewählte, standardisierte Produkte	Nicht-Leben Leben, Kranken, Anlagen, Kredite Schadenberatung
Anzahl vertretene Gesellschaften	1 (bis) 2	1 (bis) 2	1	5 bis 8	2 bis 5	3 bis 8	1	Über 70 (inkl. Banken)
Verkaufs-approach/ Akquisitionsphilosophie	Filialmarketing, Laufkundschaft, starke Imagewerbung	Ausnützen des Beziehungsnetzes, "cold calls" durch Agenten, starke Imagewerbung	Directmailings, Responseorientierte Printwerbung, keine persönliche Beratung	Pflege professioneller Kontakte zu Finanzchefs	Ausschöpfen "alter" Beziehungen, Türverkauf	Schneeballsystem, "hard selling", Türverkauf	Cross-selling zum bestehenden Kundenstamm	Filialmarketing, Konsumentenorientiert, Kundennutzen als wichtigste Botschaft (Vergleich, Transparenz, Sparen)
Entschädigung der Kundenberater	Fixes Salär	Provision für Abschluß, Erneuerung und Bestand, geringes fixes Salär	Keine Kundenberater	Fixes Salär evtl. mit Bonus, Unternehmen finanziert sich mit Durchlaufprovisionen	Provision für Abschluß und Erneuerung (evtl. Bestand)	Fixe Provision pro Abschluß, kein fixes Salär	Fixes Salär, evtl. Provision,	Fixes Salär, Unternehmen finanziert sich über Honorare und Kommissionen

Abb. 22: Vertriebssysteme im Vergleich[46]

Eine weitere Aufgliederung der Vertriebsarten zeigt Abb. 22. Auch Süchting und Paul nehmen eine ähnliche Einteilung des Vertriebs vor, die zwischen direktem und indirektem Vertrieb unterscheiden, je nachdem, ob der Vertrieb vom Produktanbieter zum Kunden unmittelbar erfolgt oder ob zwischen dem Produktanbieter und dem Kunden ein Mittler (Handelsvertreter, Strukturvertrieb, Finanzmakler, Franchise- oder Allfinanzpartner) steht. Die Vertriebssysteme laufen in beiden Fällen über stationären Vertrieb, mobilen Vertrieb und Vertrieb mittels Technik.[47]

Für die Konzentration auf die Frage vertriebsorientierter Strategien klassischer Finanzdienstleistungsanbieter erscheint es hingegen sinnvoll, von dem Konglomerat an Vertriebsformenalternativen auszugehen, die als **Multi-Vertriebs-Systeme** bzw. **-schienen** oder **Multi-Kanal-Strategien** bezeichnet werden und die folgende Teilbereiche umfassen:

1. Filiale
2. Finanzcenter
3. Kundenterminal
4. Call-Center
5. Mobiler Vertrieb
6. Online-Financing

Filiale
Die Bedeutung der Filiale als stationäre Vertriebseinheit dominiert bei Kreditinstituten wegen der damit gegebenen Nähe zum Kunden, da die räumliche Präferenz (Nähe der Bankfiliale zur Wohnung bzw. zum Arbeitsplatz) bei der Institutsauswahl und Institutstreue eine vorherrschende Rolle ausübt.

Bei Versicherungen und Bausparkassen dienen die Außenstellen hingegen weniger der unmittelbaren Bedienung der Endabnehmer, sondern der Organisation der Vertriebsmannschaft, d. h. des mobilen Außendienstes. Kapitalanlagegesellschaften dagegen unterhalten keine stationären Vertriebseinheiten.

Ein Vergleich der Bankstellendichte zwischen Deutschland und ausgewählten anderen Ländern zeigt eine „overbanked" bzw. „overbranched" Situation in der Bundesrepublik an (vgl. die Ausführungen in Abschnitt 2.2.1).

Diese Überbesetzung mit Bankstellen ist das Ergebnis zigfacher Standortanalysen in den 70er und 80er Jahren des vergangenen Jahrhunderts, bei denen Gravitationsmodelle, Marktkennziffern-, Profilanalysen u. a. als Entscheidungshilfen für die Standortauswahl dienten.[48]

Von Fehlplanung kann insofern jedoch keine Rede sein, da die technologische Entwicklung in dieser rasanten Form nicht vorhersehbar war. Darüber hinaus haben sich auch die Anforderungen an bzw. die Erfolgsmaßstäbe für die Filialen aus Sicht der Anbieter geändert. In der Hochphase der Zweigstellenexpansion galt es vielfach zunächst nur, „Flagge" zu zeigen und im Markt bzw. der Region präsent zu sein. In der Folgezeit genügte das Erreichen einer Break-even-Schwelle oder die Erzielung eines positiven Cashflows, während – nicht zuletzt aus Shareholder Value-Aspekten – die Erzielung eines Return on Investment oder Return on Capital die derzeitige und vermutlich zukünftige Meßlatte für die raison d'être einer Bankaußenstelle sein dürfte.

Bei Betrachtung der Bankfilialen fällt durchweg auf, dass diese vom Leistungsangebot her stärker von Routinegeschäften als von aktiver Beratung und Betreuung von Bestandskunden geschweige denn von der Akquisition von Neukunden geprägt sind.[49] Diese Verwaltungsorientierung geht einher mit einer Angebotsstandardisierung ohne jegliche Differenzierung zwischen den einzelnen Institutsgruppen und ohne nachhaltige Berücksichtigung der konkreten Kundenstruktur. Die „Einheitsfiliale" begegnet damit in diesem übersättigten Markt einer immer anspruchsvolleren Kundschaft, was den Rentabilitäts- bzw. Kostendruck zusätzlich verstärkt.

Ursache des Kostendrucks sind zum einen die niedrigen Zinsmargen, ausgelöst durch den allgemeinen Wettbewerb – auch und gerade wegen der Filialdichte –, der sich in zunehmender Securitization auf der Aktivseite und steigendem Renditebewusstsein der Sparer und Anleger auf der Passivseite bzw. im außerbilanziellen Geschäft niederschlägt.

Zum anderen hat sich im letzten Jahrzehnt das gesamte Vertriebsnetz der Kreditinstitute breiter aufgefächert, was die Geschäftsabwicklung in den Filialen deutlich reduziert hat. Priewasser geht es in seiner 1994 erstellten Prognose für 2009[50] zum Geschäftsstellenabbau der Banken nur um die Frage des „wie", d. h. des Ausmaßes des Stellenabbaus und nicht des „ob".

Zwar wird die Filiale im Rahmen der Multi-Channel-Strategie auch zukünftig einen wichtigen Stellenwert behalten, aber es ist abzusehen, dass neben der traditionellen Filiale andere stationäre Vertriebseinheiten wie Filialen in Kaufhäusern, Supermärkten und eventuell sogar Tankstellen (sog. shop in shop-Lösungen) treten. Auch innerhalb der „Traditionsfiliale" wird eine zunehmende Bereichsdifferenzierung mit darauf abgestimmten Ressourcen vorzunehmen sein. A. Büschgen nennt hierzu drei Bereiche:

1. die reine „Automaten-Geschäftsstelle"
2. Stellen für das Routine- und Mengengeschäft
3. Stellen für das Individualgeschäft, in dem qualifizierte Allfinanz- Beratungs- und -betreuungsleistungen angeboten werden.[51]

Kundenterminal

Mit der soeben gezeigten Aufteilung wird der Schritt zum vom Kunden selbst bedienten Bankterminal vollzogen.

Bei einem Kundenterminal handelt es sich im einfachsten Fall um Monofunktionsgeräte, die unter Einsatz eines Eingabemediums (ec-Karte oder institutseigene Service-Card) unter Verwendung einer PIN-Nummer den Zugriff auf Selbstbedienungs-Automaten wie Geldausgabe-Automaten (cash dispenser) oder Kontoauszugsdrucker ermöglichen. Der Geldausgabe-Automat stellt eine erste funktionsgerechte Ergänzung des Nachttresors dar, in welchen mittels Geldbomben (Kassetten) Einzahlungen vorgenommen werden können.

Die Weiterentwicklung der Monofunktionsgeräte zu Multifunktionsgeräten (Automated Teller Machines) in der 1. Generation und Marketing-Terminals bzw. Electronic Tellers in der 2. Generation ermöglicht dem Terminal-Kunden darüber hinaus Einzahlungen auch auf Konten Dritter, Wechseln von Bargeld sowie die Inanspruchnahme einfacher Beratungsleistungen.

Mit dem Einsatz von Kundenterminals wird ein permanentes Angebot von einfachen, nicht bzw. wenig erklärungsbedürftigen Finanzdienstleistungen ohne Personaleinsatz vollzogen.

Permanent bedeutet in diesem Zusammenhang, dass eine Loslösung des entsprechenden Produktangebots von den restriktiven Schalteröffnungszeiten möglich wird. Die geringe Erklärungsbedürftigkeit ist darin gegeben, dass die notwendigen Bedienungsschritte der Terminals über die an diesen installierten Bildschirmen als „Befehle" optisch angezeigt werden. Dies geschieht mittels einer kunden- und funktionsorientierten Benutzeroberfläche. Der wegfallende Personaleinsatz durch die Installation der Kundenterminals bedeutet zweierlei:

- Standard-Dienstleistungen, die im Selbstbedienungsverfahren vom Nachfrager selbst erledigt werden (dies gilt neben dem Terminal auch für telefon- und computergestützte Finanzdienstleistungsgeschäfte) bewirken einen Trend zum „Prosumenten", also dem Kunden, der sich einen Teil des nachgefragten Produkts selbst „produzieren" muss.
- Kostenreduzierungen beim Anbieter durch eine Verminderung des sog. Schalterverkehrs. Nach einer Studie von Wielens[52] besuchten Anfang der 90er Jahre noch 90 % der Bankkunden ihre Geschäftsstelle zur Abwicklung von Routinegeschäften, die inzwischen vom Terminal erledigt werden können. Dem Rationalisierungspotenzial sind natürliche Grenzen gesetzt durch die sog. elektronischen Analphabeten, die sich nicht (mehr, da altersbedingt) auf dieses Medium (erst recht nicht Online-Financing) einstellen können oder wollen (etwa weil sie eine persönliche Bedienung und Ansprache statt Selbstbedienung vorziehen). Diese Personengruppe wird à la longue einen höheren Preis für diese Finanzdienstleistungen zu zahlen haben. Entweder über unterschiedliche Grundpreise, je nachdem, auf welchem Vertriebskanal die Leistungen abverlangt werden, oder durch Rabattierung der Wege, die sich dem Anbieter bezüglich der Kostenverursachung günstiger darstellen.

Kundenterminals sind räumlich *im Bankbereich* anzutreffen

- in der Schalterhalle („Indoor-Machines")
- im Schaltervorraum („In-Lobby-Machines")
- im Außenbereich („Outdoor-Machines")

und *außerhalb der Bank* an sog. „Points of Public" wie

- Einkaufszentren
- Verkehrsknotenpunkten
- Unternehmen mit hohen Mitarbeiterzahlen und
- Wohnsiedlungen.[53]

Mit den von Bankstellen losgelösten Standorten von Kundenterminals ergeben sich – ähnlich wie bei der Filiale – weitere Möglichkeiten des stationären Vertriebs von Finanzdienstleistungen.

Finanz-Center
Finanz-Center stellen eine Abkehr des traditionellen Filialnetzes im Sinne der Differenzierung des Leistungsangebots eines Kreditinstituts dar. Während in der klassischen Filiale alle Bankgeschäfte – mehr oder weniger ausgeprägt und qualifiziert – getätigt werden, erfolgt mit Installierung des Finanz-Centers eine Ausgliederung bestimmter Kundengruppen oder Produktangebote aus dem „normalen" Filialbetrieb und Übertragung dieser auf das Finanz-Center. Dabei kann dieses sowohl stationären Charakter annehmen, d. h. vom Kunden aufgesucht werden als auch als kombinierte virtuelle und mobile Vertriebseinheit organisiert sein, bei der der Kunde telefonisch Kontakt aufnimmt und direkt bzw. per Rückruf beraten wird oder nach telefonischer Terminabstimmung ein Bank(außendienst)mitarbeiter (Angehöriger des Finanz-Centers) den Kunden im Unternehmen (seinem Arbeitsplatz) oder zu Hause besucht.

Damit ermöglicht das Finanz-Center eine Bündelung der Mitarbeiterkapazitäten auf spezielle Fach- und Kompetenzbereiche, was bei einer Zuordnung auf normale Filialen wegen der damit verbundenen Leerkosten nicht möglich wäre. Des weiteren gestattet diese Zusammenfassung die Schaffung von Arbeitsteams, was die Optimierung der Kundenbelange verstärken kann.

Call-Center

Ein Call-Center bildet den organisatorischen Rahmen, um mittels eines zentralisierten Pools von Mitarbeitern Kundengespräche abzuwickeln.[54]

Diese Definition stellt auf eine Einsatzvariante des Call-Centers ab, die als „in house-Lösung" bezeichnet werden kann, da sie der Optimierung von Belangen *eines* Unternehmens dient. Externe Call-Centers hingegen werden als telefonische Anlaufstellen für mehrere Gesellschaften geführt, um diesen in ihrer Gesamtheit eine Servicebereitschaft zu ermöglichen, die über die Geschäftszeiten der einzelnen Anbieter hinausgeht.

Als Gründe für die Installierung von Call-Centers als telefonisches Betreuungssystem werden von deutschen Unternehmen laut einer Befragung von Anbietern durch Cap Gemini / Ernst & Young[55] in der Häufigkeit des Auftretens genannt:

- effiziente Möglichkeit zur Kundenbindung   88,6 %
- Verbesserung der Service-Qualität   85,2 %
- effiziente Möglichkeit zur Kundengewinnung   81,9 %
- Aufbau von alternativen Vertriebskanälen   70,4 %
- Verringerung der Vertriebs- und Marketingkosten   58,0 %
- Kundendatenerfassung   56,8 %
- Sonstiges   10,2 %

Im Finanzdienstleistungssektor haben sich Call-Centers aus einfach zu organisierenden, meist bereichs- oder abteilungsinternen Telefonischen Kundendiensteinrichtungen (TKDs) heraus entwickelt. Hier wird durch ledigliches Umstellen des Telefonapparats eines Mitarbeiters, der im Kundengespräch, in der Arbeitspause oder durch Ausnutzen der gleitenden Arbeitszeit während der Geschäftszeiten vorübergehend nicht erreichbar ist, auf den Apparat eines anderen, verfügbaren Mitarbeiters eine passive Servicebereitschaft für eingehende Telefonate sichergestellt. Diese serviceorientierte und passive Betreuung von Abwicklungsprodukten – überwiegend aus dem Bereich der Konto- bzw. Bestandsführung – wird in einem professionell strukturierten Call-Center auch auf beratungsorientierte Themenbereiche und aktive Nutzung des Kommunikationsmediums Telefon erweitert.

Damit erfüllen Call-Center die Funktion, das Niveau der Kapazität sowie der Auslastung der Kapazität eines Anbieters in räumlicher und personeller Hinsicht zu steuern.[56] Dies wird durch ein aktives Kapazitätsmanagement erreicht, bei dem die typischen Anrufhäufigkeiten und Verteilungen aus dem laufenden Geschäft erfasst und mit dem ein- und ausgehenden Anrufaufkommen aufgrund spezieller Aktionen des Anbieters kombiniert werden. Daraus leitet sich die Steuerung des Personaleinsatzes anhand der Kundenkontaktfrequenz ab.

Direktbanken entwickeln hieraus ein Telefonie-Controlling, das Informationen über die genaue Angabe von Interessenten (potentiellen Kunden) und tatsächlichen Kundenkontakten, der Gesprächszeitdauer sowie der Gesprächsnachbearbeitungszeiten liefert. Hieraus wird eine Konvertierungsrate gebildet, die Auskunft darüber gibt, wie viele Interessentenkontakte erforderlich sind, um einen Kunden zu gewinnen. Telefonie-Controlling wird damit zu einem proaktiven Produktivitätscontrolling, dessen Auswertung eine den Geschäftsergebnissen vorgelagerte Steuerung ermöglicht.[57]

In der Assekuranz werden neben Inhouse-Lösungen auch institutsübergreifende Call-Center genutzt, bei denen mehrere Gesellschaften diese Organisation nutzen, um eine über die normalen Bürozeiten hinausgehende Wochenverfügbarkeit für die Kunden anzubieten (am besten rund um die Uhr und auch an Wochenenden und Feiertagen). Man könnte diese Call-Center-Variante auch als Sonderfall von Outsourcing zwecks Abbau von Leerkosten verstehen. In strategischer Betrachtung ist Outsourcing als Ausgliederung von Funktionsbereichen aus der Unternehmenskompetenz eine Alternative innerhalb der Make-or-Buy-Strategie.

Liegt diese Funktionsausgliederung vor, erfährt der Kunde bei Anwahl der ihm bekannten Service-Nummer im Regelfall nicht, dass der Telefonbetreuer des Call-Centers parallel zu seiner Gesellschaft noch andere Versicherungsunternehmen mitbedient (vereinfachte Darstellung: rotes Telefon für Gesellschaft A, gelb für B, grün für C usw.).

Typische Anwendungsbereiche solcher Centereinrichtungen sind die Sofortbetreuung bei Schaden- und Unfallmeldungen, deren Daten anschließend an die betroffenen Gesellschaften weitergegeben werden.

Sinn einer externen Call-Center-Lösung ist neben den o. g. Gründen die Kostenminimierung, da sich aus Frequenzgründen für viele Versicherungen ein eigenes Call-Center nicht rechnet. Bei der Gemeinschaftslösung besteht die Vergütung für den Betreiber üblicherweise aus einer Pauschale sowie einer variablen Komponente in Abhängigkeit von der Anzahl der durchgeführten Telefonkontakte für die jeweiligen Versicherer.

Mobiler Außendienst

Der mobile Außendienst gilt als die klassische Domäne im Versicherungs- und Bausparkassenvertrieb. Auch in der Investmentbranche – wenngleich mit einer wesentlich niedrigeren Netzdichte – werden Vertrieb und noch mehr Vertriebsunterstützung in mobiler Form vorgenommen.

In der Kreditwirtschaft wurde in der Vergangenheit und wird auch heute noch vielfach auf den mobilen Außendienst der Assekuranz geschielt, da man in der mobilen Struktur eine ideale Ergänzung in der Markterschließung zum eigenen – überwiegend stationären – Marktauftritt sieht. Tatsächlich hat das Bankgeschäft eher die Struktur von „Bringgeschäften" als von „Holgeschäften", die in den angestammten Versicherungsmärkten dominieren.

Der mobile Außendienst erfüllt Aufgaben im Rahmen der bankbetrieblichen Leistungserstellung und des Absatzes außerhalb der Bank (filiale), also „vor Ort" beim Kunden. Er gleicht zum einen die restriktiven Schalteröffnungszeiten aus und kompensiert zum anderen eventuelle Standortnachteile wie mangelnde Repräsentanz des Filialnetzes der Bank. Darüber hinaus besteht bei der Akquisition und Beratung in der häuslichen Umgebung des Kunden eine gute Chance, mehr Informationen vom Kunden zu erhalten (z.B. wegen des unmittelbaren Zugriffs auf Informationen oder des diskreten und vertrauten Charakters der Gesprächsumgebung) und hierauf qualifiziertere Angebote zu erstellen.

Im übrigen sind die Zielgruppen von Bankaußendienstaktivitäten die Kundensegmente, die einen Bedarf an komplexen Allfinanzgeschäften erwarten lassen. Unter dem Aspekt der Differenzierung des Leistungsangebots nach dem Grad der Kundenunterstützung über die verschiedenen Vertriebswege leistet der mobile Außendienst einen wichtigen Beitrag, indem er die Kunden erreichen kann, die hohe Deckungsbeiträge bringen und in der klassischen Filiale nicht die ideale Behandlung vorfinden.

Lediglich zur formalen Abgrenzung bzw. zum Verständnis sei noch darauf verwiesen, dass mit dem mobilen Bankaußendienst nicht die fahrbare oder rollende Zweigstelle gemeint ist, die – mangels Geschäftsaktivitäten und -umfang – das stationäre Bankgebäude ersetzt (Anmerkung: in Nordbayern und in einigen neuen Bundesländern wird dieser Vertriebsweg von einzelnen Kreditinstituten erfolgreich betrieben).

In der Assekuranz bestehen vielfältige Vertriebskanäle, die im Wesentlichen auf die nachstehenden Organisationsstrukturen zurückgeführt werden können:

1. Stammorganisation
2. Makler- und Mehrfachagenten-Organisation
3. Strukturvertrieb
4. Bankvertrieb
5. Direktvertrieb
6. Electronic Finance

Zu 1.: Die Stammorganisation umfasst die unternehmensgebundenen Außendienstmitarbeiter, die rechtlich selbständig, wirtschaftlich aber an das Versicherungsunternehmen gebunden sind. Die Bindung an das Unternehmen richtet sich im Wesentlichen nach den § 84 ff. HGB und zieht verschiedene Pflichten nach sich. So hat der „84er-Vertreter" die Interessen des Versicherungsunternehmens wahrzunehmen, unterliegt einem Konkurrenzverbot (daher auch als Ausschließlichkeits- oder Einfirmen- bzw. Konzernvertreter bezeichnet) und der persönlichen Bemühungspflicht zur Vermittlung bzw. Abschluss von Verträgen sowie der Verwendungspflicht des einheitlichen Erscheinungsbildes des vertretenen Unternehmens.

Der Vorteil einer gut ausgebauten Stammorganisation für den Anbieter besteht darin, diesen Vertriebsweg durch Zielvorgaben im Hinblick auf die Unternehmenszielsetzung geeignet steuern zu können. Gleiches gilt auch für die unternehmensgebundenen Strukturvertriebe, deren Marktanteil am Neugeschäft bei ca. 6 % liegt.

Bislang galt der Ausschließlichkeitsvertrieb als die tragende Säule im Vertrieb deutscher Gesellschaften, wenngleich über die Jahre mit abnehmender Bedeutung (derzeitiger Marktanteil am Neugeschäft ca. 38 %). Während der Marktführer Allianz alle Vertreter in einer eigenen Organisation zusammenfasste, forcieren andere Gesellschaften den Vertrieb über Makler und gesellschaftsunabhängige Finanzdienstleister.

Einen eigenen Weg ging in 2007 die zur AMB Generali Versicherungsgruppe gehörende Aachen Münchener AM, die ihre gesamte Stammorganisation einstellte und in den Finanzdienstleister Deutsche Vermögensberatung AG DVAG als alleinigen Vertriebspartner eingliederte. Sollte sich dieses Modell bewähren, wird dies nachhaltige Auswirkungen auf die Vertriebsstruktur des gesamten deutschen Versicherungsaußendiensts bringen.

Zu 2.: Makler- und Mehrfachagentenorganisation
Die Steuerungsmöglichkeiten des Versicherungsaußendienstes über die Makler- und Mehrfachagentenorganisation ist nur in vergleichsweise begrenztem Maße gegeben. Diese Außendienstorgane sind sowohl in rechtlicher als auch in wirtschaftlicher Hinsicht selbstständig und somit unternehmensungebunden. Der Anteil der Makler und Mehrfachagenten am Neugeschäftsaufkommen liegt derzeit bei ca. 26 %.

Der Makler nach § 93 HGB und spezifisch gem. § 42 a Abs. 3 Satz 1 des „neuen" VVG tritt dabei als Mittler zwischen Unternehmen und Versicherungsnehmer auf und erhält dafür eine Courtage, während der Mehrfachvertreter Agenturverträge mit mehreren – untereinander konkurrierenden – Unternehmen hat, von denen er Provisionen erhält. Typisch für diesen Vertriebskanal ist, dass dieser nicht die gesamte Palette eines Unternehmens komplett seiner Klientel anbietet, sondern als Rosinenpicker das vermeintlich beste Produkt unterschiedlicher Anbieter.

Zu 3.: Strukturvertrieb

Dieses Charakteristikum trifft prinzipiell auch auf die Gruppe der Strukturvertriebe zu, sofern sie als unternehmensfremde, d. h. unternehmens*un*gebundene Vermittler von Finanzdienstleistungen auftreten. Sie zeichnen sich zumeist durch eine streng hierarchische, pyramidenförmige Organisationsgliederung aus, bei der an der Basis von Einsteigern, Tippgebern und Nebenerwerbsvertretern das Geschäft angeschleppt wird und oben die Führungskräfte an den Provisionen mit verdienen. In der Vergangenheit dominierte der isolierte und vielfach von oben aufoktroyierte Produktverkauf, was wiederum nicht zuletzt im ausgeklügelten Vergütungssystem begründet war: je mehr stornofreie Abschlüsse ein Berater tätigen konnte, desto schneller erfolgte sein Aufstieg in der Vertriebshierarchie, was steigende Provisionssätze bedeutete.

Dieser Vertriebskanal leidet unter dem von „Drückerkolonnen" und „Klinkenputzern" verschiedener Strukturvertriebe vergangener Tage geprägten Negativimage („Strukis").[58] Dies beschleunigt gleichzeitig den Selektionsprozess zwischen den Gesellschaften, die zu diesem Image beigetragen haben und den Adressen, die sich auf ganzheitliche kundenbedarfsorientierte Allfinanzkonzepte fokussieren.

Zu 4.: Bankvertrieb

Dieser Vertriebsweg von Versicherungsprodukten am Bankschalter ist aus Versicherungssicht ebenso bedeutend wie umgekehrt der Vertrieb von Bankleistungen durch den Versicherungsaußendienst. Wegen der Interdependenz ist dieses Thema in den größeren Zusammenhang der **Bankassurance** zu stellen.

Bankassurance bezeichnet allgemein das Vordringen der Bankwirtschaft in den Versicherungsbereich über die reine Kooperation hinaus. Interessant ist, dass in Großbritannien, Frankreich und Italien mit „Bancassurance" eine Entwicklung gemeint ist, die der deutschen Allfinanzvorstellung entspricht. In Deutschland wird mit Bankassurance hingegen nur ein Teilausschnitt des Allfinanzmarkts angesprochen,[59] wobei schwerpunktmäßig der Vertrieb von Personen-, und hier insbesondere Lebensversicherungen, durch die Bank gemeint ist. Die umgekehrte Ausbreitung von Versicherungsaktivitäten in angestammte Bankbereiche (vorwiegend Immobilienfinanzierung und Asset Management) wird hingegen als **Assurancebanking** bezeichnet.

Unter dem Aspekt des Strategischen Managements tritt Bankassurance in Deutschland überwiegend als Kooperationsmodell (hierunter ist am häufigsten die Strategische Allianz, die durch eine kapitalmäßige Beteiligung unterlegt ist), gelegentlich auch als Mehrheitsbeteiligung auf.

Unter dem Blickwinkel Operativer Strategien ist Bankassurance eine vertriebsorientierte Diversifikationsstrategie.

Nach dem Grad der Integration der Versicherungsaktivitäten in den Bankvertrieb unterscheidet Kern[60] die Modelle

- Überleitungskonzept: Kunde wird vom Schaltermitarbeiter an den Assekuranzpartner vermittelt,
- Gemischtes Konzept: am Bankschalter werden gewisse Anteile des Versicherungsvertriebs verkauft, während sich der Versicherer weiterer klassischer Vertriebskanäle bedient und
- Integriertes Bank-Konzept: Versicherungsprodukte werden ausschließlich über die Bank verkauft.

Beim Überleitungs- und Gemischten Konzept wird der Auftritt des Versicherers als klassischer Marktauftritt gesehen, während der Versicherer beim Integrierten Bank-Konzept zum Spezialversicherer wird.

Je nachdem, wie intensiv die Zusammenarbeit zwischen beiden Anbietern gestaltet wird, ist eine unterschiedliche Ausrichtung der Architektur und Organisation des Versicherers auf den Bankvertriebspartner erforderlich. Warth sieht die Entwicklung in der Zusammenarbeit der Anbieter bei Bankassurance in drei Phasen mit unterschiedlichen Ausprägungsmerkmalen inhaltlicher und institutioneller Art, wie Abb. 23 belegt.

Entwicklungsstufe	Inhaltliche Ausprägung	Institutionelle Ausprägung
Phase I ("Allfinanz") Entwicklung des integrierten Marktverständnisses (Kundenbedarf; Nachfrage nach Bank- und Versicherungsprodukten)	- Identifizierung von Kundensegmenten - Erarbeitung von Bedarfsprofilen - Auswahl der Produktpartner - Implementierung des Vertriebskonzeptes	Kooperation von Bank und Versicherungsgesellschaften
Phase II Entwicklung des integrierten Systemverständnisses (von Bank- und Versicherungsprozessen)	- Synchronisierung von Geschäftsprozessen / Hauptfunktionen (z. B. Vertrieb und Marketing, Kapitalverwaltung) - Redundanz-Abbau in Verwaltungsprozessen - Aufbau Risk Management-Funktion (Personenrisiken)	Gründung eines spezialisierten "Bankversicherers" als Joint Venture einer Bank und eines Versicherungsunternehmens, ggf. Outsourcing von Funktionen an das (beteiligte) Versicherungsunternehmen
Phase III Entwicklung des integrierten Produktverständnisses	- Analogien von Bank- und Versicherungsprodukten - Kalkulationsverfahren / Produktmargen - Produktpositionierung und Produktgestaltung	Übernahme der Mehrheit bzw. des gesamten Kapitals am Bankenversicherer durch die Bank

Abb. 23: Bankassurance: Entwicklungsphasen[61]

Während in Phase I Bankassurance als Wettbewerb der Vertriebswege zu verstehen ist, erfolgt in Stufe II eine Erhöhung der Wertschöpfung am Versicherungsverkauf durch die Bank.

In Phase III schließlich beginnt die Bank, Versicherungsprodukte für ihren spezifischen Markt zu entwickeln.

In diesem Stadium wird die Konvergenz der beiden Anbietersektoren Banken und Versicherungen gefördert, so dass sich am Schluss dieses Prozesses beide Kompetenzzentren vereinigen. Der individuelle Prozess, durch laufende Ersparnisbildung und Anlage des Kapitals sowie der kollektive Prozess, gegen Prämienzahlung Risiko zu transferieren, ergänzen sich. Die bankspezifische Aufgabe der Asset-Allokation wird mit der versicherungsspezifischen Funktion der Absicherung biometrischer Risiken bei den Altersvorsorge-Produkten vereint.[62]

Die Erfolgsfaktoren der Bankassurance leiten sich aus der spezifischen Wertschöpfungskette ab. Mercer Management Consulting nennt hierzu

1. Das Produktportfolio: Versicherungsprodukte zur Arrondierung des Bankenvertriebs sind so zu gestalten, dass sie als selbstverständlicher und gleichberechtigter Bestandteil des Bankangebots wahrgenommen und vertrieben werden. Hierzu eignen sich vornehmlich bankaffine Produkte mit Anlage-, Finanzierungs- und Vorsorgecharakter, insbesondere Standard-Lebens- und Rentenversicherungen und fondsgebundene Lebens- und Rentenversicherungen.

2. Die Vertriebsunterstützung: Schulungsverantwortliche Mitarbeiter des Versicherers stellen die „Grundlagenschulung" in der Bank sicher und fungieren als Kontaktstelle bzw. Spezialist für gehobenen und umfassenden Versicherungsbedarf. Ein effektives Schnittstellenmanagement ist hierfür erforderlich.

3. Die Vernetzung von Geschäfts- und Verkaufsprozessen: Produktentwicklung als komplexer Prozess erfordert die enge Verzahnung einer Vielzahl von operativen und Stabsabteilungen zwischen Bank und Versicherung. Daneben unterstützt die Implementierung eines systemunterstützten Verkaufsprozesses mit strukturierten Gesprächsleitfäden, Cross-Selling-Training und optimierter Datenvernetzung die Abschlussfähigkeit von Versicherungsprodukten.

4. Die interne Steuerung von Vertriebsmargen auf Basis gemeinsamer verbindlicher Zielvorgabensysteme beinhaltet die Themen Vertriebsmargen, Investitionskosten, Bereitstellungskosten von Unterstützungsleistungen und rundet die anderen Erfolgsfaktoren in einem integrierten Produkt-Vertriebs-Entwicklungs- und Steuerungssystem ab.[63]

Die ökonomische Relevanz von Bankassurance in Deutschland wird dadurch belegt, dass

- der Anteil des Bankvertriebs von Kapital bildenden Individual-Lebensversicherungen bereits 25–30 % des Neugeschäfts (gemessen an der policierten Beitragssumme) ausmacht

- von den Lebensversicherungsunternehmen unter den zehn Größten allein die Bankversicherer ein überdurchschnittliches Marktwachstum erzielen[64] und

- der Bankvertrieb 12 % bezogen auf den Versicherungsbestand (Bruttoprämie) beträgt und somit noch steigerungsfähig ist[65].

Noch deutlicher wird die Bedeutung des Vertriebswegs Bank für die Assekuranz bei den realen Verbundsystemen im Sparkassen- und Genossenschaftsbereich. So beträgt der Neugeschäftsanteil in % der Beitragssumme an Lebensversicherungen bei der R+V-Versicherung, den die Volks- und Raiffeisenbankorganisation stellt, 90 % und für die Sparkassen-

Versicherungen liegt der vergleichbare Neugeschäftsanteil über die Sparkassenschalter bei 82 % (Zahlen für das Geschäftsjahr 2005).[66]

Im Gegensatz zur Erfolgsgeschichte der Bankassurance im Lebensversicherungsgeschäft ist der Marktanteil des Bankvertriebs bei Nichtlebensversicherungsprodukten (insbesondere Sachversicherungen für den Privathaushalt) mit ca. 4 % deutlich geringer. Verfechter des Bankassurance-Vertriebs gehen davon aus, dass das ungenutzte Potenzial dieses Vertriebswegs gehoben werden kann, wenn es gelingt, die Erfahrungen aus dem Lebensversicherungsbereich mit standardisierten Produkten ohne beratungsintensive Zusatzkomponenten auf das Geschäft mit Schaden-, Unfall- und Haftpflichtversicherungen zu übertragen.[67]

Diesem „Brückenschlag" sind allerdings Grenzen gesetzt, da

- Lebensversicherungen grundsätzlich bank-affiner sind als Sachversicherungen, deren Vertrieb über die Bank teils fachliche und teils psychologische Hemmschwellen entgegenstehen und

- die grundsätzlich zunehmende Produktkomplexität sowie die Anforderungen an ganzheitliche Beratungsansätze nicht mit standardisierten, „abgespeckten" Produktvarianten harmonieren.

Zurückkommend auf den Aspekt der Mobilität des Vertriebskanals ist Bankassurance schließlich unter dem Aspekt zu sehen, dass die dem Bankvertrieb zugrunde liegende Kooperation zwischen den Anbietern Bank und Versicherung vom mobilen Versicherungsaußendienst mit getragen werden muss, um das vorhandene Marktpotenzial voll ausschöpfen zu können. Damit wird die Unterstützung als Support des Versicherungsaußendiensts an die Bankmitarbeiter als Serviceanbieter der Versicherungsprodukte für die Bankkundschaft in dieser Betrachtung ein zentrales Thema.

Zu 5.: Direktvertrieb

Der Direktvertrieb (direct marketing) bezweckt eine unmittelbare Ansprache des Kunden über die

- Durchführung von Telefonaktionen (direct call) durch im Regelfall gesondert geschulte Mitarbeiter, die den Kunden auch und gerade außerhalb der üblichen Banköffnungszeiten ansprechen und

- Durchführung von Briefaktionen (direct mail) mit Werbe- und Leistungsbotschaften, die auf die jeweilige Situation des Kunden zugeschnitten sind und zum Teil konkrete Angebote beinhalten.

Versicherungsgesellschaften, die ausschließlich diesen Vertriebsweg einsetzen, werden dementsprechend als Direktversicherer bezeichnet. Deren Anteil am Gesamtmarktvolumen liegt aktuell bei ca. 7 %.

Ausgangspunkt für ein erfolgreiches Direktvertriebsangebot sind umfangreiche und ständig aktualisierte Kundendaten, die systematisch EDV-gestützt genutzt und ausgewertet werden.

A. Büschgen weist zu Recht darauf hin, dass im Bankbereich die Direktvertriebsmöglichkeiten deshalb beschränkt sind, weil aus der Produktpalette im Wesentlichen Standardleistungen hierfür geeignet sind, nicht aber die allfinanz-typischen beratungs- und betreuungsintensiven (Bündel von) Finanzdienstleistungen.[68]

Diese These trifft jedoch nicht auf den Marktauftritt der seit Anfang der 90er Jahre tätigen Direktbanken zu. Dieses **Direct Banking** tritt in zwei Ausformungen auf als

- Inhouse-Lösung (Integration) und
- Ausgliederung in rechtlich selbständige Direktbanken.

Bei der Integration bedeutet Direct Banking eine Ergänzung zu den bestehenden Vertriebswegen, die der *Bestandskunde* wahlweise beanspruchen kann mit dem Ziel der Anbieter, eine höhere Kundenbindung zu erreichen.

Umgekehrt ist die Zielsetzung mit der Installation eigenständiger Direktbanken, aus dem Kundenstamm anderer Geschäftsbanken *neue Kunden* zu akquirieren.

Der Vertriebstyp dieser Banken ist als direkt (zentraler statt dezentraler Vertrieb über verschiedene Medien) zu bezeichnen, wobei die persönliche Betreuung analog zum Direct Banking zumindest teilweise erhalten bleibt.[69]

Eine Sonderform des Direct Banking ist der Auftritt von **Direct Brokerage** bzw. Discount Brokern, die sich lediglich auf die technische Durchführung von Börsenaufträgen ohne orderbegleitende Beratung beschränken.

Das Direct Banking befindet sich im permanenten Spannungsfeld zwischen den Kunden, die eine hohe technische Affinität, damit eine Tendenz zum do-it-yourself-banking aufweisen und dabei Kostenvorteile erwarten sowie den Kunden, die den persönlichen „touch" bei der Abwicklung ihrer Bankgeschäfte beanspruchen und dafür höhere Preise zu zahlen bereit sind.

Süchting und Paul verbinden diese Aspekte mit der Erwartung, dass es im Mengengeschäft der Banken mit den Privathaushalten zu einer fortschreitenden Entpersonalisierung im Bank-Kunde-Kontakt zugunsten der Technik kommen wird.[70]

Zu 6.: Electronic Finance

Die Entwicklung des Electronic Finance im Allgemeinen, die genauen Begriffsinhalte und die besondere Bedeutung des Electronic Finance als Technologieorientierte Strategie wird im nächsten Abschnitt 3.2.2 darzustellen sein.

Für die Bedeutung des Electronic Finance als Vertriebssystem stellen sich hingegen andere Fragen. Insbesondere interessiert die Einbindung des Electronic Finance in den Gesamtvertrieb von Finanzdienstleistungen.

Betsch[71] subsumiert unter elektronischem Vertrieb die Bereiche Kunden-SB (mittels Terminal) und medialer Vertrieb. Zu letzterem zählt er – bezogen auf Banken – das Telefon-Banking, PC-Banking, Internet-Banking, Video-Banking und Business-TV. Dieser Ansatz lässt sich grundsätzlich auf die Gesamtheit der Finanzdienstleistungsanbieter übertragen.

Gleichgültig ob über Handy, Fernsehgerät, Multimedia-Kanal oder Chipkarte: die Vielzahl dieser neuen Vertriebskanäle münden alle in *einen* neuen, nämlich den elektronischen Vertriebskanal.

In der Praxis nutzen inzwischen auch nahezu alle Anbieter die verschiedenen Möglichkeiten des Electronic Finance, wenngleich der Nutzungsumfang und die strategische Relevanz sehr unterschiedlich ausgeprägt sind.

Aus vertriebsorientierter Sicht spielt dabei die technische Seite mit ihren Facetten nicht die ausschlaggebende Rolle für den Stellenwert des e-finance, sondern die Befriedigung des

Kundenbedürfnisses nach bzw. über **Convenience-Finance**. Die Forcierung des elektronischen Vertriebs wird zum Mittler für diese Bedürfnisdeckung. Einfache Bedienung und Verständlichkeit des e-finance-Mediums wird durch anschauliche und überzeugende Darstellung der Bedienungsanleitungen auf Hardcopy, Diskette oder CD-Rom ermöglicht. Die Installation einer telefonischen Hotline mit hoher Benutzerverfügbarkeit, bei der der Kunde bei auftauchenden Problemen schnellen Rat und Hilfe beanspruchen kann, muss diesen Service abrunden. Unter diesen Voraussetzungen kann mittels Electronic Finance die Abschlussfrequenz und damit die Kundenbindung als Folge der Kundenzufriedenheit gesteigert werden. Der Anteil am Versicherungsneugeschäft über e-insurance liegt aktuell bei ca. 3 bis 7 % je nach Geschäftssparte.

3.2.2 Technologieorientierte Strategien

Die Anpassung der technischen Möglichkeiten und Potenziale eines Unternehmens an die jeweiligen Markterfordernisse ist das Ziel technologieorientierter Strategien. Ehrmann unterscheidet vier Strategien mit entsprechenden Merkmalen gemäß Abb. 24:

Strategien	Merkmale
First-to-Market-Strategie	Die technologische Führerschaft wird angestrebt
Follow-the-Leader-Strategie	Man überlässt die technologische Führerschaft anderen Unternehmen. Man wartet ab, bis andere Unternehmen Erfahrungen mit den Technologien gemacht haben und baut dann darauf auf.
Application-Engineering-Strategie	Man stützt sich auf eingeführte Technologien, entwickelt für bestimmte Segmente Jedoch eigene Technologien.
Mee-too-Strategie	Das Unternehmen imitiert bereits erfolgte Strategien.

Abb. 24: Strategien der Technologieorientierung[72]

Electronic Finance und Electronic Commerce (in der Kurzform jeweils mit dem vorangestellten e-bezeichnet) sollen im folgenden als Oberbegriffe für alle Aktivitäten von Finanzdienstleistern dienen, die branchen- oder spartenspezifisch von e-banking, e-insurance, e-broker, e-loan, e-funds, etc. sprechen.

Unstrittig ist, dass kaum eine andere Erneuerung die Finanzwirtschaft so grundlegend revolutioniert hat wie e-finance. So trifft ein Artikel der FAZ mit der Überschrift „Jeder 10. Versicherer nutzt das Internet als Vertriebskanal-Konflikte mit dem Außendienst" das Dilemma der Assekuranz auf den Kopf. Die Unfähigkeit scheint darin zu bestehen, eine Brücke zwischen dramatischen Veränderungen, vom Kunden geforderter Vertriebsstruktur und der historischen Dominanz des Außendiensts zu schlagen.[73]

Im Manager Magazin wird sogar behauptet, der Angriff der E-Banker, bei dem kreative Kapitalmarktprofis den etablierten Häusern Kunden abjagen, führe zum größten Umbruch in der Geschichte des Bankensystems.[74]

Ähnlich drückt sich auch der Vorstandsvorsitzende der Dresdner Bank AG aus, der von der größten Herausforderung für die Banken seit ihrem Bestehen durch Internet und E-Commerce spricht.[75]

Ein Beispiel für den Einfluss des e-commerce auf die Ertragsquellen des Investment Banking zeigt Abb. 25.

Geschäftsbereich	Ertragsquelle	Tendenz	Einfluss durch E-Commerce
Trading/Sales			
• Eigenhandel	Spreads	Margen schnell rückläufig	Märkte werden effizienter
• Institutional Sales	Saleskommissionen	Kommissionen langsam rückläufig	Verlust von Marktanteilen an Internet Broker
Primary Market Advisory			
• Underwriting	Underwriting Fees	zunächst unverändert, wahrscheinlich rückläufig	kostengünstige IPOs im Internet, Road-shows Online
• Advisory	Advisory Fees	wahrscheinlich unverändert	n. v.

Abb. 25: Beeinflussung der Investment Banking-Ertragsquellen durch E-Commerce[76]

Priewasser[77] stellt eine selten zu beobachtende Uneinigkeit hinsichtlich der Begriffsbestimmung fest (wobei sich seine Analyse auf Electronic-banking beschränkt). Als Electronic banking im engeren Sinn versteht er in Anlehnung an Terrahe[78] alle Finanzdienstleistungen, die Kunden mittels DV und Telekommunikation ohne Einschaltung eines Mitarbeiters des Anbieters direkt beanspruchen können. Electronic Banking im weiteren Sinn bezeichnet die Informationsverarbeitung mittels elektronischer Impulse.

Gemeinsam ist beiden Definitionsfassungen, dass der Kunde den Produktnutzen zu jeder Zeit und unabhängig von seinem jeweiligen Standort und dem des Anbieters beanspruchen kann.

Betrachtet man E-Finance als Instrument der operativen strategischen Positionierung, kommt es nicht auf die Dimensionen des E-Finance in der internen Anwendung des Finanzdienstleisters und die Interaktionen zwischen verschiedenen Anbietern an. Zwar wird bei der Diskussion um die „Net Economy" vielfach übersehen, dass diese mehr als „nur" ein Vertriebskanal ist. Auch weniger Internet-vertriebsgeeignete Produkte können in ihrer Qualität und im Service durch E-business verbessert werden.

Beispielsweise durch

*   zusätzliche Informationen und Beratung zu einzelnen Produkten (z.B. in sog. Internet-Team-Rooms),
*   die Online-Administration von Policen,
*   die Meldung und Bearbeitung von Schäden über das Internet,
*   kürzere Antwortzeiten und
*   verbesserte Unterstützung des Risikomanagements.[79]

In der Gesamtheit können diese Verbesserungen zu einer Optimierung der einzelnen Arbeitsschritte führen oder gar ein Kosten senkendes Outsourcing auf spezialisierte Anbieter ermöglichen.

Trotz dieser Vorteile durch den Einsatz des E-business für die administrativen Bereiche ist in der Gesamtwürdigung dieses Mediums seine Bedeutung in der Relation Kunde-Anbieter ausschlaggebend.

Diesen Wertewandel spricht auch Lamberti, der erste Informatik-Technik-Manager im Vorstand der Deutsche Bank AG, an, wenn er konstatiert, dass die Informationstechnologie früher vor allem zur Produktivitätserhöhung und Kostensenkung im Back Office eingesetzt wurde und heute zur Lösung strategischer Fragen an der weltweiten Kundenfront dient.[80] Sogar am Firmenlogo wird diese Neuausrichtung dokumentiert: überall im Konzern, wo der Mausklick regiert, steht der Zusatz „ global e „.

Telefon-, PC- und Internet-Finance

Im Rahmen des elektronischen Vertriebs von Finanzdienstleistungen umfasste der mediale Vertrieb zu Beginn im Wesentlichen Home-Banking und Telefon-Banking. Inzwischen sorgte die fortschreitende Technisierung für eine weitere Differenzierung, so dass Home-Banking bzw. Office-Banking dann als Sammelbegriff gebraucht werden, wenn der Privatkunde von seinem Zuhause aus oder am Arbeitsplatz und der Firmenkunde am Unternehmensstandort Bankgeschäfte tätigen kann.[81]

Diese Zuordnung lässt sich wiederum auf die gesamte Angebotspalette im Finanzdienstleistungsmarkt übertragen, was die Bezeichnung Telefon-, PC- und Internet-Finance ermöglicht.

Diese Möglichkeiten der Kommunikation waren zu Beginn der Entwicklung als Ergänzung zu den klassischen Vertriebswegen gedacht: Internet-Auftritte als reine Marketing-Plattformen. Inzwischen haben sich diese Medien jedoch dahingehend verselbstständigt, indem sie zu interaktiven und transaktionsorientierten Serviceplattformen mutiert sind und damit hohe strategische Bedeutung im Allfinanzmarkt erhalten haben. Das Internet stellt sich als Kommunikationsmedium dar, das einerseits Kundenbeziehungen über alle Vertriebskanäle hinweg integrativ (mit)gestalten kann als auch andererseits ein eigenständiger Vertriebskanal sein kann.

Ein schlagkräftiges Beispiel für die Eignung des Internets zur Marktbearbeitung liefern die Direktbanken, die losgelöst vom Schalterverkehr oder mobilen Außendienst ihren Vertrieb ausschließlich über die elektronischen Medien organisieren. Gerade für neue Finanzdienstleistungsanbieter erhöhen sich durch das Internet die Marktzutrittschancen. Sie operieren mit überschaubaren Kosten, da der kostenintensive Aufbau einer Außendienstorganisation bzw. das Vorhalten eines stationären Vertriebsapparats im Vergleich zu den klassischen Anbietern wegfällt. Die fehlende Reputation kompensieren die Neueinsteiger durch Allianzen mit namhaften Internet-Marken. Für Quereinsteiger bietet sich die Möglichkeit, ihren Markennamen für den Verkauf von Finanzdienstleistungen zu nutzen.

Sogar das Rollenverständnis eines Vermittlers kann über das Medium Internet neu definiert werden. Entweder er übernimmt Funktionen, die das Internet selbst nicht bereitstellt (z.B. Reduktion der Datenflut) oder er tritt als **Aggregator** auf. Aggregatoren (Navigateure oder auch Malls genannt) sind typischerweise unabhängige Anbieter, die sich auf vergleichbare Angebote mehrerer Finanzdienstleister spezialisieren. Viele Kunden nutzen die Vergleiche der Aggregatoren als Preis- und Informationsgrundlage, um anschließend auf traditionellem Weg einen Abschluss vorzunehmen.[82]

Während für Telefon-Finance ein stationäres oder mobiles Telefon als Ausstattung genügt, um diesen Vertriebsweg zu nutzen, benötigt der Kunde beim PC-Finance einen PC, ein Modem oder einen DSL- bzw. ISDN-Anschluss. Daneben ist eine Zugangsberechtigung zu einem Online-Dienst erforderlich, die von Online-Dienst-Anbietern (Providern) erworben werden können. Damit befindet sich der Kunde in einem geschlossenen und strukturierten System.

Das Internet-Finance (auch als Cyber- bzw. Online-Finance bezeichnet) stellt im Gegensatz hierzu ein offenes und dezentralisiertes System dar. Es bedient sich des World Wide Web (WWW), welches eine weltweit verknüpfte Datenbank darstellt und als multimedialer Sektor des Internet auftritt.

Zu Beginn der Internet-Nutzung standen Informationsauflistungen und die Selbstpräsentation der Finanzdienstleister im Vordergrund des Angebots. Der Auftritt des Anbieters erfolgt dabei auf einer sog. Home-Page. Mit der Implementierung von Sicherheitsmechanismen, die dem Informationsmissbrauch durch unbefugte Dritte entgegenwirkten, erhöhte sich die Akzeptanz des Internet Finance.

So verfügten Ende 2007 etwa 60 % der Westeuropäer und bereits ca. 80 % der US-Amerikaner über einen Internet-Anschluss. Lt. Eurostat liegt die Nutzungsquote in Deutschland bei 71 %.Verschiedenen Schätzungen zufolge dürften die Sättigungsgrenzen in wenigen Jahren in Europa bei mehr als 80 % aller Privathaushalte liegen, die über einen Internet-Anschluss verfügen.

Gleichzeitig gingen die Anbieter dazu über, auch Möglichkeiten für interaktive Abschlüsse und Transaktionsleistungen anzubieten. Hier war und ist es notwendig, dass die Konten, Depots und Bestände des interessierten Kunden auf dessen Auftrag hin von den Gesellschaften online zur Internet-Nutzung für den Zugriff frei geschaltet werden. Bedienungstechnisch erfolgt dies über ein Benutzer-Pass- oder Kennwort, womit Rechnerdialoge möglich werden.

Am Beispiel des Online-Banking werden die Entscheidungskriterien für die Nutzung dieses Mediums durch den Verbraucher aufgezeigt (Mehrfachnennungen möglich):

- Unabhängigkeit von Öffnungszeiten   93 %
- Bequemlichkeit   8 %
- Zeitersparnis   79 %
- Ortsunabhängigkeit   68 %
- Preis   52 %
- Service   16 %
- Andere Gründe   1 %.[83]

Inzwischen versucht bereits eine Vielzahl von Anbietern, die elektronische Nutzung durch den Kunden zu intensivieren, indem sie den Internet-Kunden zum Vorzugskunden („Premiumkunden") „befördert" und die elektronische Nutzung durch „incentives" belohnt. Diese reichen von vergünstigtem Internetzugang über die Ordermöglichkeit verbilligter Konzertkarten bis zur Reservierung von Mietwagen u. dgl.

Auch für Mobiltelefone ist das Internetportal von Finanzdienstleistungsanbietern zugänglich. In der Assekuranz kann sich der Kunde auf der Webseite in den geschlossenen Bereich des Anbieters einloggen, um eine Vertragseinsicht vorzunehmen, Online-Schadenmeldungen zu verfassen, Unwetterwarnmeldungen abzufragen, etc. Schadenmeldungen fließen in die automatisierten Prozessabläufe ein und der Kunde kann im Schadenfall direkt seine Versicherungsdetails komfortabel per SMS an den Unfallgegner weiterleiten.

Video-Finance

Beim Video-Finance ermöglichen multimediale SB-Geräte, PC und Fernsehgerät eine orts- und zeitunabhängige Kommunikation zwischen Finanzdienstleistungsanbietern und -nachfragern.

Neben den Routinetransaktionen, die der Kunde im Rahmen des Telefon-, PC- und Internet-Finance erledigen kann, kommt als Besonderheit des Video-Finance die Einschaltung eines persönlichen Betreuers durch Videotechnik hinzu. Ambros[84] weist darauf hin, dass die Videotechnik auch innerhalb des stationären Vertriebs eine sinnvolle Erweiterung ermöglicht, indem der Kundenberater im Rahmen eines Kundengesprächs in der Bank einen Spezialisten „einblenden" kann, was die Gesprächsqualität und Beratungskompetenz erhöhen kann.

Einschränkend zur Nutzanwendung dieser Technik ist anzumerken, dass diese mit der physischen Präsenz dieses per Video einbezogenen Beraters steht und fällt. Eine Lösung dieses Problems böte der Einsatz eines virtuellen Betreuers auf Basis neuronaler Netze in Kombination mit einem Expertensystem.[85]

Business-TV

Der Televisionssektor gestattet den elektronischen Vertriebskanälen weitere Möglichkeiten. Ursprünglich fand TV sein Anwendungsgebiet in der Wirtschaft im unternehmensinternen Bereich, wofür plakativ das Stichwort Telearbeit steht: eine Herausforderung insbesondere für die Personalorganisation, da Mitarbeiter ihren Arbeitsbereich nach Hause verlagern und die Ergebnisse ihrer Arbeit zum Arbeitgeber mittels PC und TV kommunizieren.[86]

Inzwischen gibt es erste Ansätze, dank der Einführung des digitalen Fernsehens an der Schnittstelle vom Finanzdienstleistungsanbieter zum Kunden neue Kundeninformationssysteme und Beratungsinstrumente zu erschließen.

Elektronische Märkte

Mit zunehmender Akzeptanz des Internet in der privaten Nutzung durch die Nachfrager nach Finanzdienstleistungen wurde es für die Anbieter zwingend, einen repräsentativen Marktauftritt in diesen Medien per Homepage zu gestalten, da die Konkurrenz sozusagen nur einen Mausklick entfernt angesiedelt ist.

Diese Konkurrenznähe auf dem „virtuellen Marktplatz" der elektronischen Märkte als globales, ubiquitäres System gilt natürlich nicht nur im Business to Customer-Bereich, sondern auch im Business to Business-Geschäft der gewerblichen Kundschaft. Sie führt zwangsläufig dazu, dass der informierte Kunde seinen bevorzugten Partner mit den Ergebnissen seiner Recherchen konfrontiert, d. h. ihn möglicherweise auf preislich oder qualitativ interessantere Produkte der Mitbewerber verweist. Der Gefahr, diesen aufgeklärten Kunden zu verlieren, begegnen die Anbieter heute damit, dass dem Vertrieb auch hausfremde Produkte zur Verfügung gestellt werden. Dies bedeutet eine Aufspaltung der Wertschöpfungskette in der Finanzdienstleistungswirtschaft in Produktion eigener und Vertrieb eigener als auch fremder Produkte, also solcher, die nicht im eigenen Haus generiert wurden. Für die „Durchleitung" von Fremdprodukten erhält der Anbieter eine Vermittlungsprovision, die entweder vom Abnehmer oder vom Lieferanten zu bezahlen ist.

Technisch wird dies möglich in elektronischen Märkten, wo es zur Einrichtung von „Portalen" als Eingangstoren zum Internet kommt. Dort kann sich der Kunde – quasi wie als Einkäufer in einem Supermarkt – mit Produkten seines „Hauspartners" und anderer Finanzdienstleister bedienen.

Wegen der nahezu unbegrenzten Möglichkeiten in der Gestaltung der elektronischen Geschäftsprozesse wird eine klare strategische Positionierung erfolgsentscheidend für den Marktauftritt sein.

Lürzer[87] nennt hierfür drei Positionierungsmöglichkeiten:

1. die providerorientierte Nutzung der Webtechnologie: im Rahmen aller klassischen Geschäftsprozesse wird das Internet im Sinne eines Multikanalmanagements eingesetzt, wenn dies aus Gründen des Kundennutzens, der Abwicklungsvereinfachung und Effizienzsteigerung zweckmäßig ist. Interaktive Kommunikation ist in diesem System möglich.

2. Organisation eines Marktplatzes: diese Strategie in Richtung „Integrator" überschreitet die Grenzen des eigenen Geschäftssystems, wobei der Finanzdienstleistungsanbieter als Suchagent auftritt und Produktvergleiche anbietet. Entscheidet sich der Kunde nach Sichtung des Vergleichsprogramms für das Produkt eines Wettbewerbers, verdient der Anbieter immerhin die Vermittlungsprovision und ergänzt seine Kundenbasis, die wiederum für eine Customer Relationship Management-Maßnahme (vgl. hierzu Abschnitt 5.2.2) genutzt werden kann.

3. Organisation einer Community: der Anbieter kann sich über die Organisation eines Marktplatzes hinaus als Organisator einer Community verstehen, die er mit Themen angeht, die zu seiner Unternehmensstrategie passen. Auf der Grundlage eines entsprechend gestalteten Portals kann der Zugang zu diesen Themenbereichen (z.B. Sicherheit über den engen Aspekt versicherbarer Risiken hinaus) eröffnet werden.

Der gesamte Bereich des E-Finance erfuhr mit der Umsetzung der EU-Signaturrichtlinie 2001 einen weiteren Expansionsschub durch den juristischen Vollzug der Gleichstellung der elektronischen bzw. digitalen Unterschrift mit der eigenhändigen Signatur. Die elektronische Signatur ist durch eine Reihe von Rechtsvorschriften wie das Signaturgesetz, die Signaturverordnung, das BGB (insbes. §§ 125 ff.), das Formanpassungsgesetz (das unzählige weitere Rechtsvorschriften änderte) u. a. geregelt. Damit wurden Aufträge bzw. Verträge im elektronischen Geschäftsverkehr rechtsverbindlich ermöglicht.

Unter elektronischer Unterschrift versteht man ein elektronisches Signal, das aus einer Reihe von mathematisch verschlüsselten Zahlen und Buchstaben besteht. Jede Signatur besteht aus einem privaten und öffentlichen Schlüssel. Mit dem privaten Schlüssel versiegelt der Kunde seine Nachricht, die vom Geschäftspartner mit dem dazugehörenden öffentlichen Schlüssel überprüft wird. Die elektronische Signatur ermöglicht es, die Authenzität und die Unverfälschtheit der durch sie signierten Daten zu prüfen. Dadurch wird die Botschaft für Dritte nicht nur unlesbar gemacht, sondern gleichzeitig vor nachträglichen Veränderungen und Manipulationen geschützt.

Insgesamt wird sich das E-business massiv durchsetzen. Je schneller es gelingt, Nachteile wie die Unstrukturiertheit der Informationen, lange Suchverfahren, Netzwerküberlastungen mit langen Downloadzeiten zu minimieren oder gar zu vermeiden, desto überzeugender wird die Ausschöpfung des Marktpotenzials voranschreiten.[88]

3.2.3   Produktorientierte Strategien

Ausgangspunkt vertriebs- und marketingpolitischer sowie strategischer Überlegungen eines Finanzdienstleisters ist die – mehrteilige – Frage,

- was?   (welche Produkte?)
- wem?   (welcher Zielgruppe?)
- wie?   (zu welchem Preis?)
- wo?   (an welchem Standort?)
- durch wen?   (welcher Vertriebskanal?)

angeboten werden soll, oder mit anderen Worten, welcher Marktauftritt zu wählen ist.

Die Frage des Produktsortiments und der Produktdifferenzierung kann in Bezug auf die verschiedenen Zielgruppen im Sinne **Strategischer Geschäftsfelder** (SGF) einheitlich oder unterschiedlich beantwortet werden (werden allen Geschäftsfeldern die gleichen oder unterschiedliche Produkte angeboten?).

Zur Preis- und Konditionenpolitik steht die Produktpolitik ebenfalls in einem engen Zusammenhang (erfolgt eine Preisdifferenzierung in Abhängigkeit vom Vertriebsweg? Wird eine isolierte Preiskalkulation pro Produkt oder eine Kundenmischkalkulation vorgenommen?).

Die Standortfrage hinsichtlich der Leistungserbringung bzw. Produktdarstellung wird überwiegend von der Vertriebswegestrategie (stationär, mobil oder elektronisch?) zu bestimmen sein ebenso wie die Frage des Vertriebsapparats bzw. der -mannschaft (eigener, konzerneigener Vertrieb oder über Kooperationspartner?).

Ausgehend vom angestammten Geschäft der Finanzdienstleistungsanbieter drängt sich somit die Frage der Positionierung von Produktangeboten auf. Um die traditionelle Position verlassen zu können, bieten sich zwei Differenzierungsmöglichkeiten an.

Sondhoff sieht den Status quo der Finanzdienstleistungsanbieter mit einem bezüglich der Produktbreite und -tiefe engen Angebot, das undifferenziert an den Markt geht. Die beiden von ihm genannten strategischen Alternativen liegen im

- Allfinanzangebot, das er als breites Angebot definiert oder in der
- Spezialisierung mit Kostenführerschaft und einem differenzierten, aber engen Angebot, wie Abb. 26 zeigt.

breites   Allfinanz-
Angebot   angebot

enges   gegenwärtige   Kostenführerschaft
Angebot   Position   Spezialisierung

                 undifferenziert   differenziert

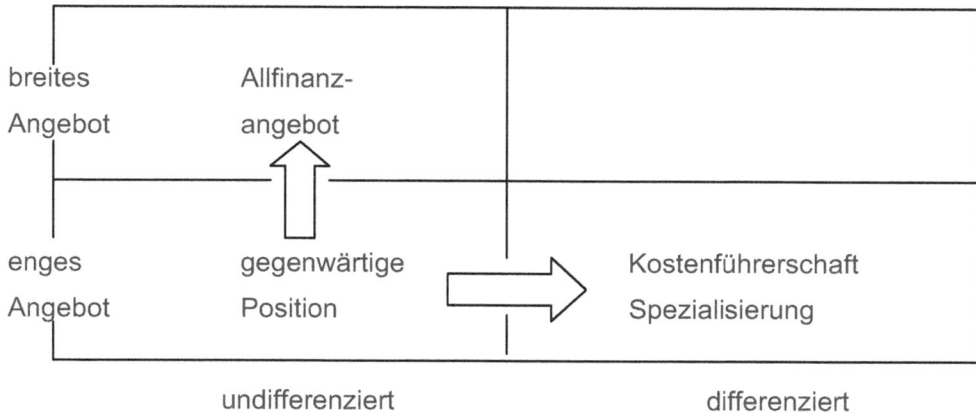

Abb. 26: Strategische Alternativen im Finanzdienstleistungsmarkt[89]

Die Spezialisierung ließe sich aus der Marktnischenpositionierung oder -besetzung definieren, die über eine Sortimentsstraffung zum „Lean Finance" führt.

Ein übergreifender Ansatz mit einer 4-Feld-Matrix ist der von Schleif und Frey[90], die über eine **Betriebstypenprofilierung** diese Differenzierungsstrategien erreichen. Als Profilierungsdimensionen dienen

- der Spezialisierungsgrad und
- der Standardisierungsgrad

des Finanzdienstleistungsangebots.

Damit wird eine Trennung des Angebots in das Mengengeschäft und das „qualifizierte" Geschäft vorgenommen.

Die Spezialisierung ergibt sich als Folge des gestiegenen Beratungsbedarfs bei komplexen Finanzdienstleistungen und der damit verbundenen höheren Akzeptanz beim Kunden. Andererseits macht der verstärkte Auftritt von Anbietern aus anderen Segmenten und Teilbranchen des Allfinanzmarkts eine Offensive in deren Marktsegment erforderlich.

Kostendruck und Effizienzsteigerungen hingegen erzwingen die Standardisierung von Finanzdienstleistungen. „Schlanke Problemlösungen" anderer Marktanbieter machen den Verwaltungs- und Service-Overhead dezentralisierter Anbieter (Banken mit Filialnetz, Versicherungen und Bausparkassen mit Bezirksdirektionen, etc.) zum Wettbewerbsnachteil.

Abbildung 27 zeigt die Aufteilung des Marktes in Abhängigkeit der Profilierungsdimensionen Standardisierung und Spezialisierung.

Die Bankdienstleistungen trennen sich in das "qualifizierte" und in das Mengengeschäft

Standardisierung und Spezialisierung führen zu zwei getrennten Märkten

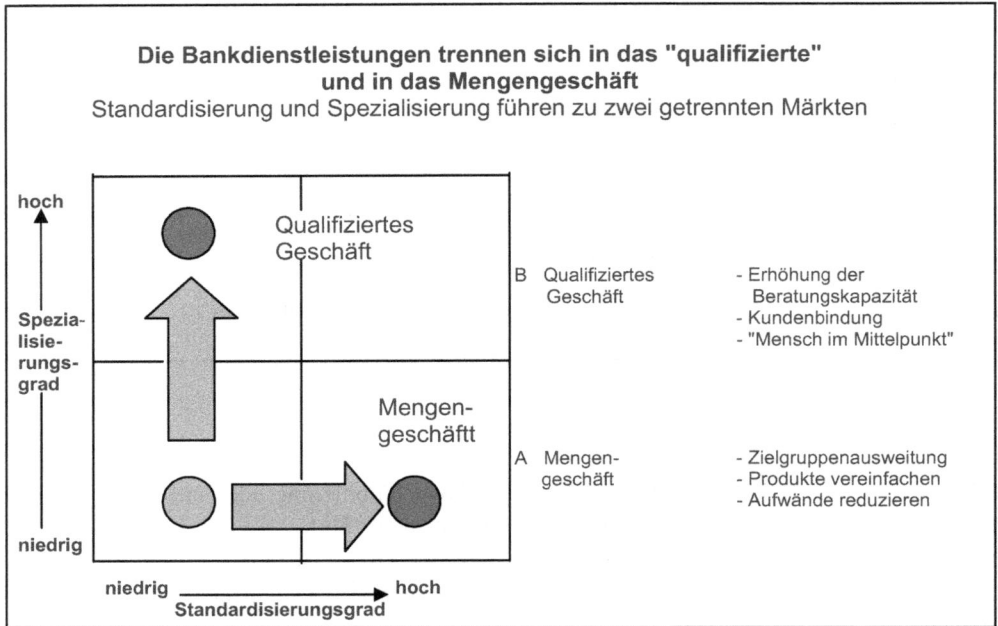

hoch

Spezia-
lisie-
rungs-
grad

niedrig

Qualifiziertes Geschäft

Mengen-
geschäftt

| B | Qualifiziertes Geschäft | - Erhöhung der Beratungskapazität
- Kundenbindung
- "Mensch im Mittelpunkt" |
| A | Mengen-geschäft | - Zielgruppenausweitung
- Produkte vereinfachen
- Aufwände reduzieren |

niedrig ——————▶ hoch
Standardisierungsgrad

Abb. 27: Spezialisierung versus Standardisierung[91]

Die Paradigmen eines zeitgemäßen Finanzdienstleistungsmanagements sind somit die

- Kundenorientierung mit dem Fokus auf hohe Individualisierung und Spezialisierung und das
- Kostenmanagement mit der Geschäftsausrichtung auf Standardisierung und Automatisierung der Prozesse.

Diese berühren sowohl die Frage der Fertigungstiefe als auch die nach Eigenproduktion oder Auslagerung (Outsourcing).

Für das Outsourcing lässt sich folgende Modellüberlegung anstellen: ein bisheriger Universalversicherer fokussiert sich auf kundenorientiertes individuelles Retailgeschäft. Er nimmt ein Outsourcing auf eine „Produktionsfabrik" vor. Dieser Insourcer unterhält möglicherweise Kooperationen mit anderen Versicherungsunternehmen und generiert auf diese Weise positive Skaleneffekte. Er stellt dem Outsourcer den technischen Rahmen für dessen Marktauftritt zur Verfügung. Als Probleme sind denkbar

- ein Know-how-Verlust beim Outsourcer
- die Abhängigkeit vom Insourcer
- Schnittstellenprobleme zwischen Outsourcer und Insourcer sowie
- win-win-Situation für beide Partner.

Wegen der Möglichkeit der Trennung von Produktion und Vertrieb (vgl. Abschnitt 1.1) kann sich ein Anbieter somit auf das Management von Kundenbeziehungen und Vertriebskanälen konzentrieren oder seine Stärke als „Produktfabrik" unter Nutzung von Größensynergien ausspielen.[92]

Selbstverständlich kann ein und derselbe Anbieter die beiden Profilierungstypen mit seinem Marktauftritt realisieren. Schleif und Frey nennen für den Bankbereich als Möglichkeiten hierzu die Anpassung

- auf Konzernebene durch Diversifizierung selbständiger Unternehmen,
- auf Unternehmensebene durch Differenzierung der Filialen und
- auf Filialebene durch selektive Leistungen.[93]

Eine Ausweitung dieses Ansatzes auf die anderen „klassischen" Finanzdienstleistungsanbieter ergibt für Kapitalanlagegesellschaften die Einteilung nach Publikumsfonds (Standardisierung) und Spezialfonds (Spezialisierung) oder nach Standardfonds (im Sinne der Standardisierung) bzw. „sophisticated" Fonds (z.B. Dachfonds, Umbrellafonds, Themenfonds, etc.) im Sinne der Spezialisierung. Bei Bausparkassen wäre eine Differenzierung nach Standardtarifen als Standardangebot versus außerkollektivem Geschäft (z.B. Verbund- oder Kombifinanzierung im Wohnungsbau und gewerbliche Finanzierungen) als Spezialisierung denkbar. In der Versicherungswirtschaft (am Beispiel einer Lebensversicherung) könnte das einfache Vorsorgegeschäft zur Standardisierung führen, während komplexere Produkte (z.B. Betriebliche Altersversorgung, fonds- und indexgebundene Lebensversicherung) die Spezialisierung erfordern.

Die Implikationen der beiden Profilierungstypen werden im folgenden unter dem spezifischen Blickwinkel der Produktorientierung beleuchtet.

Standardisierung versus Spezialisierung der Produkte
Die grundlegenden Argumente für die Standardisierung sind, wie bereits erwähnt, der Kostendruck und die damit verbundenen Rationalisierungsanstrengungen bzw. Effizienzsteigerungen beim Anbieter, um diesem Druck zu begegnen.

Der Standardisierungsansatz auf der Produktseite hat zunächst unter dem Aspekt der Produktpalette zu prüfen, mit welcher Anzahl von Produkten der Marktauftritt vorzunehmen ist.

Im extremen Fall reduziert der Anbieter seine Palette auf *ein* Produkt, das sowohl Standardcharakter haben als auch Spezialangebot in einer Marktnischenbesetzung sein kann. Ohne auf diese Differenzierung einzugehen, verwirft Benölken[94] diese Strategie, da eine Produktkompetenz im Zeitalter des imitierenden und globalen Wettbewerbs nicht mehr verteidigt werden kann (Anmerkung des Verfassers: eine Verteidigungsstrategie ist im Zweifel gegenüber einer Vorwärtsstrategie sowieso die schlechtere von zwei Alternativen). Entweder prüft der Einprodukt- bzw. Einspartenanbieter die Möglichkeit, zum Zielgruppenspezialisten zu werden und diese Position durch Ausbau seiner Kernkompetenzen zu stabilisieren. Oder er begibt sich unter das Verbunddach eines starken Partners zu einem Zeitpunkt, wo er als „attraktive Braut" die Konditionen seiner Integration in diesen Verbund noch maßgeblich mitgestalten kann.

Dies bedeutet im Umkehrschluss, dass ein bereits strategisch gut eingebundener Einproduktanbieter bzw. Einspartenanbieter strategisch und langfristig gute Überlebenschancen hat. Durch den Verbund ist dieser Anbieter ein spezialisierter Produzent innerhalb des größeren Rahmens von de-facto-Diversifikationen. Eine Produktangebotsausweitung würde in diesem Fall eher Reibungsansätze im Verbund provozieren und die verbundinterne Rollenverteilung gefährden.

Reduziert der Finanzdienstleistungsanbieter seine Produktpalette im Interesse der Standardisierung des Angebots auf eine beschränkte Anzahl von Produkten, so ist zur Abgrenzung der „neuen" im Sinne von reduzierten Produktpalette von der Bedeutung der zu eliminierenden Produkte für die gegenwärtige und zukünftige Geschäftsfeldbesetzung auszugehen.

Ein strategisches Geschäftsfeld stellt eine oder mehrere Produkt-Markt-Kombination/en dar, das bzw. die für eine eigenständige Strategie entwickelt werden kann.[95]

Dabei ist zu beachten, dass

- das SGF auf eine eigenständige Marktaufgabe (Lösung eines spezifischen Kundenproblems) ausgerichtet ist
- das Produkt, das diesem SGF zugeordnet ist, bezüglich der Preise, Substituierbarkeit, Gestaltung und der Wirkung von Einstellungen anderer Produkte weitgehend unabhängig ist und
- dem Produkt, das zu einem SGF gehört, einem einheitlichen Kreis von Konkurrenten zugeordnet werden kann.[96]

Die Chancen und Risiken der einzelnen SGF werden anschließend durch ein System von Bestimmungsfaktoren jeweils portfolioanalytisch zum Ausdruck gebracht. Typischerweise werden diese Bestimmungsfaktoren in zwei Kategorien gruppiert, so dass sie in einer zweidimensionalen Matrix aufgestellt werden, in die das SGF eingeordnet werden kann, womit sich strategische Tendenzaussagen ableiten lassen.

Die wichtigsten Gruppen von Einflussfaktoren sind – übertragen auf das Portfolio –

- das Marktanteils- / Marktwachstumsportfolio
- das Produktlebenszyklus- / Marktlebenszyklusportfolio
- das Marktattraktivitäts- / Wettbewerbsstärkenportfolio und
- das Geschäftsfeld- / Ressourcenportfolio.

Am Beispiel des Marktanteils- / Marktwachstumsportfolio soll nun die SGF-Analyse für die Produktorientierung als Strategieansatz erläutert werden. Abbildung 28 zeigt diese Profilierung.

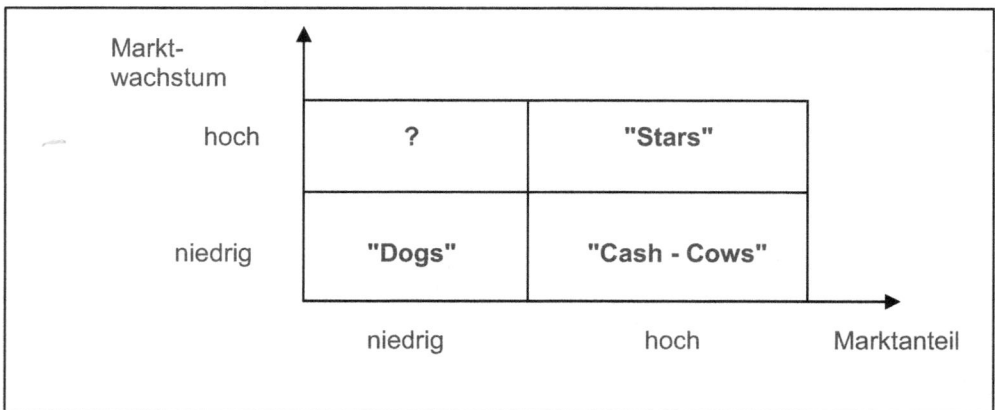

Abb. 28: Marktwachstums-/Marktanteilsportfolio[97]

Hierbei bedeuten

- Stars: sie stellen die wichtigsten Geschäftsfelder im Hinblick auf die Zukunft dar; eine Positionierung als Star spricht grundsätzlich für eine Investitions- und Wachstumsstrategie; eine ausreichend große Anzahl von Produkten sollte in dieser Position vertreten sein.
- Cash-Cows: Hauptquelle für Ertrag und Cash Flow eines Unternehmens und damit die Hauptfinanzierungsquelle für Stars; ein genügend großer Anteil von Produkten sollte sich in diesem Portfolio befinden. Hier stellt sich die Frage, ob die Erhaltung des hohen Marktanteils (Konsolidierungsstrategie) durch den entsprechenden Finanzmittelaufwand zu rechtfertigen oder eine Desinvestitionsstrategie einzuleiten ist.
- Dogs: sind für einen Anbieter tendenziell wenig interessant, da hier keine strategischen Wettbewerbsvorteile zu erzielen sind (Hemmschuh für die strategische Gesamtpositionierung des Anbieters). Hier empfiehlt sich eine Abschöpfungsstrategie, d. h. Cash Flow-Generierung ohne hohe Ausgaben verursachende Aktivitäten.
- Question-Marks: Positionen ohne eindeutige strategische Aussage. Sie erfordern hohen Finanzmittelbedarf, ohne dass dieser durch Kostenvorteile (bereits) kompensiert werden kann. Eine Investitionsstrategie könnte eine Verschiebung in das Feld der Stars bewirken, eine Desinvestitions- bzw. Defensivstrategie hieße dieses SGF aufzugeben.

Vor Einsatz der Desinvestitionsstrategie als Rückzug aus dem Geschäftsfeld, weil dieses strategisch nicht mehr interessant erscheint, bzw. der Rücknahme des damit verbundenen Produkts aus dem Markt, ist zu prüfen, ob bzw. inwieweit die Ergebnisse der anderen Gruppen von Einflussgrößen, insbesondere hierbei der Produktlebenszyklus für das erhaltene Ergebnis eine Rolle spielen.

Jedes Produkt und jede Branche haben einen eigenen – begrenzten – Lebenszyklus: auf die Einführungsphase folgt die Wachstumsphase, der sich die Reifephase und zuletzt die Sättigungs- bzw. Rückzugsphase anschließt. Jede dieser Phasen ist mit unterschiedlichen Cash Flows verbunden. Bis – und zum Teil erst nach – Eintritt in die Wachstumsphase ist der Cash Flow negativ, erreicht in der Reifephase sein Maximum, um in der Rückzugsphase wieder gegen Null zu tendieren.

Dabei lässt sich die Verweildauer eines Produkts in einer Phase und damit der Übertritt in die nächste Phase durch **Produktinnovationen** hinauszögern.

Cramer[98] nennt für die Finanzdienstleistungsbranche grundlegende Möglichkeiten der Produktinnovation:

- Produktvariation: einzelne Produkteigenschaften werden verändert.
- Produktdiversifikation: die Angebotspalette wird auf neue Produktgruppen, denen Ergänzungsfunktionen zukommen, ausgeweitet.
- Produktbündelung (Packaging): Kombination vorhandener und eingeführter Produkte zu Problemlösungen für den Kunden.

Bei kritischer Betrachtung vieler Produktinnovationen ist jedoch festzustellen, dass diese vielfach unter marketingstrategischen, insbesondere werblichen Aspekten zu sehen sind („alter Wein in neuen Fässern") und einer echten Produktinnovation in der Finanzdienstleistungswirtschaft enge Grenzen gesetzt sind.

Köhne und Kopp unterscheiden im Rahmen einer empirischen Untersuchung des Innovationsverhaltens der Assekuranz nach

- dem Innovationsobjekt (worauf bezieht sich die Innovation: Markt-, Prozess- oder Produktinnovation?)
- der Neuartigkeit der Innovation (worin besteht die eigentliche Neuerung? Und für wen besteht die Neuerung – für den Anbieter selbst als Betriebsinnovation oder für den Markt als Marktinnovation?)
- und dem Innovationsgrad: echte Innovationen basieren demnach auf neuen Nutzenkomponenten, während Modifikationen eine Veränderung des Umfangs eines bestehenden Versicherungsprodukts durch Hinzufügen, Verringern oder Variieren von Elementen bedeuten.[99]

„Produktinnovationen sind die instrumentelle Umsetzung einer Differenzierungsstrategie auf Produktebene; bei Produktmodifikationen wird zumindest versucht, über das Marketing (und die Vermittler) die Differenzierung und Besonderheit des veränderten Produkts zu kommunizieren. Schließlich sind Produktneuerungen ein Mittel, um Nischenstrategien umzusetzen."[100]

Rometsch[101] stellt ergänzend fest, dass Produktinnovationen dem Anbieter keinen Pioniergewinn über Jahre hinweg liefern, da der Lebenszyklus quasi im Zeitraffer abläuft.

Wegen des hohen Entwicklungsstands von Produkten und Produktqualitäten ist dem Verhältnis von Einsatz und Ergebnis von Produktinnovationen eine enge Grenze gesetzt. Andere Teilbereiche des gesamten unternehmerischen Innovationsmanagements wie Prozess-, Service- und Vertriebsinnovationen weisen hierbei eine bessere Relation von Einsatz und Ertrag auf.[102]

Wird nun am Ende des Produktlebenszyklus kein vernünftiges Nachfolgemodell zu platzieren sein, kann der Rückzug aus diesem Marktsegment eine logische Konsequenz darstellen.

Gahl[103] verweist in diesem Zusammenhang allerdings darauf, dass fehlende Deckungsbeiträge wegen des Rückzugs und entstehender Rückzugskosten in der Summe zu Marktaustrittskosten führen können, die sich zu größeren Verlusten als der Verbleib im eigentlich uninteressant gewordenen Marktsegment saldieren.

Als Marktaustrittsbarrieren nennt er u. a. Interdependenzen zu anderen Geschäftsfeldern und unterteilt diese nach

- horizontalen Interdependenzen: die Aufgabe eines Geschäftsfelds stellt die Verbindung zum einzelnen Kunden in Frage, wenn dieser mehrere Geschäftsfelder besetzt und nun der Rückzug eines Geschäftsfelds die Geschäftsverbindung für den Kunden nicht mehr interessant erscheinen lässt und
- vertikalen Interdependenzen: diese können auch entstehen, wenn Geschäftsfelder strategisch abgegrenzt sind, weil ein Vertrauensschwund in die Kompetenz des Anbieters durch den Kunden aufgrund des Rückzugs erlebt wird.

Knoppe[104] nennt die Strategische Allianz (vgl. Abschnitt 3.1.1) als Möglichkeit, den Rückzug aus einem unattraktiv gewordenen Geschäftsfeld kontrolliert zu gestalten, noch bestehende Gewinnpotenziale abzuschöpfen und notwendige Investitionen auf ein Mindestmaß zu reduzieren. Sind jedoch alle Beteiligten der Strategischen Allianz an dem Rückzug interessiert, so werden die wesentlichen Ziele der Allianz im Abbau von Fixkosten oder deren Umwandlung in variable Kosten sowie der Minimierung von Stilllegungskosten bestehen.

Schaffung geschäftsartenspezifischer Qualitätsnormen

Wie bereits ausgeführt, bedeutet Standardisierung die entgegen gesetzte Positionierungstendenz zur Spezialisierung. Spezialisierung haben wir als Konzentration auf einige wenige ausgewählte Produktangebote verstanden. Standardisierung ist demnach die – zumindest tendenzielle – Darstellung eines Allfinanzangebots, das dem Kunden die one-stop-shopping-Möglichkeit eröffnet. Dies schließt keinesfalls aus, dass er im Rahmen eines ganzheitlichen Angebots auch sehr spezielle Produkte und Leistungen abfordern kann – ganz im Gegenteil.

Diese sehr speziellen Produkte sind in dieser Betrachtung eben als Teil eines sehr umfassenden, organisatorisch standardisierten Leistungsangebots zu sehen.

Standardisierung heißt eben auch, dass die gesamten Finanzdienstleistungsprodukte in zwei Qualitätsklassen zerfallen, wobei

- „qualifiziertes" Geschäft mit Beratungskompetenz seitens des Anbieters den Kunden als natürliche Person in den Mittelpunkt der Anstrengungen stellt und
- Mengengeschäft (selbstverständlich unter dem gleichen Anbieterdach) zu einer eigenständigen Dimension wird, bei der die technische Seite (nicht die menschliche) in den Vordergrund rückt.

Somit dominiert im Mengengeschäft die Nutzung von technischen Systemfertigkeiten und -vorteilen, während im qualifizierten Geschäft der Personenbezug (Kunde-Kundenbetreuer) dominiert.

Standardisierung kann also auch unter Beibehaltung hoher Qualitätsvorstellungen organisiert werden. Für das Mengengeschäft bedeutet dies, dass die Wichtigkeit der perfekten, reibungslosen Umsetzung einer Dienstleistung um so wichtiger für Kunde und Anbieter wird, je einfacher diese Dienstleistung ist.

Für die Praxis bedeutet dies, dass der Finanzdienstleistungsnachfrager in seinem Auftritt gegenüber dem Anbieter danach zu differenzieren hat, ob er einfache, d. h. technisch orientierte Leistungen nachfragt oder ob er qualifizierten Bedarf hat. Man könnte diese unterschiedlichen Nachfragepositionen, die in der Regel in jedem einzelnen Nachfrager vereint auftreten und unterschiedliche Kommunikationsarten im Verhältnis zum Anbieter nach sich ziehen, auch unter dem Aspekt der **Erlebnisorientierung** (für spezialisierte Produkte) und **Versorgungsorientierung** (für technische Dienstleistungen mit Mengencharakter) zuordnen.[105]

Dieser Transfer aus der Analyse strategischer Erfolgsfaktoren in der Positionierung von Handelsunternehmen ermöglicht darüber hinaus eine passende Preis- und Konditionengestaltung, bei der qualifizierte Geschäfte mit Erfolgsorientierung eine hohe Preisorientierung gestatten, während Geschäfte, die einen technischen oder Grundnutzen abdecken, eine niedrige Preisorientierung zulassen.

Standardisierung schließt ferner nicht aus, dass die heutzutage bereits vorhandene sehr breite Leistungspalette in Zukunft nennenswerte Produktinnovationen unwahrscheinlich erscheinen läßt. Priewasser geht in seiner „Prognose 2009" (vgl. Abschnitt 3.2.1) für den Bankensektor sogar davon aus, dass angesichts des dichten Filialnetzes häufig eine Konzentration der Produkte stattfinden wird. „Wettbewerbsfähige Kombinationen der Leistungsmerkmale Produktqualität und Preis werden in zahlreichen Geschäftsstellen und über wesentliche Vertriebskanäle nur für eine beschränkte Anzahl von Produkten angeboten werden können. ...

Die zunehmende Konzentration auf vergleichsweise wenige Hauptprodukte erhöht die Wirtschaftlichkeit und liegt damit zweifellos auch im unmittelbaren Kundeninteresse."[106]

Der Transmissionsriemen zwischen erhöhter Wirtschaftlichkeit des Finanzdienstleistungsanbieters und dem Kundeninteresse ist vordergründig nur allgemein nachvollziehbar. Größere Wirtschaftlichkeit heißt zunächst höhere Leistungsfähigkeit, bessere Stellung im Markt, größere Vertrauenswürdigkeit beim Partner und möglicherweise auch größere Bereitschaft, diese Vorteile an den betroffenen Kunden weiterzugeben. Darüber hinaus wird aber, sofern das Verständnis und die Einsicht auf Kundenseite gegeben sind, eine äußerst wichtige Brücke zum Verständnis des Allfinanzmarktverhaltens geschlagen: es geht in der Frage der Standardisierung von Produkten nicht darum, eine Zwei-Klassen-Kundschaft zu schaffen, sondern einzelnen Geschäftsfeldern (Mengengeschäfte und qualifizierte Geschäfte) **geschäftsartenspezifische Qualitätsnormen** zuzuordnen.

Das Schlagwort von der Zwei-Klassen-Bankkundschaft wurde im großen Stil erstmals in Deutschland diskutiert, als die Deutsche Bank AG zum 1.9.1999 ihr Privatkundengeschäft, das bis dahin bei der Discount-Tochter Bank 24 und in den Filialen parallel lief, in der Deutsche Bank 24 bündelte. Zusätzliche Nahrung erhielt dieses Reizthema im März 2000, als der Plan zur Großfusion zwischen Deutsche Bank AG und Dresdner Bank AG vorgestellt wurde (Anmerkung: es wäre bei Vollzug der Fusion zur größten Bank der Welt gekommen). In der Öffentlichkeit entstand der Eindruck, als wollten nun alle Kreditinstitute ihre Kunden rigoros nach „vermögend" und „nicht vermögend" etikettieren und dementsprechend abgestufte Leistungsangebote zuordnen. Wer als Kunde zur vermögenden Schicht gehört, hängt von den internen Richtlinien der jeweiligen Bank ab. Sicherlich dürfte aber ein Geldvermögen von wenigsten € 50.000 die Eingangszone zur vermögenden Privatkundschaft bilden. Diese Individualkunden machen ca. 20 % der Gesamtklientel aus. Ein Viertel hieraus, also 5 % der gesamten Privatkundschaft, wird nach Berechnungen der Commerzbank AG[107] im Jahre 2010 über 40 % des Geldvermögens in Deutschland besitzen und damit zum „sehr vermögenden" Anlegerkreis zählen, der besonders stark umworben wird.

Diese – zum Teil sehr emotionsgeladenen – Diskussionen um die Folgen geplanter und realisierter, ungeplanter und nicht vollzogener Megafusionen im Finanzdienstleistungsmarkt haben wegen der subjektiven Betroffenheit der Nachfrager die Aspekte der sachlichen Qualitätsdimension des Marktauftritts in den Hintergrund treten lassen.

Auch die „lautlose" Umgestaltung des Geschäftsstellenapparats hat die notwendige Verbindung im Erleben des Kunden zur Qualitätsnorm im standardisierten Finanzdienstleistungsgeschäft erschwert. So sehr die Einrichtung von „diskreten" Zonen, Schalterbereichen alter Prägung und SB-Zonen mit Geldautomaten und Kontoauszugsdruckern betriebswirtschaftlich sinnvoll ist und der Aufteilung nach unterschiedlichen Qualitätsnormen im Rahmen der Standardisierung entspricht, so wenig wurde diese Notwendigkeit dem Kunden adäquat vermittelt. Daher wurde diese „Schalteraufteilung" psychologisch vielfach mit Qualitätsverlusten verbunden, die de facto aber nicht gegeben waren, wenn man von dem „Schmuddelecken"eindruck mancher SB-Zonen im ungeliebten Vorraum einmal absieht. Gerade die Tatsache, dass der Prosumer technische Grundbedürfnisse (vorwiegend im Zahlungsverkehr) selbst in die Hand nimmt, trägt er zur Kostensenkung bei und durch die Entlastung des Beraters von diesen Routinetätigkeiten werden Kapazitäten für anspruchsvolle, „manpower"-gestützte Beratungsleistungen frei.

Schleif und Frey[108] sprechen im Zusammenhang mit der Umstrukturierung von Geschäfts-stellen von einem Verwässerungseffekt aufgrund der Änderung eines ursprünglich stimmi-gen Vertriebskonzepts. Aus diesem Grund rechtfertigen sie auch den hohen Einsatz für den Aufbau eines neuen Betriebstyps, der der Umstrukturierung bereits gut eingeführter Bank-stellen oft überlegen ist. Dies ist mit der Erwartungshaltung des Kunden zu erklären, der die Verlagerung von der persönlichen Dienstleistung zur Automatisierung als schlechten Service empfindet, während er bei einem völlig neuen Anbietertyp diese Situation als in sich stimmi-ges Angebot mit großer Akzeptanz belohnt. Nachvollziehbar wird diese Überlegung am Beispiel der HYPO ServiceBank (HSB) in den neuen Bundesländern, die konzeptionell völ-lig von einer Außenstelle der Mutterbank HypoVereinsbank abweicht.

Zur Sicherung von Qualitätsnormen im Rahmen der Produktstandardisierung als strategische Alternative kann es sich als sinnvoll erweisen, ein begrenztes Volumen an eigenen Produkten mir denen von Produktpartnern (gleichgültig ob über Kooperations- oder Verbundschienen) zu einem Gesamtangebot zu bündeln.

Wird diese Produktgesamtheit unter einem Dach angeboten, so ist von einem typischen All-finanzangebot eines Allfinanzzentrums an den Nachfrager zu sprechen. Das Allfinanzzent-rum verwirklicht die one shop stopping-Lösung, alle Finanzprodukte unter einem Dach ein-zukaufen statt bei verschiedenen Anbietern (more shops stopping).

Süchting und Paul weisen darauf hin, dass diese Strategie eine Erweiterung des Konzepts der Kundenloyalität erfordert, welche von der Bereitschaft des Kunden ausgeht, dauerhaft alle Leistungen nur eines Anbieters abzunehmen. Das Finanzzentrum bietet über die Leistungen des „Haus- und Hoflieferanten" hinaus auch Leistungen der übrigen Finanzintermediäre an. Ist die bisherige gute Beziehung zum Anbieter und das Bequemlichkeitsbedürfnis des Kun-den ausreichend stabil, dann lässt sich die Kundenloyalität auf das Allfinanzangebot übertra-gen. Damit ginge die Rechnung des Allfinanzanbieters mit dem Finanzzentrum auf, da er zumindest seinen Kundenstamm sichern und erhalten kann.[109]

3.3   Nachweise zu Abschnitt 3

[1]   Vgl. Raynor, M.: The Strategic Paradox, Doubleday 2007, interviewt von Rickens, C.: Fokussieren bis zur Pleite, S. 132–137.

[2]   Vgl. Kirsch, W.: Planung – Kapitel einer Einführung, S. 98 ff.

[3]   Vgl. Carmoy, de, H.: (Global Banking, Strategy), S. 182.

[4]   Vgl. Grochla, E.: Grundlagen der organisatorischen Gestaltung, S. 112.

[5]   Vgl. Knoppe, M.: (Strategische Allianzen), S. 13.

[6]   Kreikebaum, H.: Strategische Unternehmensplanung, S. 21.

[7]   Moormann, J.: (Strategische Planung), S. 312.

[8]   Vgl. Knoppe, M.: a. a. O., S. 2 ff.

[9]   Vgl. Porter, M. E.: (Wettbewerbsvorteile), S. 21 f.

[10]   Knoppe, M.: a. a. O., S. 4.

[11]   Vgl. Knoppe, M.: a. a. O., S. 8 f.

[12]   Schierenbeck, H.: (Betriebswirtschaftslehre), S. 129.

[13]   Vgl. Ulrich, P./ Fluri, E.: Management. Eine konzentrierte Einführung, S. 132 ff.

[14]   Vgl. Simon, H.: Strategie-Notstand, S. 113 f.

[15]   Priewasser, E.: Bankbetriebslehre, S. 208.

[16]   Vgl. hierzu und im folgenden Ehrmann, H.: Strategische Planung, S. 123 ff.

[17]   Vgl. Wöhe, G.: Einführung in die Allgemeine Betriebswirtschaftslehre, S.323 ff.

[18]   Vgl. Müller, H.: Möglichkeiten und Grenzen von Allfinanzkonzepten aus der Sicht des Versicherungsaufsichtsrechts, S. 27.

[19]   Vgl. Picot, A./ Reichwald, R./ Wigand, R. T.: Die grenzenlose Unternehmung. Information, Organisation und Management, S. 289 ff.

[20]   Vgl. Linné, H.: (Kooperationspartner), S. 28 ff.

[21]   Vgl. Rath, R.: Unternehmenskooperation, S. 12.

[22]   Vgl. Schierenbeck, H./ Hölscher, R.: a. a. O., S. 14.

[23]   Einen Überblick über die Tätigkeit des ZKM liefern Arnold, W./Steuer, S.: 50 Jahre Zentraler Kreditausschuss: Entwicklungslinien des Retail Banking, S. 665 – 669; zu unterscheiden vom ZKM ist der Zentrale Kapitalmarktausschuss ZKMA, der die Emissionsplanung für den deutschen Kapitalmarkt koordiniert.

[24]   Vgl. Priewasser, E.: a. a. O., S. 102 ff.

[25]   Vgl. Knoppe, M.: a. a. O., S. 42.

[26]   Vgl. Bernet, B.: Multilaterale Allianzen im Finanzdienstleistungsmarkt, S. 328 f.

[27]   Vgl. Reiß, M./ Ziegler, T.: Jenseits von Kooperation oder Konkurrenz, S. 33 f.

[28]   Vgl. Bernet, B.: a. a. O., S. 330.

[29]   Kretschmar, T.: (Immobilienfinanzierung), S. 745.

[30]   Vgl. DZ-Bank Deutsche Zentral-Genossenschaftsbank AG: Unternehmensportrait 2007.

[31]   Weder, R.: Joint Venture, S. 33 f.

[32]   Schierenbeck, H.: a. a. O., S. 49.

[33]   Krumnow, J., u. a.: (Rechnungslegung der Kreditinstitute), S. 246.

[34]   Vgl. Gries, L.: Fusionen ermöglichen höhere Aktienkurse, in: SZ v. 17.05.2004.

[35]   Vgl. Leichtfuß, R./ Ploey, de, W./ Kestens, J.: Bankfusionen: Die goldenen Regeln des Erfolgs, S. 372.

[36]   Vgl. Weimer, T./ Wißkirchen, C.: Sechs Thesen zur Fusionswelle im Bankenbereich, S. 758.

[37]   Vgl. Leiding, J./ Braiotta, V.: Die Ausrichtung am Kunden entscheidet über den Integrationserfolg, S. 965.

[38]   Vgl. Einecke, H.: Abschied vom Universalbanksystem und dies.: Noch nicht das Ende der Universalbank.

[39]   Wieandt, A./ Beitel, P./ Brinker, B.: M & A im Asset Management: Motive und Integration entscheiden über den Erfolg, S. 100.

[40]   Vgl. dies..: a. a. O., S. 102.

[41]   Vgl. Klein, D.: a. a. O., S. 24 f.

[42] Weimer, T./ Wißkirchen, C.: a. a. O., S. 760.

[43] Vgl. N. N.: Fusionen lohnen sich am wenigsten für Aktionäre.

[44] Vgl. Knoppe, M.: a. a. O., S. 203.

[45] Vgl. Stracke, G./ Geitner, D.: a. a. O., S. 615 (Aktualisierung der Daten durch den Verf. per Ende 2007).

[46] Vgl. Reinhart, M.: Bedeutung neuer Vertriebskanäle, S. 168.

[47] Vgl. Süchting, J./Paul, S.: a. a. O., S. 689 ff. und S. 702 ff.

[48] Vgl. Priewasser, E.: Bankbetriebslehre, S. 323 ff.

[49] Vgl. Schmider, W.: (Zweigstellenpolitik), S. 6 ff.

[50] Priewasser, E.: (Prognose), S. 197 ff.

[51] Vgl. Büschgen, A.: a. a. O., S. 163 f.

[52] Vgl. Wielens, H.: Marktorientierte Bankorganisation, S. 93.

[53] Vgl. Priewasser, E.: Bankbetriebslehre, S. 334.

[54] Vgl. Broschinski, G.: (Produktivitätsfaktoren), S. 265.

[55] Vgl. Raupp, J.: Die Kunden an der Leine halten.

[56] Vgl. Süchting, J./ Paul, S.: a. a. O., S. 290.

[57] Vgl. Broschinski, G.: a. a. O., S. 266.

[58] Vgl. Benölken, H.: Die "Orga": Voreilig zum Verlierer gestempelt, S. 820.

[59] Vgl. Warth, W. P.: (Bancassurance), S. 280.

[60] Vgl. Kern, H.: Bancasurance – Modell der Zukunft?, S. 1126.

[61] Warth, W. P.: (Bancassurance), S. 283.

[62] Vgl. Warth, W. P.: Bancassurance im Spannungsfeld zwischen Kooperation und Konkurrenz, S. 9.

[63] Vgl. Hülsen, J.-D./ Schacht, J./ Schulz, B.: Bankassurance – Erfolgsmodell im Finanzdienstleistungssektor, S. 120–127.

[64] Vgl. Warth, W. P.: (Bancassurance), S. 283.

[65] Vgl. Kern, H.: Bancassurance-Modell der Zukunft, S. 1124.

[66] Vgl. Germann, U.: Die Macht von Bankassurance, S. 1343.

[67] Vgl. Klinge, U./ Ernest, P.: Schadenversicherungen am Bankschalter, S. 374.

[68] Vgl. Büschgen, A.: a. a. O., S. 173.

[69] Vgl. Reimers-Mortensen, S./ Disterer, G.: Strategische Optionen für Direktbanken, S. 133.

[70] Vgl. Süchting, J./ Paul, S.: a. a. O., S. 698.

[71] Vgl. Betsch, O.: Entwicklungsschritte beim Vertrieb von Finanzdienstleistungen, S. 14 f.

[72] Ehrmann, H.: a. a. O., S. 136.

[73] Vgl. Wanka, A.: Asset Management-Neuverteilung eines lukrativen Marktes, S. 1420.

[74] Vgl. Döhle, P.: Angriff der E-Banker, S. 161.

[75] Vgl. N.N.: Deutsche Bank verbündet sich mit SAP.

[76] Vgl. Bongartz, U.: Investment Banking: Die Internet-Herausforderung, S.18.

[77]   Vgl. Priewasser, E.: Bankbetriebslehre, S. 403.

[78]   Vgl. Terrahe, J.: Telekommunikation bei Banken, S. 9.

[79]   Vgl. Holzheu, T./ Trauth, T./ Birkmaier, U.: E-Business als Produktionsmittel, S. 1299.

[80]   Vgl. Lamberti, H. J.: In den nächsten fünf Jahren Durchbruch fürs Online-Banking.

[81]   Vgl. Priewasser, E.: Bankbetriebslehre, S. 408.

[82]   Vgl. Holzheu, T./ Trauth, T./ Birkmaier, U.: a. a. O., S. 1299 ff.

[83]   Vgl. Reim, T.: Auch Surfer wollen beraten werden.

[84]   Vgl. Ambros, H.: Virtual Reality – Virtual Banking, S. 48.

[85]   Ambros, H.: Virtual Reality – eine Herausforderung für die Sparkassen, S. 104.

[86]   Vgl. Süchting, J./ Paul, S.: a. a. O., S. 272.

[87]   Vgl. Lürzer, R.: Eintauchen in die Welt des E-Commerce: Ein Sprung ins kalte Wasser, S. 1025 f.

[88]   Vgl. Lürzer, R.: a. a. O., S. 1024.

[89]   Sondhoff, H. W.: (Finanzdienstleistungsmärkte), S. 272.

[90]   Vgl. Schleif, H. J./ Frey, E.: Kundenorientierung durch Betriebstypenprofilierung, S. 105 ff.

[91]   Schleif, H. J./ Frey, E.: a. a. O., S. 108.

[92]   Vgl. Doerr, T./ Yolacaner, T.: Geschäftsmodelle auf dem Prüfstand, S. 1687.

[93]   Vgl. Schleif, H. J./ Frey, E.: a. a. O., S. 108 f.

[94]   Vgl. Benölken, H.: Diversifikationsstrategien der Assekuranz, S. 149.

[95]   Vgl. Bormann, W. A.: Vorgehensweise und Probleme bei der Definition strategischer Geschäftsfelder, S. 207.

[96]   Vgl. Wöhe, G.: a. a. O., S. 138.

[97]   Schierenbeck, H.: a. a. O., S. 133.

[98]   Vgl. Cramer, J. E.: Marketing im Bankbetrieb, S. 33.

[99]   Vgl. Köhne, T./ Kopp, F.: Produktinnovationen und –modifikationen in der Versicherungswirtschaft, S. 230 ff.

[100] Dies.: a. A. O., S. 236.

[101] Vgl. Rometsch, S.: (Produktinnovation), S. 297 ff.

[102] Vgl. Eichen, von den, S./ Sommerlatte, T.: Kundennutzen als Maß. Innovationen müssen stimmig sein, und Paul, S./ Schröder, U./ Stein, S.: Finanzierung als Innovationstreiber: Zum Nexus zwischen Innovations- und Finanzmanagement, S. 50–59.

[103] Vgl. Gahl, A.: Strategische Allianzen, S. 24 ff.

[104] Vgl. Knoppe, M.: a. a. O., S. 202.

[105] Vgl. Schleif, H. J./ Frey, E.: a. a. O., S. 111 f.

[106] Priewasser, E.: (Prognose), S. 209.

[107] Vgl. Öchsner, T.: Zwei Klassen am Bankschalter.

[108] Vgl. Schleif, H. J./ Frey, E.: a. a. O., S. 112 f.

[109] Vgl. Süchting, J./ Paul, S.: a. a. O., S. 666 f.

4 Konzepte im Financial Planning und der Privaten Altersvorsorge

Eine vergleichende Analyse der Konzepte für den Aufbau und die Entwicklung eines Financial Planning-Ansatzes, der auf die Private Altersvorsorge fokussiert ist, kann

- über die Eignung der einzelnen, in das Kundenangebot einzubeziehenden Finanzprodukte und
- anhand des Procederes im Beratungsprozess

vorgenommen werden.

In Abschnitt 4.1 werden zunächst die diversen Produkte in Thesenform vorgestellt, da eine ausführliche Produktbeschreibung den Rahmen und die Intention dieses Lehrbuchs sprengen würde. Eine Erläuterung der staatlich begünstigten Riester- und Rürup-Produkte wird der Leser ebenfalls nicht vorfinden: zum einen, weil diese Produkte von nahezu allen Anbietern ausführlich dokumentiert werden und zum anderen, weil diese einem „Mitnahmeeffekt" unterliegen. Der Autor geht davon aus, dass sämtlich staatlich begünstigten Möglichkeiten zunächst vollständig ausgeschöpft werden, bevor über andere, die Private Altersvorsorge ergänzende Maßnahmen nachgedacht wird. Die Überlegung zu diesem Mitnahmeeffekt basieren auf dem Vergleich mit den vor rund 40 Jahren eingeführten Vermögensbildungsmaßnahmen in Arbeitnehmerhand durch den Staat.

Dass beispielsweise Riester nur *ein* Baustein der privaten Altersvorsorge ist und das Problem der Altersvorsorge insgesamt nicht lösen kann, ergibt sich allein aus der Tatsache, dass die Riester-Förderung auf 4 % der Beitragsbemessungsgrenze in der GRV begrenzt ist. Unabhängig von dieser „Deckelung" muss der Altervorsorgesparer jedoch je nach Eintrittsalter in seinen Sparprozesses zwischen 6 und 15 % seines Bruttoeinkommens für die Vorsorge reservieren (Details hierzu vgl. Abschnitt 4.5).

Anschließend werden diese Produkte mittels verschiedener Kriterien einem Vergleich hinsichtlich ihrer Tauglichkeit für die Einbeziehung in eine Strategie zum Financial Planning bzw. der Privaten Altersvorsorge unterzogen (Abschnitt 4.2).

In Abschnitt 4.3 werden der Beratungsprozess und die methodische Vorgehensweise des Beraters untersucht. Es wird dabei der Frage nachgegangen, inwieweit der konkrete Berater bzw. sein vom ihm repräsentiertes Finanzdienstleistungsinstitut den Anforderungen der GoF genügt.

Schließlich erfolgt in Abschnitt 4.4 eine Vorstellung verschiedener konkreter Konzepte zum Auftritt im Markt des Financial Planning bzw. der Privaten Altersvorsorge.

4.1 Produkte in der Privaten Altersvorsorge

Die vorzustellenden Finanzprodukte werden systematisch hinsichtlich ihrer Kapitalentwicklung und des laufenden Ertrags charakterisiert.

4.1.1 Aktien

Vorbemerkung: es wird in den folgenden grundsätzlichen Aussagen nicht unterschieden, ob die Aktienanlage

- direkt (selbst gesteuert, über Vollmachtsdepots oder durch eine Vermögensverwaltung) oder
- indirekt (über Wertpapierfonds)

erfolgt. Gleiches gilt für Festverzinsliche Wertpapiere in Abschnitt 4.1.2. Fondsspezifische Erörterungen werden im anschließenden Abschnitt 4.1.3 vorgenommen.

Die Wertentwicklung von Aktien ist im Wesentlichen abhängig von den Gewinnerwartungen der durch die Aktien repräsentierten Unternehmen. Da diese aber nicht isoliert ihrer Geschäftstätigkeit nachgehen können, sondern vielfach branchenspezifischen Besonderheiten unterliegen, werden diese sich ebenso auf die AG auswirken wie die gesamtwirtschaftlichen Rahmenbedingungen. Mindestziel einer Aktienanlage ist das langfristige Kapitalwachstum mit einer Verdoppelung in ca. 10 Jahren; dies entspräche einer Jahresperformance von rechnerisch 7,2 %.

Ein sehr anschauliches Beispiel für die Wertentwicklung von Aktien bietet der nach seinem Urheber benannte Stehle-Index, der als DAI-Rendite-Dreieck jährlich fortberechnet wird. Dieses Dreieck zeigt die jährlichen Durchschnittsrenditen, die ein dem DAX entsprechendes Aktiendepot erwirtschaftet hätte, wenn es in einem beliebigen Jahr ab 1948 erworben und in einem beliebigen anderen Jahr wieder veräußert worden wäre. Berechnungsstichtag für den An- und Verkauf ist jeweils der letzte Börsentag eines Jahres. Die jeweiligen Jahresdurchschnittsrenditen im Schnittpunkt der Zeitachsen für An- und Verkauf werden zur besseren Veranschaulichung mit rot für negative Renditen, weiß für Renditen um Null und blau für positive Renditen ausgewiesen. Bereits diese optische Aufmachung zeigt überzeugend, dass mit zunehmender Anlagedauer die Blaufärbung zunimmt, d. h. die Performance positiv(er) wird.[1]

Dieser Effekt steigender Renditen mit zunehmender Anlagedauer wird von Stehle ebenfalls mit der Berechnung von Bandbreiten der jährlichen Renditen eines Aktieninvestments im DAX für verschiedene Anlagezeiträume bestätigt:

- bei einer fünfjährigen Anlagedauer schwanken die Jahresrenditen zwischen ./. 9 und + 32 %
- bei einer zehnjährigen Anlagedauer reduziert sich die Schwankungsbreite der Renditen auf ./. 0,5 bis + 17 %
- bei einer Anlagedauer von 20 Jahren liegt die Bandbreite zwischen + 2,2 und + 17 % und
- bei einer Haltedauer der Anlage von 30 Jahren steigt die Renditebandbreite auf + 6,5 bis 12,5 %.[2]

Das laufende Einkommen aus Aktien besteht (von Bezugsrechtserlösen abgesehen) in Dividendenzahlungen. Diese hängen jedoch von den erwirtschafteten Gewinnen und der Dividendepolitik der AG ab. Bis Ende 2008 sind Dividendenerträge nach dem Halbeinkünfteverfahren steuerpflichtig; ab 2009 gilt die Abgeltungsteuer.

Die Auswahl der „richtigen" Aktien und die Bestimmung des „richtigen" Zeitpunkts zum Kauf bzw. Verkauf von Aktien werden mit den Instrumenten der Aktienanalyse vorgenommen. Bei der Fundamentalanalyse geht es um die Bestimmung des „intrinsic value" einer Aktie. Die Hauptkomponenten des inneren Werts sind der Ertragswert und (von untergeordneter Bedeutung) der Substanzwert einer AG. Während die Fundamentalanalyse der Frage nachgeht, ob und warum Aktien von bestimmten Ereignissen beeinflusst werden, untersucht die Technische Analyse die Frage, wie Aktien von bestimmten Ereignissen beeinflusst werden.

Als typische Fehler bei der Aktienanlage werden von Anlageberatern genannt:

1. „Draufloskaufen"
2. Blindes Vertrauen auf Empfehlungen
3. Selbstüberschätzung
4. Informationsmangel
5. Vernachlässigung des Trends
6. Panikverkäufe und Gierkäufe
7. Erfolgsdruck und Ungeduld
8. Leben von der Hoffnung
9. Gutes Geld schlechtem Geld nachwerfen
10. Unlimitierte Orders

Vielfach erfolgt der Marktapproach über pragmatische Anlageregeln, die den Anschein vermitteln, als würden sie in einem Satz die gesamten „Weisheiten" des Kapitalmarkts verkörpern. Hierzu zählen Empfehlungen wie „Buy and forget!", „Buy on bad news – sell on good news!" oder „Cut the losses – let the profits run!" u. ä. Die Kenntnis dieser Praktikerregeln mit sehr unterschiedlicher Tauglichkeit erleichtern jedoch dem rationalen Analysten und Anleger das „feeling" für den Aktienmarkt.

4.1.2   Festverzinsliche Wertpapiere

Ziel der Kapitalentwicklung beim Investment in Festverzinslichen Wertpapieren ist die Nominalwerterhaltung des eingesetzten Kapitals, d. h. die Rückzahlung zu 100 % bei Fälligkeit der Anlage. Die Rückzahlungsfähigkeit wird bestimmt von der Bonität des Schuldners. Bonitätsschwankungen des Schuldners führen ebenso wie Änderungen des allgemeinen Kapitalmarktzinsniveaus zu Wertschwankungen der Anlage.

Bei einer fixen Zinsvereinbarung (dies trifft auf die überwiegende Mehrzahl der emittierten Titel zu) erhält der Anleger einen konstanten Kuponertrag. Die für die konkrete Gattung maßgebliche Marktrendite zum Emissions- bzw. Kaufzeitpunkt bestimmt diesen laufenden Ertrag.

Die Zinseinnahmen sind voll steuerpflichtig, sofern man vom sog. Sparerfreibetrag absieht, der allerdings unter dem Gesichtspunkt eines Vermögensaufbaus für die Altersvorsorge schnell verbraucht ist (ein Alleinveranlagter überschreitet bei der derzeitigen Freibetragshöhe von 801 € bei einem Anlagezins von 5 % mit einem Anlagevolumen von über 16.200 € bereits diesen Freibetrag; bei gemeinsam veranlagten Steuerpflichtigen gilt eine Verdoppelung dieser Beträge). Damit wird es oberhalb des Sparerfreibetrags schwierig, einen kaufkraftbereinigten Kapitalerhalt zu realisieren. Ende 2007 werden zehnjährige Bundesanleihen mit etwas über 4 % verzinst, wovon mehr als die Hälfte von der Inflation vernichtet wIrd. Unterstellt man einen Grenzsteuersatz von 40 % beim Anleger, dann verbleibt ihm eine bescheidene inflationsbereinigte reale Verzinsung seines Anlagekapitals nahe der Nulllinie.

Als Anlagegattungen kommen bei Festverzinslichen im wesentlich in Betracht:

- Öffentliche Anleihen wie Bundes-, Länder- und Kommunalanleihen
- Bankschuldverschreibungen (sog. Daueremissionen) von öffentlich-rechtlichen und privaten Hypothekenbanken wie Pfandbriefe, Inhaberschuldverschreibungen und Kommunalobligationen
- Unternehmensanleihen (Corporate Bonds) und
- Sonderformen wie Zero-Bonds, (Reversed) Floater, Doppelwährungsanleihen, Indexanleihen, Step-down- und Step-up-Anleihen, etc.

Entscheidend für die Rendite der Anlage ist der „spread" zwischen den einzelnen Arten von Festverzinslichen. Auch innerhalb der einzelnen Gattung bestehen zum Teil beachtliche spreads. Spreads können sich aus Marktlagenveränderungen oder auch aus Zufall heraus ergeben. I. d. R. drücken spreads aber das unterschiedliche Risiko der Anlage aus, das durch das Emissionsstanding des Schuldners, seiner Rückzahlungsfähigkeit und seinem Rating (Investmentgrade vs. Non-Investmentgrade) bestimmt wird.

Als Anhaltspunkte für eine Zinsprognose können volkswirtschaftliche Daten wie Inflation, Geldmange, Kreditvergabe, Leitzinsen und Wirtschaftswachstum dienen. Daneben spielt die Differenz zwischen Nominalzins und Realzins (nach Abzug der Inflationsrate) eine Rolle. Als Zielvorgabe für eine angemessene Nominalverzinsung lang laufender Anleihen soll diese der Summe des Potenzialwachstums der Volkswirtschaft und der für die kommenden Jahre erwarteten Inflationsrate entsprechen.

Ein Blick auf langfristige Zinscharts lehrt, dass Veränderungen im Zinsniveau relativ rasch erfolgen, das Beharrungsvermögen eines dann erreichten Zinsniveaus aber vergleichsweise länger ist.

4.1.3   Investmentfonds

Ein vordergründiges Problem bei der Anlage in Investmentzertifikaten ergibt sich aus der Tatsache, dass in Deutschland zum Vertrieb bereits weit mehr als 3.500 Investmentfonds zugelassen sind. Damit – könnte man meinen – würde sich der Grundgedanke des Investmentsparens, dem Anleger die Auswahl der Wertpapiere abzunehmen und durch den Fonds eine Titelselektion unter Wahrung von Mischungs- und Streuungsgesichtspunkten zur Risikoreduzierung vorzunehmen, pervertieren. Wenn man sich aber durch den Dschungel der Angebote hindurch gearbeitet hat und auf passiv verwaltete Indexfonds oder aktiv verwaltete klassische Fonds stößt, ist die Entscheidung nicht mehr so schwierig.[3]

Die Kapitalentwicklung der Investmentfonds verläuft mehr oder weniger parallel zu der, die der Anleger bei der Direktanlage in den entsprechenden Vermögenswerten erhält. Entscheidend ist somit die Fokussierung auf einen reinen Aktienfonds, Rentenfonds bzw. Mischfonds aus beiden Typen oder auf einen offenen Immobilienfonds, der gemäß den für ihn gültigen Anlagerichtlinien investiert.

Die laufende Einkommensentwicklung hängt von der Ertragsverwendung ab. Beim thesaurierenden Fonds wird die Ertragsausschüttung sofort in neue Fondsanteile reinvestiert, während ausschüttende Fonds im Wesentlichen die gesetzlich vorgeschriebene Pflichtausschüttung (Zins- und Dividendenerträge) vornehmen und Kursgewinne (saldiert mit realisierten Kursverlusten) dem Anteilswert zuschlagen.

Investmentfondsanlagen bieten somit grundsätzlich eine leichte und sichere Risikostreuung der Kapitalanlagen. Sie eignen sich neben Einmalanlagen insbesondere für Altersvorsorgezwecke, wenn regelmäßig mittels eines Investmentsparplans kleinere Beträge gespart werden, d.h. ein Vermögensaufbau begonnen werden soll. Dabei führt die Investmentbranche gerne den Cost-Average-Effekt ins Feld, dem zu Folge bei steigenden Marktpreisen der Wertpapiere relativ weniger Anteile erworben werden und umgekehrt bei fallenden Kursen vergleichsweise mehr Zertifikate als Depotzugang verbucht werden. Fondssparen und Fondsanlegen ist somit praktisch und zweckmäßig für den Anlegertyp, der selbst keine Zeit, kein eigenes finanzwirtschaftliches Know-how oder einfach keine Lust hat, sich um eine Direktanlage zu kümmern.

Die Vielzahl der im Markt angebotenen Fonds ist mehr auf die Aktivitäten der Marketingabteilung der Fondsindustrie als auf Anlegerwünsche zurückzuführen. Der Interessent für eine Fondsanlage sollte deshalb berücksichtigen, dass die Werbung der einzelnen Kapitalanlagegesellschaften grundsätzlich den „besten" eigenen Fonds in der Werbung herausstellt. Es zeigt sich aber immer wieder, dass die gedankliche Fortschreibung einer Anlageperformance aus der Vergangenheit in die Zukunft gefährlich ist.

Die Frage ob man seine Kapitalanlagen selbst vornimmt und direkt in den Kapital- und Immobilienmarkt investiert, hängt somit entscheidend von der persönlichen Situation des Anlegers ab.

Ein relativ „junges" Produkt der Investmentindustrie ist das sog. Lifecycle-Investment. Vergleichbar dem Asset-Liability-Matching bei institutionellen Kapitalanlegern soll hier die richtige Strategie im Hinblick auf die Zeit-Rendite-Relation gewählt werden. M. a. W. sollen zu Beginn des langfristigen Sparvorgangs die Chancen des Kapitalmarkts offensiv über Aktienfonds genutzt werden und ab Lebensalter 55 in sicherere Investments wie Geldmarkt- und Rentenfonds umgeschichtet werden. Dies bedeutet schrittweise Gewinnmitnahmen bis zum Renteneintritt. Damit soll Rendite die nötige Zeit und Zeit die nötige Sicherheit erhalten.

Zwei Produktkategorien decken dieses Thema ab:

1. Lifestyle- Fonds
   Der Anleger wählt nach seinem persönlichen Risikoprofil aus (wachstumorientiert, ausgewogen oder konservativ). Er kauft ein relativ starres Portfolio ein (z.B. 70 % Aktien, 20 % Renten, 10 % Cash). Bei Näherrücken des Renteneintritts muss der Anleger selbst aktiv umschichten.

2. Target Fonds
   Die Asset Allokation richtet sich nach dem Zeithorizont des Anlegers aus. Das heißt z.B. bei einer Laufzeit von 30 Jahren ist der Kunde zu 100 % in Aktien investiert. Je näher das Rentenalter rückt, desto mehr schichtet der Fonds in risikoadversere Anlagen um.

Der Vorteil besteht darin, dass sich der Anleger nicht weiter um das Produkt bzw. notwendige Umschichtungen kümmern muss.

4.1.4   Immobilien

Grundsätzlich kann eine Immobilie als Zelle zur Analyse des puren Baukörpers, als Zelle im Organ zur Analyse des Mikrostandorts und als Organ im Organismus zur Analyse des Makrostandorts betrachtet werden.

Neben dieser physischen Betrachtung, die auf die direkte Investitionsform in Immobilien verweist, kann ein Immobilieninvestment auch indirekt als Finanzanlage erfolgen. Letztere bietet als Palette an Möglichkeiten den Kauf von Immobilien-Aktien, offenen und geschlossenen Immobilienfondsanteilen und seit 2007 die Investition in REITs. Die Betrachtung der Immobile als finanzwirtschaftliche Investition stellt damit den „link" zwischen dem Immobilenmarkt und dem Finanzdienstleistungsmarkt her.[4]

Hinsichtlich der Nutzung einer Immobilie ist zwischen der selbst genutzten und der fremd genutzten (vermieteten) Immobilie zu unterscheiden. Bei der Eigennutzung überlagert der individuelle Wohnwert als Bestimmungsfaktor für die Bau- bzw. Kaufentscheidung regelmäßig ökonomische Kriterien. Insbesondere in Bezug auf die private Altersversorgung werden als Pro-Argumente

- das sorgenfreie, weil belastungsfreie Wohnen im Alter (Doppelbedeutung: keine Finanzierungsbelastung und keine Mietbelastung)
- die soziale Absicherung (z.B. unkündbares Wohnen) und
- die Schaffung einer „Zusatzrente" aus der ersparten Miete

genannt.

Damit unterscheiden emotionale Faktoren und der Nutzwert der selbst genutzten Immobilie („die eigenen vier Wände") von allen anderen Altersvorsorgeformen. Das Eigenheim ist die einzige Altersvorsorgeform, an der der Anleger heute „arbeitet" (durch Konsumverzicht, Eigenleistung und Kapitaldienst) und die er bereits heute im Erwerbsleben sowie später im Ruhestand nutzen kann.

Hingegen geht es bei der vermieteten Immobilie um „harte" Faktoren wie Wertbeständigkeit, nachhaltigem Mietertrag, Mietvervielfältiger, Bausubstanz, etc.

Ziel einer Immobilieninvestition bezüglich der Kapitalentwicklung ist ein langfristiger Substanzausgleich, d. h. die Inflation soll zumindest kompensiert werden. Ob dieses Kalkül aufgeht, hängt im Wesentlichen vom konkreten Objekt und dessen Lage sowie der Entwicklung der Nettoeinnahmen und Leerstände ab.

Auch die Frage nach der Sicherheit einer Immobilienanlage ist differenziert zu behandeln. In portfoliotheoretischer Betrachtung bedeutet der typische „Einmal-im-Leben-Kauf" einer Wohnimmobilie ein einziges Klumpenrisiko, das durch den Charakter der Immobilie als Unikat mit erratischen Nachfrageschwankungen verstärkt wird. Während Finanzanlagevermögen praktisch beliebig teilbar ist, fällt die Umsetzung dieser Überlegung unter Liquiditätsbeschaffungsaspekten bei der Immobilie schwer. In Verbindung mit relativ hohen Transaktionskosten kann die Immobilie somit zu einem sperrigen Asset werden.[5]

Die Einkommensentwicklung eines Immobilieninvestments definiert sich über die verschiedenen Renditedimensionen der Immobilieninvestition. Hierbei kann zwischen der

- Anfangsrendite, die unabhängig vom Investor den anfänglichen, stichtagsbezogenen laufenden Ertrag der Immobilie, misst
- Objektrendite als zeitraumbezogener Gesamtkapitalrendite des Objekts einschließlich seiner Wertänderungen, ebenfalls unabhängig vom Investor und der
- Investmentrendite, die zeitraumbezogen die investorenabhängige Eigenkapitalrendite des Investments nach Finanzierungskosten und Steuern ausweist,

unterschieden werden.

Die Anfangsrendite wird im allgemeinen Sprachgebrauch als Bruttorendite und die Investmentrendite als Nettorendite bezeichnet. Schwankungen der Erträge aufgrund von Änderungen im Mietniveau und der Mietauslastung sowie variierenden Kosten für Bewirtschaftung, Administration und Instandhaltung gehen in die Renditeberechnung brutto ein sowie ergänzend der Fremdfinanzierungsanteil und die daraus resultierenden Finanzierungskosten in die Nettorechnung. Als Richtwerte für die Bruttorendite gilt im Immobilienmarkt eine Bandbreite von 7–10 % p. a. und als Nettorendite eine solche von 2–5 % p. a. Abb. 29 zeigt die Renditeberechnung für ein vermietetes Mehrfamilienwohnhaus (eigene Berechnung).

Kaufpreis 2,5 Mio. €, Mietertrag p. a. als Rohertrag aus 12 Wohneinheiten zu durchschnittlich 80 qm Wohnfläche und 20€/qm Miete, 230.400 Rohertrag (= 9,2% p. a. Bruttorendite).
An direktem Aufwand fallen an
- 12,5% vom Rohertrag als Bewirtschaftungs- und Verwaltungskosten   28.800 €
- Instandhaltungskosten 12€/qm   11.520 €
- 6% vom Rohertrag Mietausfallrisiko   13.820 €

Der Reinertrag vor Zinsen, Afa und Steuern (EBITDA) liegt somit bei   176.260 €
Bruttorendite somit 7,05% p. a.

	EK 100%	EK 80%	EK 60%	EK 40%	EK 20%
EBITDA	176.260	176.260	176.260	176.260	176.260
./. Afa*	28.125	..28.125	28.125	28.125	28.125
	148.135	148.135	148.135	148.135	148.135
./. Zinsen	0	27.500	55.000	82.500	110.000
	148.135	120.635	93.135	65.635	38.135
./. Steuern**	74.068	60.318	46.568	32.818	19.068
Reingewinn	74.067	60.317	46.567	32.817	19.067
in % des EK	2,96	3,01	3,10	3,28	3,81
für i = 7% gilt:	148.135	148.135	148.135	148.135	148.135
./. Zinsen	0	35.000	70.000	105.000	140.000
	148.135	113.135	78.135	43.135	8.135
./. Steuern	74.068	56.568	39.068	21.568	4.068
Reingewinn	74.067	56.567	39.067	21.567	4.067
in % des EK	2,96	2,82	2,60	2,15	0,81

* verteilt auf 80 Jahre, Bodenwertanteil 10%
** 50 % auf Reinertrag

Abb. 29: Renditeberechnung für ein vermietetes Mehrfamilien-Luxuswohnhaus

Die Sensibilität dieser Investition bezüglich der Nettorendite zeigt sich also, wenn an den zwei wichtigen „Stellschrauben" Fremdkapitalanteil und Fremdkapitalzins „gedreht" wird. Bei unverändertem Fremdkapitalzins liegt die Eigenkapitalrendite zwischen 2,96 % (bei voller Eigenfinanzierung) und 3,81 % (bei einer Fremdfinanzierungsquote von 80 %). Die Kehrseite des Leverage-Effekts auf das Ergebnis zeigt sich bei einem um 1,5 %erhöhten Fremdfinanzierungssatz von 7, 0 %. In diesem Fall sinkt die Rendite des eingesetzten Eigenkapitals von 2,96 % bei vollem Eigenkapitaleinsatz auf 0,81 % bei 80 % Fremdfinanzierung.

Ein weiterer, die Rendite beeinflussender Faktor ist das vom Investor einzubringende Engagement während der Haltedauer der Immobilie. In dieser Hinsicht ist zwischen einer sog. Arbeits- und Sorglosimmobilie zu unterscheiden. Die Arbeitsimmobilie erfordert viel Zeit und Arbeit für anstehende Renovierungsarbeiten, bietet dafür aber auf Sicht ein beträchtliches Steigerungspotenzial für die Rendite, während die Sorglosimmobilie (der typische Neubau „von der Stange" oder der bereits renovierte und sanierte Altbau) eine kaum entwicklungsfähige Rendite abwirft.

Für viele potenzielle Immobilieninvestoren stellt sich die Frage, ob Kauf oder Miete unter betriebswirtschaftlichen Aspekten die bessere Alternative ist. Eine Untersuchung von VZ Vermögenszentrum ergab, dass trotz niedriger zu erwartender Wertzuwächse bis 2020 das Eigenheim vielerorts auch in Zukunft ein geeignetes Instrument zum Vermögensaufbau und zur Alterssicherung bleibt.[6]

Von 66 untersuchten Regionen in Deutschland weisen 40 bei Häusern und 57 bei Wohnungen einen positiven Vermögenseffekt beim Käufer gegenüber dem Mieter auf.

Das Rechenmodell unterstellt den gleichen Kapitalstock mit 30 % des Kaufpreises als Eigenkapital für den Erwerber und Startkapital im Wertpapierdepot beim Mieter. Wertsteigerungen, Nebenkosten und Kapitaldienst des Käufers werden genauso berücksichtigt wie Depotrendite und Mietnebenkosten des Mieters.

Ein relatives Novum für den deutschen Immobilienmarkt stellen die „Reverse mortgages" oder Rückwärtshypotheken dar. Diese folgen dem amerikanischen Prinzip „eat your bricks" und stellen eine Alternative zum Verkauf eines Eigenheims auf Leibrente dar. Konkret wird bei einer inversen Hypothek eine lastenfreie Immobilie im Alter des Eigentümers neu beliehen, ohne dass Zins- und Tilgungsleistungen fällig werden. Der Eigentümer erhält als Gegenleistung die Auszahlung in einer Summe oder monatlich lebenslange Zahlungen. Erst bei Vertragsende, Veräußerung der Immobilie oder Tod des Eigentümers wird die umgekehrte Hypothek abgelöst.

Eine Beispielrechnung für den deutschen Markt kommt bei einem Immobilienwert von 300.000 €, einer angenommenen Wertsteigerung von 1,5 % p. a., einem Festzins von 7,0 % p. a. und einem Kundenalter bei Beginn von 70 Jahren zu einer Monatsrente von 417 €. Eine (Zusatz) Rente fürs Eigenheim, ohne dass der Eigentümer ausziehen oder verkaufen muss.[7]

Bei Entwicklung zu einem marktreifen Standardprodukt kann sich diese Hausrente zu einem zusätzlichen Instrument der Privaten Altersvorsorge anbieten. Plausibel erscheint dies vor dem Hintergrund der zunehmenden Zahl von Rentnern und Rentnerhaushalten.

4.1.5   Lebens- und Rentenversicherungen

Der wesentliche Unterschied zwischen einer Kapital bildenden Lebensversicherung auf den Todes- und Erlebensfall (der sog. gemischten Lebensversicherung) und einer Privaten Rentenversicherung reduziert sich auf das Motiv für den Abschluss derselben. Während die Lebensversicherung aus Kundensicht eine Wette *gegen* seine Kurzlebigkeit ist, stellt die Rentenversicherung eine Wette *auf* die eigene Langlebigkeit dar.

Die Lebensversicherung bietet Schutz gegen vorzeitiges Ableben und damit Absicherung für die Hinterbliebenen. Erlebt der Versicherungsnehmer bzw. die versicherte Person den vereinbarten Ablauftermin (Endalter), kann er sich diese in einer Summe auszahlen lasen und als Kapitalstock für seine Altersvorsorge heranziehen oder er kann für eine Verrentung seiner Ablaufleistung optieren.

Bei der Rentenversicherung vereinbart der Versicherungsnehmer eine garantierte lebenslange Rente. Je älter der Versicherungsnehmer zu werden glaubt, umso besser rechnet sich das „Wettgeschäft" für ihn.

In beiden Fällen delegiert der Versicherungsnehmer sein Kapitalanlagenmanagement an eine Lebensversicherungsgesellschaft. Im Prinzip stellt dies einen Vermögensverwaltungsauftrag an eine fondsähnliche Institution dar und bedeutet

- ein konservatives Anlageinstrument (wegen der Anlagevorschriften der §§ 54 und 54 a VAG in Verbindung mit der Anlagenordnung)
- mit Kapitalschutz auf die garantierte Summe und
- bedingten Steuervorteilen.

Vielfach wird bei Versicherungsprodukten übersehen, dass diese eine Kombination von zwei unterschiedlichen Finanzbedürfnissen darstellen: Versicherungsschutz bzw. Risikoabdeckung *und* Kapitalanlage. Der Kunde geht eine langfristige Verpflichtung mit relativ hohen Ausstiegskosten ein, falls er den Vertrag vorzeitig abbricht.

Die Kapitalentwicklung dieser Altersvorsorgeprodukte hängt im Wesentlichen von den erwirtschafteten Überschüssen des Anbieters (eigentlich eine nachträgliche Korrektur des bei Vertragsabschluss bewusst zu hoch kalkulierten Beitrags), die über die garantierten Auszahlsummen hinaus gehen, ab. Bei der Rentenversicherung im speziellen wird das Kapital in Abhängigkeit von der Restlebenserwartung systematisch verbraucht.

Ein laufendes Einkommen aus der gemischten Lebensversicherung gibt es nicht, sofern man von Teilauszahlungen zu bei Vertragsabschluss definierten Terminen (die aber naturgemäß zu Lasten der Kapitalbildung gehen) und der Verrentung der Gesamtablaufleistung statt Einmalauszahlung (was aber nur als Auszahlungsvariante des erwirtschafteten Kapitals zu betrachten ist) absieht.

Die Einkommenssituation in der Rentenversicherung definiert sich dahin gehend, dass die Höhe der Leibrente von der Höhe des eingesetzten Kapitals und dem Umwandlungssatz bestimmt wird. Der Umwandlungssatz ist abhängig von

- der Art der Rente: Sofortrente oder aufgeschobene Rente
- dem Bezugsalter: je höher das Bezugsalter (Alter bei Rentenbeginn), desto höher der Umwandlungssatz
- dem Geschlecht: generell niedriger bei Frauen; bei Ehepaaren stellt der Umwandlungssatz eine Kombination des Alters dar und
- der Berechnungsart des Versicherungsunternehmens: hier spielt die Verzinsung des Restkapitals eine wichtige Rolle.

Als Bandbreite für den Umwandlungssatz kann eine Spanne von 8–10 % genannt werden. Von Bedeutung ist auch der steuerliche Aspekt, da die Rente nur zum Ertragsanteil steuerpflichtig ist (vgl. Abschnitt 1.3).

Das Geschäftsmodell der Lebensversicherungswirtschaft befindet sich seit einigen Jahren in einer Umbruchsituation. Einbrüche an den Aktienmärkten ab 2001, anhaltende Niedrigzinsphase, Verschärfung aufsichtsrechtlicher Normen (z.B. Stress-Tests für Kapitalanlagen) und die Einführung des AEG zum 1.1.2005 haben die Attraktivität der Lebensversicherung in Frage gestellt. Für eine durchdachte Private Altersvorsorge, die auf den Baustein Lebensversicherung dennoch nicht verzichten will oder kann, ist es deshalb umso wichtiger, einen leistungsstarken Partner sorgfältig auszuwählen.

So hat der Branchendienst map-Report ermittelt, dass für einen Modellkunden mit einem Monatsbeitrag von 100 € und einer Einzahlungsdauer von 30 Jahren beim besten deutschern Versicherer eine Gesamtablaufleistung von 116.555 € erzielt wird, während der Branchendurchschnitt bei 92.057 € liegt und die schwächsten Anbieter lediglich 82.000 € erwirtschaften. Ähnliche Ergebnisse ergeben sich bei den prognostizierten Ablaufleistungen neu abgeschlossener Verträge. Neben der Überschussbeteiligung werden als weitere hard facts die Kosten- und Stornoquote in die Erhebung einbezogen. Ferner spielen qualitative Faktoren wie Kundenzufriedenheit und die Beschwerdequote eine Rolle für dieses Rating.

Interessant ist auch ein Ergebnis dieser Studie, wonach Versicherungsunternehmen, die an diesem Test mit vollständigen Daten teilgenommen haben, ihren Marktanteil von 1996 bis 2006 von 25 auf 29 % gesteigert haben, während sog. Verweigerer hinsichtlich der erforderlichen Daten eine Markteinbuße von 18 auf 14 % im gleichen Zeitraum erlitten haben.[8]

Der rein rechnerische Vergleich hinsichtlich der Qualität konkurrierender Versicherungsangebote ist insofern für den Normalkunden schwierig, da dieser mit den Unternehmenskennziffern im Regelfall wenig anfangen kann. Selbst wenn ihm bekannt ist, dass der Qualitätsvergleich zwischen den Anbietern nicht über die Beitragshöhe im Verhältnis zur Hauptversicherungssumme vorgenommen werden kann, würden ihn isolierte Kennziffernvergleiche zu Fehlinterpretationen verleiten. Beispielsweise kann ein Unternehmen trotz niedrigerer Kapitalanlagenrendite besser sein als ein Mitbewerber, dessen Verwaltungs- und Vertriebsaufwendungen höher liegen. Was bleibt, sind

- der „Glaube" an die versprochene Überschussentwicklung, die aber nicht garantiert werden darf
- die Urteile von Rating-Agenturen (wobei wiederum zwischen Unternehmens- Sparten- und Produkt-Rating zu unterscheiden ist) und
- Testergebnisse von Verbraucherschutzorganisationen und der Fachmedien.

Ein Beispiel für die Anpassungsfähigkeit der Lebensversicherungswirtschaft an veränderte Marktgegebenheiten liefern **Arbeitszeitkonten- bzw. Zeitwertkontenmodelle**. Diese dienen der Verkürzung der Lebensarbeitszeit, was durch die Anhebung der Regelaltersgrenze von 65 auf 67 mit Wirkung zum 1.5.2007 hohe Aktualität erfuhr. Dabei ist die Interessenlage von Arbeitgebern, die einer Überalterung ihrer Belegschaft vorbeugen möchten und Arbeitnehmern, die vielfach nicht an einer Ausweitung ihrer Lebensarbeitszeit interessiert sind, gleichförmig.

Ein Arbeitszeitkonto funktioniert wie folgt: der Arbeitnehmer zahlt in Geld oder Arbeit in ein für ihn vom Arbeitgeber eingerichtetes Arbeitszeitkonto je nach Ausgestaltung des Vertrags Gehaltsteile, Urlaubs- und Weihnachtsgeld oder geleistete Überstunden ein. Damit „bevorratet" er sich für eine spätere Freistellung von aktiver Arbeit. Gleichzeitig werden Steuern und Sozialversicherungsbeiträge gespart, da diese erst mit Auszahlung des Wertguthabens fällig werden.

Jetzt greift der versicherungstechnische Part des Produkts Arbeitszeitkonto. Wegen der gesetzlichen Vorschrift des Insolvenzsicherung dieser innerbetrieblichen Wertguthaben muss das Unternehmen eine Rückdeckung vornehmen. Findet diese im Rahmen einer Versicherungslösung statt, erhalten die eingezahlten Gelder eine Garantieverzinsung und eine laufzeitabhängige Überschussbeteiligung, die einer normalen Rentenversicherung vergleichbar ist.

Die Flexibilität dieses Produkts zeigt sich in der Möglichkeit, aus dem Guthaben auch Auszeiten während der Erwerbsphase zu finanzieren (z.B. Elterngeld ohne Abschläge oder Sabbatical). Auch die Umwandlung des Guthabens zu Beginn des Ruhestands in eine betriebliche Altersversorgung ist gegeben.

Eine weitere Abkehr vom traditionellen Geschäftsmodell der Lebensversicherer bewirken Änderungen der Garantien bei Lebens- und Rentenversicherungen. Das klassische Garantieversprechen basiert auf einem Rechnungszins, der unabhängig von der künftigen Zinsentwicklung an den Kapitalmärkten während der gesamten Vertragslaufzeit gilt. Zu diesem Garantiezins wird der jeweilige Sparanteil der bezahlten Prämie verzinst, womit die Hauptversicherungssumme bei deren Fälligkeit finanziert wird. Dies führt in der Praxis des Kapitalanlagegeschäfts zur Dominanz von festverzinslichen Wertpapieren, Schuldscheindarlehen und dgl.

Neuere Modelle mit reduzierten Garantien (bezieht sich die Garantie auf die Beitragssumme, auf eine garantierte Rente auf Basis einer Garantieverzinsung, auf eine endfällige Höchststandgarantie oder …?) erlauben es nun, einen größeren Anteil des anlagefähigen Kapitals in höher rentierliche Assets zu stecken. Die Grundidee fußt auf einem Investmentstil namens **Constant Proportion Portfolio Insurance**. Hier wird so viel in sichere Zinsprodukte einschließlich Zerobonds investiert, dass durch Zins- und Zinseszinseffekte die Garantiesumme bei Vertragsende erreicht wird. Der Überhang an Anlagekapital wird spekulativer eingesetzt, um so eine höhere Rendite zu generieren.

Ein Ergebnis dieser „neuen" Garantieprodukte ist eine Index-Police, die eine Mischung aus Rentenversicherung und Garantiezertifikat darstellt.

Eine weitere Variante bildet eine kapitalmarktnahe Rentenversicherung mit einem über dem Durchschnitt der herkömmlichen Angebote liegenden Rechnungszins, der seit 2007 bei 2,25 % liegt. Der höhere Garantiezins von beispielsweise 3,0 % wird aber nicht durchgängig, sondern erst zum Ende der Laufzeit sichergestellt. Wächst nun das Kapital in einer Periode stärker als der Garantiezinssatz an, bezieht sich die Zinsgarantie zukünftig auf diesen höheren Satz.

In ähnliche Richtung zielen fondsgebundene Garantie-Rentenversicherungen.

Insgesamt sind diese Produktentwicklungen in ihrer Tendenz ein Beleg für das Zusammenwachsen der Finanzdienstleistungsmärkte: es handelt sich um kapitalmarktnahe Versicherungsprodukte, die auf Instrumenten des Investment Banking und der Investmentfondsbranche basieren.

4.2   Vergleich der Produkte

Analysiert man die in der gängigen Beratungspraxis vorgenommenen Vergleiche verschiedener Finanzprodukte hinsichtlich ihrer Eignung zur Privaten Altersvorsorge, wird man vorwiegend auf

- eindimensionale Vergleiche, bei denen ein einziges Kriterium für die Eignung verschiedener Produkte herangezogen wird (z.B.: welches Produkt bringt die höchste Rendite?) oder
- bipolare Vergleiche zweier konkurrierender Produkte an Hand mehrerer Kriterien (z.B.: ist Produkt A besser als Produkt B, wenn es um Rendite, Wertbeständigkeit und steuerliche Aspekte geht?)

stoßen.

Eindimensionale Vergleiche sind in der Praxis deshalb beliebt, weil sie in der Erhebung relativ einfach sind, in ihrer eindeutig scheinenden Aussage plakativ sind und damit den Nachfragergeschmack treffen. Dabei werden entsprechende Verbraucherbefragungen vielfach aufgegriffen oder diesen Untersuchungen vorgeschaltet:

1. Zum Aspekt der Sicherheit verschiedener Altersvorsorgeformen dominiert die Immobilie mit einem großen Vertrauensvorsprung von 77 % vor Lebensversicherungen (33 %), Fonds (17 %) und der Gesetzlichen Rentenversicherung (15 %) im Urteil der Bürger. Auffallend sind die Ergebnisänderungen gegenüber der gleichen Befragung zwei Jahre zuvor. Während die Immobilie im Urteil um 5 Prozentpunkte zulegen konnte, hat sich die Lebensversicherung um 6, die Fondsanlage um 2 und die GRV um 7 Prozentpunkte verschlechtert.[9]

2. Befragt nach wichtigen Kriterien einer Geldanlage für die Altersvorsorge, antworteten die Bundesbürger (bei möglichen Mehrfachnennungen) wie folgt:[10]

Sicherheit	58 %
Hinterbliebenenschutz	39 %
Lebens-/Familienplanung	37 %
Erfahrung/Vertrautheit mit dem Produkt	30 %
Flexibilität	29 %
Hohe Rendite	29 %
Verfügbarkeit	26 %
Steuerliche Aspekte	25 %
Vererbbarkeit	23 %
Öffentliche Förderung	21 %
Verrentungsmöglichkeit	19 %

   Auffallend die relative niedrige Bedeutung der Rendite, die geradezu „verpönt" scheint.

Konkrete Untersuchungsergebnisse für eindimensionale Vergleichsrechnungen seien nachstehend stellvertretend für die Fülle von Publikationen genannt:

1. Ein Renditevergleich verschiedener Anlageformen über die Durchschnittsrenditen von 1970–2004 kommt auf Jahresbasis zu folgenden Ergebnissen.[11]

   Aktien (DAX)   8,31 %

Einfamilienhaus	7,38 %
Festverzinsliche	7,36 %
Gold	4,68 %
Sparbuch	4,13 %

2. Differenzierter geht eine Untersuchung von Albrecht et. al. vor, die das singuläre Thema „Rendite" nach Minimum-, Median- und Maximum-Ergebnis sowie Abstand Maximum zu Minimum behandelt, wie Abb. 30 belegt.

Rendite* 1980-1997	Lebens- versicherer	Immobilien- fonds	Renten- fonds	Aktien- Fonds
Minimum	7,34%	7,05%	8,36%	14,62%
Median	7,72%	6,96%	7,66%	12,72%
Maximum	8,12%	6,42%	6,52%	1042%
Abstand: Max/Min.	0,78%	0,63%	1,84%	4,20%

* geometrischer Durchschnitt

Abb. 30: Unterschiede in der Rendite-Performance verschiedener Anbieter[12]

3. Ein Vergleich der Krisenresistenz verschiedener Assetklassen nach Eintritt negativer Mega-Events zeigt Abb. 31. Hier wird untersucht wie sich die jeweiligen Anlageprodukte unmittelbar in drei Monaten nach einer solchen Krise entwickelt haben. Für die Wertentwicklung von Immobilen wurde die Performance offener deutscher Immobilienfonds, für Welt-Aktien der Morgan Stanley World Index, für US-Aktien der Dow Jones Industrial Average, für US-Anleihen amerikanische Staatsanleihen und für deutsche Investmentfonds ein Index für Mischfonds mit 70 % Aktienanteil und 30 % Rentenanteil gewählt.

Krise	Non Traditionell Assets 1)	Traditionell Asset Classes			
	Immobilien-Investments	Welt-Aktien	US-Aktien	US-Anleihen	Deutsche Investment-fonds 70/30
Börsencrash (1. Okt. bis 31. Dez. 1987)	5,1 %	-15,5%	-23,5%	8,6%	
Golfkrieg (1. Aug. bis 31. Okt. 1990)	5,7%	-11,3%	-15,7%	-0,7%	8,47%
Asienkrise (1. Okt. bis 31. Dez. 1997)	6,02 %	-2,4%	1,9%	4,6%	10,4%
Russlandkrise & LTCM-Krise 1. Aug. bis 30. Sept. 1998)	5,97%	-11,8%	-9,7%	5,1%	5,3%
11. September 2001 WTC	6,2%	-14,2%	-28,4%	4,9%	3,73%

1)Wertzuwachs durchschnittlich inklusive Tilgungsleistungen ohne Steuereffekt

Abb. 31: Krisenresistenz verschiedener Assetklassen[13]

Im Bereich bipolarer Vergleiche zweier Vorsorgeprodukte mittels mehrerer Kriterien kann beispielhaft auf die regelmäßig in der FAZ erscheinenden Kolumnen des Finanzanalytikers Looman verwiesen werden, der vorzugsweise Finanzprodukte an Hand von diskontierten Zahlungseingangs- und Zahlungsausgangsstromgrößen vergleicht.

Ein Dauerbrenner in diesem Wettlauf der Vorsorgeprodukte um die Gunst der Kunden und ihrer Berater ist der Vergleich zwischen Fondssparplan und Lebensversicherung.[14]

So sorgfältig und umfassend diese Produktvergleiche auch sein mögen, so wenig können sie den vielfältigen Ansprüchen einer qualifizierten und umfassenden Beratung gerecht werden. Diese wird sich auf einen Katalog von Einzelkriterien stützen, die von

- der Performance des Finanzprodukts (Rendite der Anlage auf Jahresbasis)
- über die Wertbeständigkeit (Nominalwerterhaltung oder Inflationsschutz?)
- den Risikograd des Vorsorgesparers (risikoavers bis risikoaffin)
- den steuerlichen Aspekten (hinsichtlich des laufenden Einkommens und des Veräußerungsergebnisses)
- der staatlichen Förderung bzw. Zulagen (Riester bzw. Rürup)
- dem Hartz IV-Schutz bis zur
- Krisenresistenz in der Folge von negativen Mega-Events

reichen.

Aus der Vielzahl einschlägiger Vergleichsberechnungen sei nachfolgend eine Untersuchung von Stiftung Warentest mehrerer Vorsorgeprodukte an Hand von sechs Kriterien in Form einer Punkteskala gem. Abb. 32 vorgestellt:

	Rendite	Flexi-bilität	Rente für Hinter-bliebene	Kapitalübergabe an Erben	Sicher-heit	Hartz IV
Riester-Rente	****	**	***	**	****	*****
Rürup-Rente	***	*	**	*	****	*****
Betriebl. Altersvorsorge	*** 1)	**	***	***	****	*****
Investmentfonds	*****	****	**	*****	**	*
Private Rentenversicherung	**	***	****	***	****	**

1) für gesetzlich Krankenversicherte

Abb. 32: Vorsorge-Formen im Vergleich[15]

Der Vergleich zeigt deutlich, dass beispielsweise Investmentfonds die höchsten Renditen bringen. Dafür aber muss der Vorsorgesparer Zugeständnisse beim Kriterium Sicherheit machen und im Fall einer längeren Arbeitslosigkeit verlangt der Gesetzgeber den vorzeitigen Verzehr der Fondsanlage (Hartz IV).

Zusammenfassend kann für alle Untersuchungen und Berechnungen festgestellt werden, dass *eine* optimale Anlageform, die allen Kriterien am besten genügt, nicht existent ist. Ein Vergleich mit dem Schachspiel drängt sich hier auf: mit der Dame als stärkster Figur allein kann das Spiel nicht gewonnen werden, sondern es bedarf zusätzlich des Einsatzes von Turm, Springer oder Bauer mit ihren jeweiligen besonderen Fähigkeiten.[16] Vorzüge bei einem Aspekt eines Vorsorgeprodukts müssen mit weniger günstigen Bewertungen bei anderen Kriterien „erkauft" werden. Für den Vorsorgesparer kommt es also darauf an, eine seinen Zielen, Bedürfnissen und seiner Risikoneigung bzw. -tragfähigkeit angepasste Asset-Allocation vorzunehmen. Damit bewahrheitet sich auch hier die bekannte Kapitalmarktweisheit „don't put all eggs in one basket".

Asset-Allocation bedeutet somit eine systematische Aufteilung von Anlagebeträgen auf verschiedene Assetklassen. Damit wird die Struktur des Portfolios strategisch unter Berücksichtigung der Zielsetzungen des Anlegers definiert. Diese Ziele können sich auf die Rendite vor und nach Steuern, Risiko, Liquidität, Inflationsschutz etc. beziehen.[17]

In der Praxis des Beratungsgeschäfts wird Asset-Allocation vielfach auf einfache Faustformeln reduziert. Eine solche Grundregel lautet: Hundert minus Lebensalter gleich Aktienquote. Demnach soll ein 40-jähriger Anleger 60 % seinen gesamten Vermögens in Aktien investieren, um eine hohe Rendite zu generieren; der Rest kann dann in Anleihen, Immobilienwerten, etc. angelegt werden. Diese sollen dem Portfolio wegen der erwarteten geringeren Kursschwankungen dieser Assets Stabilität verleihen.

Ein zweite Faustregel (Aktienanteil = Anlagehorizont in Jahren x 10) liefert dem Finanzplaner eine Aussage über die Höhe der Aktienquote in Abhängigkeit vom zeitlichen Anlagehorizont des Anlegers. Bei einem Planungshorizont von 6 Jahren ergibt sich ein Aktienanteil am Gesamtportfolio von 60 %.

Immobilienprotagonisten hingegen propagieren ein sog. Lebensabschnittsmodell der Immobilieninvestition: 100 minus Lebensalter gleich der Summe aller nicht immobilienspezifischen Assets, d. h. mit zunehmendem Lebensalter soll die Immobilienquote am Gesamtvermögen ansteigen.

4.3   Das Procedere im Beratungsprozess

Das typische Procedere im Prozess des Financial Planning beginnt mit der Analyse der Ist-Situation des Kunden (die vorausgegangenen Phasen der Akquisition und der Kontaktaufnahme werden hier bewusst nicht angesprochen). Ausgehend von der Person des Beratenen und dessen persönlichem Umfeld, seinen Zielen und Wünschen in privater, beruflicher und wirtschaftlicher Hinsicht wird der Status quo des Kunden bei Einkommen und Ausgaben, Vermögen und Absicherung aufgenommen.

Aus Sicht des Beraters geht es in dieser Phase der Beratung um die Frage, wie weit der Rahmen der Beratung gesteckt wird. Der Konflikt des Beratungsumfangs stellt sich polarisiert in der Gefahr, sich an der Komplexität der Materie zu verzetteln und dem Risiko, durch Financial Planning „light Version" Wesentliches zu übersehen.

Nach der Analyse wird ein Konzept erstellt, das eine individuelle, für den Kunden maßgeschneiderte Strategie beinhaltet, welche die Prioritäten des Kunden, vor allem seine Risikobereitschaft und Risikotragfähigkeit, berücksichtigt. Diese wird vom Berater dem Kunden vorgestellt und mit diesem besprochen, wobei die Detaillierung, in der die Inhalte zu vermitteln sind, zu bestimmen ist.

In der Realisationsphase erfolgt die eigentliche Umsetzung dieses Konzepts, in dem die konkreten Finanzanlageprodukte und die anbietenden Gesellschaften ausgewählt werden. Der Berater hat zu prüfen, wie die Analysedaten einer bestimmten Produktempfehlung zugeordnet werden können. Unter Beachtung der Bestimmungen der seit 2007 geltenden Vermittlerrichtlinie erfolgt die Dokumentation der Beratung.[18]

Dem schließt sich die (modellhaft) letzte Phase des Check-ups an. Durch kontinuierliche Überprüfung der Kundensituation und der Anpassung an Veränderungen im privaten, wirtschaftlichen und beruflichen Umfeld wird der Auftakt für die Fortsetzung bzw. Wiederaufnahme des Beratungsprozesses gebildet. Damit wird auch der revolvierende Charakter des Financial Planning-Ansatzes erkennbar: ähnlich wie beim Automobil der TÜV für fixe Termine sorgt und die Inspektionen flexiblen Intervallen unterliegen, soll der Prozess der Finanzberatung gewissen Zeitfenstern folgen.

Die Eignung des Financial Planning-Ansatzes für die Private Altersvorsorge wird im Folgenden an Hand der GoF gewürdigt. Die GoF sind als eingetragenes Warenzeichen der Deutschen Gesellschaft für Finanzplanung e. V. gesetzlich geschützt. Ziel der GoF ist die Sicherstellung eines Mindeststandards für Beratungsleistungen.

Die Grundsätze lauten und definieren sich im einzelnen gem. Abb. 33.

1. Vollständigkeit	Vollständigkeit bedeutet, alle Kundendaten zweckadäquat zu erfassen, zu analysieren und zu planen. Dieses beinhaltet alle Vermögensgegenstände und Verbindlichkeiten, Einnahmen und Ausgaben, die Erfassung notwendiger persönlicher Informationen und die Abbildung des persönlichen Zielsystems des Kunden.
2. Vernetzung	Vernetzung bedeutet, alle Wirkungen und Wechselwirkungen der einzelnen Daten im Bezug auf Vermögensgegenstände und Verbindlichkeiten, auf Einnahmen und Ausgaben unter Einschluss persönlicher, rechtlicher, steuerlicher und volkswirtschaftlicher Faktoren zu berücksichtigen.
3. Individualität	Individualität bedeutet, den jeweiligen Kunden mit seiner Person, seinem familiären und beruflichen Umfeld, seinen Zielen und Bedürfnissen in den Mittelpunkt der Finanzplanung zu stellen und keine Verallgemeinerungen zu diesen Punkten vorzunehmen.
4. Richtigkeit	Richtigkeit bedeutet, die Finanzplanung im Grundsatz fehlerfrei, nach dem jeweils aktuellen Gesetzgebungsstand und nach den Methoden der Finanzplanung durchzuführen. Planungen können per se nicht sicher, sondern nur plausibel sein und den Verfahren der Planungsrechnung entsprechen.
5. Verständlichkeit	Verständlichkeit bedeutet, dass die Finanzplanung einschließlich ihrer Ergebnisse so zu präsentieren ist, dass der Kunde sie verstehen und nachvollziehen kann sowie seine im Rahmen des Auftrages gestellten Fragen beantwortet erhält.
6. Dokumentationspflicht	Dokumentationspflicht bedeutet, dass die Finanzplanung einschließlich ihrer Prämissen und Ergebnisse in schriftlicher oder anderer geeigneter Form dem Kunden zur Verfügung zu stellen ist.
7. Einhaltung der Berufsgrundsätze	Einhaltung der Berufsgrundsätze bedeutet, dass ein Finanzplaner die für ihn geltenden Berufsgrundsätze – Integrität, Vertraulichkeit, Objektivität, Neutralität, Kompetenz und Professionalität – beachten muss.

Abb. 33: Grundsätze ordnungsmäßiger Finanzplanung[19]

Während die Grundsätze 1–3 auf die individuelle Situation des Kunden abstellen, geben die Grundsätze 4 und 5 die Zielsetzung vor, auf der Grundlage verständlicher Methoden Maßnahmen für künftiges Handeln zu konstruieren. Nr. 6 hält schließlich die Beratungsleistung dokumentarisch fest und Nr. 7 steht für die Frage der Berufsethik eines Financial Planners.[20]

4.4   Konkrete Konzepte der Privaten Altersvorsorge

Die Auseinandersetzung mit konkreten Konzepten des Financial Planning und der Privaten Altersvorsorge ist für den Anleger eine Notwendigkeit, weil ihm diese Beschäftigung hilft, seine eigenen Zielvorstellungen, seine Risikoneigung und Präferenzen zu erkennen. Letzteres gilt auch für die im Markt angebotenen Konzepte selbst, da diese ebenfalls zum Kunden passen müssen. Der Vorsorgesparer wird auch durch die Beschäftigung mit der Materie in die Lage versetzt, reinrassige Produktverkäufe von ganzheitlicher Vermögensberatung zu unterscheiden. Gleichzeitig entwickelt er sich dabei vom naiven, uninformierten Verbraucher zu einem aufgeklärten Gesprächspartner, der mit seinem Berater quasi auf Augenhöhe verhandelt. Erschreckender Fakt ist, dass deutsche Verbraucher durchschnittlich über 40 Stunden für den Kauf eines Automobils aufwenden, während für die Strukturierung des Altersvermögens weniger als ein Viertel dieses Zeitaufwands eingesetzt wird. Sicher gehören Finanzprodukte zu sog. Low Interest-Produkten und die Beschäftigung mit Altersvorsorge bietet nicht den gleichen Erlebniswert wie der Pkw-Kauf, doch kann dies keine Entschuldigung für diese ausgeprägte Zurückhaltung und Passivität sein.

Es verwundert auch nicht, wenn die Altersvorsorgeberatung durch unseriöse Vermittler in die Kritik gerät. Ökotest hat verschiedene Anbieter getestet und nach dem Schulnotensystem (1 = sehr gut, 6 = ungenügend) bewertet.

Abb. 34 stellt die Altersvorsorgeberatung im Fokus der Kritik dar:

	Unabhängige Finanzvertriebe	Verbraucher-zentralen	Versicherungen	Banken
Bester Test	2,0	2,25	2,5	2,5
Notendurchschnitt	3,71	3,61	4,14	4,34
Schlechtester Test	6,0	6,0	6,0	6,0

Abb. 34: Altersvorsorgeberatung im Fokus der Kritik[21]

4.4.1   Die Lebensstandard-Methode

Nach der Lebensstandard-Methode ist es relativ unwichtig, Inflationsentwicklung, Rendite der PAV-Produkte und Produktivitätsforschritt in der Wirtschaft exakt zu prognostizieren. Ebenfalls braucht der Vorsorgesparer nicht zu wissen, wie viel Geld er in 30 oder 40 Jahren zur Finanzierung seines Ruhestands benötigt.[22]

Aber zu entscheiden ist, welchen Lebensstandard man im Alter haben möchte: will man sein Ausgabenniveau halten oder muss man sich einschränken? Auch die GRV arbeitet nach diesem System: sie verspricht keine absolute Summe, sondern ein Versorgungsniveau im Verhältnis zu einem bestimmten Lebensstandard, an dessen Steigerung der Rentner automatisch prozentual teilnimmt.

Wer unter diesen Annahmen nach einem Jahr des Vorsorgesparens feststellt, dass er „falsche" Prämissen und Zahlen gewählt hat, passt diese einfach an. Durch Veränderung der persönlichen Sparquote wird der „Fehler" sofort kompensiert. Damit kann in der Ansparphase zwar nichts passieren, aber in der Entspar- oder Verbrauchsphase, wenn sich die Determinanten ändern. Dieses Restrisiko besteht in der Veränderung des Wohlstandswachstums. Wenn die tatsächliche Produktivität der Wirtschaft im Alter des Vorsorgesparers (also in seiner Entsparphase) größer als die zuvor prognostizierte ist, zieht die nachfolgende Generation (die sich in der Ansparphase befindet) bezüglich des Lebensstandards davon.

Die PAV endet mit dem Verbrauch des Vermögens, egal wie alt der Rentner ist.

4.4.2 Die Private Bilanzierung

Diese professionelle Form der Vermögensplanung für die Altersvorsorge

- identifiziert zukünftige Verpflichtungen und
- baut entsprechende Vermögenswerte zu ihrer Finanzierung auf.

Für die Übersichtlichkeit wird die Privatbilanz formal und funktionell in die Teilbereiche „Ist-Bilanz" und „Plan-Bilanz" gegliedert:[23]

- Ist-Bilanz dient der Dokumentation: bestehendes Vermögen und bestehende Verbindlichkeiten werden erfasst und bewertet
- Plan-Bilanz dient der Kontrolle: ein laufender Soll-Ist-Vergleich wird möglich. Schwachstellen im Vermögen hinsichtlich Höhe und Fristigkeiten werden identifiziert.

Die *Aktivseite* der Privatbilanz gliedert sich nach dem Verwendungszweck der einzelnen Vermögensgegenstände:

- eine Liquiditätsreserve für ungeplante und unvorhersehbare Ausgaben
- ein reserviertes Vermögen bzw. Finanzvermögen für geplante Privatinvestitionen (z.B. Modernisierung und Umbau einer Immobilie, Ersatz langlebiger Gebrauchsgüter wie Auto und Einrichtung, Anschaffung von Luxusgütern) und beabsichtigte Zahlungen (z.B. Ausbildung der Kinder, Erbauseinandersetzungen, Erbschaftsteuer und beabsichtigte Extras wie Weltreise, etc.)
- das Immobilienvermögen: hierzu zählt nur die selbst genutzte Immobilie (Ausdruck der Lebensqualität); fremd vermietete Immobilie und Immobilienfonds sowie andere indirekte Immobilienanlagen zählen zum Altersvermögen oder freien Vermögen
- das Altersvermögen dient der Lebensstandardsicherung im Alter: die Versorgungsbezüge aus anderen Quellen (GRV und BAV) werden ergänzt
- das freie Vermögen ist nicht in den bisher definierten Verwendungszwecken zugeordnet. Häufig wird es auf die nachkommende Generation übertragen.

Die *Passivseite* der Privatbilanz enthält die Verbindlichkeiten, die den inhaltlich entsprechenden Vermögenspositionen zugeordnet werden.

Aus der Differenz der jeweiligen Aktiva und Passiva erhält man das Nettovermögen pro Vermögenssegment: z.B. steht eine Kontoüberziehung der Liquiditätsreserve gegenüber und der Restsaldo aus einer Baufinanzierung ist die Gegenposition zum Immobilienvermögen.

Das Altersvermögen ist i. d. R. schuldenfrei (Ausnahmen: die beliehene Lebensversicherungspolice oder die Finanzierung der vermieteten Eigentumswohnung).

Vorhandenes Gebrauchsvermögen (Kfz, Mobiliar, Sammlungen) wird nicht bilanziert; die Wiederbeschaffungsaufwendungen sind beim reservierten Vermögen bereits berücksichtigt.

Nach Feststellung der Ist-Bilanz (Bruttovermögen ./. Verbindlichkeiten = Nettovermögen) werden in der sich anschließenden Plan-Bilanz Zielwerte (Soll-Vermögen) festgelegt. Diese sind innerhalb eines jeden Vermögenssegments die Beträge, die für die Erreichung der definierten Ziele zum Zielzeitpunkt notwendig sind. Im Bereich des Altersvermögens kann dies der Altersrentenbarwert sein.

Von diesem so ermittelten Soll-Vermögen wird das Nettovermögen (übernommen aus der Ist-Bilanz) abgezogen; der Saldo sind die Verbindlichkeiten.

Diese Verbindlichkeiten stehen für die *Vermögenslücke,* die

- aus feststehenden Verpflichtungen gegenüber Externen und
- aus der Deckung des zukünftigen Finanzbedarfs zur Bewahrung des zukünftigen Lebensstandards

resultiert. Die Versorgungslücke ist durch Eigenkapital (Ansparvorgänge und Erbschaften) zu schließen.

Die Plan-Bilanz enthält bei jeder Position auch den Termin, an dem das Ziel zu erreichen ist. Die Darstellung erfolgt nach Fristigkeiten.

Zwischenfazit:

Das Konzept der Privatbilanz basiert auf unterschiedlichen Planrenditen für die einzelnen Vermögenssegmente mit unterschiedlichen Zeithorizonten (z.B. kann eine Lücke beim reservierten Vermögen für drei Jahre nicht mit einer Planrendite von 6 % geschlossen werden, wohl aber beim Altersvermögen mit einem Planungshorizont von 30 Jahren).

Die Summe der „vermögensnotwendigen Ausgaben" pro Periode muss nun nachhaltig durch Einnahmen erwirtschaftet werden, die nicht für den laufenden Konsum bestimmt sind („vermögensbedingte Einnahmen"). Anschließend ist die Entwicklung von Anlagestrategien vorzunehmen.

Eine mindestens jährliche Anpassung von Ist- und Plan-Bilanz ist im Interesse einer Kontrolle vorzunehmen. Eine Simulation der Handlungsalternativen wird ermöglicht.

Beispiel einer Privaten Bilanzierung

1.   Ist-Bilanz (€)

	Bruttovermögen	Verbindlichkeiten	Nettovermögen
Liquidität	10.000	5.000	5.000
Reserviertes Vermögen	20.000	0	20.000
Immobilien	200.000	150.000	50.000
Altersvermögen	100.000	0	100.000
Freies Vermögen	0	0	0
Summe	330.000	155.000	175.000

2. Plan-Bilanz (€)

	Soll-Vermögen	Netto-Vermögen	Verbindlichkeiten
Liquidität	10.000	5.000	5.000
Reserviertes Vermögen	30.000	20.000	10.000
Immobilien	200.000	50.000	150.000
Altersvermögen	720.000	100.000	620.000
Freies Vermögen	0	0	0
Summe	960.000	175.000	785.000

3. Plan-Bilanz und Annuitäten

	Planjahre	Vermögensnotwendige Ausgaben p. a.(€)
Liquidität	1	5.000
Reserviertes Vermögen	3	2.800
Immobilien	31	9.750
Altersvermögen	30	10.581
Freies Vermögen	-	0
Summe		28.131

4.4.3 Der mentalitätsorientierte Ansatz

Dieses nachfolgend skizzierte Konzept für den Aufbau einer Privaten Altersversorgung stammt vom VZ Vermögenszentrum, einem gesellschaftsunabhängigen Finanzdienstleister mit schweizerischen Wurzeln. Es wird vom Autor als mentalitätsorientiert bezeichnet, um die konzeptionell berücksichtigte mentale Grundausrichtung des Anlegers zu verdeutlichen. Entsprechend der Mentalstruktur des Vorsorgesparers erfolgt der Vermögensaufbau in dazu passenden Assetklassen mit unterschiedlichen Rendite-Risiko-Konstellationen.

Der in den nachstehenden Strategien zu deckende jährliche Einkommensbedarf (der erforderliche Beitrag der Privaten Altersvorsorgemaßnahmen auf Grund einer vorgenommenen Budgetplanung unter Berücksichtigung aller sonstigen Alterseinkünfte und aller zu finanzierenden Ausgaben) liegt einheitlich bei 50.000 €; lediglich bei der Kapitaldeckungsstrategie, die auf höhere Bedarfssituationen abzielt, wird im abschließenden Schritt ein Bedarf von 100.000 € unterstellt.

Sodann ergeben sich auf Grund der vier modellhaft gebildeten Mentalstrukturen vier Einkommensstrategien zur finanziellen Sicherung des Rentenalters:[24]

- Die „Tante-Emma"-Strategie:
  Dieser Anleger kennt sich bei Finanzthemen nicht aus. Sein kapitalisierter Einkommensbedarf wird in eine Leibrente investiert; der Überhang in eine konservative Anlagestrategie.

  Die Einkommensherleitung der „Tante-Emma"-Strategie ergibt sich aus folgender Tabelle:

	20 %	30 %	40 %
Männer 55 Jahre	13,9	14,5	15,2
Männer 60 Jahre	12,5	12,9	13,4
Männer 65 Jahre	10,8	11,2	11,5
Frauen 55 Jahre	15,2	15,9	16,6
Frauen 60 Jahre	13,9	14,4	14,9
Frauen 65 Jahre	12,4	12,8	13,1

Ein Lesebeispiel hierzu: „Er", 60 Jahre mit einem Steuersatz von 30 %, benötigt 50.000 € p. a. als lebenslange Rente. Als Kapitalisierungsfaktor ausgedrückt bedeutet dies 12,9. Das einzusetzende Kapital beträgt somit 50.000 x 12,9 = 645.000 €

- Die Bauernstrategie:
  Der Einkommensbedarf wird dominant durch Zinsen und Mieteinnahmen gedeckt; ein vorhandener, nicht zur Einkommenssicherung benötigter Rest wird vorzugsweise in Aktien angelegt.

  Die Einkommensherleitung der Bauernstrategie ist nachstehender Tabelle zu entnehmen:

Rendite-erwartung (brutto)	Durchschnittssteuerbelastung		
	20 %	30 %	40 %
6 %	20,8	23,8	27,8
5 %	25,0	28,6	33,3
4 %	31,3	35,7	41,7
3 %	41,7	47,6	55,6

Ein Lesebeispiel hierzu: Bei 5 % Bruttorendite und 30 % Steuersatz der Anlage in Rententiteln und Immobilien ist ein Investment von 28,6 x 50.000 € (das geplante Rentenkapital p. a.) = 1.430.000 € erforderlich. 28,6 ist hier der konkrete Kapitalisierungsfaktor.

- Die Etappenstrategie:
  Es wird ein Einkommensbedarf von (beispielsweise) 10 Jahren (die Etappe) berechnet, der aus der Substanz verbraucht wird. Hierzu wird das Vermögen in zwei Portfolios, das Verbrauchs- und das Wachstumsdepot aufgeteilt. Beide haben unterschiedliche Renditen: das liquiditätsnähere Verbrauchsdepot besteht aus Geldmarkttiteln und Bankeinlagen, während das Wachstumsdepot schwergewichtig Aktien und Festverzinsliche enthält. Die Renditen in den Einzeldepots bestimmen den Anteil des Wachstumsdepots am Gesamtvermögen.

Die Einkommensherleitung der Etappen-Strategie ergibt sich wie folgt:

Rendite Ver-brauchsdepot:	Rendite Wachstumsdepot:		
	4 % p. a.	6 % p. a.	8 % p. a.
2 % p. a.	28,2	20,8	17,1
3 % p. a.	27,1	19,9	16,4
4 % p. a.	26,0	19,1	15,7
Anteil Wachs-tumsdepot am Gesamtdepot	68 %	56 %	46 %

Ein Lesebeispiel hierzu: Bei einem Einkommensbedarf von 50.000 € p. a. ist der notwendige Kapitalstock (für eine 10-Jahresetappe) bei einer Rendite des Verbrauchsdepots von 3 % und einer Rendite des Wachstumsdepots von 6 % 50.000 € x 19,9 = 995.000 €.

- Die Kapitaldeckungsstrategie:
  Der Bedarf des Ruheständlers wird aus Erträgen gedeckt; das Vermögen selbst bleibt für die Erben erhalten. Um diese komplexe Strategie zu verstehen, sind einige kapitaltheoretische Voraussetzungen erforderlich:

Ein bestimmter Vermögensabfluss (Einkommen bzw. Rente) ist aus einem bestimmten Kapitalfluss sicherzustellen – gleichzeitig ist eine möglichst hohe Rendite des Kapitals zu erwirtschaften. Das Anlagemanagement wird damit zum Risikomanagement (Kapitalerhalt); eine Aufteilung der Assets in Risikoklassen ist erforderlich (welches Risiko kann sich der Anleger „leisten"?). Der errechnete Kapitaldeckungsgrad ist dabei die Sicherheitslinie, die nicht unterschritten werden darf, um das Kapital verfügbar zu haben, damit bei einem gegebenen Einkommensbedarf diese Kapital bis ans Lebensende garantiert ausreichen wird.

Sicherheitshalber wird das Lebensende an der statistischen Lebenserwartung zuzüglich einer Sicherheitsreserve von 5 Jahren fixiert und eine Nullverzinsung des Kapitals unterstellt. Dies ist infofern wichtig, weil auch der Substanzverbrauch in den Anfängen der „Rentenphase" berücksichtigt werden muss. Je tiefer der Floor liegt, desto mehr Risiken dürfen eingegangen werden bzw. höhere Schwankungen der Vermögenswerte sind zulässig.

Die Schwankungshöhe wird nun aus statistischen Vergangenheitszahlen, gemessen als Standardabweichung σ für die

+ Risikoklasse 3 (Aktien) mit 17 %,

+ Risikoklasse 2 (riskantere Anleihen und Immobilien) mit 8 % und

+ Risikoklasse 3 (Ia-Euro-Anleihen) mit 5 % abgeleitet.

Das Renditeziel μ wird für Risikoklasse 3 mit 9 %, Klasse 2 mit 6,5 % und für Klasse 1 mit 5 % angenommen.

Die Standardabweichung erfasst nur 68 % aller Ausschläge. Um eine statistische Wahrscheinlichkeit von 95 % zu erhalten, müssten die σ-Beträge verdoppelt werden. Die finanzmathematisch mögliche Negativrendite in Risikoklasse 3 liegt beispielsweise bei ./. 25 % (Renditeerwartung 9 % ./. 2x 17 % = ./. 25 %). Daraus ergibt sich ein Floor von < 75 %, damit eine reine Aktienstrategie (100 % des Vermögens in Klasse 3) vertretbar wäre. Eine Allokation von 50 % in Klasse 3, 20 % in Klasse 2 und 30 % in Klasse 1 würde dagegen zu einem Extremausschlag von ./. 15,9 führen.

Die Einkommensherleitung der Kapitaldeckungsstrategie erfolgt in mehreren Schritten. Zuerst wird der Kapitalisierungsfaktor für einen bestimmten Einkommensbedarf in Abhängigkeit des Renteneintrittsalters ermittelt:

Alter	Männer	Frauen
55	27,4	32,3
60	23,5	25,9
65	19,9	23,7
70	16,8	19,7

Lesebeispiel: „Er", 60 Jahre alt, hat einen Einkommensbedarf von 50.000 €, dies ergibt ein notwendiges Kapital von 1.175.000 € (50.000 € x 23,5 Kapitalisierungsfaktor), der sog. Sicherheitslinie. Bei einem angenommenen vorhandenen Vermögen von 1.500.000 € liegt der Kapitaldeckungsgrad dann bei 78 %.

Im zweiten Schritt wird die Anlagestrategie in Abhängigkeit vom Kapitaldeckungsgrad bestimmt:

Risiko-klasse	Rendite-ziel [1]	Risikoer-wartung [2]	Extrem-ausschlag [3]	Gewichtung alternativer Anlagestrategien		
				defen-siv	ausge-wogen	offen-siv
3	9,0 %	17 %	./. 25 %	10 %	50 %	80 %
2	6,5 %	8 %	./. 9,5 %	20 %	20 %	20 %
1	5,0 %	5 %	./. 5 %	70 %	30 %	0 %

Extremausschläge der
jeweiligen Anlagestrategie: ⇓ ⇓ ⇓

./. 7,9% ./. 15,9% ./. 21,9%

→ maximal zulässige Wertminderung ./. 22 %

Legende:

1) langfristig zu erwartende Durchschnittsrendite p. a.
2) langfristig zu erwartendes Durchschnittsrisiko p. a. (einfaches σ)
3) „worst case"-Renditeschwankung p. a. (doppeltes σ)

Im dritten Schritt erfolgt die eigentliche Einkommensherleitung am Beispiel einer ausgewogenen Anlagestrategie. Die Zielrendite bzw. Performance wird dabei noch nach Kursgewinnen bzw. Dividenden- und Zinserträgen differenziert:

Risiko-klasse	Gewichtung Risiko-klasse	Anlage-betrag in €	Renditeerwartung in %		Wertentwicklung in T€		
			Kurs-gewinn	Div./Zins	Kurs-gewinn	Div./Zins	Div./Zins netto
3	50 %	1,5 Mio.	7 %	2 %	105	30	21
2	20 %	0,6 Mio.	0 %	6,5 %	0	39	27,3
1	30 %	0,9 Mio.	0 %	5 %	0	45	31,5
$\sum$	100 %	3,0 Mio.	3,5 %	3,8 %	105	114	79,8

Bei einem angenommenen Einkommensbedarf von 100.000 € entstünde eine Einkommenslücke von ./. 20.200 € bzw. 0,7 % des Kapitals, die aus dem Kapital zu decken wäre. Beim Nettoertrag wird von einem Steuersatz von 30 % ausgegangen.

Für eine abschließende Würdigung des mentalitätsorientierten Ansatzes erfolgt zunächst eine tabellarische Gegenüberstellung der vier Strategien:

	Tante-Emma-Strategie	Bauern-strategie	Etappen-Strategie	Kapitaldeckungs-strategie
Einkommen	50.000 €	50.000€	50.000 €	50.000 €
Kapitalisierungsfaktor	12,9	28,6	19,9	23,5
Benötigtes Kapital	1.290.000 €	2.860.000 €	1.990.000 €	3.000.000 €
Gesamtes Vermögen	3.000.000 €	3.000.000 €	3.000.000 €	3.000.000 €
Freier Vermögensanteil	1.710.000 €	140.000 €	1.010.000 €	-.-
davon angelegt in	Defensives Depot	Aktien	Ausgewogenes Depot	-.-
zu Nettorendite	4,0 % p. a.	8,4 % p. a.	5,5 % p. a.	-.-
Gesamtvermögen nach 10 Jahren	-.-*	2.860.000 €	1.990.000 €	3.955.000 €

* nur in Form des ständig abnehmenden Rückkaufswertes bis ca. Alter 78

Bestes Ergebnis liefert die Kapitaldeckungsstrategie, da diese den Spielraum für eine offensive Anlagestrategie am konsequentesten ausnützt. Die Etappenstrategie liegt trotz höherer Sicherheit nur knapp dahinter, da sie (bei der in 2008 noch gegebenen Einkommensteuersituation) die Steuervorteile optimal abschöpft. Dies ist gleichzeitig eine Erklärung für die Schwachstelle der Bauernstrategie mit ihren voll steuerpflichtigen Erträgen. „Tante Emma" kommt wegen ihres hohen Sicherheitsanspruchs auf das niedrigste Gesamtvermögen.

Die Vor- und Nachteile der einzelnen Strategien lassen sich wie nachstehend zusammenfassen:

	Vorteile	Nachteile
Tante-Emma-Strategie	+ hohe Sicherheit + lebenslang garantiertes Einkommen + geringer Kapitaleinsatz	- vollständiger Kapitalverbrauch zur Einkommenssicherstellung - geringe Rendite - Nachteile für Erben
Bauern-strategie	+ hohe Sicherheit + ausreichende Reserven	- großer Kapitaleinsatz - Einkommen steuerpflichtig
Etappen-Strategie	+ Optimierung der Steuerbelastung + hohe Flexibilität in der Einkommenssicherung	- anspruchsvolle Planung - Experten-Know-how erforderlich
Kapitaldeckungs-strategie	+ maximale Risikotrag-fähigkeit wird ausgeschöpft + konsequente Umsetzung finanzwissenschaftlicher Erkenntnisse + langfristig höchste Rendite	- nur für erfahrene Anleger - großer Kapitaleinsatz

4.4.3   Das 3-Stufen-Modell zur Schließung der Versorgungslücke

In Stufe 1 dieser Strategie gilt es, die tatsächliche Versorgungslücke des Altersvorsorgesparers festzustellen. Dazu muss eine Annahme über die Rendite des Versorgungskapitals und eine Entscheidung über die Frage, ob Kapitalerhalt oder Kapitalverzehr geplant ist, getroffen werden. Daneben sind Annahmen über die Geldentwertung und die steuerliche Situation festzulegen.[25]

In den folgenden Beispielrechnungen wird davon ausgegangen, dass die Inflation 2 % p. a. beträgt und die Rendite des Versorgungskapitals brutto 7 % p. a. Die Performance resultiert aus einem Aktiendepot mit durchschnittlichen Wertzuwächsen von 5 % p. a. und einer Dividendenrendite von 2 % p. a. Dann beträgt die reale Nettorendite (d. h. nach Abzug der Inflation und bereinigt um die (noch geltende) steuerliche Belastung 4,75 % p. a. (7 % Bruttorendite ./. 2 % Inflation ./.0,25 % Steuerbelastung).

Der Steuereffekt ergibt sich aus 0 % Belastung der Kursgewinne aufgrund der Unterstellung, dass die Aktien länger als 12 Monate im Depot gehalten werden und einem Abzug von 25 % Kapitalertragsteuer auf die Bruttodividende nach dem Halbeinkünfteverfahren.

Die ab 2009 geltende Abgeltungsteuer geht nach dem aktuellen Stand des Gesetzgebungsverfahrens von einer durchgängigen Belastung von Veräußerungsgewinnen und Dividenden- bzw. Zinserträgen von 25 % aus, so dass die Berechnungen entsprechend zu variieren sind.

Für die weitere Vorgehensweise wird somit von einer realen Nettorendite und einer Versorgungslücke von 12.000 € p. a. bzw. 1.000 € monatlich ausgegangen.

Die zweite Stufe geht der Frage nach, welches Versorgungskapital notwendig ist, um diese festgestellte Versorgungslücke zu schließen. Die Antwort steht wiederum unter der Prämisse, ob Kapitalerhalt oder Kapitalverzehr gewünscht wird.

Bei Kapitalerhalt errechnet sich die Höhe des Versorgungskapitals als Quotient aus Versorgungslücke (Jahresbetrag) zur Rendite des Versorgungskapitals. In unserem Beispiel beläuft sich das Versorgungskapital auf

$$\frac{12.000\,€}{0,0475} = 252.631\,€.$$

Für die Prämisse Kapitalverzehr ist das Versorgungskapital das Produkt aus Versorgungskapital und Diskontierungssummenfaktor bzw. der Quotient aus Versorgungslücke zu Kapitalwiedergewinnungsfaktor. Übertragen auf unser Zahlenbeispiel ergibt sich in Abhängigkeit von Anlagezins (4,75 %) und einer geplanten Rentenbezugsdauer von

*   20 Jahren: 12.000 € x 12,730669 = 152.768 € bzw. $\frac{12.000\,€}{0,078550} = 152.768\,€$ und

*   30 Jahren: 12.000 € x 15,820418 = 189.845 € bzw. $\frac{12.000\,€}{0,063209} = 189.845\,€.$

Schließlich folgt im dritten Schritt die Feststellung der notwendigen Ersparnisbildung zur Sicherung des notwendigen Versorgungskapitals, nachdem in der 1. Stufe die Versorgungslücke festgestellt und in Stufe 2 die Höhe des erforderlichen Versorgungskapitals zum Ruhestandsbeginn fixiert wurde.

Die Ersparnishöhe zum Aufbau des Versorgungskapitals hängt ab von der Anlagedauer (Zeitraum bis zum Erreichen des Rentenalters) und von der realisierbaren Anlagerendite. Der in Stufe 2 berechnete Betrag des notwendigen Versorgungskapitals wird nach dem sog. Endwertfaktor bei gegebenem Anlagezins aufgelöst (bzw. mit dem Restwertverteilungsfaktor multipliziert):

Versorgungskapital : Endwertfaktor = Sparbeitrag p. a.

→ Sparbeitrag pro Monat = Sparbeitrag p. a. : 12

Für unser Beispiel ergibt sich für

- 20 Jahre Ansparzeit: 152.768 € : 32,205636 = 4.735E bzw. 395 €
- 30 Jahre Ansparzeit: 189.845 € : 63,655936 = 2.982 € bzw. 248 €.

Zwei Varianten für die Ansparzeitdauer bei einem gleich bleibenden Versorgungskapital von 189.845 € zeigen die immense Wirkung des Zinseszinseffekts auf den Vorsorgeaufwand auf:

- kann das Versorgungskapital in 40 Jahren angespart werden, reduziert sich der monatliche Sparbeitrag auf 139 € (189.845 € : 113,678406 = 1.670 € bzw. 139 €) und
- muss das Versorgungskapital in 20 Jahren angespart werden, steigt der monatliche Sparbeitrag auf 491 € (189.845 € : 32.205635 = 5.895 € bzw. 491 €). Die Kürzung des Zeitraums um ein Drittel führt nahezu zu einer Verdoppelung des monatlichen Sparaufwands!

Zum Verständnis dieser Berechnungen zwei abschließende Anmerkungen:

1. Ansparzeitraum und Rentenbezugsdauer müssen nicht identisch sein.

2. Mathematisch genauer wäre es, den Sparbetrag pro Monat zu berechnen. Dieser ist der Quotient aus

$$\text{Versorgungskapital} \times z : [(1 + z)^{1 : m} ./. 1]$$

mit z = Monatszins der jährlichen Anlagerendite auf die Sparbeiträge und

m = Anzahl der Monate bis zum geplanten Rentenbeginn.

Neben dieser grundlegenden Möglichkeit zur Berechnung und Schließung einer Versorgungslücke für den Ruhestand in den drei aufgezeigten Schritten kann ein weiteres Thema eine Rolle spielen, das im folgenden als „Luxus"problem bezeichnet wird.

Die Ausgangslage liefert ein Anleger, der seine Private Altersvorsorge finanziell bereits vor Jahren gelöst hat und der jetzt über einen vorgezogenen Ruhestand nachdenkt. Die bisherigen Planungen waren auf das 65. Lebensjahr abgestellt; nun möchte er bereits mit 62 Jahren in den Ruhestand treten. Dabei sind zwei Aspekte zu berücksichtigen:

1. Die Leistungen aus der GRV kürzen sich pro Monat vorgezogenem Ruhestand um 0,3 % gegenüber der planmäßigen Rente. Und zwar nicht nur für diese drei Jahre, sondern für die lebenslangen Leistungen aus der GRV.
   Angenommen, dieser Anleger erwartet aus der GRV planmäßig eine Monatsrente von 1.000 €, bedeutet dies eine jährliche „neue" Versorgungslücke von 1.296 € (36 Monate x 0,3 % = 10,8 % aus 12.000 € planmäßiger Jahresrente) oder monatlich 108 €.

2. Die ursprünglich geschlossene Versorgungslücke durch Maßnahmen im Bereich der Privaten Altersvorsorge wird erneut „aufgerissen", weil sich die Anlagedauer um diese drei Jahre verkürzt. Damit wird auch die Wirkung des Zinseszinseffekts beeinträchtigt.

Angenommen, dieser Vorsorgesparer hat seine PAV als 40-Jähriger begonnen und auf das 65. Lebensjahr abgestellt. Hieraus erwartet er bei einem durchschnittlichen Anlagezins von netto 4,75 % und Kapitalverzehr in 25 Jahren eine Privatrente von monatlich ebenfalls 1.000 €, dann sieht seine Rechnung wie folgt aus:

1. Private Rente:
    Dividiert man das ursprünglich geplante Versorgungskapital durch den Endwertfaktor
    mit n= 25 Jahren, ergibt sich eine private Rente von 12.000 € p. a. Dieser Betrag wird
    geringer, weil in der „neuen" Rechnung nun dieses errechnete Versorgungskapital nach
    dem Endwertfaktor für n = 22 Jahren aufzulösen ist.
    Anders ausgedrückt:
    12.000 € Rente in 25 Jahren Ansparzeit bedeuten 173.447 € Versorgungskapital und
    damit 3.761 € p. a. Ansparbeitrag oder monatlich 314 €. Um das gleiche Versorgungs-
    kapital in 22 Jahren zu erreichen, muss der Ansparbeitrag auf 4.639 € p. a. oder monat-
    lich 386 € steigen; ein Mehraufwand von monatlich 72 €.
    Diese Überlegung ist rein hypothetisch, weil nicht für 22 Jahre „rückwärts" angespart
    werden kann. Sie zeigt aber eindringlich den hohen Bedarf an zusätzlichen privaten Vor-
    sorgemaßnahmen auf.
2. Die neue Versorgungslücke in der GRV von 1.296 € für eine Rentenlaufzeit von nun-
    mehr 28 Jahren bedeutet zusätzlich 19.843 € Versorgungskapital, das in drei Jahren
    aufgebaut werden soll:
    19.843 € : Endwertfaktor (beim Zins von 4,75 % und einer Anlagedauer von drei Jah-
    ren) bedeuten eine Sparrate von 6.309 € p. a. oder 525 € monatlich.

4.5   Abschließende Würdigung der Konzepte

Die Lebensstandard-Methode bietet den Vorzug, auf exakte Prognosen verzichten zu können. Dies mag Personen ansprechen, die eine grundsätzliche Skepsis gegenüber Prognosen
und Hochrechnungen wirtschaftlicher Daten habe. Allerdings verleitet diese Methode den
Vorsorgesparer zu einer gewissen Sorglosigkeit („Wenn ich diese Korrektur durch einfache
Anpassung meiner persönlichen Sparquote sowieso ändern muss, dann schiebe ich diese
Korrektur noch mal um ein Jahr auf. Diesmal passt es mir aus anderen Gründen gerade
nicht!"). Die Folge kann also sein, dass sich mit der Zeit ein derart hoher Korrekturbedarf
aufbaut, der für den Sparer schließlich nicht mehr finanzierbar wird.

Die Private Bilanzierung kann zum Ausgangspunkt einer grundlegenden Altersvorsorgepla-
nung werden. Viele Anleger beklagen sich über die Qualität der Finanzberatung: zu schnell
können die Empfehlungen des Beraters in Richtung eines konkreten Produktes gehen und zu
wenige Berater beziehen das gesamte Vermögen in die Analyse ein. Um dem abzuhelfen, ist
eine nüchterne Auflistung vorhandener und zukünftig erwarteter Vermögenswerte abzüglich
der Verbindlichkeiten erforderlich.

Looman ergänzt die in Abschnitt 4.4.2 vorgestellten Bilanzierungsansätze um die Positionen
Arbeitskraft (Humanvermögen des Sparers), Versorgungsansprüche und Lebenshaltungskos-
ten. Dies mit dem Hinweis, dass Einkommen, Rente und Konsum für viele Menschen keine
Vermögenswerte darstellen und aus diesem Grund in der Kalkulation unberücksichtigt blei-
ben. Die Konsequenz hieraus sind lückenhafte Bilanzen, die zu Fehlentscheidungen in der
Privaten Altersvorsorge führen.[26]

Dies wird an folgendem Beispiel erkennbar: ein 60-Jähriger mit einem Rentenanspruch von
2.500 € pro Monat hat über diesen Anspruch ein bilanzierungsfähiges Vermögen von
479.000 €. Prämisse hierfür ist eine Lebenserwartung von weiteren 25 Jahren und eine Abzinsung der zukünftigen Rentenansprüche auf die Gegenwart mit 4 %. Kennt dieser An-

spruchsberechtigte die finanzmathematischen Zusammenhänge nicht, wird er dieses Ergebnis von 479.000 € mit 4 % multiplizieren und kommt dadurch zu jährlichen Zinsen über 19.160 € bzw. 1597 € monatlich. Dies hieße in der Hochrechnung, dass für 2.500 € Monatsrente ein Kapital von 750.000 € notwendig wäre.

Die Auflösung dieses vermeintlichen Widerspruchs liegt in der Unterstellung des Kapitalverzehrs bei der Abzinsung laufender Zahlungen. Bei der falschen Rechnung wird nur mit Zinsen gerechnet, was bedeutet, dass am Lebensende des Sparers das Kapital mit 750.000 € noch vollständig verfügbar ist. Dies trifft auf Renten und Pensionen aber nicht zu, so dass der korrekte Wert im Rahmen der Privatbilanzierung 479.000 € beträgt.

Der mentalitätsorientierte Ansatz wurde im Rahmen der Gegenüberstellung der vier Einzelstrategien bereits gewürdigt. Ein Vorzug dieses Ansatzes besteht darin, eine Kundensegmentierung nach vier idealtypischen oder stereotypischen Mentalstrukturen des Anlegers vorzunehmen und darauf aufbauend das Altersvorsorgeproblem anzugehen. Bei der Etappen- und Kapitaldeckungsstrategie geht darüber hinaus ein hoher Disziplinierungszwang für den Sparer aus, die Umsetzung des Konzepts fortlaufend zu begleiten.

Das Drei-Stufen-Modell ist im Handling ähnlich einfach wie das Lebensstandard-Modell. Während letzteres den Akzent auf die erforderliche Sparquote legt, um im Ruhestand ein auskömmliches Alterseinkommen zu halten, wird beim Drei-Stufen-Modell die Rechnung von der umgekehrten Seite aus angegangen: auf der Basis einer festgestellten Versorgungslücke im Alter wird das Kapital berechnet, das zur Schließung dieser Lücke notwendig ist, bevor im letzten Schritt der zum Kapitalaufbau zu leistende Sparbeitrag berechnet wird.

Einige Grundüberlegungen, die unabhängig vom Einsatz einer konkreten Strategie für den Aufbau einer Privaten Altersversorgung angewandt werden können, seien zum Abschluss dieses Abschnitts im Sinne pragmatischer Anlageregeln vorgestellt:

1. Der richtige Zeitpunkt zum Start in die private Altersvorsorge ist *jetzt* und *sofort*! Jede Verzögerung bzw. Beginnverlegung verkürzt die Anlagedauer und erhöht somit den laufend erforderlichen Sparbeitrag. Darüber hinaus ist die Wirkung des Zinses-Zins-Effekts zu berücksichtigen:

2. Ein Anleger, der monatlich 250 € bei einer Verzinsung von 7 % spart, erhält nach 30 Jahren 283.000 € Vermögen; nach 10 Jahren 41.000 € Vermögen (Berechnung durch Multiplikation des Sparbeitrags mit dem Endwertfaktor).
   Oder mit umgekehrter Fragestellung: um 283.000 € Vermögen bei 7 % Verzinsung zu erhalten, muss ein Anleger bei einer Anlagedauer von 30 Jahren 250 € monatlich sparen; um das gleiche Vermögen bereits nach 10 Jahren zu erreichen, muss er monatlich 1.706 € sparen. (Berechnung durch Division des Endkapitals durch den Endwertfaktor).

   2.Für den Erfolg der Altersvorsorgemaßnahmen ist die *Anlagehöhe* und weniger die *Anlageart* entscheidend. Dies sollte gerade den Neueinsteiger, der den ersten Schritt zum Aufbau seiner Privaten Altersvorsorge tätigt, ermutigen. Wichtig ist also, *dass* etwas getan wird und nicht *was* getan wird (Begründung hierfür ist wiederum der Zinseszinseffekt, aber auch die Ausführungen unter Ziffer 3.).

   Eine empirische Untersuchung von Ehrentraut[27] kommt zu dem Ergebnis, dass in Abhängigkeit verschiedener Eintrittsszenarien und Rentenzugangszeiten (in 15, 30 bzw. 45 Jahren) die notwendige Ersparnis zwischen 10,2 und 4,1 % (worst case) bzw. zwischen

8,1 und 3,4 % (best case) des Bruttoeinkommens eines Vorsorgesparers liegen muss, um allein die Versorgungslücke auf Grund der Riester-Reform zu kompensieren.

Zu unterscheiden sind in diesem Zusammenhang auch die Eckpunkte des „goldenen Vermögens*aufbaus*" mit Rendite, Sicherheit und *Langfristigkeit*, die sich von denen der „goldenen Vermögens*anlage*" (im Sinne der Einmalanalge) mit den Kriterien Rendite, Sicherheit und Liquidität unterscheiden.

3. Ein permanentes revolvierendes Vermögensmanagement mit mindestens einmal jährlicher Überprüfung der Vermögensanlagen im Sinne einer Inventur oder Inspektion führt zu einer (Neu) Festlegung der Asset Allocation.

4. Kapitalmarktorientierte Produkte der privaten Altersvorsorge sollen zu Risikomentalität und Verlusttoleranz des Vorsorgesparers passen. Es geht darum, wie der Anleger psychisch und wirtschaftlich mit vorübergehenden, nicht realisierten Kursverlusten umgehen kann:

   + wie reagiert er, wenn sich beispielsweise der DAX (ausgehend von einem Indexstand mit 8.000 Punkten und einer Kursschwankungsbreite wie in den vergangenen 15 Jahren mit einer Wahrscheinlichkeit von 90 % zwischen 9.400 und 6.400 Punkten und einer Wahrscheinlichkeit von 50 % zwischen 8.500 und 7.200 Punkten bewegt?

   + welche Anlagesumme kann sich der Anleger in Kapitalmarkttiteln wirtschaftlich leisten, ohne laufende Zahlungsverpflichtungen (z.B. Hypothekenannuitäten) oder die Ausbildung seiner Kinder zu gefährden?

5. Konsequent durchdachte Planung der Privaten Altersvorsorge geht schließlich nicht vom Rentenbeginn des Sparers aus, sondern wird bis zum Renten-Ende bzw. dem erwarteten Zeitpunkt des Ablebens durchgerechnet. Die Sensibilität für die demografische Entwicklung sollte inzwischen gegeben sein.

Zur Abrundung dieser praxisorientierten Hinweise erfolgt eine Auflistung (ohne Anspruch auf Vollständigkeit) verschiedener Internetseiten, auf denen sich der Verbraucher Informationen holen kann, ohne von der Fülle der Veröffentlichungen erschlagen zu werden:

www.bvi.de	Bundesverband Investment und Asset Management
www.dai.de	Deutsches Aktieninstitut e. V.
www.deutsche-renten-versicherung-bund.de	Deutsche Rentenversicherung
www.eigenvorsorge-report.de	Gesamtverband der Deutschen Versicherungswirtschaft
www.gdv.de	Gesamtverband der Deutschen Versicherungswirtschaft
www.ifa-ulm.de	Institut für Finanz- und Aktuarwesen
www.iff-hamburg.de	Institut für Finanzdienstleistungen
www.ihre-vorsorge.de	Regionalträger der Deutschen Rentenversicherung
www.klipp-und-klar.de	Informationszentrum der deutschen Versicherer
www.rentenberater.de	Bundesverband der Rentenberater
www.vzbv.de	Verbraucherzentrale Bundesverband

4.6   Nachweise zu Abschnitt 4

[1]   Vgl. Deutsches Aktieninstitut e. V.: Das DAI-Rendite-Dreieck, www.dai.de und Stehle, R./ Huber, R./ Maier, J.: Rückberechnung des DAX für die Jahre 1955 bis 1987, S. 277, und www.wiwi.hu-berlin.de/finance.

[2]   Vgl. Mohr, D.: Aktien bringen die höchste Rendite.

[3]   Einen Überblick über die Arten von Investmentfonds liefern Perridon, L./ Steiner, M.: Finanzwirtschaft der Unternehmung, S. 277.

[4]   Vgl. Dinauer, J.: Immobilien und Finanzdienstleistungswirtschaft, S. 7.

[5]   Vgl. Adler, D.: Altersvorsorgeprodukte. Das Ziel nicht aus den Augen verlieren, S. 47.

[6]   Vgl. Hetzer, J.: Der steinige Weg zum Reichtum, S. 212 ff.

[7]   Vgl. Bohnenkamp, R./ Eckstein, D./ Wetjen, B.: Hausgemachte Rente, S. 57 ff.

[8]   Vgl. map-Report 659-660: Rating Deutscher Lebensversicherer 2007, S. 54 ff.

[9]   Vgl. N. N.: Vertrauensvorsprung für die Immobilie, S. 9.

[10]   Vgl. N. N.: "Verpönte" Rendite? S. 7.

[11]   Vgl. Zehnder, A. J.: Wohneigentum als vierte Säule der Altersvorsorge, S. 620 und TNS Infratest/ LBS Research 2005: Renditevergleich.

[12]   Albrecht, P./ Maurer, R./ Schradin, H. R.: Die Kapitalanlageperformance der Lebensversicherer im Vergleich zur Fondsanlage unter Rendite- und Risikoaspekten, S. 63.

[13]   Busse, F.-J.: Geldanlage in Immobilien.

[14]   Vgl. beispielsweise Jaeger, K./ Utecht, B.: Fondssparen oder fondsgebunden Sparen? S. 577 ff., Jaeger, K.: Um Risiken bereinigt, aber um Chancen nicht ergänzt, S. 1138 ff., Horn, B.: Fondssparplan kontra Lebensversicherung, S. 3 und Pörschke, F.: Rentenfonds kontra Immobilienfonds.

[15]   Vgl. Kühn, U.: Hart gerechnet, S. 29.

[16]   Vgl. Busse, F.-J./ Nothaft, J. M.: Der Hedgefonds-Effekt, S. 17.

[17]   Vgl. Achleitner, A.-K.: a. a. O., S. 673 ff.

[18]   Vgl. Warth, W. P.: Wie wird der Kunde beraten? Überlegungen zur Kundenorientierung im Licht des neuen Vermittlerrechts, S. 656.

[19]   Deutsche Gesellschaft für Finanzplanung e. V.: Die Grundsätze ordnungsmäßiger Finanzplanung® GoF.

[20]   Vgl. Tilmes, R.: Financial Planning im Private Banking, S. 40 f.

[21]   Tiffe, A./ Feigl, M.: Lücken in der Beratung, S. 19.

[22]   Vgl. hierzu und im folgenden Schmitz, V.: Private Altersvorsorge. Langfristige Finanzplanung für die eigene Zukunft, S. 72 ff.

[23]   Vgl. hierzu und im folgenden Weinmann, H./ Lilla, J.: Private Bilanzierung. Die professionelle Form der Vermögensplanung, S. 29 ff. und Schmidt, G.: Persönliche Finanzplanung. Modelle und Methoden des Financial Planning, S. 159 ff.

[24]   Vgl. hierzu und im folgenden Bolanz, M./ Friess, T.: GeldAnlage für den Ruhestand, S. 426 ff.

[25]   Vgl. hierzu und im folgenden Dinauer, J.: Langfristige Kundenbindung über Private Altersvorsorge, S. 17 ff.

[26]   Vgl. hierzu und im folgenden Looman, V.: Vermögensbilanzen sind ein heißes Eisen.

[27]   Vgl. Ehrentraut, O.: Alterung und Altersvorsorge, S. 150.

5 Probleme und Schwierigkeiten beim Auftritt im Finanzdienstleistungsmarkt

5.1 Akzeptanz des Finanzdienstleistungsangebots durch den Nachfrager

Die Besonderheit von Finanzdienstleistungen im Gegensatz zu anderen Dienstleistungen und realen Gütern ergibt sich aus den spezifischen Eigenschaften dieser Produktgruppe. In Anlehnung an Süchting und Paul[1] , die sich in ihrer Darstellung auf Bankleistungen beschränken, kann für die Gesamtheit aller Finanzdienstleistungen beansprucht werden, dass diese aus *Nachfragersicht* eine **hohe Erklärungsbedürftigkeit** haben und zugleich einer **starken Vertrauensempfindlichkeit** unterliegen.

Diesen branchenspezifischen Merkmalen haben die Anbieter mit ihrem Angebot zu entsprechen, um den hieraus resultierenden Marktwiderständen zu begegnen.

Aus *Anbietersicht* sind für die Erklärungsbedürftigkeit beim Kunden die Leistungsmerkmale

- Abstraktheit und
- Vertragselement

verantwortlich, während die Vertrauensempfindlichkeit von den Merkmalen

- Geldfixierung und
- Zeitelement

beeinflusst wird.

Abstraktheit bedeutet, dass das „Produkt" nicht als konkreter, realer Gegenstand handelbar ist, sondern materieller bzw. stofflicher Substanz entbehrt.

Die Ausformung dieser immateriellen Leistungen erfolgt durch vertragliche Bestimmungen und Allgemeine sowie Besondere Geschäftsbedingungen und einzelvertragliche Regelungen.

Die Geldorientierung ist zentrales Element der Finanzdienstleistung, ein Generalmedium der Bedürfnisbefriedigung. Geld wird als Anlage- oder Finanzierungsinstrument, als Vorsorge- oder Absicherungsmittel in verschiedenen Formen (als Bar-, Giral-, Karten- oder Chipgeld) und Qualitäten (unverbrieft oder securitizated, in Hart- oder Weichwährungen) gehandelt.

Das Zeitelement ergibt sich daraus, dass Finanzdienstleistungsgeschäfte nicht in einem einmaligen Absatzakt ihren Abschluss finden. Der Nachfrager von Finanzdienstleistungen geht eine Geschäftsbeziehung auf Zeit und somit relativ dauerhaft ein.

Eine zusätzliche Besonderheit, die beim Einsatz des Marketing-Mix eines Finanzdienstleistungsanbieters zu berücksichtigen ist, liefert die **Integrativität des externen Faktors**. Gemeint ist die unmittelbare Beteiligung des Nachfragers bei der „Produktion" seiner von ihm gewünschten Finanzdienstleistung, die ihn zum „Prosumer" macht, da er als „Co-Producer" an der Leistungserstellung beteiligt ist (vgl. hierzu auch Abschnitt 3.2.1 – Kundenterminal).[2]

Durch die Einbeziehung des Kunden in den Absatzprozess erfährt dieser aus Anbietersicht ein Unsicherheitselement. Dieses ergibt sich

- aus dem Grad der Bereitschaft des Kunden, als Prosumer beteiligt zu sein. Schließlich kann die Erbringung von „Eigenleistung" des Kunden durch Verlagerung von Tätigkeiten des Anbieters auf ihn zu Komfortverlusten und Überforderung führen und
- durch die Qualität der Leistung. Denn diese wird auch von der Qualität des Inputs, den der Kunde liefert, mit beeinflusst. Kann der Kunde seine Einkommens- und Vermögensverhältnisse, seine Risikoeinstellung und seine steuerliche Situation so darlegen, dass sein Berater ein hierzu adäquates Angebot unterbreitet?

Mit der Frage der Unsicherheit wird gleichzeitig das Problem der asymmetrischen Informationsverteilung der Beteiligten im Allfinanzmarkt angesprochen. Um diese zu beseitigen, eignen sich theoretisch die „Transaktionsdesigns" des Signalisierens durch den Finanzmarktintermediär (Anbieter), die Abgabe von Leistungsgarantien durch den Intermediär sowie der **Aufbau von Reputationen**.

Allgemein wird unter Reputation die Gesamtheit dauerhafter Wahrnehmungen, Erwartungen und Meinungen außen Stehender über ein Unternehmen verstanden. Reputationen können somit zu Grundpfeilern eines erfolgreichen Beziehungsmanagements werden. Die Magnetwirkung einer Reputation zielt auf

- Kunden: Neukundengewinnung wird erleichtert und Kundenloyalität verstärkt
- Kooperationspartner: Vertragsbedingungen werden verbessert und die Loyalität verstärkt
- Vertriebs- und sonstige Geschäftspartner: High-Potential-Akquisition wird ermöglicht und Recruitingkosten verringert
- Öffentlichkeit: Presse-, Öffentlichkeits- und Lobbyarbeit werden unterstützt.[3]

Da die Möglichkeit des Signalisierens wegen der Abstraktheit von Finanzdienstleistungen stark eingeschränkt ist und die Stellung von Garantien wegen der Interaktivität im Leistungserstellungsprozess große Risiken für den Garanten (Intermediär) birgt, reduziert sich die Problembewältigung asymmetrischer Informationen im Wesentlichen auf den Aufbau von Reputationen. Reputation basiert auf Kompetenz und Vertrauenswürdigkeit des Anbieters und löst damit die wegen der Erklärungsbedürftigkeit und Vertrauensempfindlichkeit der Finanzdienstleistungsprodukte beim Nachfrager vorhandenen Marktwiderstände. Die Kompetenz des Intermediärs stellt sich als Ergebnis seiner bereits demonstrierten Fähigkeit ein, die vom Markt erwarteten Leistungen zu erbringen, während Vertrauenswürdigkeit auf der Vergangenheitserfahrung der Nachfrager fußt, wonach der Anbieter keine negativen Überraschungen („moral hazard") nach Vertragsabschluss in das Geschäft einbringen wird.[4]

Den Gesamtzusammenhang zwischen den Merkmalsausprägungen der Finanzdienstleistungsmärkte aus Anbieter- und Nachfragersicht sowie den Instrumenten (und deren Bestimmungsfaktoren) der Anbieter, die Marktwiderstände zu beheben, verdeutlicht Abb. 35.

Zentraler Bezugspunkt dieser erforderlichen Reputation ist der unmittelbare Kundenberater, dessen persönliche Kompetenz und Vertrauenswürdigkeit im Erleben des Kunden über die Akzeptanz des Intermediärs durch den Kunden entscheidet. Das Bild, das sich der Nachfrager von seinem Berater, Betreuer oder Vermittler zeichnet, hat eine mehrfache Funktion, indem es hilft,

- die Abstraktheit des Leistungsangebots zu überwinden,
- die Entscheidung für Aufnahme und Aufrechterhaltung einer Geschäftsbeziehung zu erleichtern und
- die Auswahl des Instituts in Abhängigkeit von der Institutsart, der Zugehörigkeit zu einem bestimmten Finanzverbund bzw. Konzern oder ähnlichen Kriterien auf eine personale Beziehungsebene zu verlagern, bei der es nicht entscheidend ist, ob die X-Bank oder die Y-Bausparkasse der Partner ist, sondern der persönliche Berater Klaus Mustermann.

Reale Signalsetzung kann von der Lobbyarbeit der Verbände ausgehen. Garantien können durch die Mitgliedschaft in einem Einlagensicherungsfonds, die EdW (vgl. Abschnitt 1.1.4) oder durch das Wirken von Auffanggesellschaften wie Protector (bei Lebensversicherern) oder Mercator (bei Krankenversicherern) gestellt werden.

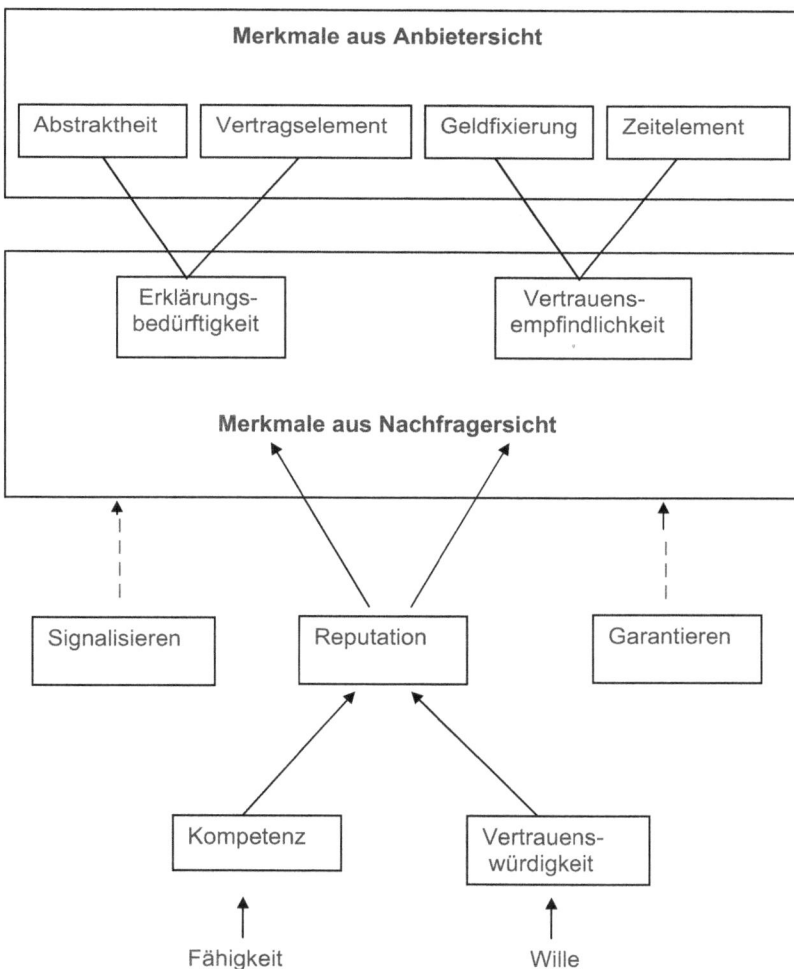

Abb. 35: Merkmalsausprägungen der Finanzdienstleistungsmärkte und Instrumente zur Behebung der Marktwiderstände

5.1.1   Kundenzufriedenheit, Kundenloyalität und Kundenbindung

Diese zentrale Bedeutung der Person des Kundenberaters als Präferenzträger für sein Institut bzw. die Tatsache, dass das menschliche Element integraler Bestandteil der Finanzdienstleistung ist, machen es erforderlich, die **Loyalität** des Finanzdienstleistungskunden für den Erfolg im Marktauftritt des Anbieters eingehender zu untersuchen.

Grundlage hierfür ist die Theorie der Markentreue (brand loyalty) aus dem Handel, die in der Literatur in Bezug auf Finanzdienstleistungen bisher im Wesentlichen auf die Bankloyalität übertragen wurde. Dabei eignen sich diese Erkenntnisse grundsätzlich auch zur Beschreibung und Erklärung von Phänomenen des gesamten Finanzdienstleistungsmarktes.

Ganz allgemein versteht man unter Loyalität eines Nachfragers zu einem Anbieter die Bereitschaft, die Leistungen dieses Anbieters dauerhaft nachzufragen, d. h. nach erstmaliger Inanspruchnahme im Rahmen der Geschäftsbeziehung so lange abzunehmen, wie dieses Vertrauen nicht durch Schlechtleistung oder Leistungsunvermögen des Anbieters gestört wird.[5]

Dieser Zukunftsbezug mit der Absicht des Wiederkaufs, des Cross Buying und der Erwartung, dass der Anbieter auch zukünftige Anforderungen erfüllen wird, stützt sich auf einen Vergangenheitsaspekt der Geschäftsbeziehung. Loyalität setzt somit die Zufriedenheit des Kunden voraus, die auf den gemachten Erfahrungen mit dem Anbieter basiert. Hierzu zählt auch die Behandlung von Beschwerden und Sonderwünschen. Damit basiert Loyalität auf Kundenzufriedenheit und ist ihrerseits Voraussetzung für die Bindung des Kunden an den Geschäftspartner.

Die von der Anbieterseite damit einhergehende Bemühung, den akquirierten Kunden gezielt und dauerhaft an das Institut zu binden, ist auch Ziel sog. **Retention-Marketing-Ansätze**. In deren Mittelpunkt steht der profitable Kunde, der einen positiven Deckungsbeitrag liefert und mit einem umfassenden strategischen Konzept langfristig an den Anbieter gebunden werden soll.[6]

Dieser Kunde durchläuft während der Geschäftsverbindung zu einem Anbieter einen sog. Kundenbeziehungs-Lebenszyklus, der von der Akquisitions- oder Anbahnungsphase (Status: Noch-Nicht-Kunde) über die Sozialisationsphase (mit ersten Transaktionen) zur eigentlichen Kundenbindungsphase reicht, bevor die Gefährdungsphase (Gefahr der Abwanderung) möglicherweise in die Auflösungsphase (Beendigung der Verbindung) mündet. Die Kundenbindungsphase selbst lässt sich in die Wachstumsphase (die Kundenbeziehung wird in profitable Bahnen gelenkt) und die Reifephase (Intensivierung der Beziehung unwahrscheinlich) unterteilen. Der Anbieter kann versuchen, den Kundenbeziehungs-Lebenszyklus (der nicht mit dem Kundenlebenszyklus – vgl. Abschnitt 1.1 – zu verwechseln ist) durch zwei Beeinflussungsstrategien zu optimieren, um die Profitabilität der Verbindung zu steigern:

- Cycle-Leveraging als Intensivierung des Kundenbeziehungs-Lebenszyklus. Intensität und Qualität der Beziehung sollen gesteigert werden. Diese Strategie kommt vornehmlich im Neukundenmanagement und in der Revitalisierung zum Einsatz.
- Cycle-Stretching bedeutet zeitliche Dehnung des Kundenbeziehungs-Lebenszyklus und zielt darauf ab, eine frühzeitige Erosion der Beziehung zu verhindern. Dies ist in der Wachstums- und Reifephase der Verbindung wichtig, wo Beschwerdemanagement, Kündigungspräventionsmanagement und Kündigungsmanagement eine Rolle spielen.[7]

Bei „Wackelkandidaten", also abwanderungsgefährdeten Kunden und bereits abgewanderten, ehemaligen Kunden kann im Rahmen eines **Churn-Managements** (Wortmix aus change und turn) der Prozess der Rückgewinnung bzw. Revitalisierung passiver, eingeschlafener, ruhender oder in Kündigung befindlicher Kundenverbindungen eingeleitet werden. Wichtig dabei ist es,

- „verlorene" Kunden zu identifizieren
- eine Verknüpfung zur letzten Kundenhistorie herzustellen
- vormals verkaufte Produkte zu eruieren
- Abwanderungsgründe zu ermitteln und
- eine Prioritätenliste für Rückgewinnungsmaßnahmen festzulegen.

Als Optionen für die Gestaltung von Rückgewinnungsanreizen stehen finanzielle und immaterielle (davon leistungsbezogene und kommunikationsbezogene) Anreize zur Verfügung.[8]

Schüller kommt in einer Erhebung zu dem Ergebnis, dass neun von zehn abgesprungenen Kunden zu ihrem Anbieter zurückkehren würden, wenn sie erkennen, dass man ihnen seitens des Unternehmens Wertschätzung entgegenbringt. Im Einzelnen werden als Zeichen der Wertschätzung (bei möglichen Mehrfachnennungen) genannt:

- Beweis dafür, dass ich dem Anbieter als Kunde wichtig bin   28 %
- Beweis dafür, dass sich der Kundenservice verbessert hat   24 %
- Preisnachlass oder Gutschrift   20 %
- Rückkehr auf keinen Fall   12 %
- Bessere Schulung der Mitarbeiter im Kundenservice   7 %
- Entschuldigung   6 %
- Kontaktaufnahme durch Manager des Anbieters   2 %[9]

Grundsätzlich ist der Begriff Kundenbindung linguistisch zu differenzieren. Aus Anbietersicht werden Kundenbindungsstrategien entwickelt, die eine *Ver*bundenheit sowie eine *Ge*bundenheit des Kunden zum Ziel haben. Aus Kunden- bzw. Nachfragersicht hingegen bestehen Bindungsursachen für seine Geschäftsbeziehung zum Anbieter, die emotionaler und faktischer (situativer, rechtlicher, ökonomischer und technischer) Natur sind. Während die emotionalen und situativen Bindungsursachen mehr die Verbundenheit in der Geschäftsverbindung ansprechen („man ist gern bei diesem Institut, man fühlt sich dort gut aufgehoben"), stehen die rechtlichen, ökonomischen und technischen Ursachen mehr für die Beziehungsebene der Gebundenheit („man hat dort einen Vertrag laufen"). Aus Anbietersicht werden hierfür Instrumente eingesetzt, die auf der emotionalen Kundenebene durch Markenbildung wirken, auf der rationalen Kundenebene durch technische Maßnahmen (z.B. Modularbausteine bei Produkten), ökonomische Bedingungen (z.B. Ratensparpläne und Ratenzahlungen) und rechtliche Kriterien (wie Verträge) wirken.

Der „Wert" einer Kundenverbindung bzw. die Profitabilität eines Kunden für den Anbieter lässt sich aus vielfältigen Gründen mit Retention-Marketing vergrößern:

- Die Kosten für die Gewinnung eines Neukunden fallen fünf- bis siebenmal höher aus, als eine vorhandene Kundenverbindung zu vertiefen (Faktor 1 = Bestandskunde halten, Faktor 5 = Neugewinnung eines Kunden, Faktor 7 = Kunden von der Konkurrenz abwerben)[10]. D.h., dass mit steigender Retention-Rate weniger Neukunden akquiriert werden müssen, um den gleichen Ertrag zu erzielen.

- Stammkunden tendieren dazu, mehr Dienstleistungen (Wiederkauf- und Zusatzkaufabsicht) in Anspruch zu nehmen, was die Servicekosten pro Kunde beim Anbieter vermindert.
- Im Bankbereich weisen VR-Banken bei der Wiederkaufabsicht den höchsten Wert mit 5,2 vor Sparkassen mit 4,8 und Großbanken mit 4,7 auf (6 = höchste Ausprägung, 1 = niedrigste Ausprägung).[11]
- Zufriedene Kunden empfehlen das Institut an potentielle Neukunden; die Mund-zu-Mund-Propaganda verursacht keine Akquisitionskosten beim Anbieter.
- Auch die Weiterempfehlungsabsicht im Freundes- und Bekanntenkreis ist bei VR-Kunden am ehesten ausgeprägt (Quelle siehe obige Fußnote).
- Gleichzeitig sind zufriedene Kunden häufiger bereit, höhere Preise zu akzeptieren.

Allerdings darf nicht übersehen werden, dass eine hohe Cross-Selling-Quote beim Kunden ein Indiz dafür sein kann, dass dieses Kundenpotenzial weitgehend erschöpft ist. Es muss also nicht unbedingt lohnenswert sein, einen an sich sehr wertvollen Kunden sehr intensiv zu betreuen. Keinesfalls reagieren alle Kunden gleichmäßig auf die Kundenbindungsmaßnahmen ihres Betreuers. Der Zusammenhang zwischen Betreuungsaufwand und Kundenzufriedenheit ist nicht linear, sondern S-förmig.

Von der Vielzahl der Kundenbindungsinstrumente (von Preisnachlässen über Beschwerdemanagement, Kunden-Hotline bis zu Kundenzeitschriften und Kundenclubs) spricht nur ein Teil den Kunden an. Preisnachlässe und Bonusprogramme verführen den Kunden beispielsweise zu Mitnahmeeffekten und bewirken eine Kostenverschlechterung des Unternehmens.

Der Grad an Institutstreue wird üblicherweise anhand der Anzahl, Wechselhäufigkeit und Dauer von Geschäftsverbindungen betrachtet. Die vorliegenden veröffentlichten Untersuchungen zur Loyalität von Privatkunden gegenüber ihrem Finanzdienstleistungspartner lassen die These zu, dass die Institutsloyalität im Laufe der vergangenen 20 Jahre in Deutschland tendenziell rückläufig ist.

Im Einzelnen sind folgende Details erkennbar:

- Die Zahl privater Haushalte mit mehr als einer Bankverbindung ist von 17 % in 1973 über 29 % (1980) auf über 50 % in 1996 gestiegen.[12]
- Die Anzahl der Haushalte, die ihre Bankverbindung schon einmal gewechselt haben, ist von 16 % (1980) auf rund 30 % in 1995 gestiegen.[13]
- Die durchschnittliche jährliche Kundenabwanderungsrate bei Kreditinstituten liegt bei 4 % und der Anteil der abwanderungsgefährdeten Kunden liegt bei durchschnittlich 15 %; in mehr als jedem fünften Bankhaus sogar bei 20 %.[14]
- Im Vergleich der Bankengruppen ist die Wechselabsicht bei Großbanken mit 2,63 knapp vor Sparkassenkunden mit 2,61 am ausgeprägtesten, während VR-Kunden mit 2,23 die geringste Wechselabsicht zeigen.[15]
- Im Versicherungsbereich macht sich zusehends ein sog. Versicherungs-Hopping breit. In der Kfz-Versicherung entscheidet sich mittlerweile jeder fünfte Kunde einmal im Jahr für einen neuen Versicherer, womit sich die Zahl der Wechsler in den vergangenen Jahren nahezu verdoppelt hat. In Holland und England ist es bereits jeder dritte Versicherungsnehmer, der sich jährlich neu entscheidet.[16]
- Statistisch hat der Assekuranzkunde seine 6,6 Verträge bei 2,4 Versicherern abgeschlossen; lediglich 28 % haben ihre Verträge bei ausschließlich einem Unternehmen abgeschlossen und knapp 42 % aller Versicherungsnehmer haben Verträge mit mindestens drei Gesellschaften.

Verbraucherzentralen verstärken diesen Trend durch Einrichtung von Telefon-Hotlines, auf denen gegen eine geringe Gebühr unter Angabe der individuellen Ausgangsdaten des Interessenten die für ihn günstigste Autoversicherung abgefragt werden kann.

Auf eine Online-Trendumfrage „Planen Sie Änderungen bei Ihren Versicherungen?" antworteten 32 % der Befragten, dass sie zu einem Versicherungswechsel bereit wären, falls sie ein günstigeres Angebot fänden. 15 % haben aus diesem Grund ihre Versicherung bereits gewechselt und 24 % blieben ihrem Versicherer nur deshalb treu, weil sie kein besseres Angebot gefunden haben; die restliche 29 % Befragten beabsichtigten keine Änderung.[17]

Untersucht man die Motive für den Institutswechsel, so werden überwiegend demographische, psychographische und strukturelle Gründe zur Erklärung herangezogen:

- Zunehmende Einkommen führen zu einer Zunahme der Bankverbindungen.
- Eine steigende Zahl von Angebotsalternativen (gerade durch die nicht-klassischen Finanzmarktintermediäre) offeriert dem Nachfrager eine immer größer werdende Produktvielfalt.
- Steigende Markttransparenz durch das Wirken von Medien, Verbraucherzentralen, Online-Diensten und Internet in Verbindung mit einem höheren ökonomischen Bildungsgrad („Aufgeklärtheit") der Nachfrager.
- Verändertes Rollenverständnis der jungen, nachwachsenden Verbrauchergeneration im Verhältnis zu den Finanzdienstleistungsanbietern: routinierter PC- und Internet-Gebrauch bewirken ein selbstbewussteres und preissensitiveres Auftreten gegenüber Anbietern. Eine Aufteilung der Nachfrage über die Breite des Finanzdienstleistungsmarktes ist die Folge.

Neben der Analyse der Bestands- bzw. Stammkunden kann ein Institut zur Klärung der Frage der Kundenbindung auch die „untreuen", d. h. abwandernden bzw. stornierenden Kunden untersuchen.

Die häufigsten Gründe für die Aufgabe der Geschäftsverbindung zu einem Anbieter liegen in falschen und mangelhaften Serviceleistungen, schlechter persönlicher Beratung und ungenügender persönlicher Betreuung. Faktoren, die sich unter dem zweidimensionalen Aspekt der Zufriedenheit nach Herzberg[18] auf die Antipoden Zufriedenheit vs. Nichtzufriedenheit und Unzufriedenheit vs. Nichtunzufriedenheit reduzieren lassen.

Eine noch differenziertere Methode zur Messung der Kundenzufriedenheit liefert 1984 Kano mit seinem multiattributiven Verfahren zur Klärung der Frage, welchen Einfluss die Erfüllung einer Kundenerwartung auf die Gesamtzufriedenheit des Kunden hat. Im Ergebnis unterscheidet Kano zwischen Nicht-Unzufriedenheit, Zufriedenheit und Begeisterung. Bei der Erfüllung der Kundenerwartung differenziert er zwischen den Leistungsmerkmalen

- Basisfaktoren, die vom Kunden als Mindestanforderungen selbstverständlich vorausgesetzt werden; ihre Erfüllung stellt den Kunden zumindest nicht unzufrieden.
- Leistungsfaktoren, die vom Kunden erwartet und artikuliert werden; die Zufriedenheit verläuft proportional zum Erfüllungsgrad: bei Nichterfüllung entsteht Unzufriedenheit, während die Zufriedenheit mit dem Grad der Erfüllung steigt.
- Begeisterungsfaktoren, die überdurchschnittliche Zufriedenheit auslösen: der Kunde hat diese Leistungsmerkmale zwar nicht ausdrücklich verlangt, ihre Erfüllung überraschen ihn aber positiv, weil sie ihm einen nicht erwarteten, zusätzlichen Nutzen liefern.

Schließlich stellt Kano den Zusammenhang zwischen der Zufriedenheit mit den einzelnen Faktoren und der Gesamtzufriedenheit her. Ein linearer Beziehungszusammenhang besteht lediglich zwischen Leistungsfaktoren und Gesamtzufriedenheit. Zwischen Basisfaktoren und Begeisterungsfaktoren einerseits und der Gesamtzufriedenheit andererseits ist der Zusammenhang nicht-linear: Basisfaktoren führen zu starker Unzufriedenheit bei Nichterfüllung, können aber keine Zufriedenheit bei Erfüllung auslösen. Nicht erfüllte Erwartungen bei Begeisterungsfaktoren führen nicht zu Unzufriedenheit, während ihre Erfüllung große Zufriedenheit auslöst.[19] Abb. 36 illustriert diese Beziehungszusammenhänge.

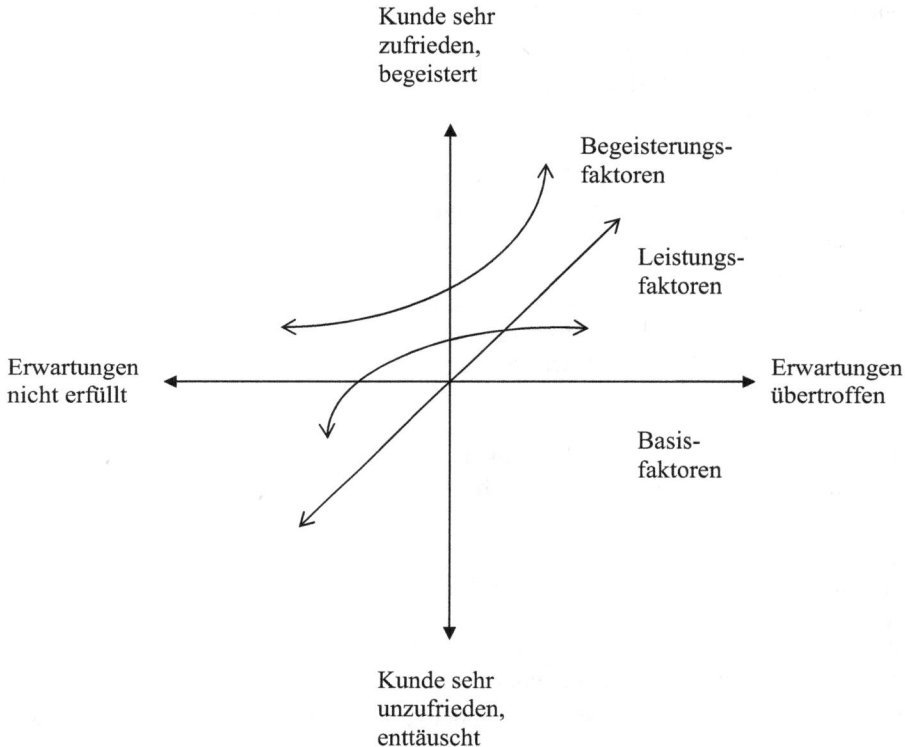

Abb. 36: Das Kano-Modell[20]

Hieraus kann jedoch nicht notwendigerweise abgeleitet werden, dass hohe Kundenzufriedenheit ein ausreichender Indikator für Institutstreue sein müsste, doch die Gefahr, dass zufriedene Kunden ihren Geschäftspartner wechseln, dürfte deutlich geringer als bei unzufriedenen Kunden sein.

Eine empirische Untersuchung zur Kundenloyalität in der Versicherungsbranche belegt, dass rund 80 % der Bestandskunden mit ihrem Berater zufrieden bzw. sehr zufrieden sind, während von den ehemaligen Kunden nur 35 % angeben, mit ihrem Versicherungsberater zufrieden bzw. sehr zufrieden gewesen zu sein.[21] Allerdings können Versicherungsberater nur dann ihren Beitrag zur Kundenzufriedenheit leisten, wenn sie die Geschäftsbeziehung zu ihrem Kunden tatsächlich pflegen. Die zitierte Untersuchung offenbart in diesem Zusammenhang nämlich, dass mehr als die Hälfte der Kunden der analysierten Versicherungsgesellschaft ihren persönlichen Berater gar nicht kannte.

Gelingt es einem Anbieter, die Kundenzufriedenheit zu steigern, so korreliert diese mit + 0.89 % mit einer Stärkung der Loyalität.

Indirekte Wirkungsablaufketten lassen sich in der Kundenzufriedenheit über die Wahrnehmung der Attraktivität von Konkurrenzangeboten zur Loyalität des Kunden ausmachen: bei einem einprozentigen Anstieg der Kundenzufriedenheit sinkt die wahrgenommene Attraktivität von Konkurrenzangeboten um ./. 0,58 %, was auf die Loyalität mit + 0,26 % wirkt.

Des Weiteren wirken sich psychische Wechselbarrieren (Vertrauen in den Berater sowie das Gefühl, ein Stammkunde bei der Gesellschaft zu sein) negativ auf die Wahrnehmung von Konkurrenzangeboten aus, indem diese psychologisch zu einer subjektiven Abwertung alternativer Leistungsangebote führen und damit indirekt zu einem Anstieg der Loyalität gegenüber dem eigenen Versicherungsunternehmen.

Abbildung 37 zeigt den Zusammenhang zwischen den psychischen Determinanten der Kundenloyalität auf.

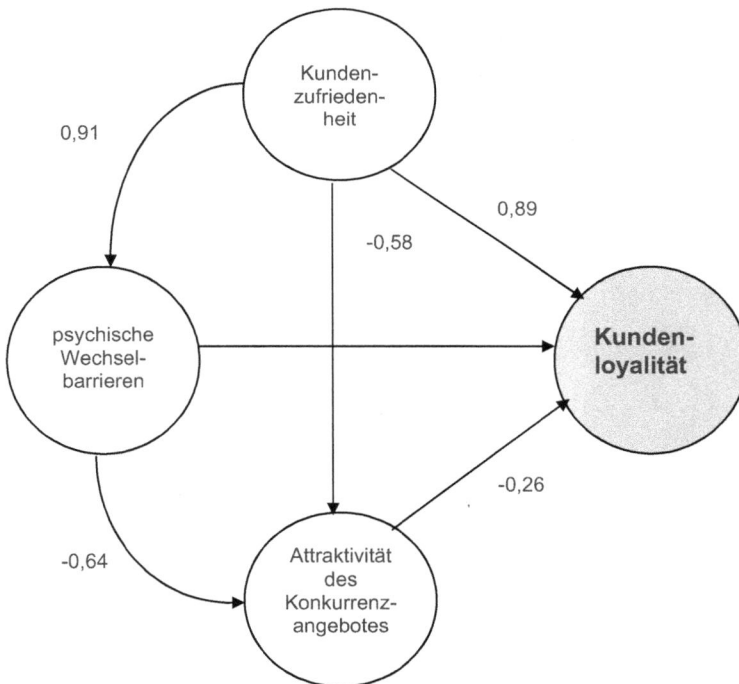

Abb. 37: Zusammenhang zwischen Kundenzufriedenheit, psychischen Wechselbarrieren und Attraktivität der Konkurrenz[22]

Unter den untersuchten psychografischen Kundenmerkmalen wie Bequemlichkeit, Wissen und Interesse als Bestimmungsfaktoren der Loyalität ist die stärkste positive Korrelation zwischen Bequemlichkeit des Kunden und seiner Loyalität gegeben (+ 0,88 %). M. a. W. führen Faktoren, die mit einer starken Auseinandersetzung des Kunden mit der Ware „Versicherung" (exemplarisch für Finanzdienstleistung; Anm. d. Verf.) verbunden sind, zu einem negativen Einfluss auf die Kundentreue (Wissen ./. 0,26 % und Interesse ./. 0,65 %).

Demnach scheint Kundenzufriedenheit nicht der alleinige Schlüssel und damit ausschließliche Erklärungsfaktor für die Kundenloyalität zu sein. Anders wäre nicht zu erklären, dass 65–85 % der Migranten einer Bank der Meinung sind, dass sie mit ihrem früheren Partner durchaus zufrieden oder gar sehr zufrieden gewesen sind.[23] Dieses Phänomen lässt sich über eine Kundentypologie erklären, die dem Berater hilft, seine Kunden zu identifizieren. Damit weiß er, welche Kunden seine Leistungen durch Cross Selling und Weiterempfehlung „würdigen".

Neuere Erkenntnisse der Gehirnforschung und der Neurobiologie sind zu dem Ergebnis gekommen, dass neben physiologischen Vitalbedürfnissen maßgeblich Motiv- und Emotionssysteme im Gehirn das Handeln und damit die Kaufentscheidungen eines Konsumenten bestimmen. Damit lassen sich verschiedenen **Kundenprototypen** und deren Abschlussmotive herauskristallisieren, an denen das Zielgruppenmarketing eines Anbieters ausgerichtet werden kann.

Unterschiedliche hormonelle Einflüsse prägen das Verhalten der Menschen. Das männliche Testosteron verstärkt „Abenteurer", „Disziplinierte" und „Performer", das weibliche Östrogen „Genießerinnen" und „Bewahrerinnen". Männer mögen geordnete Hardfacts und Produkte, die ihnen Status und Macht verschaffen, Frauen legen Wert auf Fürsorge und Service. Abb. 38 stellt die so ermittelten Kundentypen in der relativen Häufigkeit ihres Auftretens dar.

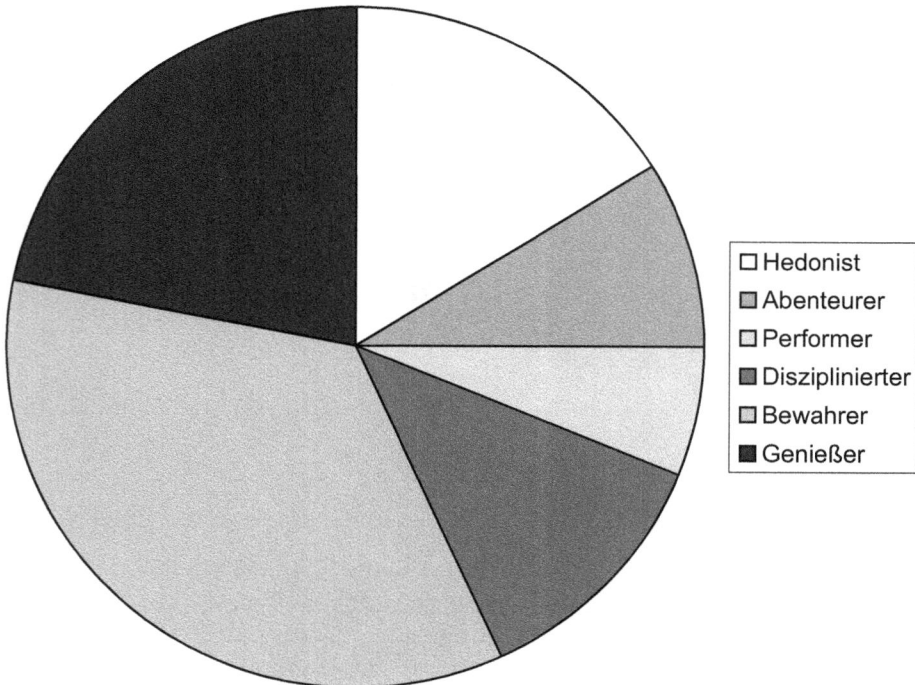

Abb. 38: Kundentypologie als Schlüssel zum Verkaufserfolg[24]

Eine weitere, tiefenpsychologische Studie des Marktforschungsinstituts „Rheingold" kommt zu dem Ergebnis, dass die Wahl einer Bankverbindung weniger von tatsächlich guten Konditionen abhängig ist, sondern von einer „gefühlt guten Beziehung". Kunden sehen die Bankbeziehung als eine Partnerschaft, die auf einem großen Vertrauensvorschuss basiert. Die Bank wird als ganz persönlicher Treuhänder gesehen, der das in ihn gesetzte Vertrauen jederzeit rechtfertigt.

Demnach lassen sich vier Kundentypen unterscheiden:

- der Halt suchende Mandant, der weiterhin auf die klassische Filialbank setzt, deren Berater ihm ein Gefühl eines Zuhause vermittelt
- der flirtende Zaungast, der den Anschluss an die moderne Welt nicht verlieren möchte und gelegentlich Ausflüge in die Welt der Direktbanken vornimmt
- der wählerische Souverän nutzt für Routinegeschäfte elektronische Vertriebskanäle und lässt sich bei komplexen Geschäften persönlich in der Filiale beraten
- der ungebundene Selbstversorger wickelt fast alle Geschäfte über Direktbanken ab und ist wechselwillig, wenn er andernorts günstigere Konditionen erhält.[25]

Wegen der zentralen Bedeutung des persönlichen Beraters kann Kundenbindung auch als Bereitschaft, sich an den Vermittler als seiner Vertrauensperson (vgl. Abschnitt 5.1) zu binden, verstanden werden. Aus diesem Grund lässt sich eine Kundentypologie auch unter dem Aspekt der Beziehung zum jeweiligen Berater vornehmen, wie Abb. 39 zeigt.

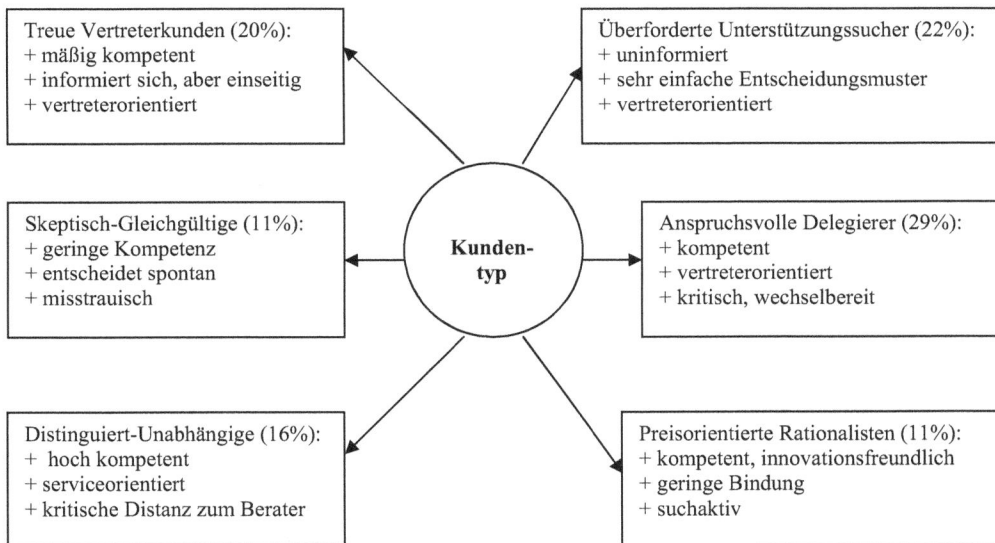

Abb. 39: Kundentypologie nach der Beziehung zum Berater[26]

Schließlich kann eine Kundentypologie auch unter dem Aspekt des Grads an Kundenzufriedenheit und der Kundenbindung mit bzw. zu seinem Finanzdienstleister vorgenommen werden, wie Trumpfheller für die Assekuranz empirisch untersucht.[27] Abb. 40 zeigt die entsprechende Kundentypologie, wobei aus der Verteilung der Kunden, die einem bestimmten Kundentyp zuzuordnen sind, sich deutlich zwischen den betreuten von den unbetreuten Kunden unterscheiden lässt, wie der nachstehenden Tabelle zu entnehmen ist:

	betreute Kunden	unbetreute Kunden
Wanderer	2 %	14 %
Bohrer	4 %	30 %
Anpasser	5 %	26 %
Fahnenträger	36 %	7 %
Missionar	53 %	6 %
Guerilla-Kämpfer		17 %

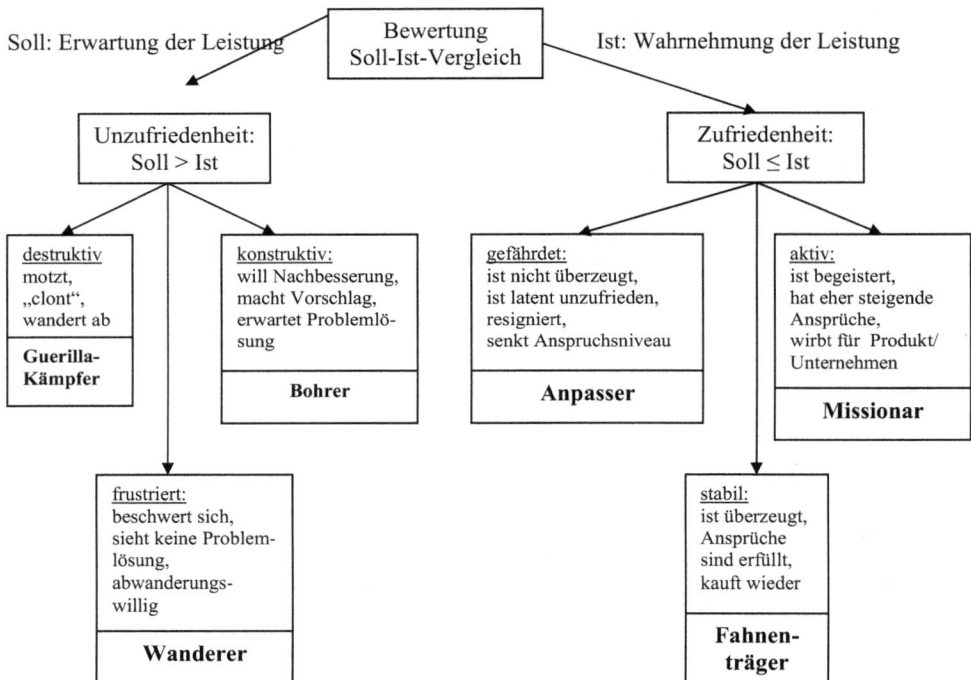

Abb. 40: Kundentypologie auf der Basis der Kundenbindung[28]

Neben der Kundentypologie kann als weitere Erklärung für die Kundenloyalität das Ergebnis einer Befragung über die Vorteile einer Vertragsbündelung bei einem Institut aus Kundensicht dienen. Ein Beispiel aus der Assekuranz kommt zu folgenden Befragungsergebnissen (Mehrfachnennungen möglich):

Wenn man viele Verträge bei derselben Gesellschaft besitzt,

- wird man von der Versicherung freundlich behandelt (69 %)
- bekommt man bessere Angebote für neue Verträge (61 %)
- wird man vom Vertreter besser beraten (58 %)
- bekommt man Schäden schneller und umfassender ersetzt (57 %)
- zahlt man insgesamt weniger (Mengenrabatt) (52 %)
- ist die Gesellschaft kulanter (50 %).[29]

Eine hoch zufriedene Bewertung eines Finanzdienstleistungsanbieters kann schließlich auch aus der Tatsache resultieren, dass der Kunde dort nur selektiv ein bestimmtes Produkt beansprucht. Dies führt zum Finance Shopping, einem Anbieter-Splitting, bei dem die spezifischen, meist preislichen Vorteile eines jeden einzelnen Anbieters getrennt abgerufen werden.

Psychologisch ist dies mit einer gespaltenen Kundenmentalität erklärbar. *Den* Kunden als einheitliches Individuum in Bezug auf sein finanzwirtschaftliches Verhalten gibt es nicht (mehr). Er wurde von der gesamten Finanzdienstleistungsumwelt zu einem Rosinenpicker in eigener Sache erzogen.[30] Die Kundenneugewinnung versucht, den potenziellen Kunden auf Schnäppchen aufmerksam zu machen und ihn damit für das eigene Institut zu gewinnen (der Konkurrenz abzuwerben), während man beim vorhandenen Kunden die negativen Auswirkungen seiner Aufgeklärtheit befürchten muss. Die Versorgung der Bestandskundschaft mit Informationsmaterial wie Kundenzeitschriften und dgl. wirkt bestandsgefährdend. Diese Schnäppchen nimmt der informierte Kunde auch selektiv und gerne an, während er in anderen Bereichen bewusst ein tradiertes, durch Bequemlichkeit und aufgrund seines Diskretionsbedürfnisses geprägtes Verhalten zeigt.

Im Übrigen ist es nicht unbedingt so, dass zufriedene, also sichere bzw. fluktuationsresistente Kunden gleichzeitig per se schon „gute" Kunden im Sinne der Deckungsbeitragsrechnung des Anbieters sind. So hat Lloyds TSB festgestellt, dass ihre sicheren Kunden zugleich die am wenigsten profitablen waren und vice versa befand sich das größte Potenzial bei den Kunden mit der geringsten Bindung an ihre Bank.[31] Auch die ehemalige Schweizerische Kreditanstalt AG (heute aufgegangen in der Credit Suisse-Gruppe) hat recherchiert, dass abwandernde Kunden tendenziell mehr Erträge p. a. generieren als neue Kunden mitbringen. Diese Netto-Qualitätsminderung des Kundenstamms hat dazu geführt, dass man sich vermehrt den strategischen Fragen zur Betreuung der Stammkunden widmete.[32]

Generell kann dies als Abkehr von der Vorstellung des **Transaction Finance** als Richtschnur des Kundenverständnisses und Hinwendung zum **Relationship Finance** bzw. **Relationship Marketing** eines Finanzdienstleisters gesehen werden. Während beim Transaction Finance die bedarfsgerechte Abwicklung einer Transaktion mit dem Kunden als kurzfristige, vielleicht nur einmalige Episode gesehen wird, ist es das Ziel des Relationship Finance, den Kunden zu gewinnen *und* ihn dauerhaft zu integrieren, ihn also durch Vertrauensaufbau und -entwicklung zur Institutsloyalität zu führen.[33]

Bezüglich der Erwartungen und Reaktionen eines Kunden unterscheidet Grönroos drei Kundentypen:

- der transaktionale Typ möchte seine Wünsche zu einem akzeptablen Preis erfüllt wissen; zwischen den einzelnen Geschäften wünscht er keine Zusammenarbeit mit dem Unternehmen
- der passiv relationale Typ braucht die Gewissheit, jederzeit mit dem Anbieter in Kontakt treten zu können, wenn er das will; er reagiert aber wenig auf Angebote des Anbieters
- der aktive relationale Typ sucht aktiv nach Gelegenheiten, das Unternehmen zu kontaktieren; er empfindet dabei einen persönlichen Nutzen.[34]

Kundenzufriedenheit und -loyalität und deren Bedeutung für den Wert der Kundenbindung für den Finanzdienstleister rücken somit in den Mittelpunkt eines Kundenbeziehungsmanagements und eines Customer-Value-Managements.

5.1.2   Customer Relationship Management

Unter **Customer Relationship Management (CRM)** ist ein Gesamtkonzept zur Gestaltung kundenbezogener Strategien mit dem Ziel der Optimierung des Verhältnisses zwischen Kunden und Finanzdienstleistungsanbieter zu verstehen. Dabei geht es darum,

1. die Kommunikation und die Transaktion zwischen den Partnern transparent zu machen,
2. eine Erklärung und Prognose des Kundenverhaltens zu liefern,
3. Strategien und Konzepte zur Kundengewinnung, Kundenbindung und Rentabilitätssteigerung für den Anbieter zu entwickeln und schließlich
4. diese Konzepte durch ein Bündel an prozess- und technologiebezogenen Maßnahmen umzusetzen.[35]

Diese umfassende Definition erscheint notwendig, da bei einer – wie vielfach vorgenommenen – Reduzierung des Sachverhalts auf den Begriff Kundenorientierung bereits die Ambivalenz des Wortes Widersprüchlichkeiten auslöst. Zum einen geht aus Kundenorientierung nicht hervor, wer Subjekt und wer Objekt ist, d. h. ob sich der Anbieter am Kunden oder umgekehrt der Kunde am Anbieter orientiert und zum anderen mutet sich Kundenorientierung weniger als ökonomischer Sachverhalt, sondern mehr als Verhaltensweise aus dem Bereich menschlichen Edelmuts an.[36]

Auch Kesse und Graf bemängeln, dass CRM im Sprachgebrauch sowohl als Oberbegriff wie auch synonym für Maßnahmen verschiedenster Art herangezogen wird:

- Einführung einer Kundenkontakthistorie, Kundendatenbank oder eines Datawarehouses,
- Einführung einer Kundensegmentierung,
- Aufbau von Call Centern, Beschwerde- oder Dialogmarketing-Systemen und dgl.[37]

Erster Baustein im Rahmen eines CRM-Systems ist die Analyse der Kommunikation und Transaktion zwischen Finanzdienstleistungsanbieter und Kunden. Dies geschieht üblicherweise in der Befragung der eigenen Klientel, was von verschiedenen Banken und Bausparkassen bereits im jährlichen Turnus vorgenommen wird und somit erlaubt, aus Veränderungen Trendentwicklungen abzuleiten und entsprechend zu reagieren.

Ein Beispiel für diese Vorgehensweise stellt das „Messprogramm zur Kundenzufriedenheit" des Kreditbereichs der BHW Bausparkasse dar. Bei diesem Ansatz wird eine „ereignisbezogene" Zufriedenheitsmessung vorgenommen, die aus den laufenden Kontakten sowie den Schlüsselereignissen („Momenten der Wahrheit") erfolgt, in denen der Kunde seine Bausparkasse besonders sensibel erlebt und bewertet. Mit den Messergebnissen werden den Arbeitsteams und Führungskräften Bewertungshilfen im Sinne eines Lernangebots zur Verbesserung der Kundenbindung an das Institut an die Hand gegeben.[38]

Bei Versicherungen und Bausparkassen tritt neben diese direkte Methode die Einbeziehung des Außendienstes, der den Zentralen und Hauptverwaltungen „den Spiegel vorhalten"[39] kann. Kapitalanlagegesellschaften beschränken sich hingegen im Wesentlichen auf die Befragung ihrer Spezialfondskundschaft.

Generell ist eine nach dem Zufallsprinzip vorgenommene Kundenbefragung der Auswertung eines Beschwerdewesens überlegen. Zwar genießen Kundenbeschwerden bzw. deren Analyse bei der Messung der Kundenzufriedenheit hohe Priorität, doch darf nicht übersehen werden, dass ein Großteil der unzufriedenen Kunden auftretende Beschwerdeanlässe gar nicht artikuliert. Horowitz hat festgestellt, dass auf jeden Beschwerde führenden Kunden 25 Kunden kommen, die „im Stillen leiden".[40] Bonn[41] kommt ergänzend zu dieser US-amerikanischen Studie zu dem Schluss, dass Beschwerden nur die Spitze des Eisbergs der Unzufriedenheit darstellen, da

- 500 Beschwerdefälle den Schluss auf
- 12.500 kritikwürdige Anlässe und Ärgernisse zulassen und für insgesamt über
- 140.000 negative Kontaktpunkte mit dem Unternehmen sorgen.

Zumindest führt dies im Ergebnis zu einer „inneren Kündigung" der Geschäftsverbindung („Meine Bank taugt nichts, aber was kann ich dagegen tun?"), der nur ein zusätzliches negatives Erlebnis folgen muss, um aus dem ursprünglich sicheren einen wechselbereiten und schließlich abwandernden Kunden zu machen. Und der Finanzdienstleister wundert sich, warum er diesen Kunden, der niemals ein Wort der Kritik hervorbrachte, verliert.

Insofern erscheint es lohnenswert, Beschwerdefälle der Kundschaft nicht als lästiges Übel zu behandeln, sondern im Sinne eines aktiven Beschwerdemanagements positiv aufzugreifen. Denn die Beschwerde zeigt, dass der Kunde (noch) eine gewisse Loyalität zum Unternehmen hat (sonst würde er sich nicht die Mühe machen, aktiv zu werden) und bietet dem Unternehmen die Chance

- eine Beschwerdezufriedenheit herzustellen und
- Kosten anderer Reaktionsformen zu vermeiden (neben der Abwanderung eine negative Mund-zu-Mund-Propaganda und die Einbeziehung von Medien).

Interessant ist auch die Tatsache, dass mit der Beschwerdereaktion des Unternehmens vormals zufriedene Kunden ihre Zufriedenheit mit dem Produkt und dem Unternehmen wieder erlangen und diese Zufriedenheit u. U. sogar höher als vor Eintritt des Beschwerdegrundes ist.

Eine Haushaltsbefragung ergab, dass sich von den Befragten bereits mehr als ein Drittel bei einem Unternehmen beschwert haben. Vergleicht man die Gesamtzufriedenheit dieser Beschwerdeführer mit der der Nicht-Beschwerdeführer, so fällt auf, welche große Bedeutung die Zufriedenheit mit der Beschwerdeabwicklung hat: die Beschwerdeführer, die sehr zufrieden mit der Abwicklung waren, weisen sogar eine höhere Gesamtzufriedenheit auf als diejenigen Befragten, die sich noch nie beschwert haben.[42] Dies unterstreicht die hohe Bedeutung eines professionellen Beschwerdemanagements.

Bei einer Betrachtung des Gesamtmarkts ergeben sich folgende Kernpunkte der Kritik, was die Kommunikation und Transaktion anbelangt:

- mangelnde telefonische Erreichbarkeit des Gesprächspartners: dies gilt sowohl für den Privatkundenbetreuer im Kreditinstitut als auch den Sachbearbeiter im Versicherungs- und Bausparkassenbereich, der für den Vermittler und / oder den Kunden entweder überhaupt nicht oder erst nach vielfachen Wiederholungsanrufen erreichbar ist, mangelnde Fachkompetenz und / oder ungenügende Entscheidungskompetenz besitzt oder dessen kommunikative Fähigkeiten am Telefon verbesserungswürdig sind. Letzteres gilt ebenfalls für unverständliches „Finanzchinesisch" in der Gestaltung der Korrespondenz vieler Finanzdienstleister.
- zu lange Bearbeitungszeiten für eingereichte Anfragen und Anträge in Verbindung mit unflexiblen Reaktionen im Umgang mit Kundenwünschen sowie juristische Bearbeitung statt betriebswirtschaftlicher Denkweise. Eine Befragung von Mummert & Partner[43] in der Assekuranz verweist darauf, dass es nicht mit finanziellem Aufwand verbunden sein muss, dem Kunden entgegenzukommen. Als Beispiel nennen sie die Schadenbearbeitung, bei der anstel-

le von aufwendigem Schriftverkehr eine aktive Organisation der Leistungserbringung besser über das persönliche Kommunikationsmedium Telefon forciert werden sollte: das Angebot von Nutzungsentschädigungen in der Kfz-Sparte oder die Einbeziehung von Kooperationspartnern ermöglicht sogar einvernehmliche Schadennebenkosten und erspart Gutachter- und Anwaltskosten. Einleuchtend ist schließlich unter dem Aspekt der Kundenbindung der Hinweis, dass gerade der Zeitraum zwischen Schadenereignis und Leistungserbringung für den Kunden oft mit starken Emotionen verbunden ist, weshalb das Verhalten des Geschäftspartners in dieser Zeit besonders kritisch betrachtet wird.

Unterlegt wird diese Kritik an Hand einer Befragung von Versicherungskunden über deren Beschwerdeanlässe. Demnach ärgern sich die Kunden am meisten über

- Schadenabwicklung   46 %
- Bearbeitungsdauer   32 %
- falsche Abrechnungen   16 %
- falsche Beratung   16 %
- fehlende Information   15 %
- schlechte Erreichbarkeit   14 %
- Vertragsänderungen   14 %.[44]

Die Erklärung und Prognose des Kundenverhaltens stellt den zweiten Baustein eines CRM-Ansatzes dar. Wie in Abschnitt 5.1.1 bereits dargelegt, handelt es sich beim Privatkunden um ein Individuum, das keine einheitliche Mentalstruktur aufweist. Gleichzeitig tritt es seinem Geschäftspartner mit einer dramatisch veränderten Erwartungshaltung gegenüber, was jede Erklärung und Prognose seines Verhaltens erschwert. Insofern kann von einem neuen Privatkundentyp in der Finanzdienstleistungswirtschaft ausgegangen werden, der allgemein wie folgt charakterisiert werden kann:

- immer vermögender
- besser informiert
- anspruchsvoller
- weniger loyal.[45]

Es erfordert keine große Prognosefähigkeit, zu behaupten, dass sich die Entwicklung dieses neuen Kundentyps zukünftig noch verstärken wird.

Und dennoch kennen die Finanzdienstleister in der Geschäftspraxis ihre Kunden zu wenig. Steria Mummert hat im Rahmen einer Potenzialanalyse über deutsche Kreditinstitute ermittelt, dass zwar 72 % der deutschen Bankmanager Investitionen in maßgeschneiderte Produkte vornehmen wollen, aber mehr als die Hälfte der Entscheider über keine Informationen für eine individuelle Kundenbetreuung verfügen. Des weiteren

- ziehen nur die Hälfte der Banken Informationen zur jeweiligen Lebensphase der Kunden heran
- soziodemografische Daten spielen lediglich bei 16 % der Institute eine Rolle
- 81 % der Banken unterteilt Kundengruppen ausschließlich nach monetären Größen
- 5 % der Institute verzichten sogar komplett auf eine Kundensegmentierung
- 47 % der Bankmitarbeiter haben keinen vollständigen Überblick über die Kundendaten und
- nur 20 % der Banken erfassen Informationen über den künftigen Bedarf der Kundschaft.[46]

Üblicherweise werden die Kunden in sog. A-, B- und C- Kunden oder über Zielgruppenzuordnungen in Standard-, Privat- und Individualkunden eingeteilt, um sie gemäß dieser Segmentierung „gebührend" zu behandeln.

Beim A-, B-, C-Kundenraster wird die Gesamtheit des Klientels einer bestimmten Gruppe oder Klasse zugeteilt; der Prozentsatz der einzelnen Gruppe am gesamten Privatkundenstamm wird mit einer weiteren Prozentziffer gepaart, die Hinweise auf die umsatz- oder ergebnismäßige Bedeutung dieser Kundengruppe für das Finanzdienstleistungsinstitut liefert. A- B- C-Analysen zeigen häufig etwa folgende Verteilung:

- 10 % der Kunden bringen 60 % des Ertrages
- 30 % der Kunden bringen 30 % des Ertrages und
- 60 % der Kunden bringen 10 % des Ertrages, d. h. viele einzelkundenbezogene Deckungsbeiträge sind negativ.[47]

Ein dynamisches Element erfährt dieses Verfahren durch Berücksichtigung des Entwicklungspotenzials (Aufsteiger, Überflieger) eines Kunden.

Ergänzend kann in Anlehnung an die BCG-Matrix (vgl. Abschnitt 3.2.3) ein Zielgruppenmanagement entsprechend der Positionierung bei den Merkmalen „Kundenattraktivität" und „Abschlusswahrscheinlichkeit der Kundengruppe" erfolgen, wie Abb. 41 (eigene Darstellung) skizziert:

Strategien entsprechend der Positionierung

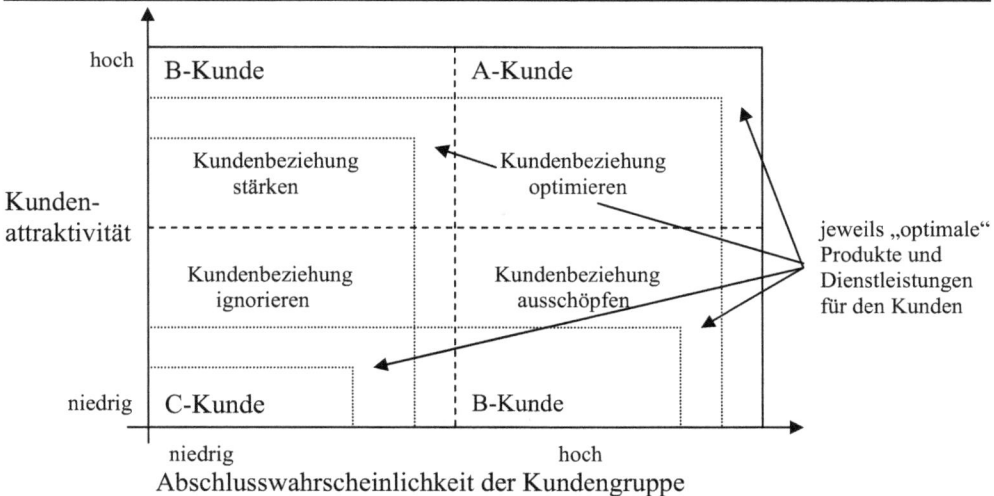

Abb. 41: Zielgruppenmanagement bei A-, B- und C-Kunden

Als Faktoren der Zielgruppenbestimmung kommen zum Einsatz:

- soziodemografische Merkmale (Alter, Bildung, Einkommen),
- psychografische Merkmale (Interessen, Einstellungen, Gewohnheiten, Mobilität),
- funktionale Merkmale (Besitz, Konsum- und Kaufverhalten),
- Kundenbindungsgruppen (sichere vs. gefährdete Kunden, gewinnbare Neukunden) und
- Einflussgruppen (Multiplikatoren, Meinungsführer).[48]

Die Liste der Segmentierungskriterien lässt sich weiter differenzieren nach

- Verhalten/ Erwartungen hinsichtlich Zahlungsweg und -moral, Nutzungsintensität der Kundenschnittstelle, Anfragen und Beschwerdeverhalten sowie
- Vertragsdaten wie gekaufte Produktarten und Zeitpunkt des Kaufs, des bezahlten Preises, etc.

Die so ermittelten Zielgruppen werden in ein Kundenbetreuungskonzept mit einem gestaffelten Produkt- und Servicemenü überführt, das eine – vermeintlich – bedarfsgerechte Leistungsabgabe ermöglicht. Abbildung 42 zeigt ein Beispiel für ein Kundenbetreuungskonzept im Wertpapierhandel einer Bank.

	Discountkonzept	Beratungskonzept	Betreuungskonzept
Zielgruppe	junge Aufsteiger und aktive Anleger, z. B. Berufseinsteiger und preissensible Kunden ohne Bedarf an einer Anlageempfehlung	"Normalkunde" mit standardisiertem Beratungsbedarf	betreuungsintensive Kunden
Produktauswahl	- keine Termin-geschäfte inkl. Optionsscheine - keine Titel, die nicht in Deutschland ge-handelt werden - keine Papiere in Fremdwährungen	keine Termingeschäfte inkl. Optionsscheine	ohne Einschränkungen
Beratung	nur bei Depoteröffnung	- bei Depoteröffnung - nach Bedarf des Kunden - durch schriftliche Offerten (z. B. Aktienbrief)	- bei Depoteröffnung - aktive regelmäßige Ansprache durch den Betreuer - nach Bedarf des Kunden
Orderverteilung	- Telefon - Fax - Brief - Kundenschalter	- Telefon - schriftlich - Berater	- Telefon - schriftlich - persönlicher Betreuer

Abb. 42: Kundenbetreuungskonzept im Wertpapierhandel[49]

Allerdings stoßen bestimmte Methoden der Kundensegmentierung an Grenzen, da sich „soziodemografische Zwillinge" hinsichtlich ihrer Erwartungen im Bereich privater Dienstleistungen durchaus deutlich unterscheiden können. McKinsey schlägt deshalb eine Einteilung nach Finanzerfahrung und Grundeinstellung zu Finanzfragen vor und kommt so zu sechs verschiedenen Kundentypen:

- Typ 1 mit starker Finanzerfahrung: konservativer, rationaler, „aufgeklärter" Kundentyp mit gesunder Skepsis beim Abschluss; er wählt Standardprodukte, die er stark verinnerlicht hat
- Typ 2: mit starker Finanzerfahrung: aber progressiv und seltener Käufer von Standardprodukten; ist auf neue Tarife, Innovationen und spezielle Produkte („Sahnehäubchen") ansprechbar

- Typ 3 mit schwacher Finanzerfahrung: konservativ-passive Grundeinstellung, bequem und lethargisch in Finanzdingen; benötigt erhöhten Beratungsbedarf, will zum Abschluss überzeugt, ja angeschoben werden und ist trotzdem preisbewusst; verlangt bewährte Standardprodukte ohne hohen intellektuellen Anspruch – was auf den Großteil der Kundschaft zutrifft
- Typ 4 mit schwacher Finanzerfahrung: progressiv mit hohen Serviceerwartungen und hoher Delegationsbereitschaft in Finanzdingen, dankbar für „Problemlöser"; guter Cross-Selling-Kandidat
- Typ 5 und 6 mit mittlerer Finanzerfahrung und konservativer oder progressiver Grundeinstellung: Mischtypen, die je nach Ausprägungsgrad tendenziell den anderen vier Grundtypen zugeordnet werden können.[50]

Abb. 43 zeigt die Häufigkeit des Vorkommens der sechs Kundentypen mit ihren Konsequenzen für die Breite und Tiefe des Produktangebots an den Kunden sowie die Interaktion und Kommunikation zwischen Anbieter und Kunde:

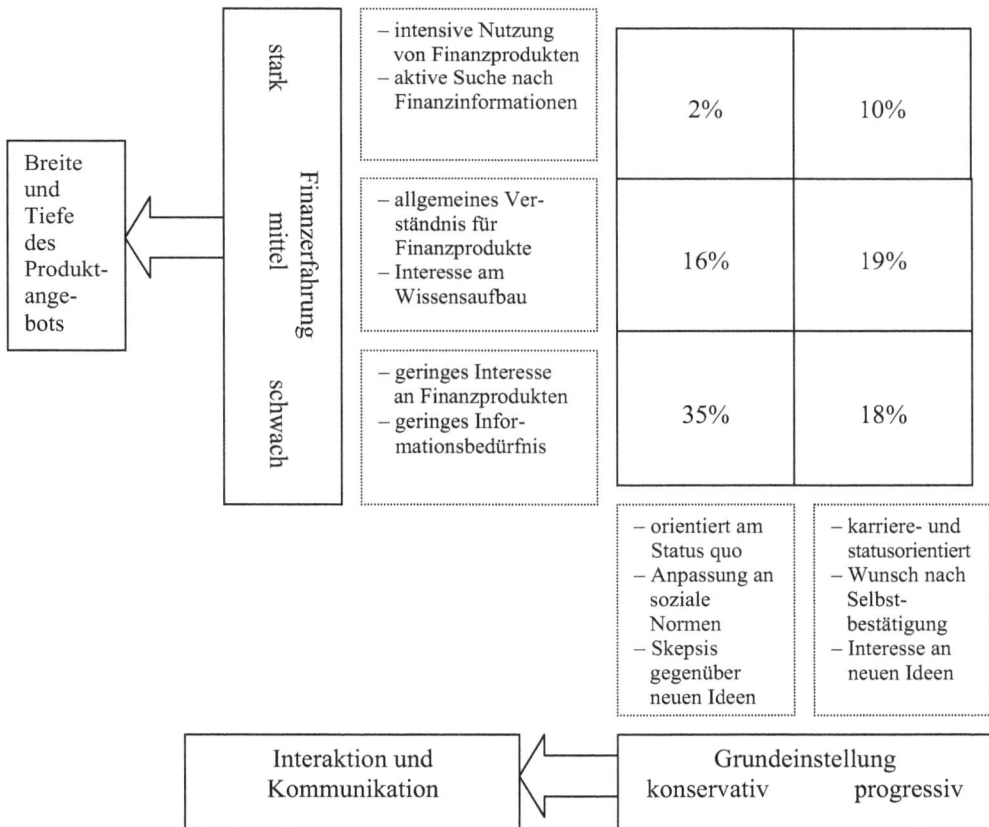

Abb. 43: McKinsey Segmentierungsansatz[51]

Für eine qualifizierte Segmentierung ist es schließlich hilfreich, über die Marktforschung die Wertvorstellungen der Kunden mittels einer **semiometrischen Analyse** zu bestimmen. Hierbei wird die emotionale Nähe bzw. Distanz eines befragten (potenziellen) Kunden zu ausgewählten Begriffen ermittelt.[52] Abb. 44 stellt das semiometrische Koordinatensystem dar.

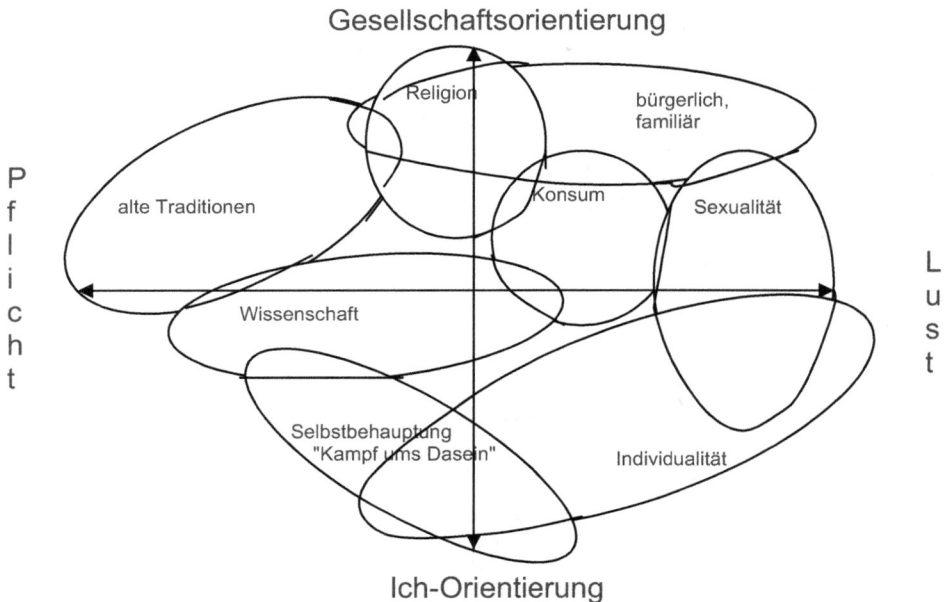

Abb. 44: Das semiometrische Koordinatensystem[53]

Ziel dieses Ansatzes ist es, sowohl die treuen Kunden als auch die wechselbereiten Kunden eines Finanzdienstleisters bestimmten Wertefeldern zuzuordnen, so dass sich den einzelnen Institutsgruppen verschiedene prototypische Stammkunden (mit jeweils eigenen Wertvorstellungs-Merkmalen) zuordnen lassen und gleichfalls die „gefährdeten" Kunden jeder Institutsgruppe identifizieren lassen.

Die Entwicklung von Strategien zur Gewinnung und Bindung von Kunden sowie auch zur Rentabilitätssteigerung für den Anbieter hat das grundsätzliche Problem, dass praktisch alle Anbieter bereits IT-Projektlandschaften aufweisen, die teils kundenorientiert und teils verwaltungsorientiert sind. Sollen bzw. können diese laufenden Projekte storniert werden oder können sie in einer Prioritätenliste hinter das CRM-Projekt gestellt werden?

Eine pragmatische Vorgehensweise hat die jeweilige unternehmensindividuelle Ausgangssituation zu berücksichtigen. Dabei ist es hilfreich, sich auf drei Kernfragen zu fokussieren, um die Entscheidungen sachgerecht treffen zu können[54]:

1. Bedarfszentrierung:
    Gestützt auf einer professionellen und profunden Kundenbefragung soll das angeboten werden, was die Kunden tatsächlich wollen. Im Umkehrschluss heißt dies, dass ein Anbieter dem Kunden keine Zusatzleistungen aufdrängen soll, die dieser nicht wünscht, oder nur nutzt, weil sie nichts kosten oder die er gerne zu Gunsten echter anderer Zusatzleistungen eintauschen möchte.

2. Kapazitätsorientierung:
   Kundenorientierung bedeutet für den Anbieter vielfach Reorganisation des gesamten Unternehmens. Sind keine Prozessreserven im Unternehmen vorhanden, sind die Kapazitäten aufzustocken, um den Anforderungen gerecht zu werden und Crowding-out-Effekte (die Kundenorientierung führt zu Engpässen in der Ablauforganisation) zu vermeiden.
3. Renditeorientierung:
   Kundenorientierung hat seinen Preis, den der Kunde im Regelfall auch zu honorieren bereit ist. Sofern die Kundenorientierung zu bedarfsgerechten Angeboten führt, kann bzw. muss sie auch für den Anbieter rentabel sein.

Die Umsetzung des Maßnahmenbündels im Rahmen eines CRM-Ansatzes durch ein Paket von prozess- und technologiebezogenen Projekten ist eine Aufgabe, die vom gesamten Management und von der Betriebswirtschaftlichen Organisationsabteilung in Zusammenarbeit mit allen Fachbereichen vorgenommen werden muss.

Dies beginnt mit der Gestaltung der Aufbau- und Ablauforganisation, die bei vielen Finanzdienstleistern noch wie in der Industrie konzipiert ist. Kluge verweist darauf, dass die Form der klassischen Hierarchie-Pyramide für Versicherungen (und alle anderen Finanzdienstleister; Anmerkung des Verfassers) nicht geeignet ist, weil sie kundenorientiertes Verhalten erschwert oder gar unmöglich macht.[55] Zur Begründung zitiert er die zwischen Industrie und Finanzdienstleistungswirtschaft unterschiedlichen

- Standardisierungsgrade: während Industriegüter mit ihrer Auslieferung „stehen", wird beim Finanzprodukt ein Leistungsversprechen verkauft, das in der Folgezeit durch zahlreiche Tätigkeiten (Policierung, Inkasso, Schadenregulierung) realisiert wird. Bei der Umsetzung spielt die Verrichtungs- bzw. Abwicklungsqualität eine entscheidende Rolle für die Kundenzufriedenheit.
- Produktionsfaktoren: bei der Güterproduktion spielt der Einsatz von Sachkapital, bei Dienstleistungen der Einsatz von Humankapital die ausschlaggebende Rolle.
- Produktionsort: Realgüter können unabhängig vom Absatzmarkt produziert werden; eine Qualitätskontrolle stellt Mängel vor Auslieferung an den Kunden ab. Dies ist bei Dienstleistungen nicht möglich. Sie werden beim Kunden produziert, der anwesend ist, wenn Fehler passieren. Die Notwendigkeit, Fehler gar nicht entstehen zu lassen, ist in der Dienstleistungswirtschaft größer als in der produzierenden Wirtschaft.

Während also in der Industrie ein zentraler Wille bis in die Verästelungen der Organisation durchzusetzen ist und damit die traditionelle Hierarchie die ideale Organisationsform ist, erweist sich diese bei Finanzdienstleistungen wegen der hohen Abhängigkeit der Produktqualität von der Mitarbeiterqualität als ungeeignet. Vielmehr sollte die Entscheidungskompetenz dezentralisiert sein, die Mitarbeiter die Möglichkeit der unmittelbaren Rückmeldung vom Kunden für seine Entscheidung und damit einen Hinweis auf seine Zufriedenheit erhalten. Eine so verstandene „customer driven" Organisation wird bei der Entscheidung über die Zweckmäßigkeit von Geschäftsprozessen den Vorzug gegenüber „lean" Ansätzen der „IT-driven"-Lösungen erhalten, da diese den Kundenbedürfnissen Rechnung tragende komfortablere Lösung im Produktpreis an den Kunden weitergeben werden kann.

5.1.3   Der Kundenwert für den Anbieter

Im vorangegangenen Abschnitt wurde bisher lediglich allgemein festgestellt, dass im Zentrum der CRM-Maßnahmen der profitable Kunde mit positiven Deckungsbeiträgen für das Unternehmen steht.

In der Folge soll nun der Kundenwert aus Sicht des Anbieters näher untersucht werden. Was macht diesen Kundenwert genau aus? Zunächst stellt sich Kundenwert als eine Konsequenz einer bereits indizierten Wirkungsablaufkette dar: aufbauend auf der Zufriedenheit des Kunden stellt sich seine Loyalität ein, die ihrerseits Grundlage der Kundenbindung ist und die wiederum den Kundenwert für das Unternehmen bewirkt. Abb. 45 (eigene Darstellung) zeigt diesen Beziehungszusammenhang auf.

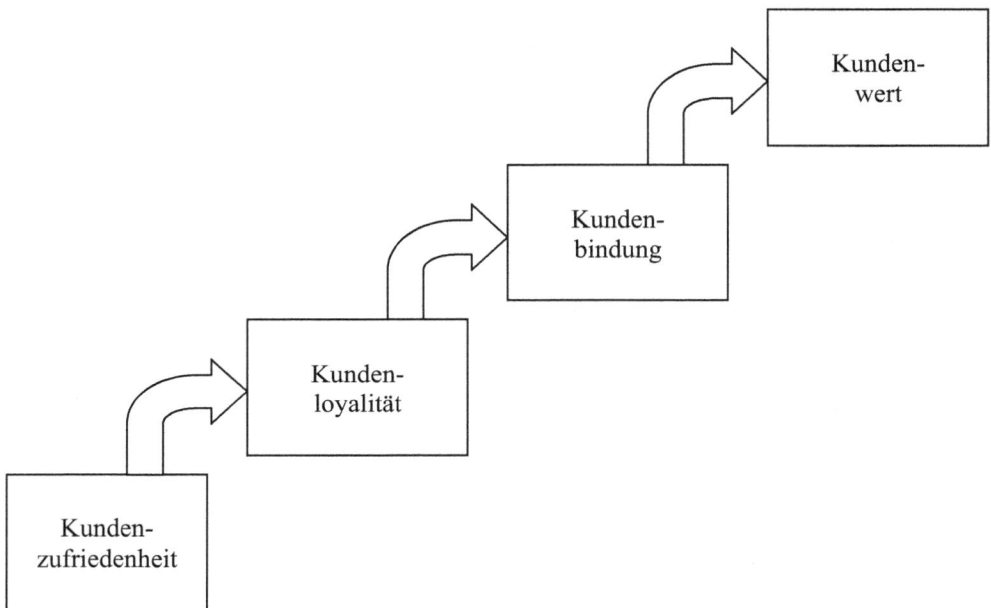

Abb. 45 Wirkungskette zwischen Kundenzufriedenheit, -loyalität, -bindung und -wert

Die Auswirkung des Zufriedenheitsniveaus der Kunden auf den Deckungsbeitrag in der Versicherungswirtschaft zeigt, dass hinter einem Branchenmittelwert für Zufriedenheit eine erhebliche Streuung von zufriedenen bis sehr zufriedenen Kunden (52–90 %) besteht. Wenn es einem Unternehmen gelingt, das Zufriedenheitsniveau als Anteil zufriedener und sehr zufriedener Kunden zu steigern, ergeben sich gem. einer Modellrechnung bei einem Zufriedenheitslevel von 60 % die Deckung eines Basisertrags, der mit einer Erhöhung der Kundenzufriedenheit auf 95 % eine zunehmende Steigerung durch weitere Deckungsbeitragskomponenten wie

- Reduktion der Kündigungen
- Steigerung beim Cross-Selling und
- Erhöhung der Anzahl an Weiterempfehlungen
erfährt.[56]

Eine Untersuchung des monetären Nutzens einer langfristigen Kundenbeziehung von Reichheld mit einer Quantifizierung der Ergebnisbeiträge verschiedener Aspekte der Geschäftsbeziehung zeigt Abb. 46.

Gewinnpotenziale

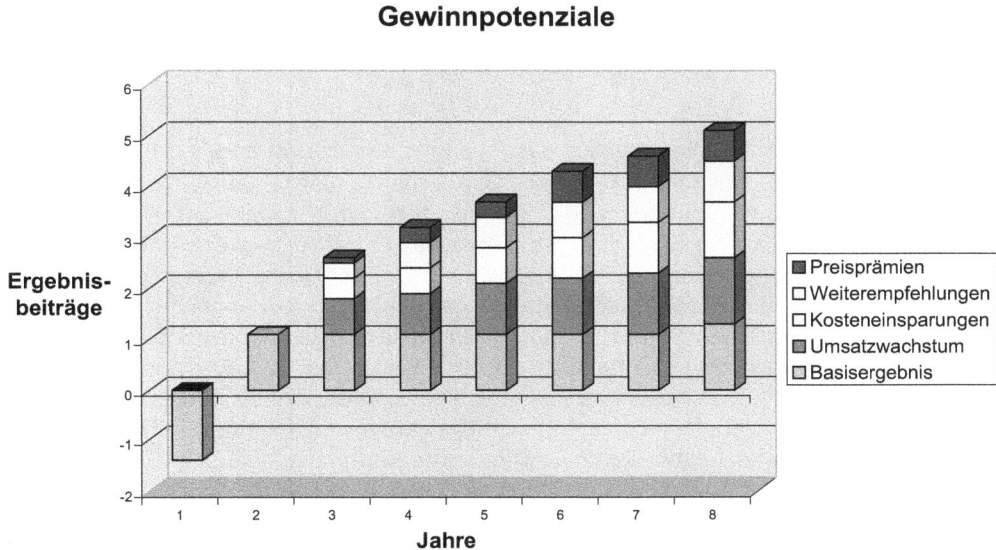

Abb. 46: Monetärer Nutzen langfristiger Kundenbeziehungen[57]

Selbst Churn-Management-Maßnahmen (vgl. Abschnitt 5.1.1) wie Kündigungspräventionen und Rückgewinnungsaktionen können unter dem Aspekt des Kundenwerts bewertet werden. Zumindest im Sinne einer Opportunitätskostenrechnung zu künftigen Marktanteilsverlusten, Ergebnisminderungen, etc. Wenn 28 % aller Kunden in der Assekuranz zwei Jahre nach Kündigung ihrer Kfz-Versicherung alle anderen Sachversicherungen kündigen, sollte dies ausreichend Anlass für den Versicherer sein, Kündigungen vorzubeugen und gekündigte Verbindungen zurück zu gewinnen.

Aus dem Kundenbeziehungs-Lebenszyklus (vgl. Abschnitt 5.1.2) lässt sich als Maß des Kundenwerts der **Customer Lifetime Value (CLV)** ableiten. Der CLV berücksichtigt alle über die Dauer der Kundenbeziehung erzielten Gewinne. In diese Berechnung gehen das Neugeschäfts- und Referenzpotenzial, das Ausfallrisiko, die Preissensibilität des Kunden, die Kosten für seine Akquisition sowie die Kosten in Zukunft für die Erhaltung der Kundenbeziehung ein.

Nach Analyse der vorhandenen Kundendaten wird zunächst der aktuelle Kundenwert berechnet. Die das Kundenverhalten und den Kundenwert beeinflussenden Faktoren werden dabei mittels Regressions- oder Clusteranalysen aufgedeckt. Dies hilft erklären, welcher Kundentyp eine Affinität zu bestimmten Produkten hat oder welche Aspekte die Wahrscheinlichkeit einer Kündigung der Geschäftsverbindung nahe legen. Anschließend wird das voraussichtliche Potenzial des Kunden ermittelt und eine Segmentierung nach seinen Erträgen für den Anbieter vorgenommen. Auf die einzelnen Segmente kann dieser schließlich zielorientiert seine Kundenbetreuungsmaßnahmen fokussieren.

Empirisch wurde dieser Ansatz im Bankbereich umgesetzt. Die Nettorentabilität der Bestandskunden ergab eine klassische Pareto-Verteilung: 10 % der Kunden brachten 60 % des Gewinns und die profitabelsten 20 % verantworteten 80 % des Gewinns. Eine Segmentierung nach dem Grad der Beziehungsaktivität des Kunden zur Bank an Hand der Kriterien Kontostand, monatliche Ratenzahlungen und Geldanlage in Relation zum Alter des Kunden ermöglichte nun die Erstellung einer Ertrags-Aktivitätsgrad-Matrix. Das Top-Segment wies rentable und hochaktive Kunden aus, deren Beziehung gepflegt und erhalten werden sollte.[58]

Da die Restriktionen der Wirkungsablaufkette von der Kundenzufriedenheit bis zum Kundenwert bekannt sind (Kunden verlassen das Unternehmen, obwohl sie zufrieden sind; Bestandskunden müssen nicht notwendiger Weise den höchsten Wertbeitrag bringen, etc.) und die Unternehmen unter dem Einfluss knapper Ressourcen stehen, weichen Unternehmen in ihrem Kundenbindungsmanagement zusehends vom Ziel der „Zero Defections" (Bindung ausnahmslos aller Kunden) ab. Stattdessen wird im Sinne einer wertorientierten Geschäftssteuerung versucht, die richtigen, d. h. profitablen Kunden dauerhaft ans Unternehmen zu binden. Die Identifizierung dieser richtigen und damit wichtigen Kunden kann im Rahmen eines Kundenwertmodells vorgenommen werden. Dieses muss über die vorgestellten Ansätze der ABC-Analyse (vgl. Abschnitt 5.1.2) oder des Customer-Lifetime-Value hinausgehen, da diese den Kundenwert entweder anhand einzelner Einflussfaktoren (z.B. Deckungsbeitrag) oder mehrerer, aber ausschließlich monetärer Faktoren messen.[59]

Aus diesem Grund wird der Kundenwert als prospektive Beurteilung der Kundenbeziehungen nicht mehr in einer einzigen Zahl verdichtet, sondern aus drei Komponenten zusammengesetzt:

- dem gegenwärtigen Erfolgspotenzial
- dem zukünftigen Erfolgspotenzial und
- dem komplementären Wertbeitrag.

Während die Erfolgspotenziale die zum Erhebungszeitpunkt erwarteten zukünftigen Gewinnbeiträge aus dem bestehenden Geschäft bzw. der potenziellen Ausweitung der Geschäftsbeziehungen über Cross- und Up-Selling monetär abbilden, sind die anderen verbleibenden Einflussgrößen auf den Kundenwert als komplementärer Wertbeitrag zu erfassen. Diese Größen wie Zahlungsmoral und Schadenhäufigkeit können zu einer Klassifikation (analog der ABC-Analyse) oder in einem Scoring-Wert zusammengefasst werden. Die Identifizierung der Kunden kann dann in Segmenten wie niedrige und hohe Werte in Bezug auf die drei Komponenten erfolgen, was zu acht Kundensegmenten führt. Selbstverständlich müssen nicht in jedem Unternehmen alle acht Segmente existieren und ebenso muss nicht allen Segmenten die gleiche Bedeutung beigemessen werden.

Ein pragmatischer Marketingansatz wäre aber die Fokussierung auf das Kundensegment mit niedrigem aktuellen, aber gleichzeitig hohem zukünftigen Erfolgspotenzial und einem hohen komplementären Wertbeitrag zu richten.

Im Einzelnen ist die Feststellung des gegenwärtigen Erfolgspotenzials aus den Vertragslaufzeiten und den damit verbundenen Cashflows vorzunehmen. Das zukünftige Erfolgspotenzial ist aus geschätzten Cashflows und den Abschlusswahrscheinlichkeiten (mit Hilfe von Data-Mining-Verfahren) zu ermitteln. Der komplementäre Wertbeitrag, der u. a. die Zahlungsmoral des Kunden berücksichtigt (da diese den Aufwand für Verwaltung und Inkasso bestimmt), führt schließlich zu einer Einteilung der Kunden aufgrund ihres Zahlungsverhaltens in der Vergangenheit.

Wegen der Berücksichtigung monetärer und nicht-monetärer Einflussgrößen vereinigt diese Kundenwertmodellierung die Vorteile von Scoring- und Customer-Lifetime-Value-Modellen. Die Kundenbeziehung wird damit prospektiv und spartenübergreifend vorgenommen. Die benötigten Größen lassen sich entweder direkt aus den Datenbanksystemen ablesen oder aber mit vertretbarem Aufwand aus den Vergangenheitsdaten schätzen.

5.2 Organisationsprobleme der Anbieter

Die unternehmenspolitischen Konsequenzen einer Allfinanzstrategie gehen über eine bloße Diversifizierung des eigenen Leistungsprogramms in Richtung Funktionen und Geschäftsfelder gegenüber ihrer Konkurrenz weit hinaus. Sie erfassen sämtliche Unternehmensbereiche bis hin zur Unternehmenskultur und Unternehmensphilosophie. Es ist daher auch nicht verwunderlich, wenn zwischen einzelnen betrieblichen Funktionsbereichen interdependente Beziehungszusammenhänge auftreten. Beispielsweise kann das Personalmanagement unter dem Primat der Kundenorientierung auch als Aufgabe des Vertriebswegemanagements gesehen werden. Ähnliche Verflechtungen bestehen zwischen der betriebswirtschaftlichen Querschnittsfunktion des IT-Managements und den Bereichen Produktentwicklung, Marketing und Vertrieb.

Nachstehend werden die Problemstellungen aus Sicht der vier Kernfunktionen Personal-, Vertriebswege-, Technologie- und Fusionsmanagement dargestellt.

5.2.1 Personalmanagement

Der gesellschaftliche Wertewandel als ständig aktuelles Phänomen bewirkt eine zusehends kritischere Gesellschaft, die sich in der Forderung nach Transparenz und Kontrolle artikuliert und gegen erlebte Entfremdung und Kontrollverluste protestiert. Gleichzeitig vollzieht sich ein Wertewandel von Pflicht- und Akzeptanzdenken weg und hin zu Selbstentfaltungswerten.[60]

Dieser Wertewandel erfasst logischerweise sowohl die Nachfrager von Finanzdienstleistungen als auch die Mitarbeiter der Finanzdienstleistungswirtschaft, die an der Angebotserstellung beteiligt sind.

Das Mitarbeiterselbstverständnis und mit ihm das Verständnis der Arbeitgeber vom Mitarbeiter hat sich in den letzten Jahren grundlegend gewandelt. Pauschal kann man sich der These der Kommission für Zukunftsfragen der Freistaaten Bayern und Sachsen anschließen, die den Mitarbeiter als „Unternehmer seiner eigenen Arbeitskraft und Daseinsvorsorge"[61] sieht.

Ähnlich wie die Kundenloyalität tendenziell im Abnehmen begriffen ist, (vgl. Abschnitt 5.1.1), wird die Bindung des Mitarbeiters an sein Unternehmen zusehends schwächer; sein Know-how wird innerhalb eines Berufs- und Arbeitslebens mehreren Unternehmen zur Verfügung gestellt. Dies wirft für die Arbeitgeber im Allgemeinen und damit auch für die Finanzdienstleistungswirtschaft die Fragestellungen auf, wie die Mitarbeiter durch geeignete

- Vergütungs- und Steuerungssysteme,
- Arbeitszeitsysteme und
- Personalentwicklungs- und -fördersysteme

an das Unternehmen gebunden werden können.

Vergütungs- und Steuerungssysteme

Die Komplexität dieses Themas ergibt sich daraus, dass ein Vergütungs- und Steuerungssystem im Rahmen des Personalmanagements vielfältige Eckpfeiler zu berücksichtigen hat:

- die Abgrenzung der Vergütungselemente Grundgehalt, variable Vergütung und Zusatzleistungen,
- die begünstigten Kreise: Mitarbeiter mit Führungsverantwortung und solche ohne Führungsaufgaben, Mitarbeiter im Innendienst bzw. Außendienst, im front bzw. back office sowie Generalisten und Spezialisten,
- das Verhältnis zwischen gesetzlichen , tariflich zugesagten und freiwilligen Sozialleistungen, etc.

Allein zwei Zahlen aus der Gruppe Deutsche Bank AG verdeutlichen dieses Organisationsproblem: ca. 1.400 Filialen und Finanzcenter sind in rund 170 (!) betriebsverfassungsrechtlichen Betrieben organisiert.[62]

Insofern werden nachstehend lediglich drei Vergütungs- und Steuerungsansätze kurz dargestellt, um die Vielschichtigkeit dieser Aufgaben ansatzweise zu belegen:

1. Das Cafeteria-Prinzip[63]

Ursprünglich freiwillige betriebliche Sozialleistungen werden häufig durch Betriebsvereinbarungen festgeschrieben oder der Freiwilligkeit wird durch den Grundsatz der betrieblichen Übung, den Gleichbehandlungsgrundsatz oder das Diskriminierungsverbot Grenzen gesetzt. Auch schwindet die Anreizwirkung (und damit die Steuerungsfunktion für das Unternehmen) von Sozialleistungen, die nach dem Gießkannen-Prinzip vergeben werden.

Dieser Tendenz wirkt der Cafeteria-Ansatz, ein Konzept flexibler Entgeltgestaltung, entgegen. Hier kann der einzelne Arbeitnehmer nach seinen Bedürfnissen aus dem vom Unternehmen bereitgestellten Menü freiwilliger Sozialleistungen, ähnlich der Menüauswahl in einer Cafeteria, seine von ihm gewünschten Leistungen zusammenstellen. Der Entscheidungsspielraum wird durch ein vorgegebenes Budget begrenzt.

Als Arten von Cafeteria-Plänen sind zu unterscheiden:

- der Kernplan mit einem Kernblock von Sozialleistungen, der für alle Mitarbeiter identisch ist. Um diesen gruppieren sich alternative Wahlmöglichkeiten (Wahlblock),
- der Buffetplan, bei dem der Mitarbeiter innerhalb eines fixierten Budgets freie Auswahl hat und
- der alternative Menüplan, bei dem standardisierte Sozialleistungen nach der Bedürfnisstruktur unterschiedlicher Arbeitnehmergruppen angeboten werden.

Wegen tariflicher Festlegungen und mitbestimmungsrechtlicher Gründe sind die Möglichkeiten von Cafeteria-Systemen in der Praxis eingeschränkt, so dass sich diese am ehesten für Führungskräfte eignen. Steuervorteile bei den einzelnen Entgeltbestandteilen wirken sich bei dieser Begünstigtengruppe besonders aus, da diese meist mit einer hohen Einkommensteuerprogression belastet sind.

2. Economic Value Added-Ansätze

Der Economic Value Added-Ansatz (EVA) ist ein Steuerungsinstrument, das – für den Bankensektor entwickelt – einzelne und isoliert betrachtete Geschäftssparten analysiert und einheitlich auf Gesamtinstitutsebene einsetzbar ist. Dabei wird eine direkte Verbindung zum Marktwert (Börsenkapitalisierung) des Unternehmens hergestellt und das Vergütungssystem (genauer gesagt die variablen Teile der Vergütung = Tantieme bzw. Bonus) an die tatsächliche Wertschöpfung gekoppelt. Damit wird eine externe kapitalmarktorientierte Sicht mit der internen Unternehmenssteuerung verbunden.

Der EVA ist das Geschäftsergebnis abzüglich der Kosten für das eingesetzte Kapital, m. a. W. der Gewinn, der die von den Aktionären geforderte Mindestrendite übersteigt. In Bezug auf das Vergütungssystem wird mit Einsatz des EVA sichergestellt, dass alle strategischen und operativen Entscheidungen der Führungskräfte an ihrem Beitrag zur Wertsteigerung des Unternehmens gemessen werden.

Ziel des Systems ist es, Führungskräfte zu unternehmerischem Handeln zu motivieren. Um auch zu langfristigen Wertsteigerungsaktivitäten anzureizen, umfasst ein EVA-System auch Aktien- und Aktienoptionspläne.[64]

Als Variante der EVA-Ansätze stellt sich der in der Assekuranz entwickelte **embedded value-Ansatz** dar. Während bei Banken, KAGs und Bausparkassen – von den grundsätzlichen Ungenauigkeiten eines solchen Bewertungssystems abgesehen – die Input-Daten auf einem gesicherten Zahlenwerk basieren, hängt in der Versicherungswirtschaft der Ertragswert eines Bestands von Schätzgrößen wie dem tatsächlich erwirtschafteten Zinssatz der Kapitalanlagen und der tatsächlichen Sterblichkeit des Bestands ab. Da diese Abweichungen der tatsächlichen von den prognostizierten Größen sich u. U. erst nach vielen Jahren herausstellen, liegt in dieser Vergütungsmethode (die hauptsächlich für den Außendienst zur Anwendung gelangt) noch ein gewisses Risiko. In jedem Fall dokumentieren EVA-Ansätze in der Assekuranz den Weg in die richtige Richtung, der in der Abkehr vom Umsatzdenken in der Provisionskalkulation hin zur Ertragsoptimierung über Verprovisionierung von Beitragssummen besteht. Richtig deshalb, weil damit die objektive Beratung, die sich am Bedarf des Kunden und nicht an der Provisionshöhe orientiert, gefördert wird.[65]

3. Aktien (kurs) orientierte Vergütung

Für die Koppelung eines Teils der Mitarbeitervergütung an die Aktie des Unternehmens bietet sich an,

- Tantiemen über einen bestimmten Faktor (z.B. € 1.000 pro Dividendenpunkt) an die ausgeschüttete Dividendenhöhe zu koppeln
- Belegschaftsaktien nach § 19 a EStG begünstigt zur Zeichnung anzubieten oder
- Aktien mit Mitarbeiterrabatt gemäß § 8 Abs. 2 EStG bereitzustellen.

Eine weitergehende, am Shareholder Value-Gedanken orientierte Gestaltung von Managementbezügen im Dienst erfolgsorientierter Unternehmensführung realisiert die Commerzbank AG mit ihrem Long Term Performance-Plan, mit dem Führungskräfte an der Aktienkurs-Performance beteiligt werden.[66]

Dabei wird die Outperformance der eigenen Aktie gegenüber dem Dow Jones Euro Stoxx Bank-Branchenindex honoriert. Grundlage dieser Erfolgsbeteiligung (beim LTP-Plan 2000) ist ein Eigeninvestment der Mitarbeiter, dessen Höhe für alle Funktionsgruppen und Vorstände differenziert festgelegt wird. Einzelheiten dieses Vergütungsmodells zeigt Abb. 47.

Der Vergütungsansatz wurde in Mitarbeiterkreisen der Bank positiv aufgenommen, da das Eigeninvestment als fair eingestuft wurde. Die Bank erwartet sich eine hohe Identifikation mit dem Unternehmen und seinen Zielsetzungen. Der Plan verteuert für Wettbewerber potenzielle Abwerbungen, da der neue Arbeitgeber üblicherweise eine Kompensation für die Nichtausübung wegen der Kündigung zu leisten hat. Er entspricht darüber hinaus der Notwendigkeit, in einem globalen Marktauftritt Usancen ausländischer, insbesondere angelsächsischer Anbieter zu adaptieren. Ferner wird mit solchen Instrumenten der Wettbewerb mit Start-up-Unternehmen im Internet- und IT-Bereich um neue Mitarbeiter aufgenommen, die attraktive Aktienoptionsmodelle anbieten.

Vom Eigeninvestment zur Partizipation

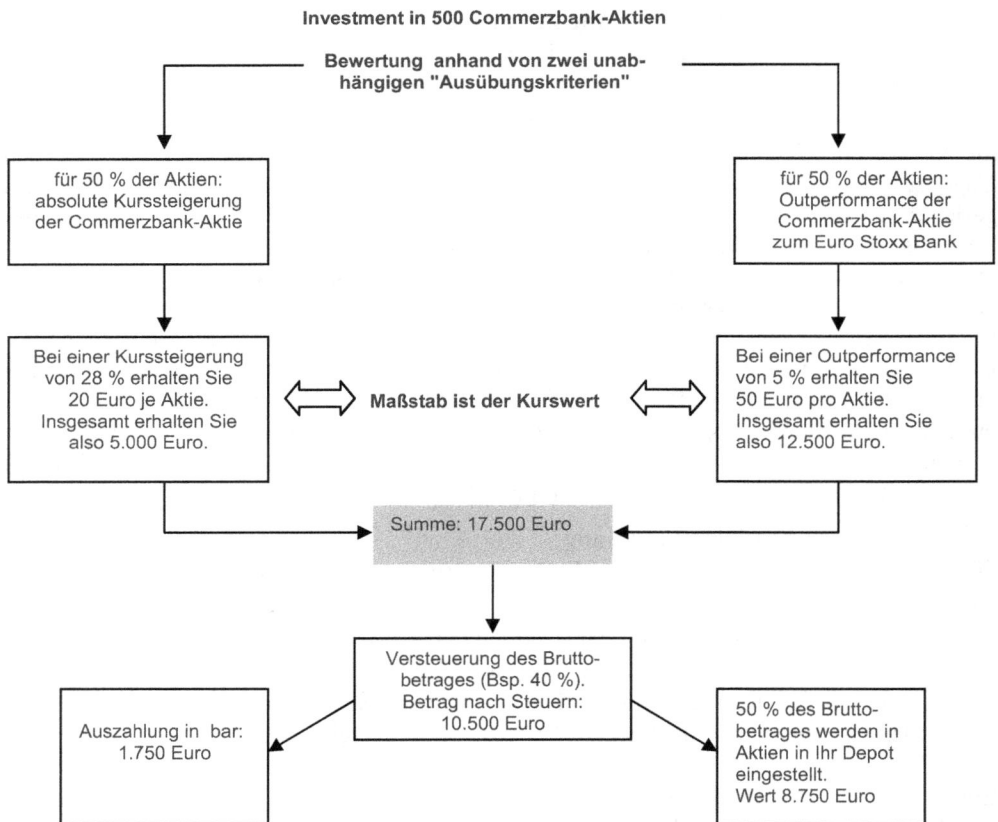

Investment in 500 Commerzbank-Aktien

Bewertung anhand von zwei unabhängigen "Ausübungskriterien"

für 50 % der Aktien: absolute Kurssteigerung der Commerzbank-Aktie

für 50 % der Aktien: Outperformance der Commerzbank-Aktie zum Euro Stoxx Bank

Bei einer Kurssteigerung von 28 % erhalten Sie 20 Euro je Aktie. Insgesamt erhalten Sie also 5.000 Euro.

Maßstab ist der Kurswert

Bei einer Outperformance von 5 % erhalten Sie 50 Euro pro Aktie. Insgesamt erhalten Sie also 12.500 Euro.

Summe: 17.500 Euro

Versteuerung des Bruttobetrages (Bsp. 40 %). Betrag nach Steuern: 10.500 Euro

Auszahlung in bar: 1.750 Euro

50 % des Bruttobetrages werden in Aktien in Ihr Depot eingestellt. Wert 8.750 Euro

Abb. 47: LTP-Plan 2000[67]

Arbeitszeitmanagement

Bereits bei der Vorstellung moderner Vergütungs- und Steuerungssysteme war erkennbar, dass die „New Economy" eine Herausforderung für die klassischen Finanzmarktintermediäre darstellt, die dadurch vielfach zu einer Redefinition ihrer Unternehmensfunktionen gezwungen werden. Auch das Arbeitszeitmanagement ist Teil der strategischen Kompetenzentwicklung im Personalmanagement, da die besten Bewerber wie auch die vorhandenen fähigen Mitarbeiter höchst mobil sind und gerade in Fragen der Arbeitszeitregelung immer neue Anforderungen an ihren „Employer of Choice" richten.[68]

Moderne Arbeitszeitsysteme tragen ebenso wie die Einführung variabler Vergütungselemente und flexibler Einsatzmöglichkeiten des Mitarbeiters (Arbeitsortwahl) dazu bei, die Leistungsbereitschaft des Mitarbeiters über gestiegene Motivation und Individualisierung der Arbeit zu erhöhen. Gleichfalls fokussieren diese Aufgaben des Personalmanagements die Orientierung des Mitarbeiters an den Kundenwünschen und Ergebniszielen des Unternehmens.

Die Einteilung der persönlichen Arbeitszeit und damit die Freiheit der selbständigen Zeitdisposition über Arbeitszeit und Abwesenheit sollten sich nach den Erfordernissen des Arbeitsvolumens und damit den Anforderungen des Kunden richten. Ausgehend von dieser Zielsetzung erfolgt die Verantwortungsdelegation für die Erledigung der Arbeitsaufgaben auf den Mitarbeiter und sein Team bzw. den unmittelbaren Vorgesetzten.

Für die Steuerung der An- und Abwesenheit erscheint es zweckmäßig, zwischen Führungskraft und Mitarbeiter bzw. Arbeitsgruppe klare Rahmenbedingungen zu vereinbaren, indem gemeinsam (= Element der Verantwortungspartizipation und -delegation) Standards für die Erledigung von Aufgaben beschlossen werden. Diese Standards können sich auf Service- und Funktionszeiten, angemessene Bearbeitungsfristen und Qualitätskriterien beziehen. Das Arbeitsteam ist für die Einhaltung dieser Standards und damit die Arbeitszeitfrage zuständig.

Traditionelle Arbeitszeitsysteme beschränken sich auf eine (meist nachträgliche) Information der Führungskräfte über Zeitkontenstände und relativ restriktive Handhabungen für den Ausgleich von Zeitguthaben über Freizeitnahme bzw. Übertragung auf einen neuen Abrechnungszeitraum. Ergebnis dieser Handhabung ist häufig ein unsystematisches und unkontrolliertes Auflaufen von Arbeitszeitsalden, begleitet von dem Bemühen, diese zu den Stichtagen hin unabhängig vom Arbeitsstand und den Mitarbeiterwünschen auszugleichen.

Im Interesse einer effizienten Steuerung hat die Deutsche Bank AG zwei Arbeitszeitmodelle entwickelt, die nachstehend exemplarisch vorgestellt werden[69]:

1. **Das Ampel-Modell**

   Dieses ist ein rollierendes Zeiterfassungssystem ohne Abrechnungsstichtage, um ausdrücklich auch Minus-Salden zur Bevorratung von Zeiten mit erwartet größerem Arbeitsanfall zu kompensieren. Bei Vorliegen von Zeitsalden sieht das Modell je nach Ampelphase gestaffelte Handhabungen vor: bei grün (bis 30 Stunden Zeitguthaben) steuert der Mitarbeiter seine Arbeitszeit individuell, d. h. eigenverantwortlich. Zwischen 30 und 60 Stunden (Gelbphase) stimmt der Mitarbeiter mit seiner Führungskraft ab, wie der Saldo in den grünen Bereich zurückgeführt werden kann, während bei rot eine schriftliche Vereinbarung zum Abbau des Zeitguthabens zu treffen ist. Darüber hinaus kann bei Sondersituationen ein Arbeitszeitbudget einzelvertraglich vereinbart werden, das die individuelle Sollarbeitszeit bis maximal 200 Stunden begrenzt auf 6 Monate p. a. anheben kann.

2. **Das Leistungskonto**

   Bei einer im Vorfeld des Anfalls vereinbarten und budgetierten Mehrarbeit kann diese in ein Leistungs- oder Lebensarbeitskonto überführt werden. In dieses Konto können neben dem Zeitguthaben auch Vergütungsbestandteile eingebracht werden. Aus diesem Guthaben, das wie ein Geldkonto verzinst wird, lassen sich bezahlte Freistellungen während des Beschäftigungsverhältnisses oder ein vorgezogener Ruhestand finanzieren.

Beide Modelle (mit unterschiedlichem Anwendungsgrad für tarifliche und außertarifliche Mitarbeiter) setzen auf die eigenverantwortliche Steuerung der Arbeitszeit durch die Mitarbeiter, was die zunehmende Souveränität und Autonomie des Angestellten unterstreicht. Damit spielt auch die Frage, wo sich der Arbeitsplatz befindet (im Unternehmen, vor Ort beim Kunden oder zu Hause beim Mitarbeiter durch Telearbeit) keine Rolle mehr.

Personalentwicklungssysteme

Personalentwicklungs- und -fördersysteme basieren auf der erfolgreichen Synopse zwischen den Anforderungsprofilen und Eignungspotenzialen der vorhandenen bzw. neu einzustellenden Mitarbeiter. Die hohe Zentrierung aller Unternehmensbereiche auf den Allfinanzmarkt sowie die zunehmende Anwendung neuer IT-Instrumente definieren Aufgabenstellungen, Prozessabläufe und Mitarbeiterprofile, womit die Anforderungen an die Personalentwicklung gegeben sind, diese erforderlichen Potenziale einzustellen bzw. zu entwickeln.

Die Analyse der Eignungspotenziale von Mitarbeitern verfolgt das Ziel, Mitarbeiter danach zu identifizieren, ob sie für ihren derzeitigen Funktionsbereich am besten geeignet sind oder für Aufgaben außerhalb ihres jetzigen Funktionsbereichs und ob sie zur Übernahme neuer Aufgaben motiviert sind.[70]

Typischerweise wird die Eignungspotenzialanalyse getrennt für Mitarbeiter mit Führungsaufgaben und solchen ohne Führungsverantwortung vorgenommen.[71] Benölken[72] nennt als Gründe für die Separatbehandlung der Führungskräfte

- die Schlüsselfunktion der Führungskraft, an der sich die Mitarbeiter orientieren können und
- die Mitwirkung der Führungskräfte bei der Auswahl ihrer Mitarbeiter, wenn Anforderungsprofile und Eignungspotenziale mehrere Lösungen als sinnvoll erscheinen lassen.

Anforderungen bei der Führungskräfteauswahl

Zu den zentralen Anforderungen für die erfolgreiche Umsetzung von Allfinanz-Strategien zählen die Personalentwicklung und Personalführung, die als persönliche und soziale Kompetenzelemente einer Führungskraft betrachtet werden können.

Weitere Kompetenzanforderungen an die Führungskraft liegen im fachlichen, methodischen und strategischen Bereich. Hierzu zählen u. a.:

- Beherrschen der Instrumente des operativen Managements,
- Strategien einleiten,
- Entscheidungen treffen und vertreten,
- Handlungsfolgen einschätzen,
- Handlungseffizienz bewerten und
- Qualitätsmanagement betreiben.[73]

Da nicht alle Beziehungen zwischen den Mitarbeitern organisatorisch festgelegt bzw. institutionalisiert sind, müssen Führungskräfte die Zusammenarbeit ihrer Mitarbeiter kommunikations-, kunden- und erfolgsorientiert koordinieren.[74]

Dies erfordert nicht nur hohes Fachwissen, sondern die Fähigkeit, die Mitarbeiter zu führen, ihre Tätigkeiten zu koordinieren, dass diese dem Kunden gegenüber als fachliche Einheit auftreten, untereinander und gegenseitig im Team lernen, womit Synergieeffekte zwischen den Mitarbeitern geschaffen werden.[75]

Am besten ist es, diese Teamorientierung durch einen kooperativen Führungsstil vorzuleben, womit über die persönliche und fachliche Autorität des Vorgesetzten geführt wird, was zu einem Leistungssystem führt, bei dem hierarchisches Pyramidendenken und Positionsautorität vermieden bzw. ausgeschaltet werden.[76] Die Mitarbeiterführung durch Motivation, Zielvereinbarungen und Entscheidungspartizipation wird damit zu einem wesentlichen Erfolgsfaktor.

Unter Personalentwicklung versteht man ein übergreifendes Förderungssystem, das unter Beachtung der Unternehmensziele die individuellen Berufswege der Mitarbeiter steuert und ihnen unter Beachtung ihrer persönlichen Eignung und Neigung die zur optimalen Wahrnehmung ihrer Aufgaben erforderlichen Qualifikationen vermittelt. Personalentwicklung ist zielgerichtetes Qualitätsmanagement im Felde des Human Capital.[77]

Nur wenn es gelingt, die Unternehmensziele mit dem Mitarbeiterziel zu koordinieren, kann ein nachhaltiges Optimum erreicht werden.

Anforderungen bei der Mitarbeiterauswahl auf der exekutiven Ebene
Benölken unterteilt im Sinne einer lean organization die aufgabenbezogenen Anforderungsprofile an die potenziellen Stelleninhaber in die Bereiche Vertrieb, vertriebsunterstützende Spezialfunktionen und markt- bzw. produktbezogen ausgerichtete Betriebseinheiten.[78]

Im **Vertriebsbereich** zählen zu den persönlichen Schlüsselfunktionen eines Allfinanzberaters

- verkäuferisches Denken und Handeln,
- Lern- und Arbeitstechniken,
- unternehmerisches Denken und Handeln sowie
- Kooperation und Kommunikation.[79]

Da diese Eigenschaften und Fähigkeiten normalerweise nicht angeboren sind, ist es Aufgabe der Personalentwicklung, einen solchen Prozess der Persönlichkeitsentwicklung durch Integration von individuellen Karrierezielen der Mitarbeiter mit den Unternehmenszielen zu fördern.

In fachlicher Hinsicht fordert ein Anforderungsprofil des Allfinanzberaters

- volkswirtschaftliche, sozialversicherungsrelevante und steuerliche Grundkenntnisse und
- breiten Wissensfundus in allfinanzmarktspezifischen Fragen in Verbindung mit
- Anwendungserfahrung bei aktuellen Informations- und Kommunikationstechniken.[80]

Bei **Spezialistenfunktionen** ist neben dem spezifischen Fachwissen zu fordern, dass jeder Spezialist (dies gilt auch für die Führung im Spezialistenbereich) die institutsspezifischen Bedingungen des Vertriebs versteht. Die idealtypische Konsequenz dieses Postulats wäre, dass nur derjenige, der sich bereits im Vertrieb bewährt hat, auch relevante Funktionen im Betriebs- und Steuerungsbereich übernehmen kann. Hinsichtlich der Tiefe des Spezialwissens wäre es besser, punktuell und zeitlich befristet externes Spezialwissen hinzuzukaufen, als um Spezialisten herum einen Finanzdienstleister zu organisieren.[81]

Im **Betriebsbereich** leiten sich die Anforderungsprofile fast ausnahmslos von den Markterfordernissen ab. Für eine Reihe von Aufgaben genügt ein allgemeiner fachlicher Standard, wie er durch die Berufsbilder Bankkaufmann und Versicherungskaufmann bzw. den entsprechenden Fachwirten gegeben ist. Für eine zunehmende Anzahl von Aufgaben dürfte aber auch eine allgemeine „gewerbliche" Vorbildung ausreichend sein.

5.2.2   Vertriebswegemanagement

Den *besten* Vertriebskanal schlechthin für Allfinanzprodukte gibt es nicht. Die Darstellung der verschiedenen vertriebsorientierten Strategien im Rahmen der Strategien auf der Operativen Ebene für den Marktauftritt eines Finanzdienstleisters in Abschnitt 3.2 und insbesondere Abschnitt 3.2.1 ließen bereits erkennen, dass je nach Kundengruppe bzw. Kundensegment und Produkt ein bestimmter Vertriebskanal am Erfolg versprechendsten ist.

Viele Unternehmen des Finanzdienstleistungssektors werfen jedoch nach wie vor alle Kunden- / Käufertypen in einen Topf und lassen diese von der gleichen Vertriebsmannschaft betreuen. Dieses „Stuck in the middle"-Prinzip beinhaltet jedoch eine Positionierung, die den Kundenanforderungen nicht gerecht wird und somit auf Sicht auch nicht (mehr) erfolgreich sein kann.[82]

Ein ähnlich negatives – zumindest jedoch nicht zufriedenstellendes – Ergebnis in der Marktbearbeitung ergibt sich, wenn die Kundenstrategie nicht zur Mitarbeiterstruktur des Anbieters und umgekehrt passt. Abbildung 48 zeigt das Beispiel eines Versicherungs-Ausschließlichkeitsvertriebs, der aufgrund seines durchschnittlich abweichenden Bildungsniveaus von der gewünschten Zielgruppe Zugangsprobleme haben dürfte, die durch geeignete Maßnahmen gelöst werden müssten.

Hierzu zählen

- die Neudefinition der Zielkunden,
- der Aufbau einer spezialisierten Vertriebsmannschaft und
- die Beachtung passender Altersstrukturen zwischen Kunden und Mitarbeitern.

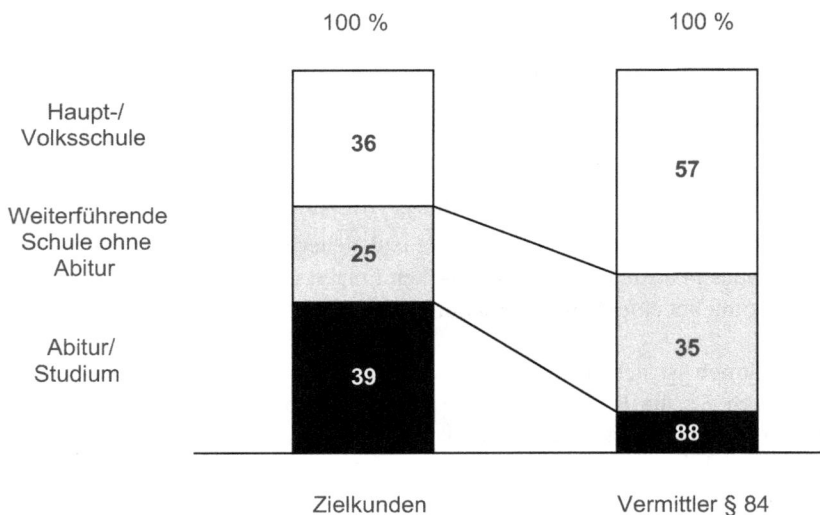

Quelle: MSR Consulting Group, Köln

Abb. 48: Zielkunden mit deutlich höherem Bildungsniveau als die Vermittlerschaft[83]

Auch Fischer stellt fest, dass eine in der Vergangenheit noch zu beobachtende Konzentration auf Einzelkriterien als struktur- oder entscheidungsprägende Faktoren (Wem gehört der Kunde? Welcher Vertriebsweg ist dominant?) immer stärker integrierten Ansätzen eines Vertriebswege-Managements zu weichen hat.[84]

Die Lösung dieser Aufgaben im Sinne einer Neuausrichtung des traditionellen Vertriebsmanagements kann einen ersten Schritt in Richtung eines Vertriebs**wege**managements darstellen. Wichtig bei der Implementierung eines modernen, kundenorientierten Vertriebswegemanagements ist die Beachtung der Tatsache, dass die einzelnen Vertriebskanäle untereinander selbst im Wettbewerb bezüglich der

- Nutzungsanforderungen (Convenience),
- Kosten und
- Schnelligkeit

stehen.[85]

Neben der Konkurrenzsituation zwischen den Chanels ist für den Anbieter bedeutsam, eine Koordination der Kanäle sicherzustellen, da ein und derselbe Kunde mehrere Kanäle nutzen kann und will. Im konkreten Bedarfsfall wird sich der moderne Multichannelnutzer aus dem angebotenen Spektrum der Zugangswege somit denjenigen auswählen, der für sein jeweiliges Vorhaben am besten geeignet scheint.

Selbstverständlich erwartet er über alle Kanäle den gleich (hohen) Level an Informations- und Servicequalität sowie Transaktionsmöglichkeiten.[86] Nur über harmonisierte und verzahnte Vertriebskanäle kann das Angebot eines Finanzdienstleisters in einem Vertriebsweg zur gleichen Zeit in allen anderen Vertriebsschienen nachvollziehbar kompatibel gestaltet werden.

So kann beispielsweise im Bankgeschäft Online-Banking eingesetzt werden, ein Call-Center angerufen werden, ein Geldausgabeautomat benutzt oder ein Schaltergespräch beim Kundenberater geführt werden. Fatal wäre dabei ein unkoordinierter Auftritt des Anbieters in verschiedenen Kanälen, wenn der Anbieter im Internet eine bestimmte Empfehlung abgibt, die der Berater in der Bank durch eine gegenteilige Aussage konterkariert.[87] Gleiches trifft auf die Kannibalisierung von Vertriebskanälen zu, wenn ein Kunde auf einem Vertriebsweg abweichende Konditionen, Preise, Gebühren, etc. genannt bekommt als auf einem anderen.

Die Strategie eines verzahnten und koordinierten Vertriebswegemanagements mit segmentspezifischem und konzertiertem Einsatz eines Marketing-Mix-Maßnahmenbündels einschließlich der Etablierung eines modernen Kundenservice wirkt sich bis in die **Vertriebsaufbauorganisation** des Unternehmens aus.

Auf Topmanagement-Ebene muss eine einheitliche Gesamtverantwortung für den Vertrieb gegeben sein. Trennung nach Zuständigkeitskriterien wie

- Stammvertrieb-Sondervertrieb,
- klassischer Vertrieb – elektronischer Vertrieb,
- Gebietszuordnungen nach Regionen oder Nationen oder
- Geschäftssparten

haben in dieser modernen markt- und kundenorientierten Organisation keinen Platz mehr.

Auf der mittleren und unteren Managementebene hingegen kann eine Ausrichtung nach der Geschäftsfeldverantwortung für Teilmärkte (Kundengruppen), Regionen oder einzelne Vertriebswege erfolgen, wobei diese über eine Matrix-Organisation zu verknüpfen sind, um hausinterne Konkurrenzbeziehungen, Ressortegoismen u. dgl. auszuschalten.

Bezüglich der **Ablauforganisation** ist der häufig anzutreffende Status quo gekennzeichnet durch

- abwicklungsorientierte Kapazitätsoptimierung, die zwar zur Zufriedenheit der Kunden bei Standardgeschäften führt, aber Defizite bei qualifiziertem Geschäft aufweist,
- das „jeder macht alles"-Prinzip, das verkaufsorientierten Mitarbeitern schnell die Motivation raubt, weil sie zu stark in die Servicefunktionen eingebunden werden und
- den falschen strategischen Ansatz, Kundenberater durch Zuordnung von Marktfolgetätigkeiten (back office-Aufgaben) möglichst gleichmäßig auszulasten.[88]

Bereits in Abschnitt 5.2.1 im Rahmen der Personalentwicklung war erkennbar, dass eine Trennung von Beratung und Abwicklung oder front bzw. back office notwendig ist, um durch eine vertriebsorientierte und vertriebsverständige Abwicklung eine Entlastung von Routinetätigkeiten des Vertriebsapparats und damit eine Fokussierung auf die Marktbearbeitung an der Kundenfront zu erreichen.

Diese Zentrierung wird erleichtert bzw. vielfach erst ermöglicht durch ein modernes **Database-Marketing**. Hier werden alle relevanten Kundeninformationen in einer zentralen Datenbank gesammelt und im Idealfall gemäß dem Motto „built once-run many" über einzelne Module den verschiedenen Vertriebskanälen beliebig oft für Aktionen verfügbar gemacht.

Abbildung 49 zeigt die Bereiche der Input-Daten, die Methoden zur Unterstützung von Marketing-Entscheidungen und die Einsatzmöglichkeiten eines Database-Marketing-Konzepts auf.

Dieses Konzept ist geeignet, die Umsetzung der Allfinanzphilosophie in ein Leistungspaket zu ermöglichen, da über geeignete Auswertungsstrategien die Kundendaten zu einem wichtigen Potenzial für Cross- oder Up-Selling-Maßnahmen werden. Beispielsweise kann der Bestandskunde einer Bausparkasse aufgrund der aktuellen Daten bezüglich Tätigkeit, Einkommen, getätigter Versicherungsabschlüsse, vorhandener Kommunikationsmedien etc. einer anderen Zielgruppe als bisher zugeordnet werden, weil er ab einem bestimmten Zeitpunkt „reif" für weiteres Cross-Selling ist.[89]

Mit dermaßen vertriebsunterstützter Softwareleistung wird gleichzeitig die intensive Verbindung des Vertriebswegemanagements zum IT-Management aufgezeigt.

Soziodemographische Kriterien   Kaufdaten   Psychographische Kriterien

Kundendatenbank

Methoden zur Unterstützung von Marketing-Entscheidungen
- z. B. Scoring-Modelle(RFMR)
- z. B. Selektions-Modelle

Einsatzmöglichkeiten

➢ Segmentierung
➢ Ausschluß von inaktiven Kunden
➢ Ausschluß von unrentablen Kunden
➢ Marktforschung
➢ Informationsgewinnung
➢ Unterstützung des Außendienstes
➢ Neukundengewinnung
➢ Auslieferungssteuerung

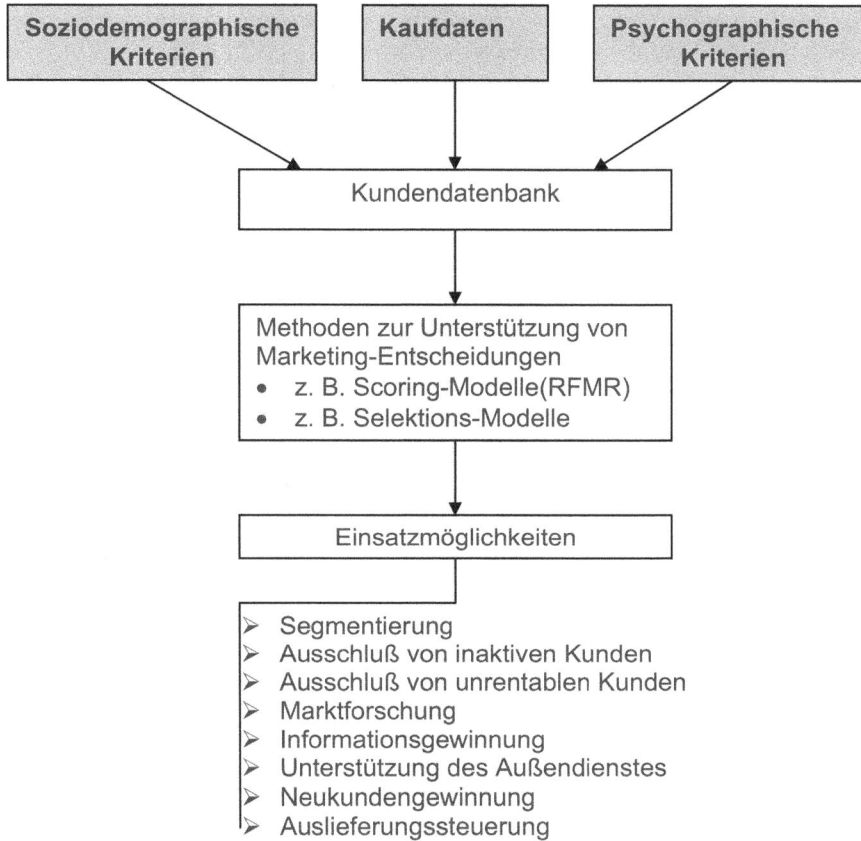

Abb. 49: Ziel eines Data-Based Marketing[90]

5.2.3   Technologiemanagement

Endres, ehemaliges Vorstandsmitglied der Deutsche Bank AG, prägte 1990 den Satz: „Banking is a technology driven business"[91] .Diese Aussage steht in offensichtlichem Widerspruch zur These in Abschnitt 4.1.2, wo formuliert wurde, dass in der Interaktion zwischen Kundenorientierung und Technologieorientierung der customer driven-Ansatz dominieren würde.

Noch 1994 wurde in einem 10-Thesen-Papier zur Bank der Zukunft[92] dieser Satz wiederum aufgegriffen, um zu belegen, dass eine Bank (hier beispielhaft für die gesamte Finanzdienstleistungsbranche zitiert) nur so gut ist, wie ihre Informations-Verarbeitungssysteme sind.

Informationsverarbeitungssysteme stehen in der Finanzdienstleistungswirtschaft für die Industrialisierung i. S. von Lernen von der Effizienz industrieller Prozesse bzw. Technisierung oder Automatisierung der Geschäftsprozesse. Die Implementierung des technischen Fortschritts ermöglicht es, eine quantitativ gleiche Produktionsmenge mit geringerem Einsatz an Produktionsfaktoren oder einen höheren Output mit gleichem Faktoreinsatz zu erstellen.[93]

Neben der quantitativen Verbesserung des Input-Output-Verhältnisses sind auch qualitative Optimierungen (z.B. durch Produktinnovationen) möglich.

Grundsätzlich durchdringt die Technisierung sämtliche Glieder der Wertschöpfungskette eines Finanzdienstleisters, wie Abb. 50 am Beispiel der Versicherungswirtschaft zeigt:

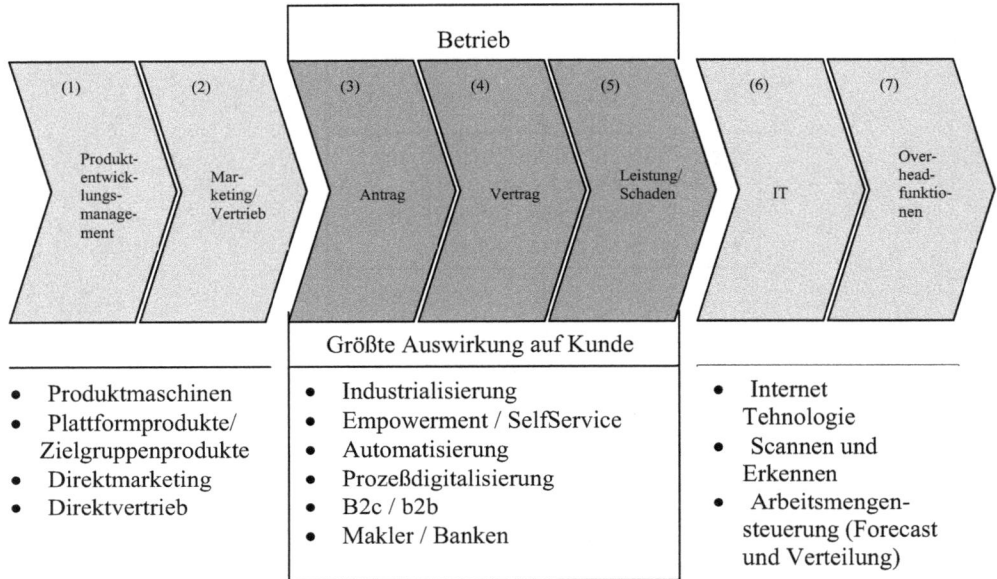

Technisierung durchdringt alle Glieder der Wertschöpfungskette

Abb. 50: Technisierung in allen Bereichen der Wertschöpfungskette[94]

Als Gründe der Industrialisierung sind zu nennen:

- die Serviceerwartungen des Kunden bezüglich der Verfügbarkeit individueller und gleichzeitig kostengünstiger Produkte auf multiplen Vertriebskanälen und dies rund um die Uhr sowie zeitnaher und abschließender Bearbeitung von Anfragen
- der Kostendruck auf der Anbieterseite auf Grund von Shareholder Value-Anforderungen, Wettbewerbsdruck und der Implementierung regulatorischer Auswirkungen
- die Erwartungen von Geschäftspartnern wie Leistungserbringern (Vermittler, Kooperationspartner) und Produktlieferanten.

Ein Wettbewerbsvorteil lässt sich in den globalen und vernetzten Märkten nur dann aufbauen, wenn IT

- von der Gesamtunternehmenssteuerung
- über die Verbesserung der Effizienz der Produktion
- bis zur Restrukturierung des Vertriebs gleichgewichtig und gezielt
eingesetzt wird.

Da die Restrukturierung des Vertriebs zur Kundenorientierung eine dieser Stoßrichtungen darstellt, löst sich der eingangs hinterfragte vermeintliche Widerspruch auf. Im Übrigen ist das „technology driven business"-Postulat vor dem Hintergrund der Zeit zu verstehen, in der es geprägt wurde. Die Finanzdienstleistungsbranche stand damals noch in der Phase der Produktorientierung beim Verkauf; der kundenbedarfsorientierte Problemlösungsverkauf steckte noch in den Anfängen und „technology driven" sollte auf die kommenden gewaltigen Herausforderungen des weltweiten Trends zur Technologisierung aufmerksam machen.

Die Frage stellt sich heute somit nicht, ob ein Finanzdienstleistungsanbieter sich den neuen Technologien erschließen soll. Denn ein passives Verhalten in einem technologieorientierten Wettbewerbsumfeld würde ein Gefährdungspotenzial (**revenues at stake** bzw. **profit at stake**) für die bestehenden Geschäftsfelder und vorhandenen Produkte des Anbieters bedeuten. Lamberti schätzt, dass in einzelnen Produktsegmenten für Banken ohne wettbewerbsfähigen Internetauftritt eine Verminderung der Erträge von mehr als 50 Prozent zu erwarten ist. Zum Beleg seiner These führt er den Preisverfall bei Brokeragetransaktionen von bis zu 90 Prozent und Margen belastende Preistransparenz bei Finanzierungsprodukten, insbesondere Hypothekendarlehen, an. Darüber hinaus konstatiert er eine grundsätzliche Bedrohung der Finanzintermediärfunktion im Übergang zu nahezu „perfekten" Märkten, was eine klare Vorstellung über zukünftige Wertschöpfungsmöglichkeiten erforderlich macht.[95]

Abbildung 51 stellt die strategischen Triebfedern bzw. „Treiber" der digitalen Revolution und deren Auswirkungen dar.

Will sich ein Anbieter in diesen wandelnden Märkten behaupten bzw. eine aktive Rolle einnehmen, geht es nur noch um die Frage, wie schnell und wie effizient er die neuen Technologien implementiert und umsetzt.

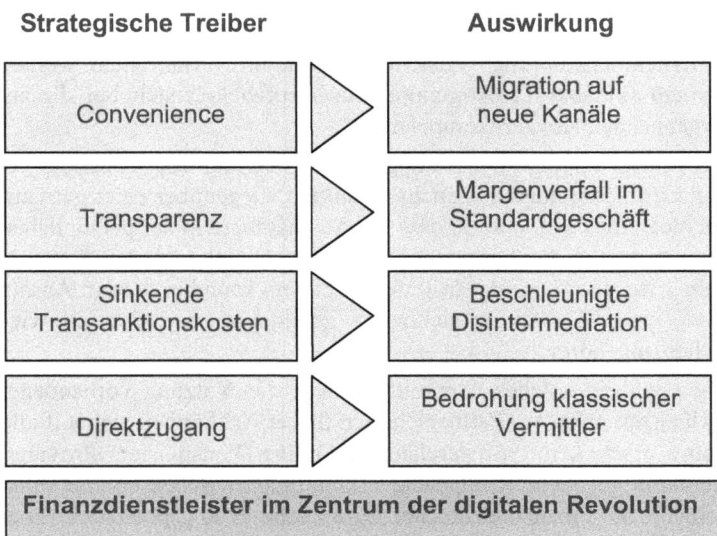

Abb. 51: Treiber der digitalen Revolution[96]

Das wesentliche Problem bei der Frage einer effizienten IT-Lösung ist das Vorhandensein von Softwarelösungen, die – zum Teil selbst entwickelt – historisch gewachsen sind und in sich bereits heterogene Systemlandschaften darstellen. Diese sind zum einen Teil die Folge von parallel betriebenen Konto- und Bestandsführungssystemen (sei es aufgrund von Fusionen oder in der Assekuranz wegen des Prinzips der Spartentrennung) und zum anderen Teil die Notwendigkeit wegen des Hinzukommens neuer Geschäftsfelder. Diese müssen in die Systemlandschaft integriert werden, da Neuentwicklungen zeit- und kostspielig sind. Daher ist unter Kosten- / Nutzenerwägungen oftmals die Beibehaltung der gegebenen Systeme (trotz hoher Wartungskosten, langer Zugriffszeiten, etc.) einer kompletten Neuentwicklung vorzuziehen.[97]

Da das elektronische Netzwerk die Grundlage der Infrastruktur von IT-Landschaften bildet, kommt seinem Ausbau eine wichtige Rolle zu. Zu gering ausgebaute Netze stellen die Geduld von Mitarbeitern und Kunden beim Abruf von Informationen aus Datenbanken oder beim Online Finance auf eine harte Probe. Gegenüber herkömmlichen zeichenbasierten Applikationen verursachen Internet-basierte Anwendungen ein vielfach größeres Datenaufkommen und erfordern daher größere Bandbreiten. World Wide Web-Anwendungen machen die Netzlast schwer kalkulierbar, da nicht vorhersehbar ist, welche Datenmengen aus dem Internet geladen und über das Netz transportiert werden.[98]

Als zusätzliche Kapazitätsfaktoren sind schließlich Sicherheitsaspekte zu berücksichtigen, die den Schutz gegenüber unerlaubten Zugriffen Dritter und Reaktionen des Netzes auf Störungen auffangen sollen.[99] Ferner zeigen virtuelle Banküberfälle auf Internetbanken den Handlungsbedarf der **Infosecurity** auf.

Diese Konfliktpotenziale können durch Standard-Softwarelösungen bewältigt werden, die

- plattformunabhängig einsetzbar sind
- alle Vertriebskanäle integrieren und
- eine komponentenbasierte Architektur aufweisen.[100]

Diese komplexen Aufgaben erfordern ein strategisches Technologiemanagement, das zur zentralen Aufgabe der Unternehmensführung gemacht und von ihr verinnerlicht werden muss. Technologiemanagement (IT und Telekommunikation) entwickelt sich bei diesem Anspruch zu einer neuen ergänzenden Konzernkompetenz.

Als Möglichkeit in der organisatorischen Umsetzung bietet sich an, die Technologie-Aktivitäten in den einzelnen Geschäftsfeldbereichen zu verankern. Gegenüber einer getrennten E-Finance-Organisation bietet dies den Vorteil, dass das Management in der persönlichen und unmittelbaren Verantwortung für die Umsetzung und Fortentwicklung der Strategie steht. Als integrative Klammer für den Gesamtauftritt des Anbieters kann bei diesem Ansatz ein Ausschuss unter Führung eines IT-Führungsfachmanns gebildet werden, dem alle Geschäftsbereichverantwortlichen angehören.

Maßgebliche Unterstützung kann ein solches Committee durch die Nutzung vorhandener strategischer IT-basierter Allianzen erfahren. Partnerschaften dieser Art können sich auf alle Bereiche der New Economy erstrecken: Softwarehäuser, Online-Dienstleister, Provider, Managed Services, etc. Die damit gegebene Kompetenzverknüpfung zwischen internem und externem Know-how eröffnet dem Finanzdienstleister zusätzliche Erfolgspotenziale über gegenseitiges Lernen, Reduzierung von Wissensdefiziten und Kompetenzdefiziten.

Allerdings zeichnen sich Partnerschaften zwischen Finanzdienstleistern und Unternehmen der New Economy durch ihre Nichtexklusivität aus. Bei hartem Wettbewerb wird die Leistungsfähigkeit und Vorteilhaftigkeit der Kooperationen für die Beteiligten permanent kritisch überprüft.[101]

Die Anforderungen an das IT-Topmanagement unterliegen im Zeitablauf einem starken Wandel, der aus der Gegenüberstellung der Eigenschaften eines modernen Chief Information Officers (CIO) zu denen des klassischen IT-Managers erkennbar wird, wie Abb. 52 zeigt.

IT-Manager	CIO
Technik-orientiert IT als Inhalt Technik-qualifiziert Spezialist Denkt in Kosten Intern orientiert Folgt Technikinnovationen Kennt Technologie	Geschäfts(prozeß)-orientiert IT als Mittel zum Zweck Führungsqualifiziert Generalist Denkt in Ergebnis Extern orientiert Treibt Geschäftsinnovation Kennt Technik und Geschäft

Abb. 52: Eigenschaften des CIO[7 102]

Auf der exekutiven Ebene ist es vorstellbar, dass durch den Eintritt in virtuelle Märkte die Unterschiede zwischen Frontoffice und Backoffice *bei diesem speziellen Vertriebskanal* aufgehoben werden. Das Backoffice wird im Frontoffice ablaufen, wo alle Geschäftsvorfälle abgewickelt werden. Im Extremfall wird für den Backoffice-Bereich nur noch die Produktgestaltung übrig bleiben.[103]

Die Verzahnung dieses technologieorientierten Vertriebskanals mit den anderen Vertriebsschienen des Unternehmens (vgl. Abschnitt 5.2.2) stellt damit eine weitere Anforderung an die Organisation dar. Kesse spricht im Zusammenhang all der auf' CRM (vgl. Abschnitt 5.1.2) gerichteten Aktivitäten davon, dass nicht die isolierte Einführung einer einzelnen technologischen Konzeption mit CRM gleichzusetzen ist. Vielmehr impliziert CRM eine konsequente Vernetzung dieser Systeme sowie deren Integration in ein strategisches und organisatorisches Gesamtkonzept. CRM wird damit zu Management, Strategie und Technologie in einem.[104]

In der *rein informationstechnologischen Prozessstruktur* steht CRM für die Gestaltung sämtlicher IT-Maßnahmen eines Finanzdienstleisters zum Kunden, während die Beschaffungsseite des Unternehmens durch ein Supply Chain Management (SCM) dargestellt wird. Die Koordination beider Prozessrichtungen erfolgt beim Finanzdienstleister mittels eines Enterprise Resource Managements (ERM).

5.2.4 Fusionsmanagement

Der Begriff Fusionsmanagement soll im Folgenden als Sammelbegriff für die Gesamtheit an Aufgaben- und Problemstellungen dienen, die im Zusammenhang mit den drei Phasen eines Mergers

- Planung,
- Durchführung und
- Implementierung bzw. Integration

zu bewältigen sind.

Da eine Fusion auch als Sonderform der Beteiligung bzw. vollständige Übernahme eines Unternehmens verstanden werden kann (vgl. Abschnitt 3.1.2), betreffen die nachstehenden Ausführungen prinzipiell alle Formen des Unternehmenszusammenschlusses einschließlich der Konzernbildung.

Werden die von einem Merger (als übernehmende oder übernommene) betroffenen Manager danach befragt, was der Hauptgrund für den konkreten Unternehmenszusammenschluss darstellt, wird die Schaffung von Synergien zumeist an erster Stelle genannt. Dafür steht die vielfach gebrauchte „Formel": 1 + 1 = 3.

Insofern verdient es dieser zunächst schillernde Begriff, systematisch analysiert zu werden, bevor auf die eigentlichen Probleme und Schwierigkeiten des Fusionsmanagements eingegangen wird.

Synergiepotenziale liegen im leistungs- und finanzwirtschaftlichen Bereich der am Merger beteiligten Unternehmen.[105]

Unter leistungswirtschaftlichen Synergien sind Verbundvorteile gemeint, die – bei konstanten Kapitalkosten – aufgrund strategischer oder operativer Veränderungen zu Wertsteigerungen führen. Zu den strategischen Komponenten zählen u. a. komplementäre Kernkompetenzen und -ressourcen, gemeinsame Ressourcenausschöpfung und Diversifikationen. Im operativen Bereich dominieren Kosten- und Marktsynergien. Bei horizontalen Unternehmensverbindungen steht vielfach die Ausschöpfung von Kostensynergien im Vordergrund. Die Erzielung von Marktsynergien wird durch Erschließung neuer Geschäftsfelder angestrebt. Diese werden jedoch erst dann erreicht, wenn infolge des Mergers Absatzpotenziale erschlossen werden, die über die addierten Marktpotenziale der Beteiligten hinausgehen.

Den finanzwirtschaftlichen Synergieeffekten sind alle verbundbedingten Wertsteigerungen zuzuordnen, die nicht aus dem operativen Geschäft stammen, sondern zu einer Reduzierung der Kapitalkosten führen. Dabei lassen sich primäre und induzierte Kapitalkosteneffekte unterscheiden. Primäre Effekte stellen sich durch effizientere Risikodiversifikation, höhere Verschuldungsfähigkeit, Bonitätssteigerung und gegebenenfalls internationale Steuerarbitrage ein. Induzierte Kapitalkosteneffekte führen zu einer Reduzierung des systematischen Risikos (gemessen durch das Asset-Beta) der Geschäftstätigkeit.

Abbildung 53 zeigt die Synergiepotenziale aus Verbundlösungen im Gesamtzusammenhang auf.

Als weitere Beweggründe für Verbundlösungen sind zu verzeichnen:

- finanzstrategische Überlegungen: die Akquisition dient als Finanztransaktion,
- bilanzpolitische Überlegungen: Nutzung vorhandener Verlustvorträge des zu übernehmenden Unternehmens, Erhöhung der Abschreibungsbasis beim Erwerber und
- Motive im Managementbereich: Macht und Prestige, Streben nach Größe, Einkommensmaximierung und dgl.

Unabhängig davon, wie die einzelnen Motive definiert werden, ist die Suche nach Potenzialen für Wettbewerbsvorteile und deren Umsetzung in einem neuen Unternehmensverbund das grundlegende, allen genannten Zielen zu Grunde liegende Motiv. Da immer eine Kombination mehrerer Komponenten bei einem Merger vertreten ist, gilt die Aussage: „Mergers normally take place for more than one reason!"[106]

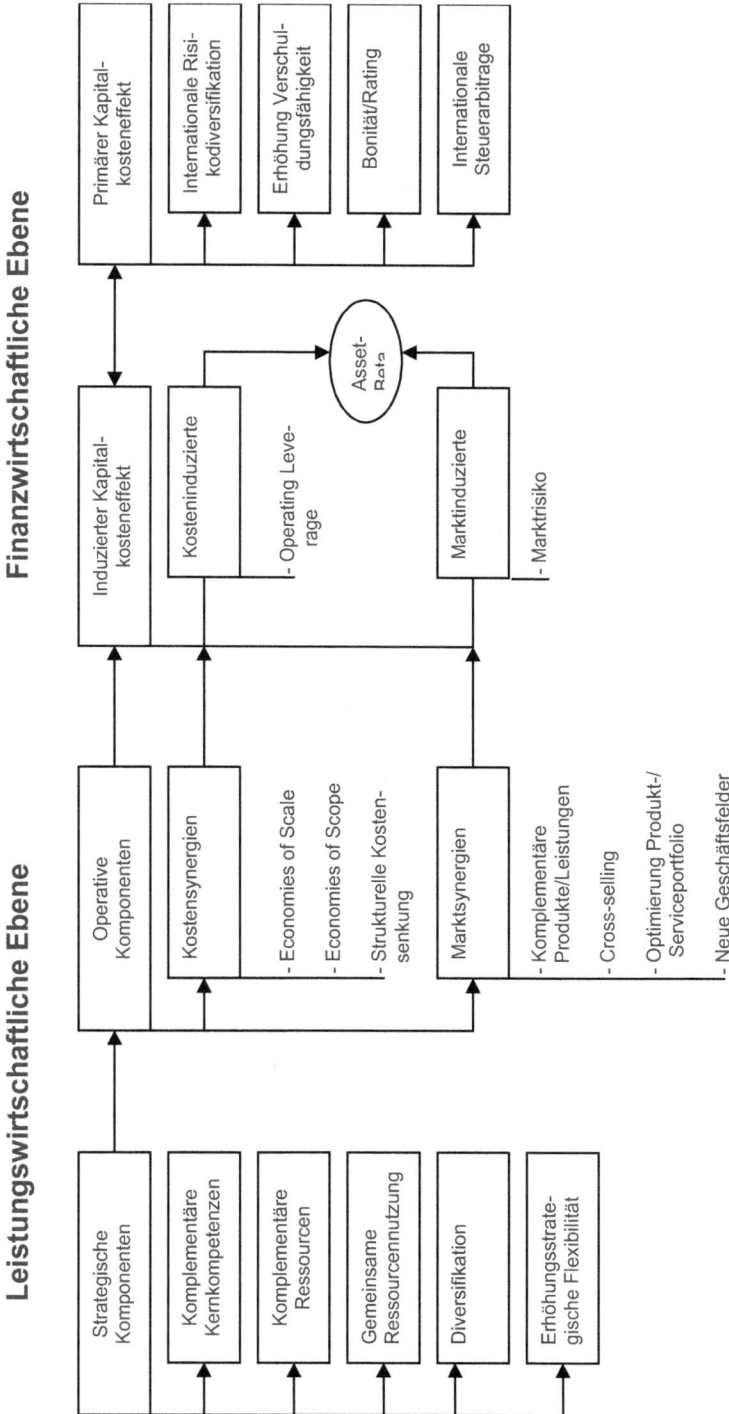

Abb. 53: Synergiepotenziale[107]

Da sich alle mit einem Merger verfolgten Ziele auf ein theoretisches Unternehmensmodell zurückführen lassen, müsste im Vorfeld einer Akquisition geklärt werden, ob diese einem solchen Unternehmensmodell entsprechen.[108]

Wird bei einer Unternehmensübernahme ein Wert generiert, der als addierter Barwert aus den erwarteten einzelnen Synergieeffekten höher liegt als die bezahlte Prämie (Mehrpreis gegenüber der Markt- bzw. Börsenkapitalisierung des Übernahmeobjekts = Target), dann wäre eine entsprechende Entscheidung im Sinne eines **ökonomisch-rationalen Unternehmensmodells** vertretbar. Die Übernahmeentscheidung trägt zur Maximierung des Shareholder Value bei.

Wird hingegen ein Kaufpreis bezahlt, der eine über den Marktwert hinausgehende Prämie beinhaltet, die im Endeffekt nicht zu einer Erhöhung der Marktmacht bzw. Maximierung des Unternehmenswerts der aufnehmenden Gesellschaft führt, lässt sich diese noch unter dem **verhaltenstheoretischen Ansatz** für Mergers & Acquisitions rechtfertigen. Dieser geht von der Überlegung aus, dass unterschiedliche Gruppen Anforderungen an das Unternehmen stellen und der Marktmechanismus diesen Anforderungen nicht unbedingt gerecht wird. Beispielsweise spielt das persönliche Weltbild des Managements eine entscheidende Rolle bei der Betrachtung einer theoretisch vorhandenen Zielfunktion eines Unternehmens.

Wird mit einem Merger eine überlegene Kontrollmöglichkeit des erwerbenden Unternehmens über das erworbene ermöglicht, können Effizienzgewinne entstehen, die nach der **Agenturtheorie** die Akquisition rechtfertigen können.

Die **Transaktionskostentheorie** schließlich erklärt vertikale Unternehmenszusammenschlüsse, da durch die Integration eines zu erwerbenden Unternehmens die Komplexität aus Such- und Informationskosten, Verhandlungs- und Entscheidungskosten etc. reduziert wird: diese Kosten wären erforderlich, falls dieses Unternehmen nicht im Unternehmensverbund integriert wäre. Allerdings könnte der Effizienzvorteil durch höhere interne Verwaltungskosten (teil) kompensiert werden.

Trotz dieses vorhandenen betriebswirtschaftlichen und sozialwissenschaftlichen Instrumentariums erfüllen große Teile von Fusionen die in sie im Vorfeld der Maßnahme gesetzten Erwartungen nicht, weil

- kein Wertzuwachs erzielt wird, was wiederum an einem zu hohen Kaufpreis liegen kann (z.B. weil Synergiepotenziale unrealistisch überschätzt werden)
- eine strategische Logik für den Take-Over fehlt bzw. das strategische Rational der Fusion nicht überzeugend ist (z.B. weil Vertriebsnetze quantitativ hochgerechnet, aber nicht qualitativ integriert werden) oder
- Integrationsprobleme nicht bewältigt werden können(z.B. arbeiten Fach- und Stabsabteilungen mit zwar formal abgegrenzten Aufgabenbereichen nebeneinander weiter).

Aus diesen Gründen muss das Target vor der Übernahme einem

- Attraktivitätstest
- Eintrittskostentest
- Synergietest und
- Kulturtest

unterzogen werden, um nicht Gefahr zu laufen, nach der Fusion (Post-Merger-Phase) mit Fusionsfolgeaufgaben ausgelastet zu sein und keine Zeit bzw. Kapazität mehr für den Markt bzw. Kunden zu haben.

Picot bezeichnet den Transaktionsvertrag als das Kernstück einer Unternehmensübernahme.[109] Schon die Aufnahme von Vertragsverhandlungen begründet ein vertragsähnliches Vertrauensverhältnis. Hilfreich ist es, die Zielvorstellungen der Partner sowie Absprachen über Konditionen und Details durch Abfassung eines Letters of Intent oder eines Memorandum of Understanding zu konkretisieren. Vorverträge lösen eine Verpflichtung zum Abschluss des Hauptvertrags aus, was erhebliche praktische Gefahren beinhaltet, da bereits vor Einigung über die Vertragsdetails Erfüllungsansprüche begründet werden. Vor Eintritt in die abschließenden Verhandlungen ist eine sorgfältige Prüfung des Targets durch eine **Due Diligence** notwendig.

Als Due Diligence bezeichnet man die systematische und detaillierte Aufbereitung und Analyse entscheidungsrelevanter Daten der Zielgesellschaft, um Risiken in der Phase der Vertragsverhandlungen bis zum Vertragsabschluss und danach (Post-Merger-Integrationsphase) bewerten zu können. Die wichtigsten Schritte im Rahmen der Due Diligence sind die Management, die Legal, die Financial, die Tax und gegebenenfalls die Environmental Due Diligence.

Danach wird der Transaktionsvertrag ausgehandelt, der neben haftungsrechtlichen Bestimmungen (Zusicherungen, Garantien, Haftungsrahmen) u. a. die folgenden Fragen regeln soll:

- Wettbewerbsvereinbarungen
- Übernahme von Altlasten und Altverträgen, insbesondere Arbeitsverhältnisse betreffend
- aufschiebende Bedingungen nach deutschem und europäischem Kartellrecht und
- Closing bzw. Vollzug der Transaktion.

Selbst wenn diese Aufgaben gründlich erledigt werden, kann in der Post Merger-Phase bzw. Integrationsphase nach Vertragsvollzug eine Fülle von Problemen auftauchen, die entsprechend der Sphäre ihres Auftretens abzuarbeiten sind.

Bieten die Daten der Zielgesellschaft schon genügend Risikopotenziale für den Investor, so stellen sich diese im Rahmen einer geplanten feindlichen Übernahme (unfriendly take over = raid) in noch größerer Form für den Erwerber dar, der die internen Daten des Targets nicht kennt. Zunächst muss er ein Übernahmeangebot abgeben, das über dem aktuellen Börsenkurs der Gesellschaft liegt, um Anteile zu erhalten. Als flankierende Maßnahme bietet sich ein sog. proxy fight an, bei dem der Erwerber versucht, Stimmrechtsvollmachten von vorhandenen Aktionären des Zielobjekts zu erhalten.

Die Zielgesellschaft wird sich durch ein Bündel von Abwehrmaßnahmen gegen die ungewünschte Übernahme zu wehren versuchen.

Diese sind im Kurzfristbereich

- die Aktivierung eines „white knight", einer dritten Partei also, die als erwünschter Aufkäufer in Konkurrenz zum Gebot des raiders auftritt
- die Veräußerung von „crown jewels", um die Attraktivität für den Erwerber zu mindern
- die Vorlage von „change-of-control"-Klauseln, die hohe Abfindungen für das betroffene Management oder eine Sperre gegen den Austausch mehrerer Vorstandsmitglieder vorsehen
- die aktive „pac man"-Abwehr durch Gegenangebot des Targets auf Anteile des raiders und

- reaktiv der Rückkauf eigener Aktien durch das bedrohte Unternehmen zu einem höheren Preis, als der raider bisher bezahlt hat.

Langfristige Abwehrmaßnahmen sind

- in rechtlicher Hinsicht die Emission vinkulierter Namensaktien (wenngleich nicht zeitgemäß)
- „poison pills" durch Klauseln in bereits ausgegebenen Wandelanleihen, die bei feindlicher Übernahme ein sofortiges Wandlungsrecht erlauben und damit zu einer breiteren Kapitalbasis führen und
- prophylaktisch eine aktive Shareholder Value-Politik, da der grundlegend beste Schutz gegen Übernahme ein hoher Aktienkurs des Unternehmens ist.

Kunden in der Fusion

Der Kunde eines Finanzdienstleisters wird in aller Regel nicht danach gefragt, wie er zu dieser Fusion steht. Er erlebt die Post Merger-Phase mit oft negativen Überraschungen, weil sein Kundenberater mit Fusionsaufgaben beschäftigt ist, anstatt sich den Kundenbedürfnissen zuzuwenden (und wenn diese auch „nur" in Fragen zu Hintergründen der Fusion bestehen). In dieser Phase schleichen sich überdurchschnittlich viele Bearbeitungs- und Ausführungsfehler ein. Der größte Fehler überhaupt scheint darin zu bestehen, den Kundenkontakt zu verlieren. Das mit seiner Fusion beschäftigte Unternehmen glaubt, der Kunde müsse das Unternehmen verstehen und nicht umgekehrt, dass das Unternehmen seinen Kunden verstehen muss. Gelegentlich liegen einzelne Geschäftsbereiche vorübergehend völlig brach.

Gerade deshalb wünschen die Kunden, in diesem mit Veränderungen und Einschränkungen behafteten Prozess von ihrem eigenen Betreuer begleitet zu werden. Die Realität der Fusion erzwingt aber vielfach einen Wechsel in der Betreuungstätigkeit, der auf Stellenwechsel, Anpassungen im Betreuungskonzept oder auf Filialzusammenlegungen zurückzuführen ist.[110] Einen weiteren Grund für einen Betreuerwechsel liefert ferner die fusionsbedingte Kündigung eines Mitarbeiters, die unter Abschnitt 5.2.4 aufgegriffen wird.

All diese Phänomene lassen sich an Kundenfluktuationsraten zwischen 5 und 30 Prozent[111] ablesen und sind geeignet, den Erfolg einer Fusion in Frage zu stellen. Wenn es gelingt, die Kundenzufriedenheit sicherzustellen, kann ein fusionsbedingtes Abwandern der Kundschaft jedoch verhindert werden.

Instrumente hierzu sind **Kundenbindungsprogramme**, die den Nutzen der Fusion für den Kunden herausstellen, indem

- niedrigere Gebühren für die Inanspruchnahme von Finanzdienstleistungen als Weitergabe von Synergieeffekten aus der Fusion dargestellt werden
- neue Produkte aus der Palette des Fusionspartners das „alte" Leistungsangebot optimieren und
- Kundenbefragungen sowie aktives Beschwerdemanagement in der Post-Fusionsphase flexibel und schnell als Attribute einer neuen Unternehmenskultur und einer besseren Kundenorientierung umgesetzt werden.

Mitarbeiter in der Fusion

Liegen die Kundenfluktuationsraten anlässlich einer Fusion bereits bei bis zu 30 Prozent, so gilt dies noch mehr für die von der Fusion betroffenen Mitarbeiter. Weimer und Wißkirchen gehen davon aus, dass mindestens 30 bis 40 Prozent der Mitarbeiter im Zuge einer Fusion Arbeitsplatzänderungen (Arbeitsplatzwechsel, Funktionsanpassungen) durchlaufen.[112]

Auslöser hierfür sind Veränderungen des organisatorischen Zuschnitts vom Abbau von Führungsebenen bis zu Konsolidierungen in der Betreuung dualer Kunden, die mit beiden „Alt"instituten Geschäftsbeziehungen unterhalten haben. All diese Faktoren legen die Frage nach der Situation der Mitarbeiter in der Post Merger-Phase einer Fusion nahe.

Jedem Mitarbeiter ist sofort klar, dass Fusionen mit dem Abbau von Arbeitsplätzen verbunden sind. Die Fusion wird als Bedrohungsszenario für den eigenen Arbeitsplatz erlebt. Die Angst vor der (Mehr)Leistung des imaginären Konkurrenten um den eigenen Arbeitsplatz aus dem Haus des Fusionspartners, der Verlust des Heimatgefühls (wegen eigener Versetzung oder beispielsweise der für ihn zuständigen Personalabteilung) in Verbindung mit der Unsicherheit vor einer neuen und fremden Unternehmenskultur lassen erste Kündigungen bereits unmittelbar nach Bekanntgabe der ersten Details einer Fusion auftreten.[113]

Als **Unternehmenskultur** bezeichnet man die Gesamtheit der manifesten soziokulturellen Gestaltungen (Sprache, Handlungsmuster, materielle Produkte) und der diesen Manifestationen zu Grunde liegenden oder zugeschriebenen Begründungen (Werte, Normen, Regeln, Wirklichkeitsauffassungen,...).[114]

Worin liegt nun die Bedeutung einer Unternehmenskultur für den Erfolg einer Fusion? Die Unternehmenskultur integriert unterschiedliche Ziele von Mitarbeitern bzw. Organisationseinheiten zu einem gemeinsamen Oberziel und einer gemeinsamen Denkweise, indem sie das soziale Bindemittel für globale und diversifizierte Unternehmen und Geschäftsfelder darstellt.[115]

Auch Mitarbeiter, die auf die Fusion nicht mit Kündigungen reagieren, können frustriert sein und eine dem Fusionserfolg abträgliche Verweigerungshaltung einnehmen. Dies trifft insbesondere für Fusionen zu, bei denen zwar Rationalisierung als oberstes Ziel der Fusion, aber gleichzeitig keine strategischen Perspektiven aufgezeigt und bekannt gemacht werden.

Wenn tatsächlich – oder auch nur emotional empfunden – bei einer Fusion der kleinere Partner „geschluckt" wird und diesem die Kultur des übernehmenden Unternehmens übergestülpt werden soll, verhindern „Grabenkämpfe" die Ausschöpfung von Synergiepotenzialen. Auch die Umsetzung der Fusion als Diktat von oben nach unten verunsichert die Mitarbeiter und erstickt deren Motivationspotenzial.[116]

Generell lässt sich feststellen, dass den sog. weichen Faktoren bei einer Fusion zu wenig Aufmerksamkeit gewidmet wird. Vor allem Topmanager pflegen bei entsprechenden Verhandlungen den „Risikofaktor Mensch" zu vernachlässigen, da sie mit den rechtlichen und finanziellen Aspekten des Mergers ausgelastet sind oder sich auf die große Linie zurückziehen.[117]

Abhilfe dieser Defizite kann ein Post Merger Management bzw. Integrationsmanagement leisten, das die Integrationskomplexität in qualitativer und zeitlicher Hinsicht richtig einschätzt und die dafür erforderlichen Kapazitäten einsetzen kann.

In Bezug auf die Belegschaft, die aus den Teams der Fusionspartner zu einer Einheit zusammengefügt werden soll, besteht zunächst Vereinheitlichungsbedarf bei den Vergütungsstrukturen und Sozialleistungen. Die Neuorientierung der „neuen" Unternehmensorganisation bietet die Chance, alte Zöpfe abzuschneiden und neue Visionen als Signal für die Mitarbeiter zur Integration der Unternehmenskulturen zu einer neuen Identität zu präsentieren.

Für den einzelnen Mitarbeiter besteht die Chance, im Integrationsteam selbst aktiv mitzuwirken und damit die Unternehmenszukunft mitzugestalten. Eine Fusion in der Finanzbranche benötigt eine Integrationskapazität von ungefähr einem Mannjahr für die Dauer des Integrationsprozesses von 2 bis 3 Jahren, um 100 Mitarbeiter in das neue Unternehmen zu integrieren.[118]

Informationstechnologie in der Fusion
Die fusionsbedingte Notwendigkeit der Verschmelzung von Datenbeständen für die Datenverarbeitung bei Konto-, Bestands- und Depotführungssystemen führt zu Belastungen im operativen Tagesgeschäft, die sich in

- Systemausfällen im Schaltergeschäft und Beratungsbereich
- unvertretbar langem Antwortzeitverhalten und
- Ausfällen im Selbstbedienungsbereich

äußern.

Diese scheinbaren Kinderkrankheiten des laufenden Geschäfts stehen im Widerspruch zu der dringenden Notwendigkeit, die Integrationsphase des Fusionsablaufs möglichst schnell zu realisieren. Die damit einhergehende Fokussierung auf eine hochleistungsorientierte IT birgt die Gefahr einer Innenorientierung der Beteiligten und einer Mit-sich-selbst-Beschäftigung, was die Erosion des Geschäfts vorantreiben kann.

Nicht von ungefähr kommt daher die Empfehlung, bei der IT-Auswahl keine Kompromisse einzugehen.

McKinsey nennt vier Regeln, die bei der Entscheidung für ein IT-System im Zusammenhang mit einer Fusion zu beachten sind:

1. Während der Integrationsphase sollte kein neues IT-System implementiert werden: die Umsetzung eines neuen Systems in einem laufenden Fusionsprozess ist normalerweise zu schwierig, mit Zeitverlusten verbunden und kann im ungünstigsten Fall zur Reaktivierung eines früher benutzten Systems führen.
2. Aufstellung objektiv messbarer Kriterien für die Auswahl des neuen Systems: sofern sich ein bestehendes System aufgrund seiner Überlegenheit gegenüber neuen nicht von selbst aufdrängt, sollte ein Katalog von Auswahlkriterien zur Anwendung gelangen: Steigerung der Effektivität am Markt, Flexibilität im Hinblick auf zukünftige Entwicklungen, Effizienz der betrieblichen Prozesse, Qualität und Skalierbarkeit der technischen Architektur, Kompetenz des IT-Bereichs sowie Kosten der Integration und zeitlichen Durchführung.
3. Bindung der Experten des abgelehnten Systems: verlassen (zu) viele Spitzenmitarbeiter des verworfenen Systems das Unternehmen, bleibt diesem keine manpower-Reserve zur Behebung von Verarbeitungsproblemen. Systemzusammenbrüche mit Vertrauensverlusten bei der Kundschaft sind die Folge.
4. Keine Entscheidung zugunsten einer Kombination aus beiden vorhandenen Systemen: da IT-Systeme in der Finanzdienstleistungsbranche aufgrund deren homogener Strukturen i. d. R. eine integrierte Einheit darstellen, würde eine Kombination im Sinne der Auswahl bester Bestandteile aus beiden Systemen zu so vielen Schnittstellen führen, dass eine Neuentwicklung schneller zu realisieren wäre.[119]
   Das Kriterium der Homogenität von Organisationsstrukturen trifft jedoch nicht auf die Versicherungswirtschaft zu. Hier kann die Differenziertheit der Spartenkollektive sowie die Vielfalt der Organisationsformen in Betrieb, Leistung und Vertrieb ein Nebeneinander von IT-Systemen durchaus rechtfertigen.[120]

Die Forderung, bei der IT-Systemauswahl keine Kompromisse einzugehen, wird auch durch die Erfahrung untermauert, dass eine IT-Integration unter günstigen Bedingungen zwei Jahre dauert und die IT-Kosten mittelfristig um bis zu 25 Prozent senkt, ohne das Tagesgeschäft zu gefährden. Darüber hinaus hängen direkt von der IT häufig 30 bis 50 Prozent aller Synergieeffekte einer Fusion ab.[121]

5.3 Nachweise zu Abschnitt 5:

[1] Vgl. Süchting, J./ Paul, S.: a. a .O., S. 619 ff.

[2] Vgl. Toffler, A.: Die Zukunftschance, S. 274 ff.

[3] Vgl. Wiedmann, K.-P./ Buckler, F/ Boecker, C.: Reputation als Ertragsfaktor, S. 36.

[4] Unter moral hazard wird in der versicherungswissenschaftlichen Literatur überwiegend das umgekehrte Problem angesprochen: Ein Versicherungsnehmer verursacht in betrügerischer Weise einen Schaden, um Versicherungsleistungen zu erhalten oder er proviziert aus Gleichgültigkeit einen Schaden, weil er ja versichert ist; vgl. u. a. Zweifel, P./ Eisen, R.: Versicherungsökonomie, S 292 ff.

[5] Vgl. Süchting, J.: (Bankloyalität – noch eine Basis), S. 27 ff. und ders..: (Bankloyalität – immer noch eine Basis), S. 3 ff.

[6] Vgl. Keller, U.: Strategisches Kundenmanagement und Retention Marketing, S. 88.

[7] Vgl. Stauss, B.: (Der Kundenbeziehungs-Lebenszyklus), S. 433 ff. und Bruhn, M.: Zufriedenheits- und Kundenbindungsmanagement, S. 512.

[8] Vgl. Schöler, A.: Rückgewinnungsmanagement, S. 618.

[9] Vgl. Schüller, A. M.: Auf Kundenfang und dieselbe: Die Angst vor dem Nein überwinden, S. 34 f.

[10] Vgl. Heinz, R.: Kundenbeziehung gefährdet, S. 34.

[11] Vgl. Huber, J.-A.:/ Wisskirchen, C.: Kundenbindung ist wenig, S. 57.

[12] Vgl. Spiegel-Verlag: Soll und Haben, S. 133 ff. und Epple, M. H.: Die Kundenbindung wird schwächer: Vertrieb von Bankprodukten, S. 544 ff.

[13] Vgl. Spiegel-Verlag: Soll und Haben 4, S. 36.

[14] Vgl. Grafarend; R./ Dickenscheid, I.: Kundenbindung: Zwischen Wunsch und Wirklichkeit, S. 31.

[15] Vgl. Huber, J.-A./ Wisskirchen, C.: a. a. O., S. 58.

[16] Vgl. N. N.: Versicherungs-Hopping immer beliebter.

[17] Vgl. N. N.: Wechsel bei günstigeren Angeboten, S. 5.

[18] Vgl. Herzberg, F.: Work and the nature of man, S. 92 ff.

[19] Vgl. Bailom, F./ Hinterhuber, H. H./ Matzler, K./ Sauerwein, E.: Das Kano-Modell der Kundenzufriedenheit, S. 117 ff.

[20] Dies.: a. a. O., S. 118.

[21] Vgl. hierzu und im folgenden Freyland, B./ Herrmann, A./ Huber, F.: (Zufriedene Kunden), S. 1744 ff.

[22]   Dies.: a. a. O., S. 1744.

[23]   Vgl. Reichheld, F. F.: Loyalty-Based Management, S. 71.

[24]   Vgl. Häusel, H.-G.: Lösen Sie bei Kunden Emotionen aus, S.61 und detaillierter ders.: Brain Script – Warum Kunden kaufen.

[25]   Vgl. Fehr, B.: Der emotionale Bankkunde.

[26]   Vgl. Bittner, T./ Ingendaay, C./ Gaedeke, O.: Die tief hängenden Früchte zuerst, S. 1607 f.

[27]   Vgl. Trumpfheller, J.: Kundenbindung in der Versicherungswirtschaft, S. 307 ff.

[28]   Ders.: a. a. O., S. 317.

[29]   Vgl. N. N.: Noch hohes Cross-Selling-Potenzial, S. 1548.

[30]   Vgl. Benölken, H./ Wings, H.: (Lean Banking), S. 13.

[31]   Vgl. Keller, B./ Lerch, S./ Matzke, S.: Kundenumfrage: Kundenbindung und Wechselbereitschaft, S. 377.

[32]   Vgl. Keller, U.: a a. O., S. 91.

[33]   Vgl. Süchting, J./ Paul, S.: a. a. O., S. 631 ff. und Süchting, J.: (Bankloyalität – immer noch eine Basis), S. 9 ff.

[34]   Vgl. Grönroos, C.: Service Management and Marketing, S. 36.

[35]   Vgl. Kesse, O. J./ Graf, T.: Kundenorientierung auf dem Prüfstand, S. 164.

[36]   Vgl. Kluge, H.: ("Kundenorientierung"), S. 614.

[37]   Vgl. Kesse, O. J./ Graf, T.: a. a. O., S. 164.

[38]   Vgl. Nüßler, J./ Gröne, A.: Kundenzufriedenheit als strategische Führungsgröße der BHW Bausparkasse, S. 571 f.

[39]   Vgl. Kesse, O. J./ Graf, T.: a. a. O., S. 165.

[40]   Vgl. Horowitz, J.: (Customer Service), S. 52 ff.

[41]   Vgl. Bonn, J.: (Beschwerdemanagement), S. 21.

[42]   Vgl. Hippner, H./ Rentzmann, R./ Wilde, K. D.: CRM aus Kundensicht – Eine empirische Untersuchung, S. 218 f.

[43]   Vgl. Graf, T./ Zerfowski, U.: (Der Außendienst urteilt), S. 1664.

[44]   Vgl. Steria-Mummert: Insurance Trend-Berichtsband Juli 2004, Kundenwert.

[45]   Vgl. Steven, K.: Verkaufsorientierung gleich Hardselling?, S. 103.

[46]   Vgl. Steria-Mummert: Banken scheren Kunden zu sehr über einen Kamm, S. 76.

[47]   Vgl. Benölken, H./ Wings, H.: a. a. O., S. 162.

[48]   Vgl. Scheffler, H.: Zielgruppenvielfalt, S. 33.

[49]   Schierenbeck, H:/ Hölscher, R.: a. a. O., S. 559.

[50]   Vgl. Bäte, O./ Esser, M./ Staar, S.: Gesucht: Neue Strategien für Finanzdienstleister, S. 232 ff.

[51]   Vgl. dies.: a. a. O. S. 234.

[52]   Vgl. Keller, B./ Lerch, S./ Matzke, S.: a.a.O., S. 380.

[53] Vgl. Thier, S./ Stracke, G.: Finanzdienstleistungen im Zeichen gesellschaftlichen Wertewandels, S. 19 f.

[54] Vgl. Joppe, J.: Mühe ohne Lohn, S. 155.

[55] Vgl. Kluge, H.: a. a. O., S. 614 f.

[56] Vgl. Ullmann, T./ Peill, E.: Servicequalität und Kundenzufriedenheit als Schlüssel zum Markterfolg, S. 1271.

[57] Reichheld, F. F.: Der Loyalitätseffekt – Die verborgene Kraft hinter Wachstum und Gewinnen und Unternehmenswert, Frankfurt 1997, S. 52 und analog Meyer, A./ Dornach, F.: Das deutsche Kundenbarometer 1995.

[58] Vgl. Schickel, Y.: Produkte gezielt anbieten, S. 44 f.

[59] Vgl. hierzu und im folgenden Reuß, A./ Zimmermann, R./ Zwiesler, H.-J.: Ein praxistaugliches spartenübergreifendes Kundenwertmodell; S. 304 ff.

[60] Vgl. Thier, S./ Stracke, G.: a. a. O., S. 19 f.

[61] Vgl. Reisach, U.: Die Zukunft der Arbeitsgesellschaft, S. 345.

[62] Vgl. Schmidt-Narischkin, N.: Arbeitszeitmanagement: Qualität durch Souveränität, S. 528.

[63] Vgl. Krause, H.: Moderne Entlohnungsformen – Das Cafeteria-Prinzip, S. 3421 ff.

[64] Vgl. Weber, M.-W.: EVA-Management- und Vergütungssystem für Banken, S. 467 ff.

[65] Vgl. Holubeck, P./ Rohde, M.: Ertragsorientierter Versicherungsverkauf, S. 1396 ff.

[66] Vgl. Lindena, B.: (Aktienkursorientierte Vergütung), S. 616 ff.

[67] Vgl. ders.: a. a. O., S. 620.

[68] Vgl. Svoboda, M.: Strategische Kompetenzentwicklung im Bankbereich, S. 457.

[69] Vgl. Schmidt-Narischkin, N.: a. a. O., S. 529 ff.

[70] Vgl. Benölken, H./ Wings, H.: a. a. O., S. 300.

[71] Vgl. Büschgen, A.: a .a. O., S. 178 ff.

[72] Vgl. Benölken, H./ Wings, H.: a. a. O., S. 294.

[73] Vgl. Jacobi, J.-M.: Die Führungskraft 2000, S. 500.

[74] Vgl. Stracke, G.: Qualitätsmanagement, S. 1042.

[75] Vgl., Büschgen, A.: a. a. O., S. 182 f.

[76] Vgl. Scheidl, K.: Bankorganisation, S. 99.

[77] Vgl. Morgen, K.: (Organisationsplanung), S. 512.

[78] Vgl. Benölken, H./ Wings, H.: a. a. O., S. 296.

[79] Vgl. Büschgen, A.: a. a. O., S. 180.

[80] Vgl. dies.: a. a. O., S. 181 f.

[81] Vgl. Benölken, H./ Wings, H.: a. a. O., S. 298 f.

[82] Vgl. Knüpfler, G.: Krieg der Absatzwege, S 44.

[83] Vgl. Groß-Engelmann, M./ Ullmann, T.: (Außendienstbefragung), S. 1407.

[84] Vgl. Fischer, K.: Vertriebswege-Management, S. 1627.

[85]   Vgl. Birnbach, K./ Gruhn, V./ Reith, H.: (Vertriebswegemanagement), S. 1402.

[86]   Vgl. dies.: a. a. O., S. 1402.

[87]   Vgl. Gessner, T.: E-Commerce kennt keine Grenzen, S. 48.

[88]   Vgl. Benölken, H./ Wings. H.: a. a. O., S. 173.

[89]   Vgl. Nerb, F.: Software löst Bankschalter ab.

[90]   Hassels, M.: (Data-Based Marketing), S. 129.

[91]   Endres, M.:(Die europäische Bankenwelt), S. 662.

[92]   Vgl. Schultze-Kimmle, H. D.: Zehn Thesen zur Bank der Zukunft, S. 80.

[93]   Vgl. grundlegend Sokolovsky, v., Z./ Löschenkohl, S.: Handbuch Industrialisierung der Finanzindustrie, Wiesbaden 2005 und Wiegard, M./ Betschart, A.: Industrialisierung in der Versicherungswirtschaft, S. 1505.

[94]   Vgl. Karsten, F.: Technisierung – Mehrwert für den Kunden, S. 2.

[95]   Vgl. Lamberti, H.-J./ Volland, T.: Entwicklung einer E-Commerce-Strategie am Beispiel einer Großbank, S. 445.

[96]   Dies.: a. a. O., S. 445.

[97]   Vgl. Birnbach, K./ Grühn, V./Reith, H.: a. a. O., S. 1403.

[98]   Vgl. Martinez, R./ Maretta, F.: (Rückgrad des Informationsmanagements).

[99]   Vgl. dies.: a. a. O.

[100] Vgl. Nerb, F.: a. a. O.

[101] Vgl. Lamberti, H.-J./ Volland, T.: a. a. O., S. 448.

[102] Hartert, D.: Informationsmanagement im globalen E-commerce.

[103] Vgl. Linsingen, v., D.: E-Business und Internetstrategie in der Versicherungswirtschaft, S. 1030.

[104] Vgl. Kesse, O. J.: CRM-Management, Strategie und Technologie in einem.

[105] Vgl. Brühl, V.: (Finanzwirtschaftliche Synergieeffekte), S. 522 f.

[106] Vgl. Mittendorf, T./ Schulenburg, v. d., J.-M.: (Mergers and Acquisitions), S. 1388.

[107] Brühl, V.: a. a. O., S. 523.

[108] Vgl. Mittendorf, T./Schulenburg, v. d., J.-M.: a. a. O., S. 1384 f.

[109] Vgl. Picot, G.: (Schlüssige Strategie).

[110] Vgl. Klein, R./ Nathenson-Loidl, D.: Der Kunde in der Fusion – Nutznießer oder Opfer?, S. 172.

[111] Vgl. dies.: a. a. O., S. 168.

[112] Vgl. Weimer, W.T./ Wißkirchen, W.C.: a. a. O., S. 764.

[113] Vgl. Golling, F.-R.: Globalisierung und Fusion – ein alltäglicher Prozess, S. 1699.

[114] Vgl. Neuberger, O./ Kompa, A.: (Wir, die Firma), S. 283.

[115] Vgl. Fischer, H./ Steffens-Duch, S.: Die Bedeutung der Unternehmenskultur bei Akquisitionen und Fusionen, S. 675.

[116] Vgl. Benölken.H./ Wings, H.: a. a. O., S. 313 f.

[117] Vgl. Beise, M.: Der Mensch ist wichtiger als jede Zahl.

[118] Vgl. Leichtfuß, R./ Ploey, de, W./Kestens, J.: a. a. O., S. 373.

[119] Vgl. dies.: a. a. O., S. 374 f.

[120] Vgl. Mittendorf, T./ Schulenburg, v. d., J.-M.: a. a. O., S. 1391.

[121] Vgl. Leichtfuß, R./ Ploey, de, W./Kestens, J.: a. a. O., S. 374.

6 Entwicklungstendenzen, Herausforderungen und Ausblick im Allfinanzmarkt

Als Entwicklungstendenzen werden Trends verstanden, die aktuell bereits vorhanden sind, von den Marktteilnehmern als solche bereits erkannt sind und von denen erwartet wird, dass sie sich in Zukunft noch weiter verstärken werden. Als Herausforderungen werden Phänomene bezeichnet, die in ihren ersten Ansätzen zwar schon erkennbar sind, aber von den Marktteilnehmern noch keinen konkreten Stellenwert zugewiesen bekommen, weil die praktische Bedeutung derselben noch nicht eingeordnet werden kann.

6.1 Entwicklungstendenzen auf der Anbieterseite

6.1.1 Anzahl der Anbieter

Die Deregulierung innerhalb der Finanzbranche wird zu zunehmenden Markteintritten ausländischer Finanzdienstleistungsanbieter in den deutschen Allfinanzmarkt führen. Generell gilt für den grenzüberschreitenden Markteintritt (und damit auch die Marktbearbeitung aus Deutschland heraus ins europäische Ausland, dabei nicht nur in EU-Länder), dass dieser durch die strategischen Alternativen

- Zukauf (Beteiligungen, Übernahmen, Fusionen) und / oder
- Aufbau einer europäischen Marke in Verbindung mit dem Aufbau eigener Vertriebswege im Ausland

erfolgen kann.

Ohne an dieser Stelle eine Bewertung dieser beiden Optionen vornehmen zu wollen, wird der seit einigen Jahren erkennbare Trend zu Akquisitionen und Fusionen anhalten und wahrscheinlich an Intensität noch zunehmen.

Eine detailliertere Betrachtung der einzelnen Teilbranchen des Allfinanzmarktes hat von folgenden Überlegungen auszugehen:

1. Im Bankensektor wird bei den Großbanken der Trend zu „global players" und „Banken der Regionen" voranschreiten.
   Da die fünf größten Kreditinstitute in Deutschland lediglich über einen Marktanteil von ca. 17 Prozent verfügen (zum Vergleich: in Frankreich sind es 40 Prozent und in den Niederlanden sogar knapp 80 Prozent), gilt die Branche als over-banked, was Spielräume für einen höheren Konzentrationsgrad eröffnet.

Ziel dieser zu erwartenden Fusionen ist es, kritische Geschäftsmassen zu erreichen und damit auch eine Übernahme des eigenen Hauses durch andere Wettbewerber zu verhindern. Die Fusionsstrategie hat damit ein

defensives Element, weil (überfällige) Konsolidierungen des inländischen RetailBankgeschäfts ermöglicht werden und gleichzeitig ein

aggressives Element, weil eine Bankenfusion zu einer Größenordnung führt, die Akquisitionen im In- und Ausland zulässt, die mit eigenen Aktien finanziert werden können.

In diesem Zusammenhang ist auch der Auftritt internationaler Kreditinstitute in Deutschland mit innovativen Finanzprodukten und aggressiven Vertriebsstrategien zu sehen. Quantitativ schlägt sich dies mit 137 Mitgliedern aus 28 Ländern beim Verband der Auslandsbanken in Deutschland Stand Ende 2007 nieder.

Die Rolle der deutschen Landesbanken und Sparkassen wird davon nicht unberührt bleiben. Bis zum Wegfall der Gewährträgerhaftung in 2005 konnte sich dieser Bankensektor als geschlossenes System mit einer vorgegebenen Arbeitsteilung durch rechtlich unabhängige Institute präsentieren. Nachdem dieses Alleinstellungsmerkmal in der Bankenbranche abgeschafft wurde, versuchen die Landesbanken, mit veränderten Geschäftsmodellen auf eine sich abzeichnende Konsolidierung zu reagieren:

Aufbau von Know-how und Expertise in Nischenpositionen (z.B. HSH Nordbank in der Schiffsfinanzierung)

engere Verzahnung mit den Sparkassen im Einzugsgebiet bis zur Fusion (z.B. Landesbank Hessen-Thüringen mit Frankfurter Sparkasse) und

Industrialisierung der Geschäftsprozesse (z.B. Projekte beim Kreditrating und der Wertpapierabwicklung).

Daneben sorgen Fusionsbestrebungen (trotz standortpolitisch motivierter Bremsmanöver durch einige Bundesländer) auf der Ebene der Landesbanken immer wieder für Diskussionsthemen. Sogar der Deutsche Sparkassen- und Giroverband spricht sich für die Bildung einer einzigen Landesbank aus.[1]

Dies könnte auch eine Exit-Lösung sein, um nicht zwischen die Mühlsteine der „big player" zu geraten. Deren Bestrebungen sind auch auf ein Aufbrechen der drei Säulen des deutschen Bankgewerbes gerichtet, wie die Bieterverfahren bei der Landesbank Berlin und der Sparkasse Stralsund gezeigt haben.

Auch das seit 1999 vorexerzierte „französische Modell" der Umwandlung von Sparkassen in private Genossenschaftsbanken mit anschließendem Börsengang und reduziertem staatlichen Einfluss auf die Geschäftspolitik könnte eine Zukunftsalternative darstellen.

Ungeachtet dieser politischen Überlegung wird sich im Sparkassen- aber auch im Genossenschaftsbankensektor auf Sicht der nächsten Jahre wegen des wirtschaftlichen Zwangs zu größeren Betriebs- und Unternehmenseinheiten ein starker Fusionsdruck einstellen, wobei auch ein Zweigstellen- und Filialsterben in diesen Bankengruppen einher gehen wird. Damit wird sich die Anzahl der Anbieter deutlich reduzieren, wobei dieser Trend kaum zu quantifizieren sein wird. Einerseits hängt der Rückgang davon ab, wo die betroffenen Sparkassen und Genossenschaftsbanken ihre idealen Betriebsgrößenordnungen sehen und andererseits vom Tempo der Umsetzung dieser Fusionsanstrengungen.

Im Genossenschaftsbankwesen könnte die von vielen Marktbeobachtern als betriebswirtschaftlich sinnvoll erachtete und erwartete Fusion der beiden Spitzeninstitute zu einer Zentralbank diesen Fusionstrend forcieren und eine Konzentration nach dem Vorbild der niederländischen Rabobank einleiten.

Im Übrigen können laufende erfolgreiche Kooperationen zwischen Genossenschaftsbanken und Sparkassen in Backoffice-Bereichen als Vorläufer von Zusammenschlüssen wirken. In jedem Fall wird sich die Struktur des deutschen Bankenmarktes in den kommenden Jahren vollkommen verändern.

2. In der Versicherungsbranche wird sich die Anzahl der europäischen Anbieter (und vermutlich identisch die der deutschen) auf 10-Jahres-Sicht möglicherweise auf rund die Hälfte der derzeitigen Anbieterzahl reduzieren.

    Ein Indiz für diese Überlegung liefert eine Studie von Andersen Consulting[2], der zufolge der Konzentrationsgrad in der europäischen Versicherungswirtschaft sehr unterschiedlich ausgeprägt ist. Während in Skandinavien die Top Fünf der Branche auf Konzentrationsquoten von 60 bis 90 Prozent des Gesamtmarktes kommen, beträgt diese Marke in Deutschland je nach Sparte bis zu 40 Prozent, was Raum für weitere Konsolidierungen eröffnet.

    Unabhängig von der Konzentrationsdichte für die Teilmenge der größten Anbieter stellt auch die Gesamtanzahl der Anbieter in Deutschland ein Indiz für die Annahme einer zukünftigen Marktkonsolidierung: pro Sparte operieren in Deutschland die meisten Anbieter innerhalb Europas (Lebensversicherung ca. 120, Kfz-Versicherung ca. 130 und Krankenversicherung ca. 50 Adressen).

    Breipohl, ehemaliger Finanzvorstand der Allianz Holding AG, schätzt, dass dieser erwartete Konsolidierungsprozess schon deshalb einsetzen wird, weil in Europa allein noch über 4.000 Versicherungsgesellschaften am Markt tätig sind, von denen vielleicht zwanzig oder fünfzig „gebraucht" werden.[3]

3. Im Bausparwesen wird eine gewisse Reduzierung der Anbieterzahlen ebenfalls zu erwarten sein. Im Bereich der privaten Bausparkassen (Stand per Ende 2007: 20 Anbieter) dürfte das Schicksal der einzelnen Anbieter stark an die Fusionsentwicklungen bei deren Anteilseignern (Banken und Versicherungen) gekoppelt sein. Gleiches gilt für die öffentlich-rechtlichen Landesbausparkassen, deren Zusammenschlüsse parallel zu den – zu erwartenden – Fusionen auf Landesbankenebene verlaufen werden.

4. Die Kapitalanlagegesellschaften, von denen rund 70 im Bundesverband Deutscher Investment-Gesellschaften e. V. zusammengeschlossen sind, werden zukünftig anzahlmäßig zulegen können. Grund dafür sind in erster Linie die noch nicht abgeschlossenen Asset Management-Überlegungen in der Assekuranz.

Freytag spricht von der Notwendigkeit des Aufbaus einer neuen Geschäftsarchitektur bei den Versicherungsunternehmen, die sich der neuen Bedeutung von Asset Management stellen.[4] Dies wird Neugründungen ebenso begünstigen wie der erwartete überproportionale Zuwachs des Investmentfondsgeschäftsvolumens, das die eine oder andere Bank als Minderheitsgesellschafter oder Geschäftspartner einer für mehrere Banken offenen KAG veranlassen könnte, eine eigene KAG zu gründen.

Neben den bekannten Kriterien auf der Nachfragerseite (verstärkte Geldvermögensbildung, Altersvorsorge, etc.) spielt vor allem auch die aktive Produktentwicklung von Dachfonds, Umbrellafonds, Branchenfonds, Themenfonds mit Megatrends und Spezialthemen, etc.) durch die Anbieter eine wichtige Rolle für diese Trendsituation.

6.1.2   Struktur der Anbieter

Nicht nur die Anzahl der Finanzdienstleistungsanbieter wird sich – mit Ausnahme der Investmentindustrie – in den nächsten Jahren verringern, auch die Struktur der in 5 bis 10 Jahren verbleibenden Anbieter wird eine andere sein, als sie zum Jahrtausendwechsel bestand.

Bereits 1999 kommt die Studie „European Insurance Vision 2002"[5]der KPMG Consulting GmbH für die Versicherungswirtschaft im Rahmen einer Befragung von Topmanagern der Gesellschaften, die mehr als die Hälfte des europäischen Prämienvolumens erwirtschaften, u. a. zu folgenden Ergebnissen:

- der Trend zu einigen wenigen, großen und diversifizierten Anbietern wird anhalten oder sich sogar noch beschleunigen. Unterstützt durch die anhaltenden Konsolidierungsbestrebungen im Bankensektor wird dieser Prozess über alle Bereiche der Assekuranz hinweg fortschreiten. Abbildung 54 zeigt die Erwartungen der Manager hinsichtlich der Betroffenheit der einzelnen Sektoren.

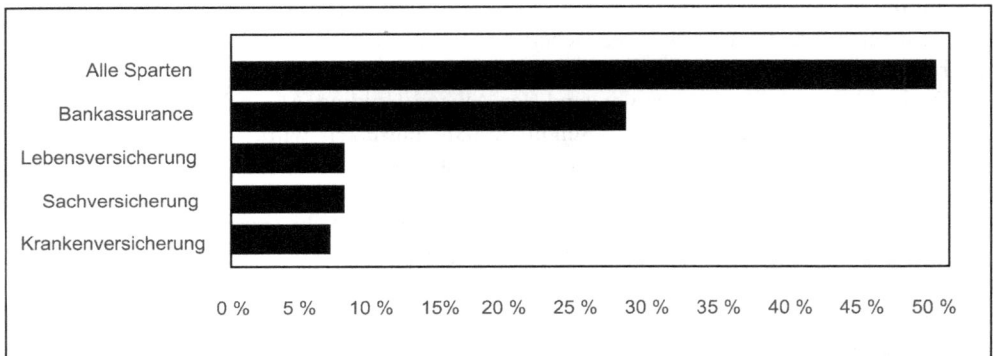

Abb. 54: Anteile der Sparten an M & A-Aktivitäten[6]

- es wird eine geringere Anzahl von Anbietern mittlerer Größe verbleiben, die sich ausschließlich auf das Geschäft am heimischen Markt konzentrieren und
- es wird einen Wachstumsmarkt für spezialisierte Nischenanbieter geben, die sich erfolgreich neben den Megaunternehmen und den mittelständischen, heimatmarktorientierten Anbietern im Wettbewerb behaupten können.

Diese mutmaßliche Entwicklungstendenz lässt sich generell auf die gesamte Allfinanzmarktszene übertragen. Sie mündet in die These, wonach eine erhöhte Konzentration zu einer oligopolistischen Marktstruktur führt, bei der

- die „Großen" die „Kleinen" übernehmen und
- einige Mittelständler als „Rundumanbieter" neben
- Spezialisten als Marktnischenbesetzer

im Wettbewerb um den Kunden verbleiben.

Begünstigt wird dieser Trend zu oligopolistischen Märkten durch die

- Globalisierung und europäische Einigung in Verbindung mit einer Gemeinschaftswährung, was große Märkte schafft
- Deregulierung, die wettbewerbsfördernd wirkt

- globalen Finanzmärkte, die weltweit abrufbare Ressourcen schaffen
- Informationstechnologien, welche die Grundlage einer globalen Unternehmenstätigkeit bilden und
- aufgeklärten Nachfrager und Absatzmittler, die den Preisdruck auf die Anbieter erhöhen.[7]

Ein spezieller Antrieb für Zusammenschlüsse in der Versicherungswirtschaft wurde in der Vergangenheit noch überwiegend als Hemmschuh für Konzentrationen gesehen: die Existenz der Versicherungsvereine auf Gegenseitigkeit (VVaG). Gut ein Fünftel (82 Firmen) der dem Gesamtverband der Deutschen Versicherungswirtschaft e. V. angehörenden deutschen Versicherungsunternehmen (397 Gesellschaften) firmieren in dieser Rechtsform[8], die aufgrund ihres genossenschaftlichen Zuschnitts quasi als nicht käuflich galten.

Diesem Vorteil aus Sicht der von unerwünschten Übernahmeabsichten ansonsten betroffenen Gesellschaften steht als Nachteil die beschränkte Eigenkapitalbildung gegenüber. Will sich ein VVaG zukünftig im Allfinanzmarkt behaupten oder gar eine aktive Rolle spielen, ist jedoch zusätzliches Eigenkapital zum Zweck strukturell bedingter Geschäftsfeldausweitungen oder wegen der strategischen Neuordnung von Geschäftsfeldern erforderlich.

Dies wird den Prozess der von Großbritannien ausgehenden „**Demutualisierung**" in den nächsten Jahren auch in Deutschland forcieren. Als Gestaltungsmöglichkeiten bieten sich ein Rechtsformwechsel zur Aktiengesellschaft oder die Bildung von Gleichordnungskonzernen (den Vorreiter hierzu spielte die Gothaer Versicherungsgruppe, die 1997 den Parion Konzern als Gleichordnungskonzern bildete, diesen aber bereits in 2001 wieder auf einen Unterordnungskonzern unter Führung der Gothaer Versicherungsbank V.V.a.G. zurückdrehte).

Als weitere Variante der Demutualisierung befindet sich die Zulassung der Kapitalgesellschaft & Co.KGaA in der Versicherungswirtschaft noch in Diskussion, da insbesondere die aufsichtsrechliche Zulässigkeit noch ungeklärt ist.[9]

Wie kann sich nun der einzelne Finanzdienstleistungsanbieter in diesen wandelnden Märkten bei zu erwartenden rückläufigen Anbieterzahlen und damit einer Tendenz zur Oligopolisierung der Märkte positionieren? Die Entscheidung zwischen dem Drang zur Gigantomanie, getrieben durch internes Wachstum und Zukäufe einerseits oder der Verfolgung einer konsequenten spezialisierten Nischenstrategie andererseits wird ein kardinaler Schritt für das einzelne Unternehmen, sein Management, die Mitarbeiter und die Geschäftspartner sowie die Kunden sein.

6.1.3 Marktpositionierung zwischen Gigantomanie und Nischenpolitik

Diese Polarisierung in der Frage des gesamten Marktauftritts eines Finanzdienstleisters im Allfinanzmarkt erfolgt ähnlich wie bei der produktorientierten Strategiepositionierung in Abschnitt 3.2.3, wo in Bezug auf die anzubietenden Produkte die Polarisierung zwischen breitem und engem Angebot bzw. zwischen Spezialisierung und Standardisierung vorgenommen wird.

Global Player als Zielrichtung bzw. Positionierungsprofil durch organisches internes *und* externes Wachstum ist der Ansatz, den insbesondere die Großen in den einzelnen Teilbranchen einschlagen werden (müssen). Die Motive hierfür wurden an mehreren Stellen bereits angesprochen, zuletzt in Abschnitt 6.1.2.

Für den Zwang nach Größe, dem sich bestimmte Sparten / Branchen in der Versicherungswirtschaft nicht entziehen können, nennt Kern die Industrie- und Rückversicherungssparten.
Die Triebfedern der Konzentration gelten auch für die Global Players unter den Primärversi-
cherern in vollem Umfang. Sie stellen sich den weltweiten Märkten, wobei sie global anbieten, lokal vertreiben sowie regulieren („think global – act local!") und damit zunehmend
wirtschaftliche Erfolge realisieren.[10]

Diese werden in Abb. 55 an Hand der Erfolgskennziffern Return on Equity (ROE) und Ge-
winnquote (als Verhältnis des Gewinns vor Steuern zu Nettoprämien) definiert, die vier
Global Players nach einem bis 1985 zurückverfolgten Akquisitions- und Integrationsprozess
in der Folgezeit (1992 bis 1996) eindrucksvoll erwirtschaften konnten.

Erfolgsziffern (%)		1992	1996	Trend
Allianz	ROE	6,89	17,21	
	Gewinnquote	3,38	6,42	
AXA	ROE	-7,39	5,38	
	Gewinnquote	5,21	7,05	
Generali	ROE	2,58	5,24	
	Gewinnquote	5,43	8,02	
Zürich	ROE	2,74	3,95	
	Gewinnquote	4,25	5,16	

Abb. 55: Fallbeispiele von Konzentrationsbewegungen und deren wirtschaftlicher Entwicklungen[11]

Ähnliche Erfolgsnachweise ließen sich auch für die Bankwirtschaft aufzeigen

Diese Ergebnisse scheinen die Überlegungen zu bestätigen, wonach ca. 80 Prozent der Kosten in der Assekuranz als variabel angesehen und somit durch Kostendegressionseffekte
aufgrund von Skalenvorteilen und Synergien positiv beeinflussbar sind. Eine Hauptrolle
spielt dabei die Zusammenlegung von Back-Office-Funktionen und die Vermeidung doppelter Investitionsaufwendungen in neue Technologien.[12]

Allerdings wird der Einfluss der Größe auf den Geschäftserfolg eines Unternehmens häufig
überschätzt, da große Unternehmen die theoretischen Fusionsvorteile in der betrieblichen
Praxis vielfach nicht umsetzen können und Größenvorteile durch anderweitige Faktoren
überlagert werden.

Führer weist in einer Untersuchung von 83 deutschen Lebensversicherern der Jahre 1995–
1998 nach, dass der Faktor Unternehmensgröße als Determinante des Unternehmenserfolgs
im Durchschnitt der untersuchten Gesellschaften generell ungeeignet ist. Allerdings gibt es
in einzelnen Größensegmenten (gemessen an den Bruttobeitragseinnahmen – BBE) der Gesellschaften signifikante Unterschiede: in der Gruppe von 350 Mio. € bis 500 Mio. € BBE
weisen einzelne Erfolgsindikatoren ausgeprägte Stärken auf, während in der Gruppe kleine-
rer Versicherer mit BBE um 100 Mio. € entsprechende Schwächen bei diesen Kennziffern
gegenüberstehen. (gerundete 2 : 1-Umrechnung DM/ €)[13]. Abbildung 56 stellt die einzelnen

Erfolgskriterien und deren Rangkorrelationskoeffizienten zur Unternehmensgröße gegenüber und ordnet die eher vorteilhaften bzw. unvorteilhaften Unternehmensgrößenordnungen den einzelnen Prüfkriterien zu.

Prüfkriterium	Rangkorrelations-koeffizient	Eher vorteilhafte Unternehmensgröße (in BBE 1998)	Eher unvorteilhafte Unternehmensgröße (in BBE 1998)
Verwaltungskosten	0,15	<150 Mio. DM 750 Mio. - 1,5 Mrd. DM	150 - 300 Mio. DM
Kapitalanlage-ergebnis (Höhe)	-0,02	Nicht erkennbar	Nicht erkennbar
Kapitalanlage-ergebnis (Stabilität)	0,3	>1,5 Mrd. DM	< 300 Mio. DM
Storno	0,1	Nicht erkennbar	150 - 300 Mio. DM
Produktqualität (WIMM)	-0,16	700 Mio. - 1,0 Mrd.DM	>1,6 Mrd. DM
Produktqualität (Morgen & Morgen)	0,17	700 - 900 Mio. DM 1,6 - 2,6 Mrd. DM	70 - 200 Mio. DM
Wachstum	-0,18	<150 Mio. DM 700 Mill - 1,0 Mrd DM	150 - 500 Mio. DM >1,2 Mrd. DM

Abb. 56: Zusammenhang zwischen Unternehmenserfolg und Unternehmensgröße[14]

Eine Fortschreibung dieser Studie auf Basis der Verwaltungskostensätze in Relation zu den BBE für das Jahr 2000 bestätigt diese Ergebnisse im Wesentlichen. Positive Skalenerträge durch Unternehmenswachstum werden bei Lebensversicherern in der BBE-Range zwischen 100 Mio. und 500 Mio. € sowie bei größeren Gesellschaften mit BBE über 1,2 Mrd. € erzielt.[15]

Im Bankenbereich kommt eine Studie von Bain & Company über die 50 weltgrößten Mergers in den Jahren vor 1999 zu dem Ergebnis, dass von 30 sog. reifen Deals (die vor dem 1.1.1998 angekündigt wurden) ca. ein Viertel als Misserfolg und die Hälfte mit einem Fragezeichen zu versehen ist, so dass die Erfolgsquote bei Bankenfusionen nur bei einem Viertel liegt. Nach der Art der Fusion hatten knapp zwei Drittel aller reifen Mergers nationale Konsolidierungen zum Gegenstand, während jeder fünfte grenzüberschreitend war und ein weiteres Fünftel der Diversifizierung diente. Von letztgenannter Gruppe konnte kein einziger Fall als wahrscheinlicher Erfolg identifiziert werden. Als Erfolgskriterien wurden dabei die relative Aktienperformance gegenüber dem nationalen Sektor und die absolute Entwicklung von Erträgen und Cost-Income-Ratio herangezogen.

Obwohl für die „jungen" Fusionen (avisiert nach dem 1.1.1998) eine Erfolgsbeurteilung noch als verfrüht anzusehen ist, lässt sich an den Marktreaktionen (gemessen an der relativen

Aktienperformance seit Fusionsbekanntgabe gegenüber dem jeweiligen nationalen Branchendurchschnitt) feststellen, dass die Mehrzahl dieser Transaktionen vom Markt nicht positiv aufgenommen wurde.[16]

Selbst für Fusionsalternativen durch Allianzen stellt eine Studie von Andersen Consulting für den Zeitraum von 1996–1999 fest, dass 61 Prozent von 2.000 untersuchten Kooperationen – aus allen Wirtschaftszweigen, nicht nur der Finanzdienstleistungswirtschaft – Fehlschläge sind oder sich ohne sonderliche Fortune dahinschleppen.[17]

Somit kann die Realisation von Größenvorteilen nicht die alleinige Erfolgsstrategie im Allfinanzmarkt sein. Sie scheint den Big Players der einzelnen Teilbranchen vorbehalten zu sein, die als Generalisten mit einem breiten Angebot auftreten. Für mittelgroße und kleinere Anbieter ergeben sich hingegen in der Positionierung zwischen Globalisierung bzw. Gigantomanie und Nischenangebot andere Notwendigkeiten als der Zwang zur Größe.

Mittlere und kleinere Unternehmen haben dann eine gleich große Erfolgs- und damit Überlebenschance wie die Großen (diese im Wettbewerb mit jenen), wenn sie eine konsequente strategische Differenzierung vornehmen. Die grundlegende Entscheidung besteht zwischen Spezialisierung, Kooperation und Aufgabe der Selbstständigkeit.[18]

Für kleinere Anbieter empfiehlt sich, die Spezialisierung einzuschlagen bzw. voranzutreiben. Als mögliche Felder einer Spezialisierung kommen in Betracht:

- Produkt und Service mit innovativen Produkten und der Schaffung von für den Nachfrager erkennbarem Mehrwert bei Produkt und Service
- Vertriebswege mit Ausrichtung auf Geschäftspartner und Integration in den Geschäftspartner sowie Spezialisierung auf bestimmte Vertriebswege, die innovativ und kostengünstig sind (z.B. Internet-Vertrieb)
- Preispolitik mit Weitergabe von Kosten- und Preisvorteilen aufgrund geringer Komplexitätskosten und
- Imagegewinnung über die Ausrichtung als Zielgruppenanbieter bzw. Zielgruppenspezialist.

Mittelgroße Anbieter haben als strategische Alternativen ebenfalls wie kleinere Unternehmen den Weg der Spezialisierung offen. Daneben bietet sich die Aufgabe der Selbstständigkeit durch Integration in einen größeren Unternehmensverbund sowie die verschiedenen Formen der Kooperation[19] an. Im Rahmen der Kooperation ist die Imitation von Größenvorteilen hilfreich, indem zwei kooperierende Anbieter als **Fassadenmodelle** am Markt getrennt, d. h. unter der jeweiligen eigenen Marke auftreten, die Betriebsbereiche aber im Hintergrund bündeln (u. a. durch Outsourcing) und auf diese Weise Skaleneffekte schaffen.

6.2   Entwicklungstendenzen auf der Nachfragerseite

Der selbstbewusste Kunde des dritten Jahrtausends ist aus der Rolle des unmündigen, willfährigen Verbrauchers herausgewachsen. Er schwimmt sich zusehends aus den Restriktionen zwischen dümmlichen Werbebotschaften und Kunden missachtenden Geschäftszeiten seiner Geschäftspartner frei.

Bereits in Abschnitt 5.1.1 wurde dargelegt, dass der Nachfrager als heterogene Erscheinung im Allfinanzmarkt auftritt. Einmal steht Convenience im Vordergrund seines Bedarfs, so dass in Märkten mit hoher Marktsättigung der Faktor Dienstleistung eine immer größere Bedeutung erlangt. Beratung, Service (im Sinne von pre- und after-sales-Service), Atmosphäre und das emotionale und sinnliche Erlebnis stehen in der Werteskala dann vielfach vor dem harten Kern bzw. dem eigentlichen Inhalt des Produkts und leiten dementsprechend die Entscheidung des Kunden.[20]

Ein anderes Mal wird diese Kundenentscheidung überwiegend vom technischen Nutzen bzw. der Grundfunktion des nachgefragten Produkts bestimmt. Der überdurchschnittlich informierte und gebildete Nachfrager tritt internet-affin und beziehungsorientiert sowie preisbewusst auf.

Dieser anspruchsvoller werdende Kundentyp wird auch in Zukunft schneller und häufiger sich ändernde Bedürfnisstrukturen aufweisen, was zu einer weiter abnehmenden Marken- und Institutsloyalität führen wird.

Die herkömmlichen Muster der Kundensegmentierung über persönliche, demografische und soziografische Daten wurden in Abschnitt 5 durch das Beziehungsverständnis zum Anbieter, durch Finanzerfahrung und Grundeinstellungen des Kunden, über Kundenzufriedenheit und -bindung, nach Abschlussmotiven und der Bereitschaft, sich an einen Vertreter/ Berater zu binden, ergänzt. Allerdings ist zu fragen, ob nicht weiter verfeinerte Kundensegmentierungen durch die Anbieter eingesetzt werden müssen, um den sich ständig ändernden Marktbedingungen Rechnung tragen zu können.

6.2.1   Kundendifferenzierung am Beispiel Seniorenmarkt

Vor dem Hintergrund einer „Ageing Society" liefert der sog. **Seniorenmarkt** als Teilmarkt für den Gesamtabsatz eines Anbieters Anschauungsmaterial für diese Überlegung. Die Zielgruppe dieses Teilmarkts sind Kunden, die sich in einer historisch neuen, aktiven dritten Lebensphase zwischen 60 und 80 Jahren Lebensalter befinden.

Schon heute leben in Deutschland mehr Menschen über 60 als Junge im Alter bis 20 Jahren. Aufgrund der gestiegenen Lebenserwartung ist der Anteil der über 60jährigen an der gesamten deutschen Bevölkerung von 5 Prozent um 1900 auf 21 Prozent im Jahr 2000 gestiegen und wird im Jahr 2030 bei ca. 38 Prozent liegen.[21]

Nicht nur wegen des wachsenden Anteils dieser Zielgruppe an der Gesamtbevölkerung, sondern wegen deren spezieller Bedürfnisse, Anforderungen und Verhaltensweisen bedarf es einer strategischen Positionierung der Anbieter für dieses Kundensegment in einer Ageing Society.

Wie aber sind Senioren zu definieren? Sind sie als relativ jung oder alt einzustufen, aktiv oder passiv, erlebnis- oder familienorientiert? Das Zukunftsinstitut Kelkheim teilt die ältere Generation in drei Lebensstiltypen ein:

- Silverpreneure blicken auf ein erfolgreiches und langes Berufsleben zurück, wollen aber nicht früher mit dem Arbeiten aufhören als sie müssen und sind auch in der Rente aktiv. Dabei schätzen sie Qualität und Zuverlässigkeit hoch und können mit marktschreierischer Werbung nichts anfangen
- Greyhopper lösen sich von lange gelebten Kontinuitäten und möchten noch einmal ein neues Leben beginnen und die
- Super-Grannies im (Un)ruhestand sind reiselustig, fürsorglich und sehr aktiv.

Im Ergebnis gibt es also „den" Senior ebenso wenig wie den typischen Single oder „den" Familienvater.

Zieht man die Grenze des Seniorenmarktes altersmäßig etwas nach unten in Richtung 50 Jahre + X, dann kommt man für diese Kundenzielgruppe der „Best Ager" auf erstaunliche, sie charakterisierende Eigenschaften:

- Best Ager sind i. d. R. seit vielen Jahren Kunden bei ihrer Bank bzw. ihrem Berater und scheuen den Wechsel zu einem anderen Anbieter wegen der damit verbundenen Kosten, des Zeitaufwands und der Vertragssituation. Ein hohes Maß an Vertrauen zu ihrem persönlichen Berater ist gegeben.
- 50 plus-Menschen verfügen über beträchtliche Vermögen und hohe Kaufkraft. Zwischen 55 und 65 hat ein Mensch im Regelfall durchschnittlich das höchste Nettovermögen seines ganzen Lebens
- 50 bis 60-Jährige erhalten rund 16 % der „bedeutenden" Erbschaften ($\geq$ 25.000 € – zum Vergleich 14 bis 39-Jährige nur 8 %). Damit steht an der Schwelle zum Renteneintritt zusätzliches Vermögen zur Verfügung
- Best Ager haben bereits eine Finanzplanung durchgeführt und sind mit dieser Dienstleistung grundsätzlich vertraut
- Menschen über 50 besitzen ein hohes Referenzpotenzial im Bekanntenkreis, bei Verwandten und vor allem bei Kindern und Enkelkindern.[22]

Die möglichen Probleme eines vorgezogenen Ruhestands mit unvorhergesehenen Versorgungslücken wurden bereits in Abschnitt 4.4.4 erörtert.

Insgesamt verbleibt als Fazit für den Berater, dass Best Ager eine wachsende und attraktive Zielgruppe darstellen, bei der es weniger um Neukundengewinnung als vielmehr um die Ausschöpfung des vorhandenen Kundenpotenzials und eine Verhinderung des Abwanderns nach der Vererbung auf die nächste Generation geht. Aus dieser Positionierung lassen sich wirtschaftliche Nutzeffekte für die Anbieter ableiten.

Hinsichtlich der Reaktionen der Unternehmen auf den demographischen Strukturwandel lassen sich drei große Gruppen von Anbietern unterscheiden:

- die Demografie-sensiblen Innovatoren, die systematisch Produkte modifizieren, neue Dienstleistungen und Servicepakete entwickeln, weil sie frühzeitig ihre zusätzlichen Marktchancen in diesem neuen Segment erkennen
- die vorsichtigen Unternehmen, die die Marktdaten zur Kenntnis nehmen und wissen, dass sie irgendwann im Hinblick auf diese Klientel aktiv werden müssen, aber den Zeitpunkt und die strategische Leitlinie noch nicht definieren und
- die Zweifler und Ablehner, die vielfach traditionell schon einen relativ hohen Anteil älterer Kunden haben und dadurch ihr angesammeltes Wissen über diese Zielgruppe zu hoch bewerten, aber dies als angemessen für zukünftige Marktsituationen erachten.[23]

Finanzdienstleister beschäftigen sich im Allgemeinen bereits stark mit dem Marketing für Senioren, vor allem unter dem Blickwinkel, wie man seniorengerechte Dienstleistungspakete schnüren kann.[24] Eine thematische und produktspezifische Ansprache dieses Kundensegments erfolgt beispielsweise durch den altersbedingten bzw. -gerechten Kapitalbedarf, der sich durch Umbau von Wohnungen, Entschuldung des Wohneigentums und Erwerb eines Heimplatzes artikuliert.

Im Versicherungsbereich ist das Potenzial bei der Generation 50 plus noch bei weitem nicht ausgeschöpft. Eine Benchmark-Studie zur Medien- und Internetkommunikation attestiert der Assekuranz im Durchschnitt nicht einmal die Hälfte der maximal möglichen Punkte (46 %). Selbst der Spitzenreiter IDEAL Versicherung, Spezialist für Menschen über 50, kommt lediglich auf 64 % der möglichen Punkte.[25]

Konkrete Produktangebote im Versicherungsbereich gehen beispielsweise von

- „abgespeckten" Privathaftpflicht-Policen (Verzicht auf Deckungsschutz für minderjährige Kinder)
- Rechtsschutz-Versicherungen, die auf den (nicht mehr benötigten) Arbeits-Rechtsschutz verzichten und damit bis zu 40 % günstiger als herkömmliche Policen sind,
- Produktvarianten in der Pflegeversicherung bei Lebens- und Krankenversicherern und
- speziellen Senioren-Hausratversicherungen, die dem Convenience-Gedanken durch Assistance-Leistungen Rechnung tragen,

aus.

Assistance-Leistungen führen dazu, dass der Versicherer als Schadenmanager und Serviceleister auftritt. Diese Funktion geht über die des Risikoträgers zur reinen finanziellen Absicherung gegen einen Schaden und die des Risikoberaters, der Konzepte zur Risikobeherrschung auf Grund seiner Risikoerfahrung für den Kunden erstellt, hinaus. Der Versicherer mutiert vom Regulierer zum Helfer des Kunden. Konkrete Assistance-Leistungen werden über die „Produktwelt" Assistance bis zu acht verschiedenen Bereichen von der medizinischen Unterstützung über Reise-Assistance, Rechts-Assistance, Rund-um-die-Immobilie-Service, etc. mit Partnerfirmen und Dienstleistern vor Ort des Kunden angeboten. Auch im Hochpreiskunden-Segment (vgl. Abschnitt 6.2.2) sind Assistance-Leistungen ein geeignetes Produktmerkmal, um die Exklusivität und den Mehrwert im Markenerlebnis beim Kunden zu manifestieren.

Die *derzeitigen* grundsätzlichen Einstellungen im Finanzverhalten der Senioren sind durch großes Sicherheitsbedürfnis, einer Vorliebe für traditionelle Geldanlageformen und den Anspruch an umfassendem Versicherungsschutz geprägt.[26]

Eine seniorenorientierte Segmentpolitik eines Anbieters ist somit nicht nur in der Lage, von diesem wachsenden Markt überproportional zu profitieren, sondern kann ferner von einer vergleichsweise höheren Loyalität dieser Kundengruppe im Verhältnis zum Gesamtmarkt ausgehen.

Laut einer GfK-Umfrage ist sowohl der Anteil der Senioren bei den markentreuen Käufern höher als auch der Anteil an den Markenwechslern niedriger als in allen anderen Altersgruppen, wie Abb. 57 belegt.

Das Hauptargument für einen Markenwechsel liegt im übrigen im Qualitätsfaktor, während Preisvorteile erst an zweiter Rangstelle der Wechselmotive folgen[27], was bei einer entsprechenden Kundensegmentpolitik der Erosion der Margen im Gesamtgeschäft eines Anbieters entgegenwirken kann.

"Kann man Sie als markentreuen Käufer bezeichnen, der immer wieder das gleiche Produkt kauft, oder als Wechselkäufer, der immer wieder zu einem anderen Produkt greift?"

	gesamt	14 - 15 Jahre	16 - 29 Jahre	30 - 39 Jahre	40 - 49 Jahre	50 - 69 Jahre	70 + Jahre
markentreue Käufer	34,9	32,3	28,3	32,9	32,1	37,0	41,8
Markenwechsler	65,6	67,7	71,7	67,1	67,9	63,0	58,2

Quelle: GfK - Marktforschung, Omnibus - Umfrage, September 1998

Abb. 57: Markentreue und Markenwechsel[28]

6.2.2   Kundendifferenzierung am Beispiel Hochpreiskunde

Unabhängig von der Altersstruktur der Kundschaft kann ein **Hochpreiskunde** bzw. ein Kunde, der in Gebührenfragen eine hohe Reizschwelle aufweist, als weitere Zielrichtung einer verfeinerten Kundensegmentierung ventiliert werden. Die zur Ergo-Versicherungsgruppe gehörende Hamburg-Mannheimer Versicherung beispielsweise baut im Rahmen ihrer neuen Unternehmensstrategie eine Finanzanalyse gegen Gebühr auf, weil Banken hierzu den Weg frei gemacht hätten. Zielgruppe sind Kunden mit Haushaltsnettoeinkommen von 2.000 bis 4.000 € monatlich, die in Vorsorge und Vermögensbildung beraten werden sollen.[29] Im Bankbereich bietet die SEB Finanzplanung als Dienstleistung gegen Honorar an. Je nach Inhalt und Ausrichtung werden themenzentrierte Finanzpläne für Strategische Anlageoptimierung, Vermögensaufbau und Vorsorgeplanung, Einkommens- und Vermögenssicherung und Vermögensnachfolge für Honorare zwischen 100 € und 300 € zzgl. ges. MWSt je Einzelpaket angeboten.[30]

Auslöser für diese Stoßrichtung ist ein neues Beratungs- und Gebührenmodell als Teil eines Innovationskonzeptes der Deutsche Bank AG, von dem im Wesentlichen wohlhabende Kunden betroffen sind. Neben einer Grundgebühr für die sog. orderbegleitende Beratung werden die Transaktionskosten drastisch gesenkt und gleichzeitig der Service durch exklusive Produktinnovationen, Angebote externer Finanzdienstleister, spezifische E-Commerce-Lösungen und umfassende Analyseinstrumente verbessert.[31]

Die *orderbegleitende Beratung* zielt auf eine Klientel ab, die über Kenntnisse des Wertpapiergeschäfts verfügt. Bei der *aktiven Depotberatung* wird im Austausch zwischen dem persönlichen Berater und einem Wertpapierspezialisten eine persönliche Anlagestrategie vorgeschlagen, wobei sich der Kunde die Entscheidung vorbehält. Wie oft und intensiv der Wertpapierspezialist eingeschaltet wird, liegt dabei auch beim Kunden. Weiter gehendere Entlastungen von Anlageentscheidungen bieten schließlich das *Mandatsgeschäft auf Fondsbasis*, bei dem das Vermögen des Kunden aktiv durch das Fondsmanagement betreut wird und die *Vermögensverwaltung*, bei der im Rahmen einer abgestimmten Anlagestrategie alle

Investment-Entscheidungen für den Kunden getroffen werden.[32] In der Reihenfolge der dargestellten Alternativen steigt zum einen der Grad der Entscheidungsdelegation vom Kunden an die Bank und zum anderen die Kostenbelastung des Kunden. Insbesondere Mandatsgeschäfte werden häufig mit Erfolgshonoraren verknüpft, womit die Brücke zur Honorarberatung geschlagen wird.

Damit folgen Banken, die eine gestaffelte Gebührenberechnung in Abhängigkeit von der Betreuungsintensität und der Verantwortungsdelegation vornehmen, lediglich einem Trend, den gesellschaftsunabhängige Finanzdienstleister wie Strukturvertriebe, Anlageberater und Vermögensverwalter bereits seit Jahren vorexerzieren, indem sie Kunden bedienen, die für eine Leistung deshalb zu zahlen bereit sind, weil Beratungsqualität etwas kosten darf.

Versicherungsmakler hingegen haben bei der Honorarberatung trotz der VVG-Novelle eine ungünstigere Position. Denn Honorarberatung läuft auf ein erfolgsunabhängiges Geschäft hinaus, das vom Leitbild der Erfolgsvergütung eines Maklers abweicht, womit die Honorarabrede unwirksam würde. Selbst eine Zusage, das Honorar nach erfolgter Courtagezahlung an den Kunden zurückzuzahlen, ändert nichts an der Unwirksamkeit der Abrede. Denn entweder kommt das Geschäft nicht zustande, dann liegt ein erfolgsunabhängiges Honorar vor oder es kommt im Falle eines Geschäftsabschlusses zur Verrechnung. In diesem Fall läge ein Verstoß gegen das Provisionsabgabeverbot (Wettbewerbsrichtlinien der Versicherungswirtschaft, Ziffer 46) vor.[33]

6.2.3 Erlebnisökonomie als Ergebnis eines Customer Value Network-Ansatzes

Monitor Company geht in ihrem Ansatz zur Verfeinerung der Kundensegmentierung noch einen Schritt weiter, indem sie für die Zukunft eine Veränderung der Kundenlandschaften zu Workside Marketing, Affinity-Gruppen oder Communities sieht. Hiervon ausgehend werden drei unterschiedliche Strategieoptionen für die Marktbearbeitung (in der Assekuranz) vorgestellt.[34]

Basis dieses Ansatzes ist der Status quo, der sich aus einem traditionellen Geschäftsmodell mit starker Produktorientierung darstellt. Daraus lassen sich die strategischen Stoßrichtungen ableiten:

- „Client first": die Orientierung am Kunden steht im Mittelpunkt der Marktbearbeitung. Wegen der sich ändernden Kundenbedürfnisse muss der Anbieter über eine Ausweitung seiner Zugangswege (Multi-Channel-Ansatz) eine starke Individualisierung des Angebots bei verstärktem Technologieeinsatz erreichen.
- Product Value Network: dieses Modell geht bereits in Richtung eines Marktplatzes, ohne dabei die klassische Produktorientierung aufzugeben. Dies bedeutet die Entwicklung des Produkts zur Commodity bei starker Betonung von Partnerschaften entlang der Wertschöpfungskette. Damit wird der Evolutionspfad E-Business vorgezeichnet.

- Customer Value Network: hier steht der Kunde im Zentrum der Betrachtung bei gleichzeitiger Marktplatzorientierung (erste Ausbaustufe eines virtuellen Marktplatzes – eines Portals). Der Kunde bekommt Angebote, die weit über das traditionelle Produkt der angestammten Teilbranche im Allfinanzmarkt hinausgehen. Ziel des Customer Value Network ist eine Art Erlebnisökonomie, bei der sich der Erfolg aus den Produktfaktoren
  + Technologie (Hightech)
  + Sicherheit, Vertrauen, Convenience (High Trust) und
  + Erlebnisökonomie, Individualisierung, Emotionalität (High Touch)
  zusammensetzt.

Monitor Company hat die Ist-Positionierung der bedeutendsten europäischen Versicherungsunternehmen nach diesem Modell einer kurz- bis mittelfristigen Marktbearbeitungsstrategie untersucht. Von 43 betrachteten Gesellschaften erfüllen 32 die Eigenschaften eines „Traditionalisten". Elf Unternehmen können als „Angreifer" bezeichnet werden, wobei deren Schwerpunkt in der Stoßrichtung „Client first" liegt.

Nur zwei Versicherer ließen eine Positionierung in Richtung Product Value Network erkennen und keine der analysierten Gesellschaften konnte sich als „E-nnovator" durch ein Client Value Network-Modell auszeichnen.

Ergänzend wird festgestellt, dass auch im – bereits weiter entwickelten – Bankensektor nur wenige Anbieter als „E-nnovatoren" zu finden sind.

Eine langfristige Strategiepositionierung hat die Fokussierung auf Kernkompetenzen zum Ziel. Die sich hieraus ergebenden De- und Restrukturierungen der Wertschöpfungskette zeigt Abb. 58. Dementsprechend wird sich der Vertriebswegespezialist mit den Wertschöpfungsstufen Vertrieb / Support / Kundenbetreuung beschäftigen, die Produktfabrik als Brain-Trust die Stufen Produktentwicklung / Marketing / Branding und u. U. Asset Management abdecken, während der Plattformanbieter sich des Underwriting und der Abwicklung annehmen wird.

Die langfristigen Geschäftsmodelle werden Einfluss auf die Wertschöpfungskette haben

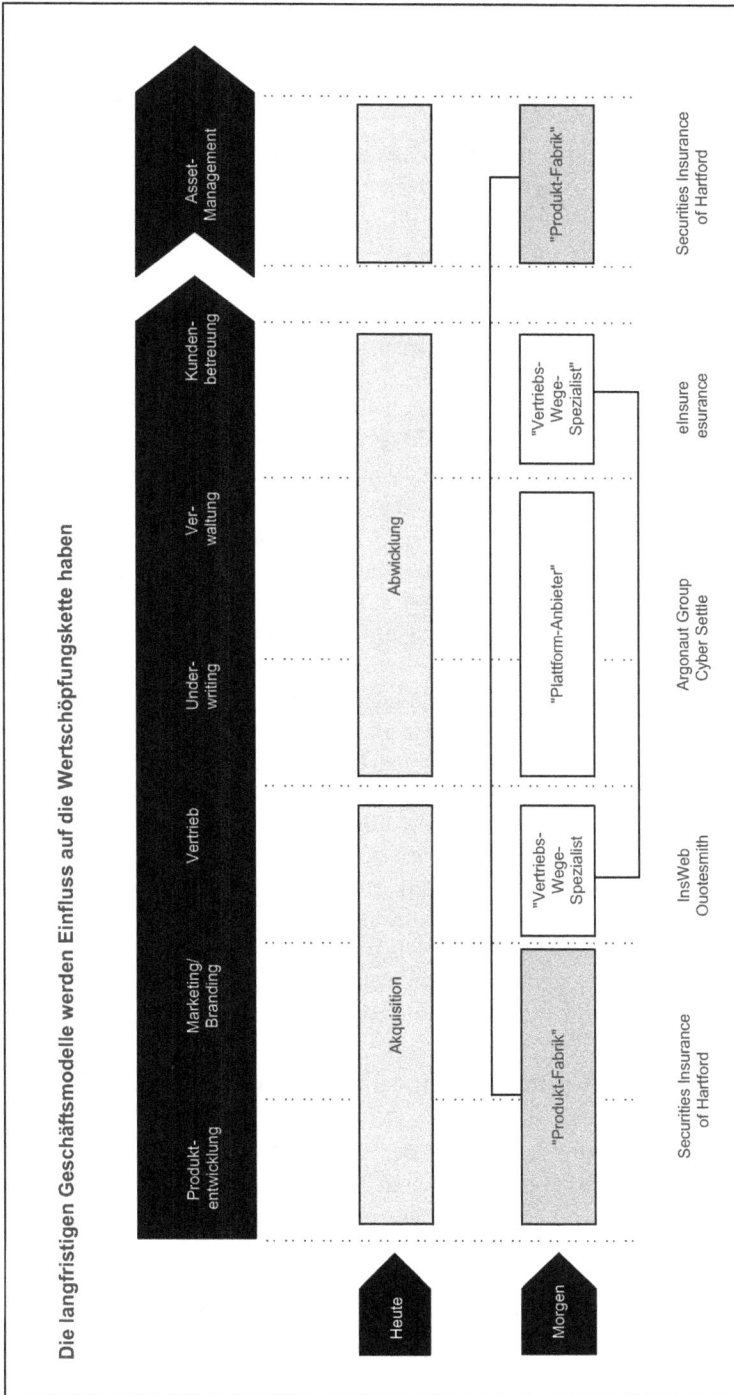

Quelle: Monitor Company

Abb. 58: Zukünftige Aufteilung der Wertschöpfungskette einer Versicherung[35]

6.3   Herausforderungen im Allfinanzmarkt

6.3.1   Eintritt neuer Wettbewerber und neue Wettbewerbsformen

Die Gefahr in der Marktplatz-Strategie könnte darin bestehen, dass das ursprünglich angestammte Produkt des Anbieters zur Commodity verkümmert und insofern relativ einfach durch Drittanbieter im Wettbewerb vertrieben wird.

Der Aufbruch der Wertschöpfungskette im Finanzdienstleistungsmarkt ist vielfach Auslöser für die Bildung strategischer Allianzen und Partnerschaften mit Unternehmen aus der New Economy (vgl. Abschnitt 5.2.3). Dies wiederum impliziert die Option, dass diese Unternehmen ihr Know-how nutzen, um eines Tages als eigenständige Anbieter im Allfinanzmarkt aufzutreten und auf diese Weise in Wettbewerb zu ihren (ehemaligen) Partnern treten. Eine gedankliche Fortschreibung dieses Marktauftritts durch diese Neueinsteiger im Allfinanzmarkt kann auch – vielleicht etwas visionär – die Möglichkeit beinhalten, sich an einem „klassischen" Allfinanzanbieter zu beteiligen oder gar zu übernehmen.

Möglich wird eine solche Akquisition durch die Finanzierung mittels Aktientausch der involvierten Unternehmen. Damit wird eine Barabfindung der Altaktionäre der übernommenen Gesellschaft vermieden, was gleichzeitig der Verwässerung des Aktienkurses der übernehmenden Gesellschaft entgegenwirkt. Allerdings richtet sich der Wert der Akquisitionswährung Aktie in hohem Maße an den Visionen des Managements und den Zukunftserwartungen der Anleger am Kapitalmarkt.

Neben dem Eindringen von Unternehmen der New Economy sorgen auch Gesellschaften der Old Economy für eine Verschärfung des Wettbewerbs im Allfinanzmarkt. So hat der Automobilkonzern Daimler AG, dessen Strategie in den 80er und 90er Jahren des vergangenen Jahrhunderts noch auf einen „integrierten Technologiekonzern" gerichtet war, im November 2000 bekannt gegeben, eine Vollbank zu gründen. Mit Finanzdienstleistungen wie Spareinlagen, Tagesgeldkonten und Investmentfonds sollten die Kunden enger an das Unternehmen gebunden werden. Das Geschäft mit Mercedes-Kreditkarten sollte künftig nicht mehr über die Bank 24 (damalige Tochtergesellschaft der Deutschen Bank), sondern in Eigenregie abgewickelt und damit beschleunigt werden. Die damals weltweit 34 Mio. DaimlerChrysler-Kunden stellten ein ausreichendes Potenzial für diese Neuausrichtung dar (dies dürfte sich durch den Verkauf der Chrysler-Sparte in 2007 wieder deutlich reduziert haben, Anm. d. Verf.).[36]

Eine zukunftsweisende Herausforderung im Finanzdienstleistungsmarkt stellt ebenfalls das **Franchising** dar.

Ein Franchise-System besteht aus einem Franchise-Geber und einer Mehrzahl von Franchise-Nehmern. Letztere sind rechtlich selbständig. Ihre enge Bindung an den Franchise-Geber entsteht nicht aufgrund einer kapitalmäßigen Beteiligung, sondern durch umfassende vertragliche Regelungen. Im Rahmen der absatzpolitischen Instrumente ist Franchising ein Grenzfall der Distributionspolitik zwischen direktem Absatz über eigene Vertriebskanäle und indirektem Absatz über ein Handelsnetz mit Dritten.[37]

Dieses – vor allem im deutschen Hotel- und Gaststättengewerbe sowie im Fotohandel – verbreitete Vertriebssystem mit rd. 720 Franchise-Anbietern wird derzeit von wenigen Finanzdienstleistern geprüft, inwieweit die Erfolgskriterien aus diesen Sektoren auf den Vertrieb von Finanzprodukten übertragen werden können.

In Deutschland liegt die Vorreiterrolle bei der Citibank Privatkunden AG, die schon mehrfach, zuletzt beim Telefon-Banking, für eine Wettbewerbsneuerung sorgte. Das Institut beabsichtigt, sein 300 Zweigstellen umfassendes Netz durch Vergabe von Lizenzen an selbständige Unternehmer zu verdichten. Dabei sollen Preise und Produktpolitik vorgegeben werden. Die Partner treten unter dem Markennamen der Bank auf und tragen das allgemeine wirtschaftliche Risiko, während die Haftung für Spareinlagen und das Kreditrisiko bei der Bank verbleiben.

Vorbild für diesen geplanten Marktauftritt ist das belgische Schwesterunternehmen. Dort arbeitet die Citibank bereits seit einigen Jahren erfolgreich neben 35 eigenen Filialen mit 185 Franchise-Lizenz-Partnern zusammen.[38]

Einen ähnlichen Weg geht die britische Abbey National (Bank), die als Pilotprojekt ein internes Franchising vorsieht. Hierbei erfolgt keine formelle Übergabe einer Filiale an einen Dritten; vielmehr soll mit dem Konzept eine marktgerechte Verantwortungs- und Entscheidungsstruktur geschaffen werden, welche die Vorteile des Franchising nutzt, ohne die Verwaltungskosten des Betriebs selbständiger Geschäfte zu verursachen. Die Filialen werden dabei im Management ihres lokalen Marktes durch Instrumente der Zentrale unterstützt und angeleitet, aber nicht angewiesen. Die Herausforderung besteht darin, zu erreichen, dass die lokalen Filialleiter wie Chief Executives handeln.[39]

Was ist von diesen Ansätzen für die Finanzdienstleistungswirtschaft zu halten?

Die Bestrebungen der Citibank haben zunächst bei den Gewerkschaften und dem Kirchlichen Dienst in der Arbeitnehmerwelt massiven Widerstand ausgelöst, der u. a. in einem gerichtlich sanktionierten Boykottaufruf gegen das Kreditinstitut seinen Ausdruck fand. Die Befürchtungen bestehen darin, dass über die Zusammenarbeit mit freien Unternehmern Personalkosten reduziert werden, indem die Mitarbeiter aus der Tarifbindung herausgelöst und Geschäftszeiten sowie Bezahlung frei verhandelbar werden.[40]

Der zweite Problemkreis dreht sich um aufsichtsrechtliche Vorschriften hinsichtlich der besonderen Pflichten von Kreditinstituten bei der Auslagerung von wesentlichen Bereichen von Finanzdienstleistungen auf andere Unternehmen. Einerseits geht es um die Abgrenzung der Haftung zwischen Franchise-Geber und -Nehmer, andererseits ist auch die Haftungsposition des Einlagensicherungsfonds betroffen.

Auch in der Versicherungswirtschaft wird dieses Thema unter dem Aspekt der Arrondierung des Vertriebswege-Mix diskutiert. Hierbei spielt die sog. Funktionsausgliederung (§ 5 Abs. 2 Zi. 4 VAG) eine Rolle für die geschäftsplanmäßige Erklärung eines Versicherungsunternehmens gegenüber der Aufsichtsbehörde.

Gelingt es, diese juristischen Hürden zu überwinden, dürfte Franchising auch in der Finanzdienstleistungswirtschaft schnell Fuß fassen können. Das Franchising könnte sich damit zu einem festen Bestandteil des stationären Vertriebskanals eines etablierten Anbieters wie auch Newcomers im Allfinanzmarkt entwickeln.

6.3.2 Risk-Based-Pricing

Eine Herausforderung ganz anderer Art im Allfinanzmarkt erfährt ihren Ursprung im konstant steigenden Durchschnittsalter der Bevölkerung bei gleichzeitig rückläufiger Gesamtbevölkerungsentwicklung in Europa. Hieraus resultieren höhere Anforderungen für die sozialen

Sicherungssysteme und damit auch Altersvorsorgeprodukte, da das System der umlagefinan-zierten gesetzlichen Rentenversicherung nicht mehr Bedarf deckend ist.

Das in 2000 in Kraft getretene Altersvermögensaufbaugesetz (Riestergesetz) hat zur Ent-wicklung einer Reihe neuer, flexibler Produkte und Konzepte beigetragen. Allfinanzmarkt-anbieter, vor allem die Assekuranz und die Investmentindustrie waren motiviert, diesen zu-sätzlichen Bedarf zu decken. Da sich dies unter harten Wettbewerbsbedingungen vollzog, was zu sinkenden Gewinnmargen führte, werden die Anbieter gezwungen sein, auch zukünf-tig ihre Techniken zur genaueren Identifizierung relevanter Kundensegmente zu verfeinern.

Im Versicherungsbereich steht hierfür der Begriff des „**Risk-based-Pricing** „ als unerläss-licher Weg zum kontrollierten Umgang mit Risiko- und Schadenkosten. Im Personenversi-cherungsgeschäft kann dies zur Risikodifferenzierung durch Nutzung genetischer Informationen führen. M. a. W. können die Erbanlagen des einzelnen über die Höhe von Risikozuschlägen auf die Standardprämie die Kosten einer Lebens- oder Krankenversicherung bestimmen. Im schlimmsten Fall könnte ein Versicherer den potenziellen Kunden sogar ablehnen. Die Nichtversicherbarkeit aufgrund genetischer Analysen wäre die Folge.[41]

Wie so oft hat die britische Assekuranz in dieser Frage die Vorreiterrolle übernommen, wäh-rend in Deutschland die wissenschaftliche Diskussion um Gentests und ihre Verwendung zur Prämienkalkulation von der Branche unterstützt wird, um Vorbehalte gegenüber Gentests abzubauen. Die sog. Bioethik-Konvention des Europarates verbietet nämlich indirekt, Gen-tests für die Berechnung einzelner Prämien zu nutzen.[42] Auch der deutsche Nationale Ethik-rat forderte die Assekuranz auf, prädiktive genetische Tests bei der Antragstellung nicht zu berücksichtigen. Dem haben die Mitglieder des Gesamtverbands der Deutschen Versiche-rungswirtschaft GDV befristet bis Ende 2011 zugestimmt. Sie verzichten auf die Abfrage von getätigten Gentests bis zu einer Versicherungssumme von 250.000 € oder einer Jahres-rente von 30.000€.

Unabhängig davon, wie ein Mitglied der Europäischen Gemeinschaft zu dieser Konvention steht, werden mit der potenziellen Möglichkeit der Einbeziehung genetischer Aspekte in die Geschäftskalkulation die ethischen Dimensionen und Grenzen des Wirtschaftens angespro-chen.

In Abwandlung eines auf die Globalisierungsauswirkungen bezogenen Begriffs von v. Pierer gilt es, eine Spaltung der Wirtschaftssubjekte in „user" und „loser" zu verhindern.[43]

6.4   Ausblick

Quo vadis Allfinanzmarkt?

Der Allfinanzmarkt befindet sich in einem dynamischen Prozess des Wandels und der Neue-rungen. Die Innovationen betreffen

- den Produktbereich mit neuen Produktbündelungen und Angebotsmix
- den Vertriebsbereich mit neuen Vertriebswegen, Vertriebspartnern und Vertriebswege-mix sowie
- den Kunden, der sich als heterogener Nachfrager und Partner darstellt.

Allfinanz wird insofern keine Einbahnstraße darstellen. Vergleichen wir zunächst die Situa-tion des Allfinanzmarkts mit der Industrie. Hier dominierte in den 1980er und 1990er Jahren die Diversifikation, der Drang zu gigantischen Konglomeraten, Mischkonzernen und Multi-nationals. Richtung Jahrtausendwende erfolgte eine Fokussierung auf Kernkompetenzen. Spin-offs von peripheren Tochter- und Enkelgesellschaften sowie Restrukturierungen im Sinne des Lean Managements und cost cutting stellten die zentralen Themen dar. Es galt, die Kräfte eines Unternehmens auf Kerngeschäftsfelder zu bündeln. Der neuere und aktuelle Trend hingegen geht wieder in Richtung Wachstum in diesen angestammten Unternehmens-bereichen. Sofern Wachstum nicht in dem gewünschten Maße organisch darstellbar scheint, werden Übernahmen ins Auge gefasst.

Die Finanzdienstleistungswirtschaft bildet diese Trends mit einem gewissen Time-lag nach. Gefahr droht der Branche dann, wenn sie die Arrondierung von Geschäftsfeldern zu weit vorantreibt und das Kosten-, IT- und Vertriebswege- bzw. Kundenmanagement diese Ent-wicklung nicht mehr adäquat begleiten kann. Diesbezügliches Auseinanderdriften muss unverzüglich verhindert und kann nicht mit dem Hinweis auf „morgen" abgetan werden, denn die Zukunft ist jetzt!

Riester und Rürup stellen unter dem Blickwinkel der Systeme in der Altersversorgung einen Meilenstein dar, indem das Umlageverfahren der GRV erstmals eine staatlich unterstützte ergänzende Kapitaldeckung erfahren hat. Dieser Eintritt in das Kapitaldeckungssystem ist unter dem Gesichtspunkt der Finanzierbarkeit der Versorgungssysteme absolut positiv zu werten. Auch das Wertpapiersparen und die Aktienkultur in Deutschland werden mit dem Ausbau kapitalgedeckter Alterssicherungssysteme positive Impulse erfahren. Der internatio-nale Vergleich zeigt, dass die Aktienkultur eines Landes umso ausgeprägter ist, je höher der Grad der Kapitaldeckung ihres Altersversorgungssystems ist.

Gleichzeitig bedeutet die Abkehr vom reinen Umlageverfahren eine gravierende sozialpoliti-sche Kehrtwende. Beim Versuch, eine Definition für Sozialpolitik zu finden, kam Rürup anlässlich einer Podiumsdiskussion zu dem Begriff der „Entprivatisierung von Vermögens-und Einkommensrisiken". Wenn nun über die staatlich geförderten Versorgungssysteme eine Stärkung der Eigenverantwortung einhergeht, bedeutet die damit verbundene Verlagerung der Risiken zu den Privathaushalten im Umkehrschluss eine Reprivatisierung dieser Risiken.

Raffelhüschen bemerkt zu diesem Sachverhalt, dass der Staat kein Rentenproblem mehr hat, dafür aber seine Bürger ein Vorsorgeproblem!

Diese Entwicklung birgt insofern eine Gefahr in sich, da die meisten Privathaushalte nicht über die erforderlichen Fähigkeiten zum erfolgreichen Risikomanagement verfügen. Damit der Anlageberater des Vorsorgesparers die zu seinen Gunsten bestehende Informationsa-symmetrie nicht zu seinem Vorteil nutzt, muss unabdingbar eine Verbesserung der finanziel-len Allgemeinbildung der Verbraucher eintreten.

Ohne eine Verbesserung der Bildung in Sachen Wirtschaft, Geld, Finanzen & Altersvorsorge wird sich die tendenzielle Verarmung eines Teils der Bevölkerung nicht aufhalten lassen. Selbstverständlich hat Armut auch andere Bestimmungsfaktoren wie Arbeitslosigkeit, unre-gelmäßige Beschäftigungsverhältnisse oder familiäre Ursachen wie Ehescheidungen etc. Solche betroffenen Bürger versuchen wie zuvor weiterzuleben und greifen bei verlockenden Konsumangeboten zu mit der Folge, dass sie sich dabei überschulden. Trotz einer relativ hohen volkswirtschaftlichen Sparquote rutschen somit immer mehr Haushalte in die Schul-denfalle (lt. Wirtschaftsauskunftei Creditreform 10,9 % aller Privatpersonen). Die daraus resultierende Ungleichheit der Einkommensverteilung manifestiert sich auch im Steuerauf-kommen: die 10 % der Steuerpflichtigen mit den höchsten Einkommen zahlen (lt. Berechnungen des Statistischen Bundesamts) mehr als die Hälfte der gesamten Einkommensteuer, während die untere Hälfte der Einkommensbezieher weniger als 8 % zum Einkommensteueraufkommen beitragen.

Ähnlich ungleichmäßig ist die Verteilung der Vermögen in Deutschland. „Reiche" Privatpersonen mit einem Vermögen von mehr als 500.000 € stellen kopfzahlmäßig weniger als 1 Mio. der Bundesbürger, verfügen aber zusammen über ein investierbares Vermögen von ca. einem Viertel (500 bis 600 Mrd. €) des Gesamtvermögens in privater Hand. Ca. 3 bis 5 Mio. „gehobene" Privatpersonen mit einem Vermögen zwischen 100.00 und 500.000 € besitzen ein geschätztes investierbares Vermögen von 600 bis 700 Mrd. €. 3,5 bis 4,5 Mio. „angehende gehobene" Private (Vermögen zwischen 50.000 und 100.000 €) verfügen über ca. 200 bis 300 Mrd. € Vermögen, während ca. 73 Mio. „normale" Privatpersonen ein investierbares Gesamtvermögen von ca. 1.100 bis 1.200 Mrd. € aufweisen.

Armut liegt nach der Definition der Europäischen Union vor, wenn einem Bürger weniger als 60 % des Durchschnittseinkommens seiner Landsleute zur Verfügung stehen; in Deutschland liegt die Armutsgrenze derzeit bei ca. 960 € monatlich. Aus den jährlichen Sozialberichten der Bundesregierung ist zu entnehmen, dass 2006 nur 1,3 % der über 65-Jährigen staatliche Sozialleistungen empfangen haben. 1960 lag diese Quote noch bei 25 % und dem Autor scheint eine Umkehr zu diesem Wert bis zum Jahr 2030 nicht ausgeschlossen zu sein. Auslöser hierfür ist die zersetzende Kraft des demografischen Wandels für unsere Sozialsysteme. Ein Erwerbstätiger in mittlerem Alter zahlt heute während seines Berufslebens deutlich mehr Beiträge in die GRV als seine Eltern, wird aber als Rentner eine vergleichsweise niedrigere gesetzliche Rente erhalten. Will er seinen Lebensstandard nicht deutlich reduzieren und seinen Lebensabend in Armut verbringen, müsste er aktive Vorsorge betreiben.

Miegel (Bonner Institut für Wirtschaft und Gesellschaft) vertritt sogar die Meinung, dass in 25 Jahren jeder zweite Rentner kaum mehr als den heutigen Sozialhilfesatz als Rente haben wird. Wer heute im Erwerbsleben den Status „arm" hat, wird mit hoher Wahrscheinlichkeit daran auch im Alter nichts ändern können, so dass das Gespenst von der Altersarmut durchaus reale Konturen erhält.

Nicht ohne Absicht wurden die ethischen Aspekte wirtschaftlichen Handelns an den Schluss der Ausführungen zu den Herausforderungen im Allfinanzmarkt gestellt. Die Globalisierung stellt eine Entwicklung dar, die sowohl von der Liberalisierung des Weltmarkts als auch von technischen Neuerungen getragen wird und die weit über die Wirtschafts- und Finanzmärkte hinausreicht. Dieser Tatsache sollten sich die Akteure bei ihrem strategischen und operativen Handeln gegenwärtig und zukünftig bewusst sein, damit Wirtschaft das bleibt, was sie sein sollte: Mittel zur Bedürfnisbefriedigung im Dienste des Menschen.

6.5   Nachweise zu Abschnitt 6

[1]   Vgl. Mußler, H.: Merkel stellt sich hinter die Sparkassen.

[2]   Vgl. Heine, H.-G.: Mittelgroße Versicherer bekommen Schwierigkeiten.

[3]   Vgl. Breipohl, D.: Statt über 4000 höchstens noch 50 Versicherungen in Europa.

[4]   Vgl. Freytag, S.: (Kerngeschäftsfeld Asset Management), S. 186.

[5]   Vgl. Meyer, R./Lang, C.: (Vision 2002), S. 15 ff.

[6]   Vgl. dies.: a. a. O., S. 16.

[7]   Vgl. Kern, H.: ("Is big really beautifuf?"), S. 218.

[8]   Vgl. GDV: Die deutsche Versicherungswirtschaft, Jahrbuch 2007, S. 126.

[9]   Vgl. Schloßmacher, S.: (VVaG & Co. KGaA), S. 1758 ff. und Diehl, F.S.: (Alternative für VVaG-Konzerne?) S. 110 ff.

[10]   Vgl. Kern, H.: ("Is big really beautiful?"), S. 218 f.

[11]   Vgl. ders.: ("Is big really beautiful?"), S. 219.

[12]   Vgl. Naujoks, H./ Venohr, B./ Zinke, C.: (Größe als Chance?), S. 1121.

[13]   Vgl. Führer, C.: Größenfaktoren in der Lebensversicherung, S. 840.

[14]   Ders.: a. a . O., S. 844.

[15]   Vgl. Führer, C./ Michel, J.: Kann man durch Wachstum Kosten sparen?, S. 162 f.

[16]   Vgl. Weimer, T./ Wißkirchen, C.: a. a. O., S. 759 f.

[17]   Vgl. Söhler, K.: Von Ehe keine Rede.

[18]   Vgl. in Anlehnung an Kern, H.: („Is big really beautiful?"), S. 220.

[19]   Vgl. ders.: („Is big really beautiful?"), S. 220.

[20]   Vgl. Deckstein, D.: Kunden können was erleben.

[21]   Vgl. Lehr, U.: Senioren – eine sehr heterogene Gruppe, S. 145.

[22]   Vgl. Dzienziol, J./ Kundisch, D.: Best Ager – ein Billionenmarkt, S. 51 f.

[23]   Vgl. Meyer-Hentschel Management-Consulting: (Editorial), S. 11 ff.

[24]   Vgl. Friebel, U.: Senioren-Marketing als Konferenzthema, S. 50 und Meyer-Hentschel, H.: (Senioren-Marketing von Banken), S. 625.

[25]   Vgl. ac: ComMenDo: Gut versichert über 50? S. 112.

[26]   Vgl. Hoffmann, D.: Senioren-Marketing am Beispiel einer Privatbank, S. 646.

[27]   Vgl. Herrwerth, W.: Die vagabundierende Zielgruppe, S. 7.

[28]   Kaupp, P.: Senioren als Zielgruppe der Werbung, S. 205.

[29]   Vgl. N. N.: Hamburg-Mannheimer berät stärker.

[30]   Vgl. Sewald, M./ Berger, S./ Kirchhoff, A.: Geschäftsimpulse durch Financial Planning, S. 484.

[31]   Vgl. Heuveldop, G.: (Private Banking), S. 20 f.

[32]   Vgl. Deutsche Bank AG: Vermögensarchitektur optimal gestalten, S. 15 ff.

[33]   Vgl. Evers, J.: Honorarberatung. Vermittler nicht mehr chancenlos, S. 57.

[34]   Vgl. Kern, H.: (Zukunftsszenarien), S. 1581 ff.

[35]   Ders.: (Zukunftsszenarien), S. 1584.

[36]   Vgl. Brychcy, U.: DaimlerChrysler gründet eine Bank.

[37]   Vgl. Wöhe, G.: a. a. O., S. 611 f.

[38]   Vgl. Weber, S.: Gewerkschaften kritisieren Citibank und ders.: Unternehmer hinter dem Bankschalter.

[39]   Vgl. Weil, M./ Strothe, G.: Franchising: Vertriebsmodell für Banken?, S. 628 ff.

[40]   Vgl. Weber, S.: a. a. O.

[41]   Vgl. Meyer, R./Lang, C.: a. a. O., S. 17.

[42]   Vgl. N. N.: Wenn Gene ins Geld gehen.

[43]   Vgl. Pierer, v., H.; Die Spaltung in "user" und "loser" verhindern.

7   Literaturverzeichnis

A

ac: Allfinanz 2006/2007, in: AssCompact 03/2007, S. 90

ac: ComMenDo: Gut versichert über 50? in: AssCompact 09/2007, S. 112

Achleitner, A-K.: Handbuch Investment Banking, Wiesbaden 2002, 3. Aufl.

Adler, D.: Altersvorsorgeprodukte. Das Ziel nicht aus den Augen verlieren, in: Die Bank 04/2007, S. 44–49

Albrecht, P./Maurer, R./Schradin, H.: Die Kapitalanlageperformance der Lebensversicherer im Vergleich zur Fondsanlage unter Rendite- und Risikoaspekten, Karlsruhe 1999,

Ambros, H.: Virtual Reality-Virtual Banking, in: Banken und Versicherungen 01/1996, S. 46–51

Ambros, H.: Virtual Reality – eine Herausforderung für die Sparkassen, in: Sparkasse 03/1996, S. 101–106

Arnold, W./Steuer, S.: 50 Jahre Zentraler Kreditausschuss: Entwicklungslinien des Retail Banking, in: Die Bank 10/2003, S. 665–669

B

Bäte, O./ Esser, M./ Staar, S.: Gesucht: Neue Strategien für Finanzdienstleister, in: VW 04/2002, S. 232 – 236

Bailom, F./ Hinterhuber, H. H./ Matzler, K./ Sauerwein, E.: Das Kano-Modell der Kundenzufriedenheit, in: Marketing ZFP, Heft 2/1996, S. 117–127

Beise, M.: Der Mensch ist wichtiger als jede Zahl, in: SZ v. 04.07.2000

Benölken, H.: Diversifikationsstrategien in der Assekuranz, in: VW 03/1997, S. 144–149

Benölken, H.: Die „Orga": Voreilig zum Verlierer gestempelt?, in: VW 12/1997, S. 820–824

Benölken, H./ Wings, H.: (Lean Banking), Lean Banking – Wege zur Marktführerschaft: von der Konzeption zur Realisierung, Wiesbaden 1994

Berger, A. N./ Hunter, W. C./ Tinne, St. G.: (Efficiency), The efficiency of financial institutions: A review and preview of research past, present and future, in: JoBF 17/1993, S. 221–249

Bernet, B.: Multilaterale Allianzen im Finanzdienstleistungsmarkt, in: zfo 06/1998, S. 328–331

Birg, H.: Grundkurs Demographie – Erste Lektion: Deutschlands Weltrekorde, in: FAZ v. 22.02.2005

Birnbach, K./ Gruhn, V./ Reith, H.: (Vertriebswegemanagement), Vertriebswegemanagement und Kundenorientierung, in: VW 18/2000, S. 1400–1405

Bittner, T./ Ingendaay, C./ Gaedeke, O.: Die tief hängenden Früchte zuerst, in VW 19/2006, S. 1605–1608

Bitz, M.: Finanzdienstleistungen, München und Wien 2005, 7. Aufl.

Bohnenkamp, R./ Eckstein, D./ Wetjen, B.: Hausgemachte Rente, in Capital 20/2007, S. 57 – 63

Bolanz, M./ Friess, T.: GeldAnlage für den Ruhestand, Wien 1999

Bonn, J.: (Beschwerdemanagement), Beschwerdemanagement in Kreditinstituten: Reicht der Ombudsmann?, in: SB 40/1994, S. 18–26

Böckhoff, M./ Stracke, G.: (Finanzplaner), Der Finanzplaner – Handbuch der privaten Finanzplanung und der individuellen Finanzberatung, 2. Aufl., Heidelberg 2004

Börner, C. J.: Finanzdienstleister, in: Wirtschafts-Lexikon. Das Wissen der Betriebswirtschaftslehre, hrsg. v. Handelsblatt, Stuttgart 2006, Band 3, S. 1673 – 1680

Böttcher, G.: Im Alter drohen Versorgungslücken, in: Finanz Business 03/2007, S. 20

Bongartz, U.: Investment Banking: Die Internet-Herausforderung, in: Die Bank 01/2002, S.16–20

Bormann, W. A.: Vorgehensweise und Probleme bei der Definition strategischer Geschäftsfelder, in: Management + Marketing. Erfahrungsberichte aus der Unternehmenspraxis, hrsg. v. Töpfer, A./ Andreae, M., Band 5 der Schriftenreihe „Praxis der strategischen Unternehmensplanung", Frankfurt/M. 1983, S. 206–218

Breipohl, D.: Statt über 4000 höchstens noch 50 Versicherungen in Europa, in: SZ v. 28.09.1999

Broschinski, G.: (Produktivitätsfaktoren), Poduktivitätsfaktoren einer Call Center-Vermögensberatung, in: Die Bank 05/1997, S. 265–269

Bruer, A.: Revolution des Finanzgeschäfts, in: zfo 06/1998, S. 368–271

Brühl, V.: (Finanzwirtschaftliche Synergieeffekte), Finanzwirtschaftliche Synergieeffekte durch Mergers & Acquisitions, in: Die Bank 08/2000, S. 521–527

Bruhn, M.: Zufriedenheits- und Kundenbindungsmanagement, in: Grundlagen des CRM, hrsg. v. Hippner, H./ Wilde, C. D., Wiesbaden 2007, 2. Aufl., S. 509–539

Brychcy, U.: DaimlerChrysler gründet eine Bank, in: SZ v. 04./05.11.2000

Büschgen, A.: (Allfinanz), Allfinanz als Marktbearbeitungskonzept privater Geschäftsbanken, Wiesbaden 1992

Bundesgeschäftstelle der Landesbausparkassen: Bausparkassen-Fachbuch 2007/2008, Stuttgart 2006, 18. Aufl.

Busse, F.-J.: Geldanlage in Immobilien, München 2003

Busse, F.-J./ Nothaft, J. M.: Der Hedgefonds-Effekt, München 2007

C

Carmoy, de, H.: (Global Banking Strategy), Global Banking Strategy. Financial Markets and Industrial Decay, Oxford 1990

Cramer, J. E.: Marketing im Bankbetrieb, Frankfurt/M. 1970

D

Deckstein, D.: Kunden können was erleben, in: SZ v. 02./03.09.2000

Dembowski, A.: Investmentfonds, Berlin 1993

Demuth, M.: (Private Vermögensverwaltung), Die private Vermögensverwaltung und ihre auf Fonds bezogenen Anlagestrategien, in: Handbuch Finanzdienstleistungen, hrsg. v. Brunner, W. L./ Vollath, J., Stuttgart 1993, S. 307–320

Deutsche Bank AG: Bankerfolg in Europa: Große Fortschritte durch Konsolidierung – mit Ausnahme Deutschlands, EU-Monitor 13/2004

Deutsche Bank AG: Vermögensarchitektur optimal gestalten, Frankfurt 2005

Deutsche Gesellschaft für Finanzplanung e. V.: Die Grundsätze ordnungsmäßiger Finanzplanung® GoF, www.finanzplanung.de

Deutsches Aktieninstitut e. V.: Das DAI-Rendite-Dreieck, www.dai.de

DZ-Bank Deutsche Zentral-Genossenschaftsbank AG: Unternehmensportrait 2007

Diehl, F. S.: VVaG & Co. KGaA – Wirklich eine Alternative für VVaG-Konzerne? in: VW 02/2000, S. 110–114

Dinauer, J.: Immobilien und Finanzdienstleistungswirtschaft, in: ZfiFP 04/2007, S. 7 f.

Dinauer, J.: Langfristige Kundenbindung über Private Altersvorsorge, Seminarskript, München 2006

Doerr, T./ Yolacaner, T.: Geschäftsmodelle auf dem Prüfstand, in: VW 20/2007, S. 1687–1689

Döhle, P.: Angriff der E-Banker, in: MM 03/2000, S. 161–167

Dzienziol, J./ Kundisch, D.: Best Ager – ein Billionenmarkt, in: Die Bank 11/2005, S. 50–55

E

Ehrentraut, O.: Alterung und Altersvorsorge, Frankfurt 2006

Ehrmann, H.: Strategische Planung, Ludwigshafen 2006

Eichen, von den, S./ Sommerlatte, T.: Kundennutzen als Maß. Innovationen müssen stimmig sein, in: FAZ v. 23.07.2007

Einecke, H.: Abschied vom Universalbanksystem, in: SZ v. 11./12.03.2000

Einecke, H.: Noch nicht das Ende der Universalbank, in: SZ v. 14.03.2000

Endres, M.: (Die europäische Bankenwelt), Die europäische Bankenwelt – Entwicklungslinien und Zukunftstrends, in: ÖBA 09/1990, S. 658–664

Epple, M. H.: Die Kundenbindung wird schwächer, Vertrieb von Bankprodukten, in: Die Bank 10/1991, S. 544–550

Evers, J.: Honorarberatung. Vermittler nicht mehr chancenlos, in: Versicherungsmagazin 11/2007, S. 56 f.

F

Farny, D.: Versicherungsbetriebslehre, Karlsruhe 2006, 4. Aufl.

Fehr, B.: Der emotionale Bankkunde, in FAZ v. 23.01.2007

Fehr, B.: Die Bundesbank ist mehr als Geldpolitik, in: FAZ v. 01.08.2007

Financial Planning Standard Boards Deutschland e. V.: www.fpbs.de

Fischer, K.: Vertriebswege-Management, in: VW 21/1999, S. 1627- 1631

Fischer, H./ Steffens-Duch, S.: Die Bedeutung der Unternehmenskultur bei Akquisitionen und Fusionen, in: Die Bank 10/2000, S. 674–678

Frank, K.: Technisierung – Mehrwert für den Kunden!, Nordbayer. Versicherungstag, Coburg 2007

Freyland, B./ Herrmann, A./ Huber, F.: (Zufriedene Kunden), Warum sind zufriedene Kunden nicht treu? Ergebnisse einer empirischen Untersuchung zur Kundenloyalität in der Versicherungsbranche, in: VW 23/1999, S. 1744–1747

Freytag, S.: (Kerngeschäftsfeld Asset Management), Spezialfonds im Kerngeschäftsfeld Asset Management eines Versicherungskonzerns, in: Handbuch Spezialfonds, hrsg. v. Kleeberg, J./ Schwenger, C., Bad Soden 2000, S. 177–210

Friebel, U.: Senioren-Marketing als Konferenzthema in: Handbuch Senioren-Marketing, hrsg. v. Meyer-Hentschel Management Consulting, Frankfurt/M. 2000, S. 43–53

Fuchs, S.: Mit der DWS in Wald investieren. Veränderungen im Anlegerverhalten machen erfinderisch, in: FAZ v. 22.11.2007

Führer, C.: Größenfaktoren in der Lebensversicherung, in: VW 12/2000, S. 840–844

Führer, C./ Michel, J.: Kann man durch Wachstum Kosten sparen?, in: VW 03/2003, S. 161–163

Fürthmann, J.: Angebote im Trend: Bankassurance, in: Bankmagazin 01/2005, S. 36 f.

G

Gahl, A.: Strategische Allianzen, Arbeitspapier 11/89, Betriebswirtschaftliches Institut für Anlagen und Systemtechnologie, Münster 1989

Gburek, M.: Abschied vom Wolkenkuckucksheim, in: FinanzBusiness 01/2006, S. 8–13

GDV Gesamtverband der Deutschen Versicherungswirtschaft e. V.: Die deutsche Versicherungswirtschaft, Jahrbuch 2007

Germann, U.: Die Macht von Bankassurance, in: VW 16/2006, S. 1343 f.

Gessner, T.: E-Commerce kennt keine Grenzen, Interviewbeitrag in: acquisa 11/1999, S. 46- 52

Golling, F.-R.: Globalisierung und Fusion – ein alltäglicher Prozess, in: VW 22/1999, S. 1699

Graf, B.: (Schon 1836), Schon 1836 Versicherungen im Angebot einer Bank, in: bum 11/1988, S. 26 f.

Graf, T./ Zerfowski, U.: (Der Außendienst urteilt), Der Außendienst urteilt: Wie gut sind die Versicherungszentralen wirklich?, in: VW 22/1999, S. 1664 f.

Grafarend, J./ Dickenscheid, I.: Kundenbindung: Zwischen Wunsch und Wirklichkeit, in: bum 08/2006, S. 31–33

Gries, L.: Fusionen ermöglichen höhere Aktienkurse, in: SZ v. 17.05.2004

Grochla, E.: Grundlagen der organisatorischen Gestaltung, Stuttgart 1982

Grönroos, C.: Service Management and Marketing, Chicester 2000

Grosch, U.: (Modelle der Bankunternehmung), Modelle der Bankunternehmung. Einzel- und gesamtwirtschaftliche Ansätze, in: Band 31 der Tübinger Wirtschaftswissenschaftlichen Abhandlungen, Tübingen 1989

Grosenick, L.: Immobilien gelten als die intensivsten Cross-Selling-Produkte, in: Immobilienwirtschaft, Heft 07-08/2007, S. 34

Groß-Engelmann, M./ Ullmann, T.: (Außendienstbefragung), Die Außendienstbefragung als Instrument der Leistungsoptimierung, in; VW 18/2000, S. 1406–1408

H

Häusel, H.-G.: Brain Script – Warum Kunden kaufen, Freiburg 2004

Häusel, H.-G.: Lösen Sie bei Kunden Emotionen aus, in: FinanzBusiness 04/2005, S. 59–61

Hagelücken, A.: Alte Versprechen, neue Wege, in: SZ v. 25.09.2000

Hagelücken, A.: Staatliche Hilfe zur privaten Vorsorge, in: SZ v. 27.09.2000

Hahn, O.: Der Markt für Finanzdienstleistungen im Zeitvergleich, in: VW 03/1988, S. 190–196

Haller, M.: (Durchdringung), Die Durchdringung der Banken- und Versicherungsmärkte – warum jetzt? in: Versicherungsmärkte im Wandel, hrsg. v. Heilmann, W. R., u. a., Karlsruhe 1987, S. 53–75

Hartert, D.: Informationsmanagement im globalen E-commerce, Manuskript eines Vortrags am 05.11.1999 in Berlin zum IMT-Jahrestreffen „Information als wichtigste Ressource – Der C.I.O. in der Unternehmensführung

Hartmann-Wendels, T./ Börner, C. J.: (Strukturwandel), Strukturwandel im deutschen Bankenmarkt, in: Handbuch Institutionelles Asset Management, hrsg. v. Leser, H./ Rudolf, M., Wiesbaden 2003, S. 61–90

Hassels, M.: (Data-Based Marketing), Data-Based Marketing – Voraussetzung für bedarfsgerechte Produktbündel, in: Das Privatkundengeschäft – Die Achillesferse der deutschen Kreditinstitute, hrsg. v. Rolfes, B./ Schierenbeck, H./ Schüller, S., Band 14 der Schriftenreihe des Zentrums für Ertragsorientiertes Bankmanagement Münster, Frankfurt 1997, S. 125–138

Heine, H.-G.: Mittelgroße Versicherer bekommen Schwierigkeiten, in: SZ v. 30.09.1999

Heinz, R.: Kundenbeziehung gefährdet, in: Bankmagazin 04/2005, S. 34 f.

Herzberg, F.: Work and the nature of man, Cleveland 1966

Hetzer, J.: Der steinige Weg zum Reichtum, in: MM 10/2005, S. 212–220

Heuveldop, G.: (Private Banking), Das neue Preismodell macht die Vorzüge des Private Banking deutlich, in: Private Banking 11/2000, S. 20 f.

Hill, W.: Der Shareholder Value und die Stakeholder, in: Die Unternehmung 06/1996, S. 411–420

Hippner, H./ Rentzmann, R./ Wilde, K. D.: CRM aus Kundensicht – Eine empirische Untersuchung, in: Grundlagen des CRM, hrsg. v. Hippner, H./ Wilde, K. D., Wiesbaden 2007, 2. Aufl., S. 195–223

Hochberger, B.: (Financial Planning), Financial Planning – Eine Finanzdienstleistung für private Haushalte des Retail-Segmentes, Wiesbaden 2003

Hoffmann, D.: Senioren-Marketing am Beispiel einer Privatkundenbank, in: Handbuch Senioren-Marketing, hrsg. v. Meyer-Hentschel Management Consulting, Frankfurt/M. 2000, S. 639–661

Holubeck, P./ Rohde, M.: Ertragsorientierter Versicherungsverkauf, in: VW 03/1988, S. 190–196

Holzer

Holzheu, T./ Trauth,T./ Birkmaier, U.: E-Business als Produktionsmittel, in: VW 17/2000, S. 1298–1301

Horn, B.: Fondssparplan kontra Lebensversicherung, in AssCompact 04/2007, S. 3

Horowitz, J.: (Custumer Service), How to Check the Quality of Customer Service and Raise the Standard, in: International Management 02/1987, S. 52 ff.

Huber, J.-A./ Wisskirchen, C.: Kundenbindung. Wichtig ist wenig, in: Die Bank 07/2005, S-57–59

Hülsen, J.-D./ Schacht, J./ Schulz, B.: Bankassurance- Erfolgsmodell im Finanzdienstleistungssektor, in: Die Bank 02/2003, S. 120 – 127

I

Initiative Finanzstandort Deutschland: Finanzstandort Deutschland, Bericht Nr. 03 – 2007, S. 16 ff.

J

Jacoby, J.-M.: Die Führungskraft 2000, in: Personal 2000: Visionen und Strategien erfolgreicher Personalarbeit, hrsg. v. Feix, W. E., Wiesbaden 1991, S. 485–506

Jaeger, K.: Um Risiken bereinigt, aber um Chancen nicht ergänzt, in VW 15/2005, S. 1138–1141

Jaeger, K./ Utecht, B.: Fondssparen oder fondsgebunden Sparen?, in VW 08/2005, S. 577 – 583

Jokl, S.: Aktuelle Entwicklungen des Bausparens, in AssCompact 03/2007, S. 98 f.

Joppe, J.: Mühe ohne Lohn, in: MM 05/2000, S. 152–155

K

Kaiser, D.: Finanzintermediation durch Banken und Versicherungen. Die theoretischen Grundlagen der Bankassurance, Wiesbaden 2006

Karsten, F.: Technisierung – Mehrwert für den Kunden, Nordbayerischer Versicherungstag, Coburg 2007

Kaupp, P.: Senioren als Zielgruppe der Werbung, in: Handbuch Senioren-Marketing, hrsg. v. Meyer-Hentschel Management Consulting, Frankfurt/M. 2000, S. 171–215

Kesse, O. J.: CRM – Management, Strategie und Technologie in einem, in: FAZ v. 11.10.2000

Kesse, O. J./ Graf, T.: Kundenorientierung auf dem Prüfstand, in: VW 03/2000, S. 164–168

Keller, U.: Strategisches Kundenmanagement und Retention Marketing, in: (Retail Banking), Retail Banking: Visionen, Konzepte und Strategien für die Zukunft, hrsg. v. Bernet, B./ Schmid, P., Wiesbaden 1995, S. 87–104

Keller, B./ Lerch, S./ Matzke, S.: Umfrage: Kundenbindung und Wechselbereitschaft, in: Die Bank 06/2000, S. 376–381

Kern, H.: Bancassurance – Modell der Zukunft?, in: VW 16/1998, S. 11241127

Kern, H.: („Is big really beautiful?"), „Is big really beautiful?" – Alternativen zur Merger-Mania im Versicherungssektor, in: VW 04/1999, S. 218–220

Kern, H.: (Zukunftsszenarien), Zukunftsszenarien in der Versicherungswirtschaft durch E-Business, in: VW 20/2000, S. 1581–1584

Keßler, H.: (Betriebsgrößen),. Betriebsgrößen im Kreditgewerbe, in: bum 03/1992, S. 5–17

Kirsch, W.: Planung – Kapitel einer Einführung, in: Managementsysteme. Planung und Kontrolle, hrsg. v. Kirsch, W./ Maaßen, H., München 1989, S. 23–125

Klein, D.: (Bankensysteme), Die Bankensysteme der EU-Länder, Frankfurt/M. 1998, 3. Aufl.

Klein, R./ Nathenson-Loidl, D.: Der Kunde in der Fusion – Nutznießer oder Opfer?, in: Die Bank 03/2000, S. 168–172

Klinge, U./ Ernest, P.: Schadenversicherer am Bankschalter, in VW 05/2006, S. 374 f.

Kluge, H.: („Kundenorientierung"), „Kundenorientierung" – Qualitätsmaßstab oder Reparaturmaßnahme?, in: VW 09/2000, S. 614–616

Knoppe, M.: (Strategische Allianzen), Strategische Allianzen in der Kreditwirtschaft, München 1997

Knüpfler, G.: Krieg der Absatzwege

Köhne, T./ Kopp, F.: Produktinnovationen und –modifikationen in der Versicherungswirtschaft, in: Zeitschrift für das gesamte Versicherungswesen 02/2007, S. 227–259

Krause, H.: Moderne Entlohnungsformen – Das Cafeteria-Prinzip, in: Neue Wirtschaftsbriefe 37/2000, S. 3421–3428

Kreikebaum, H.: Strategische Unternehmensplanung,. Stuttgart 1997, 6. Aufl.

Kretschmar, T.: (Immobilienfinanzierung), Immobilienfinanzierung: Gehört die Zukunft den großen Allianzen?, in: Die Bank 11/1999, S. 742–747

Krumnow, J., u. a.: (Rechnungslegung der Kreditinstitute), Rechnungslegung der Kreditinstitute. Kommentar zum Bankbilanzrichtlinie-Gesetz und zur RechKredV, Stuttgart 1984

Kühn, U.: Hart gerechnet, in: Focus-Money 35/2005, S. 28 f.

L

Lamberti, H.-J.: „In den nächsten fünf Jahren Durchbruch fürs Online-Banking, in: SZ v. 19.10.1999

Lamberti, H.-J./ Volland, T.: Entwicklung einer E-Commerce-Strategie am Beispiel einer Großbank, in: Die Bank 07/2000, S. 444–449

Lehr, U.: Senioren – eine sehr heterogene Gruppe, in: Handbuch Senioren-Marketing, hrsg. v. Meyer-Hentschel Management Consulting, Frankfurt/M. 2000, S. 141–169

Leichtfuß, R./ Ploey, de, W./ Kestens, J.: Bankfusionen: Die goldenen Regeln des Erfolgs, in: Die Bank 06/2000, S. 370–375

Leiding, J./ Braiotta, V.: Die Ausrichtung am Kunden entscheidet über den Integrationserfolg, in: VW 12/2007, S. 965–969

Lindena, B.: (Aktienkursorientierte Vergütung), Aktienkursorientierte Vergütung – Shareholder Value für Führungskräfte, in: Die Bank 09/2000, S. 616–621

Linné, H.: (Kooperationspartner), Wahl geeigneter Kooperationspartner, Frankfurt/M. 1993

Linsingen, v., D.: E-Business und Internetstrategie in der Versicherungswirtschaft, in: VW 14/2000, S. 1030–1032

Looman, V.: Vermögensbilanzen sind ein heißes Eisen, in: FAZ v. 05.05.2007

Lürzer, R.: Eintauchen in die Welt des E-Commerce: Ein Sprung ins kalte Wasser, in: VW 14/2000, S, 1024–1028

M

map-Report 659-660: Rating Deutscher Lebensversicherer 2007, S. 54 ff.

Martinez, R./ Marietta, F.: (Rückgrat des Informationsmanagements), Die Netze sind das Rückgrat des Informationsmanagements, in: FAZ v. 11.10.2000

Mätzig, J.: Möglichkeiten und Grenzen des Financial Planning unter besonderer Berücksichtigung der Privaten Altersvorsorge, Diplomarbeit am Lehrstuhl des Verf., München 2007

Meyer, A./ Dornach, F.: Das deutsche Kundenbarometer 1995

Meyer-Hentschel, H.: Ansatzpunkte für das Senioren-Marketing von Banken, in: Handbuch Senioren-Marketing, hrsg. v. Meyer-Hentschel Management Consuslting, Frankfurt/M. 2000, S. 623–635

Meyer-Hentschel Management Consulting (Herausgeber): Editorial: Ältere Kunden als strategischer Input für Unternehmen, in: Handbuch Senioren-Marketing, Frankfurt/M. 2000, S. 9–15

Meyer, R./ Lang, C.: (Vision 2002), Vision 2002: Trends, Herausforderungen und kritische Pfade der europäischen Versicherungswirtschaft. Ergebnisse einer Befragung von über 40 Top-Managern der Assekuranz in Europa, in: VW 01/1999, S. 15–19

Mittendorf, T./ Schulenburg, v. d., J.-M.: (Mergers and Acquisitions), Mergers and Acquisitions: Sind Versicherer wirklich betroffen?, in: VW 18/2000, S. 1384–1391

Mössle, K.: In der Schockstarre, in FAZ v. 17.10.2007

Mohr, D.: Aktien bringen die höchste Rendite, in: FAZ v. 23.05.2007

Moormann, J.: (Strategische Planung), Strategische Planung in Geschäftsbanken: Ergebnis einer Umfrage, in: Die Bank 06/1988, S. 309–315

Morgen, K.: (Organisationsplanung), Organisationsplanung als Bestandteil der Unternehmensstrategie, in: Handbuch Bankorganisation, hrsg. v. Stein, v., H./ Terrahe, J., Wiesbaden 1995, 2. Aufl., S. 505–521

Müller, H.: Möglichkeiten und Grenzen von Allfinanzkonzepten aus der Sicht des Versicherungsaufsichtsrechts, in: Möglichkeiten und Grenzen von Allfinanzkonzepten, hrsg. v. Müller, H./ Gies, H./ Kuntze, W., Heft 5 der „Münsteraner Reihe", Karlsruhe 1990, S. 20–36

Mußler, H.: Merkel stellt sich hinter die Sparkassen, in: FAZ v. 10.05.2007

N

Naujoks, H./ Venohr, B./ Zinke, C.: (Größe als Chance?), Größe als Chance? Konzentrationstendenzen in der Versicherungswirtschaft, in: VW 16/1998, S. 1120–1123

Nerb, F.: Software löst Bankschalter ab, in: FAZ v. 11.10.2000

Neuberger, O./ Kompa, A.: (Wir, die Firma), Wir die Firma: Der Kult um die Unternehmenskultur, Weinheim 1987

N. N.: Deutsche Bank verbündet sich mit SAP, in: SZ v. 21.02.2000

N. N.: Fusionen lohnen sich am wenigsten für Aktionäre, in: FTD v. 26.06.2007

N. N.: Fusionsfieber auch am Anleihemarkt, in: FAZ v. 09.03.2000

N. N.: Hamburg-Mannheimer berät stärker, in: SZ v. 21./22.10.2000

N. N.: Noch hohes Cross-Selling-Potenzial, in: VW 20/2005, S. 1548

N. N.: „Verpönte" Rendite? in: Focus-Money 35/2003, S. 7

N. N.: Versicherungs-Hopping immer beliebter, in: SZ v. 25.07.2000

N. N.: Vertrauensvorsprung für die Immobilie, in: Bankmagazin 06/2005, S. 9

N. N.: Wechsel bei günstigeren Angeboten, in: Versicherungsmagazin 04/2004, S. 5

N. N.: Wenn Gene ins Geld gehen, in: WamS v. 12.09.1999

Nüßler, J./ Gröne, A.: Kundenzufriedenheit als strategische Führungsgröße der BHW Bausparkasse, in: Der langfristige Kredit 17/2000, S. 570–573

O

Öchsner, T.: Zwei Klassen am Bankschalter, in: SZ v. 28./29.08.1999

P

Paul, S.: (Bankenintermediation und Verbriefung), Bankenintermediation und Verbriefung – Neue Chancen und Risiken für Kreditinstitute durch Asset Backed Securities?, Wiesbaden 1994

Paul, S./ Schröder, U./ Stein, S.: Finanzierung als Innovationstreiber: Zum Nexus zwischen Innovations- und Finanzmanagement, in: Die Bank 04/2007, S. 50–59

Pauluhn, B.: Allfinanzpolitik, in: Wirtschafts-Lexikon. Das Wissen der Betriebswirtschaftslehre, hrsg. v.: Handelsblatt , Stuttgart 2006, Band 1, S. 144 – 155

Perridon, L./ Steiner, M.: Finanzwirtschaft der Unternehmung, München 2007, 14. Aufl.

Picot, A./Reichwald, R./ Wigand, R. T.: Die grenzenlose Unternehmung. Information, Organisation und Management, Wiesbaden 2001, 4. Aufl.

Picot, G.: (Schlüssige Strategie), Jedes Unternehmen braucht heute eine schlüssige Strategie für Übernahmen und Beteiligungen, in: FAZ v. 11.10.2000

Pörschke, F.: Rentenfonds kontra Immobilienfonds, in FAZ v. 18.08.2006

Pierer, v., H.: Die Spaltung in „user" und „loser" verhindern, in: WamS v. 01.10.2000

Porter, M. E.: (Wettbewerbsvorteile), Wettbewerbsvorteile (Competitive Advantage). Spitzenleistungen erbringen und behaupten, Frankfurt/M. 1992, 3. Aufl.

Priewasser, E.: Bankbetriebslehre, München 1998, 6. Aufl.

Priewasser, E.: (Prognose), Die Priewasser-Prognose. Bankstrategien und Bankmanagement 2009, Frankfurt/M. 1994

R

Rappaport, A.: (Shareholder Value), Shareholder Value: ein Handbuch für Manager und Investoren, Stuttgart 1999, 2. Aufl.

Rath, R.: (Unternehmenskooperation), Neue Formen der internationalen Unternehmenskooperation, Hamburg 1990

Raupp, J.: Die Kunden an der Leine halten. Call-Center-Land Deutschland, in: SZ v. 25.07.2000

Raynor, M.: The Strategic Paradox, Doubleday 2007, interviewt von Rickens, C.: Fokussieren bis zur Pleite, in: Manager Magazin 06/2007, S. 132 – 137

Reichheld, F. F.: Der Loyalitätseffekt – Die verborgene Kraft hinter Wachstum und Gewinnen und Unternehmenswert, Frankfurt 1997, S. 52

Reichheld, F. F.: Loyalty-Based Management, in: HBR März/ April 1993, S. 64–73

Reim, T.: Auch Surfer wollen beraten werden, in: FAZ v. 04.04.2007

Reimers-Mortensen, S./ Disterer, G.: Strategische Optionen für Direktbanken, in: Die Bank 03/1997, S. 132–139

Reinhart, M.: Bedeutung neuer Vertriebskanäle, in: (Retail Banking), Retail Banking: Visionen, Konzepte und Strategien für die Zukunft, hrsg. v. Bernet, B./ Schmid, P., Wiesbaden 1995, S. 162–178

Reisach, U.: Die Zukunft der Arbeitsgesellschaft, in: Personal 07/1999, S. 344–349

Reiß, M./ Ziegler, T.: Jenseits von Kooperation oder Konkurrenz, In: Die Bank 04/2005, S. 33–37

Reittinger, W./ Tilmes, R.: Financial Planning für vermögende Privatkunden im Rahmen der Altersversorgung, in: Handbuch zur Altersversorgung, hrsg. v. Cramer, J.-E./ Förster, W./ Ruland, F., Frankfurt 1998, S. 741 – 764

Reuß, A./ Zimmermann, R./ Zwiesler, H.-J.: Ein praxistaugliches spartenübergreifendes Kundenwert-modell; in: VW 04/2006, S. 303–307

Rometsch, S.: (Produktinnovation), Produktinnovation im Firmenkundengeschäft – Neue Schwerpunk-te in der Marketingstrategie einer Privatbank, in: Handbuch des Bankmarketing, hrsg. v. Süchting, J./ Heitmüller, H.-M., Wiesbaden 1998, 3. Aufl., S. 297–323

S

Schäfer, O.: Positionierung einer Bausparkasse, in: Handbuch Finanzdienstleistungen, hrsg. v. Brunner. W. L./ Vollath, J., Stuttgart 1993, S. 219–233

Scheidl, K.: Bankorganisation, in: Bank- und Versicherungslexikon, hrsg. v. Schierenbeck, H., Mün-chen 1994, 2. Aufl., S. 94–99

Scheffler, H.: Zielgruppenvielfalt, in: Das große Handbuch Werbung, hrsg. v. Geffken, M., Landsberg 1999. S. 31–37

Schickel, Y.: Produkte gezielt anbieten, in: Bankmagazin 06/2006, S. 44 f.

Schierenbeck, H.: Bank- und Versicherungslexikon, München 1994, 2. Aufl.

Schierenbeck, H.: (Betriebswirtschaftslehre), Grundzüge der Betriebswirtschaftslehre, München 2003, 16. Aufl.

Schierenbeck. H./ Hölscher, R.: (BankAssurance), BankAssurance: institutionelle Grundlagen der Bank- und Versicherungsbetriebslehre, Stuttgart 1998, 4. Aufl.

Schleif, H. J./ Frey, E.: Kundenorientierung durch Betriebstypenprofilierung, in: (Retail Banking), Retail Banking: Visionen, Konzepte und Strategien für die Zukunft, hrsg. v. Bernet, B./ Schmid, P., Wiesbaden 1995, S. 105–117

Schloßmacher, S.: (VVaG & Co. KGaA), Mehr Spielraum für den VVaG: Die VVaG & Co. KGaA, in: VW 23/1999, S. 1758–1762

Schmider, W.: (Zweigstellenpolitik), Gedanken zur Zweigstellenpolitik und Zweigstellenstruktur einer Genossenschaftsbank, in: bum 01/1989, S. 5–14

Schmidt, G.: Persönliche Finanzplanung. Modelle und Methoden des Financial Planning, Berlin/ Hei-delberg 2006

Schmidt-Narischkin, N.: Arbeitszeitmanagement: Qualität durch Souveränität, in: Die Bank 08/2000, S. 528–531

Schmitz, V.: Private Altersvorsorge. Langfristige Finanzplanung für die eigene Zukunft, Wiesbaden 2003

Schöler, A.: Rückgewinnungsmanagement, in: Grundlagen des CRM, hrsg. v. Hippner, H./ Wilde, K. D., Wiesbaden 2007, 2. Aufl., S 605 – 631

Schüller, A. M.: Auf Kundenfang, in: FTD, Beilage „enable" 06/2007

Schüller, A. M.: Die Angst vor dem Nein überwinden, in: Versicherungsvertrieb 05/2007, S. 34 f.

Schultze-Kimmle, H.-D.: Zehn Thesen zur Bank der Zukunft, in: Die Bank 02/1994, S. 76–83

Schumacher, O.: Hilfen für Privatvorsorge erst ab 2002, in: SZ v. 07.11.2000

Seidel, F.: FPSB: Qualitätszeichen „DIN-Geprüfte private Finanzplaner" erleichtert die Orientierung für Verbraucher, in: AssCompact 10/2007, S. 162

Seuferle, W.: (Bausparen 2000), Bausparen 2000 – eine Ideologie am Ende?, in: Der langfristige Kredit 19/2000, S. 663 f.

vgl. Sewald, M./ Berger, S./ Kirchhoff, A.: Geschäftsimpulse durch Financial Planning, in: Die Bank 07/2003, S. 482–486

Söhler, K.: Von Ehe keine Rede, in: WamS v. 10.10.1999

Sokolovsky, v., Z./ Löschenkohl, S.: Handbuch Industrialisierung der Finanzindustrie, Wiesbaden 2005

Sondhof, H. W.: (Finanzdienstleistungsmärkte), Finanzdienstleistungsmärkte im Wandel: eine industrieökonomische Branchenanalyse für strategische Zwecke, Frankfurt/M. 1990

Spiegel-Verlag: Soll und Haben 1, Hamburg 1980

Spiegel-Verlag: Soll und Haben 4, Hamburg 1995

Stauss, B.: (Der Kundenbeziehungs-Lebenszyklus), Grundlagen und Phasen der Kundenbeziehung: Der Kundenbeziehungs-Lebenszyklus, in: Grundlagen des CRM, hrsg. v. Hippner, H./ Wilde, K. D., Wiesbaden 2007, 2. Aufl., S. 421–442

Stehle,R./ Huber, R./ Maier, J.: Rückberechnung des DAX für die Jahre 1955 bis 1987, in: Kredit und Kapital Heft 02/1996, S. 277 – 304 und www.wiwi.hu-berlin.de/finance/

Steria Mummert: Banken scheren Kunden zu sehr über einen Kamm, in: AssCompact 08/2007, S. 76

Steria-Mummert: Insurance Berichtsband Juli 2004, Kundenwert

Steven, K.: Verkaufsorientierung gleich Hardselling?, in: Das Privatkundengeschäft – Die Achillesferse deutscher Kreditinstitute, hrsg. v. Rolfes, B./ Schierenbeck, H./ Schüller, S., Band 14 der Schriftenreihe des Zentrums für Ertragsorientiertes Bankmanagement Münster, Frankfurt/M. 1997, S. 101–114

Stracke, G.: (Qualitätsmanagement), Qualitätsmanagement im Vertrieb von Finanzdienstleistungen, in: VW 16/1989, S. 1038–1047

Stracke, G./ Geitner, D.: (Finanzdienstleistungen), Finanzdienstleistungen: Handbuch über den Markt und die Anbieter, Heidelberg 1992

Süchting. J.: (Bankloyalität – noch eine Basis), Die Theorie der Bankloyalität – (noch) eine Basis zum Verständnis der Absatzbeziehungen von Kreditinstituten? in: Handbuch des Bankmarketing, hrsg. v. Süchting, J./ Hooven, v., E., Wiesbaden 1991, 2. Aufl. , S. 25–43

Süchting, J.: (Bankloyalität – immer noch eine Basis), Die Theorie der Bankloyalität – (immer noch) eine Basis zum Verständnis der Absatzbeziehungen von Kreditinstituten? in: Handbuch des Bankmarketing, hrsg. v. Süchting, J./ Heitmüller, H.-M., Wiesbaden 1998, 3. Aufl., S. 1–25

Süchting, J./ Paul, S.: Bankmanagement, Stuttgart 1998, 4. Aufl.

Svoboda, M.: Strategische Kompetenzentwicklung im Personalbereich, in: Die Bank 07/2000, S. 457–459

T

Terrahe, J.: Telekommunikation bei Banken, in: Arnold, F.: Handbuch der Telekommunikation, Lose-Blatt-Ausgabe, 29. Erg. Lief. 1992

Thier, S./ Stracke, G.: Finanzdienstleitungen im Zeichen gesellschaftlichen Wandels, in: Die Bank 01/1987, S. 19–24

Tiffe, A./ Feigl, M.: Lücken in der Beratung, in: Bankmagazin 06/2005, S. 16–21

Tilmant, M.: Wir haben uns nur über den Zaun hinweg unterhalten, in: FAZ v. 01.08.2007

Tilmes, R.: Financial Planning im Private Banking, Bad Soden 2000, 2. Aufl., S. 40 f.

TNS Infratest/ LBS Research 2005: Renditevergleich

Toffler, A.: Die Zukunftschance, München 1980

Trayser, K. D.: Der Allfinanzanbieter, in: Handbuch zur Altersversorgung, hrsg. v. Cramer, J.-E./ Förster, W./ Ruland, F., Frankfurt 1998, S. 727 – 739

Trumpfheller, J.: Kundenbindung in der Versicherungswirtschaft, Band 24 der Hannoveraner Reihe, Karlsruhe 2005

U

Ullmann, T./ Peill, E.: Servicequalität und Kundenzufriedenheit als Schlüssel zum Markterfolg, in: VW 19/1994, S. 1266–1271

Ulrich, P./ Fluri, E.: Management. Eine konzentrierte Einführung, Stuttgart 1995, 7. Aufl.

Utzig, S.: Private Haushalte & Finanzen Im Labyrinth der Risiken?, in Die Bank 01/2007, S. 18–21

W

Wanka, A.: Asset Management – Neuverteilung eines lukrativen Marktes, in: VW 19/1999, S. 1416–1420

Warth, W. P.: (Bancassuarance), Bancassurance – Potenziale der Banken, in: Die Bank 05/1997, S. 280–286

Warth, W. P.: Banken im Spannungsfeld zwischen Kooperation und Konkurrenz, in: Die Bank 01/2000, S. 8–11

Warth, W. P.: Wie wird der Kunde beraten? Überlegungen zur Kundenorientierung im Licht des neuen Vermittlerrechts, in: VW Nr. 09/2007, S. 655–658

Weber, M.; (Bankenfusionen), Bankenfusionen. Wächst die Gefahr der Machtkonzentration? in: Die Bank 06/2000, S. 367

Weber, M.-W.: EVA – Management- und Vergütungssystem für Banken, in: Die Bank 07/2000, S. 465–469

Weber, S.: Gewerkschaften kritisieren Citibank, in: SZ v. 29./30.07.2000

Weber, S.: Unternehmer hinter dem Bankschalter, in: SZ v. 29./30.07.2000

Weder, R.: (Joint Venture), Joint Venture. Theorie und empirische Analyse unter besonderer Berücksichtigung der Chemischen Industrie der Schweiz, Grüsch 1989

Weil, M./ Strothe, G.: Franchising: Vertriebsmodell für Banken?, in: Die Bank 09/2000, S. 628–632

Weimer, T./ Wißkirchen, C.: Sechs Thesen zur Fusionswelle im Bankenbereich, in: Die Bank 11/1999, S. 758–764

Weinmann, H./ Lilla, J.: Private Bilanzierung. Die professionelle Form der Vermögensplanung, in : Die Bank 12/2004, S. 29–33

Wentlandt, A.: (Strategische Positionierung), Die strategische Positionierung von Finanzdienstleistungsunternehmen, Europäische Hochschulschriften, Reihe 5, Band 1384, Frankfurt/M. 1993

Wieandt, A./ Beitel, P. / Brinker, B.: M & A im Asset Management: Motive und Integration entscheiden über den Erfolg, in: Die Bank 02/2001, S. 98–103

Wiechers, R.: (Bausparen – Schlüsselprodukt), Bausparen – Schlüsselprodukt zur langfristigen Kundenbindung, in: Handbuch Finanzdienstleistungen, hrsg. v. Brunner, W. L./ Vollath, J., Stuttgart 1993, S. 245–258

Wiechers, R.: Imagebilder im Bausparen – sexy, spießig oder rational?, in: Der langfristige Kredit 19/2000, S. 665–668

Wiedmann, K-P/ Buckler, F/ Boecker, C.: Reputation als Ertragsfaktor, in: Bankmagazin 09/2004, S. 36 – 38

Wiegard, M./ Betschart, A.: Industrialisierung in der Versicherungswirtschaft, in: VW 18/2007,S. 1505–1508

Wielens, H.: Marktorientierte Bankorganisation, in: Handbuch des Bankmarketing, hrsg. v. Süchting, J./ Hooven, v.,E., Wiesbaden 1991, 2. Aufl., S. 71–99

Wielens, H.: (Bausparen unter besonderer Berücksichtigung), Bausparen unter besonderer Berücksichtigung der Wohnraumsituation in den neuen Bundesländern, in: Handbuch Finanzdienstleistungen, hrsg. v. Brunner, W. L./ Vollath, J., Stuttgart 1993, S. 259–271

Wöhe, G.: Einführung in die Allgemeine Betriebswirtschaftslehre, München 2000, 20. Aufl.

Z

Zehnder, A. J.: Wohneigentum als vierte Säule der Altersvorsorge, in: Immobilien und Finanzierung 17/2005, S. 619 f.

Zehnder, A. J.: Wohnungseigentum ist Altersvorsorge, in: WamS v. 16.07.2000

Zukunft klipp + klar Informationszentrum der deutschen Versicherer: Die neue Rente, Karlsruhe 2007

Zukunft klipp + klar Informationszentrum der deutschen Versicherer: Die Basisrente, Karlsruhe 2007

Zukunft klipp + klar Informationszentrum der deutschen Versicherer: Die Riester-Rente, Karlsruhe 2007

Zweifel, P./ Eisen, R.: Versicherungsökonomie, Berlin/ Heidelberg 2000

Stichwortverzeichnis

www.ingramcontent.com/pod-product-compliance
Lightning Source LLC
Chambersburg PA
CBHW081100220326
41598CB00038B/7175